Regulierung und Recht der Kommunikation

Herausgeber: Dr. Wolfgang Schulz

Band 1

Wolfgang Schulz / Thorsten Held / Manfred Kops

Perspektiven der Gewährleistung freier öffentlicher Kommunikation

Ein interdisziplinärer Versuch unter Berücksichtigung der gesellschaftlichen Bedeutsamkeit und Marktfähigkeit neuer Kommunikationsdienste

Nomos Verlagsgesellschaft
Baden-Baden

Die Deutsche Bibliothek – CIP-Einheitsaufnahme

Ein Titeldatensatz für diese Publikation ist bei
Der Deutschen Bibliothek erhältlich. (http://www.ddb.de)

ISBN 3-7890-7811-5

1. Auflage 2002

Vorwort

Bei dem vorliegenden Text handelt es sich um eine interdisziplinäre Untersuchung, die juristische – vornehmlich verfassungsrechtliche – und ökonomische Argumentationen integriert. Ausgangspunkt ist die Frage, wie angesichts der mit der technischen Konvergenz verbundenen Ausdifferenzierung unterschiedlicher Dienstetypen die verfassungsrechtlich geforderte Gewährleistung freier öffentlicher Kommunikation realisiert werden kann.

Die Arbeiten konnten auf den Ergebnissen eines Symposions aufbauen, das unter dem Titel „Von der dualen Rundfunkordnung zur dienstespezifisch diversifizierten Informationsordnung?“ im Februar 2000 durchgeführt wurde.[1] Normativer Ausgangspunkt sind die verfassungsrechtlichen Prämissen, die das Bundesverfassungsgericht und die Verfassungslehre im Hinblick auf die Gewährleistung freier Kommunikation durch den Rundfunk erarbeitet haben. Diese Überlegungen fügen sich – wie die Untersuchung zeigt – mit ökonomischen Konzepten zusammen, die die Leistungsfähigkeit des Marktes im Hinblick auf die Allokation und Distribution von Gütern und Diensten beschreiben.

Die Untersuchung trägt in vielen Teilen tentative, fast experimentelle Züge, was nicht zuletzt auf Erkenntnislücken beruht, die bei der empirischen Beschreibung unterschiedlicher Dienstetypen erkennbar werden. Trotzdem ermöglicht sie bereits jetzt die Aussage, dass bei der Gewährleistung freier öffentlicher Kommunikation Online-Dienste mit in den Blick genommen werden müssen.

Literatur und empirische Untersuchungen, die vor Juli 2001 erschienen waren, konnten berücksichtigt werden.

Vorgelegt werden mit diesem Buch die Ergebnisse eines Gutachtens, das die Verfasser im Auftrag der Arbeitsgemeinschaft der öffentlich-rechtlichen Rundfunkanstalten der Bundesrepublik Deutschland (ARD) erstellt haben.

Die Verfasser danken Dirk Walter für die Mitarbeit am ökonomischen Teil der Untersuchung und den Kolleginnen und Kollegen des Hans-Bredow-Instituts für Anregungen und Hinweise auf kommunikationswissenschaftliche Literatur. Dank gebührt auch Benjamin Unger und Jan Bornemann für die Bearbeitung des Manuskripts ohne Rücksicht auf übliche Arbeitszeiten.

Hamburg, im Oktober 2001
Wolfgang Schulz, Thorsten Held, Manfred Kops

---

1 Die Beiträge sind veröffentlicht in*: M. Kops/W. Schulz/T. Held* (Hrsg.), Informationsordnung.

Inhaltsübersicht

1. Einführung

1.1 Gewährleistung freier öffentlicher Kommunikation und die Sonderrolle des Rundfunks

Eine Leitfrage rundfunkrechtlicher und rundfunkpolitischer Diskussionen in Deutschland ist spätestens seit dem Beginn privater Rundfunkveranstaltung, in welchem Modus Rundfunkdienste in der theoretisch möglichen Bandbreite zwischen staatlicher Leistungserbringung (die im Bereich der Medien nicht in Betracht kommt) und freiem Markt angeboten werden sollten. Bei der Regulierung des Rundfunks im Hinblick auf diese Grundentscheidung spielte – bekanntermaßen – das Bundesverfassungsgericht immer wieder eine entscheidende Rolle.[2] Es griff dabei auf bereits in der Weimarer Zeit entwickelte Argumentationsfiguren zurück, die den Kommunikationsfreiheiten neben ihrer auf Abwehr staatlicher Intervention in den Kommunikationsprozess gerichteten liberalen Komponente auch eine objektive – besser: an überindividuellen Zielen ausgerichtete – Komponente zuschreiben. Im Bereich öffentlicher Kommunikation – so der Ausgangspunkt – wird Kommunikationsfreiheit nicht allein dadurch garantiert, dass Sphären individueller kommunikativer Betätigungen geschaffen werden, in die der Staat nicht oder nur mit erhöhtem Legitimationsaufwand eingreifen darf. Vielmehr kann dem Staat die Aufgabe zufallen, die komplexen, multipolaren Interessenkonstellationen im Kommunikationsbereich so auszugestalten, dass die Freiheit öffentlicher Kommunikation ermöglicht und optimiert wird. Insofern trifft den Staat eine „Gewährleistungsverantwortung", die er – so die fast paradoxe Anforderung – erfüllen muss, ohne unmittelbar in gesellschaftliche Kommunikationsprozesse zu intervenieren (dies wäre mit der Staatsfreiheit des Rundfunks nicht vereinbar).

Die Diskussion konzentrierte sich lange Zeit auf eine Kommunikationsform, die in Deutschland zunehmend die Rolle eines „Leitmediums" übernehmen sollte, nämlich den Rundfunk, vor allem das Fernsehen. Für die Presse oder andere Medien öffentlicher Kommunikation wurde die Frage nach der Gewährleistungsverantwortung kaum gestellt, oder wenn, dann nur, um durch den Vergleich Ansätze zur Rundfunkregulierung zu diskreditieren. Die rundfunkpolitischen und rundfunkrechtlichen Leitbilder gerieten erst mit dem Aufkommen von Online-Kommunikation unter Druck. Erste wissenschaftliche Auseinandersetzungen finden bereits in den achtziger Jahren statt.[3] Aber erst mit der Jahrtausendwende beginnen in Deutschland Online-Dienste eine Bedeutung für

---

[2] Vgl. *W. Hoffmann-Riem*, Stadien des Rundfunkrichterrechts, S. 17 ff.

[3] Vgl. etwa *M. Bullinger*, AfP 1982, 69 ff.

die öffentliche Kommunikation zu erhalten, die ein Nachdenken über die Perspektiven der Gewährleistung freier öffentlicher Kommunikation erforderlich macht.

Dies setzt zunächst voraus, dass die bislang eher implizit mitlaufende Unterstellung über die Besonderheit des Rundfunks offen thematisiert wird. Die derzeitige Rundfunkordnung basiert auf der Annahme, Rundfunk sei zum einen für die Gesellschaft besonders bedeutsam und seine Erbringung könne zum anderen wegen der Besonderheiten dieses Dienstes nicht allein marktmäßig erfolgen. Die hoheitliche Regulierung der Rundfunkveranstaltung durch Private, aber auch die Aufgabenzuweisung der öffentlich-rechtlichen Rundfunkveranstalter wird aus diesen Überlegungen entwickelt.

1.2 Konvergenz der Technik und Diversifizierung der Dienste

Vor allem bei den Diensten, die über das Internetprotokoll übertragen werden, differenziert sich das Angebot derzeit erheblich aus, und durch die so genannte Konvergenz im technischen, aber auch ökonomischen Bereich lässt sich Rundfunk als „Dienst" in dieser entstehenden Landschaft nicht mehr selbstverständlich als „eigene Welt" betrachten. Regulierung, die allein am Rundfunk ansetzt, droht ihren Gegenstand zu verlieren und damit ihr Ziel zu verfehlen.

Rundfunkrecht und Rundfunkpolitik versuchten zunächst, die sich abzeichnende Entwicklung über eine Auseinandersetzung um den „Rundfunkbegriff" zu lösen, dies führt entweder zu verhältnismäßig unproduktiven begriffsjuristischen Florettkämpfen, oder aber – richtigerweise – zur Rückbesinnung auf die Frage, was denn den Grund für die besondere Rundfunkregulierung darstellt. Es wird aber schnell erkennbar, dass diese Fragestellung sich nicht allein am Rundfunkbegriff abarbeiten lässt. Es bedarf vielmehr eines Blickes darauf, wie sich der Realbereich (also der Bereich öffentlicher Kommunikation in Zeiten der „Konvergenz") und die normativen Zielvorgaben entwickeln.

Unabhängig davon, ob man sich an eher „konservativen" oder eher „visionären" Prognosen orientiert, das Phänomen der „Konvergenz" macht es notwendig, einen Schritt zurückzutreten und die im Entstehen begriffene Fülle der Dienste im Bereich elektronisch vermittelter Kommunikation insgesamt in den Blick zu nehmen. Dies soll in der vorliegenden Untersuchung – in ersten Schritten – unternommen werden. Die damit mögliche Betrachtung mag schließlich nur zu marginalen Korrekturen der bestehenden Rechtsordnung führen oder aber auch umwälzende Veränderungen nötig erscheinen lassen; eine Beurteilung erscheint aber jedenfalls nur durch diesen erweiterten Fokus möglich.

1.3 Fragestellung und methodisches Herangehen

Die Fragestellung lautet also: Wie ist zukünftig in einer ausdifferenzierten Dienstelandschaft eine Steuerung der Erbringung von Diensten öffentlicher Kommunikation in dem Spektrum zwischen staatlicher Leistungserbringung und rein marktlicher Bereitstellung der Dienstleistungen sinnvoll? Die Fragestellung erfordert normative Analysen, die Anforderungen an öffentliche Kommunikation formulieren. Insofern knüpft sie an die vor allem vom Bundesverfassungsgericht entwickelte Leitvorstellung an. Ausgangspunkt sind daher die verfassungsrechtlich vorgegebenen oder von der Verfassung dem demokratischen Gesetzgeber zur Definition überlassenen Zielsetzungen, um freie öffentliche Kommunikation zu gewährleisten. Die Überlegung (Kapitel 4) startet daher mit einer Untersuchung der Zielvorgaben des Art. 5 Abs. 1 Satz 2 GG, wobei – wiederum mit dem Bundesverfassungsgericht – davon ausgegangen wird, dass auch Verfassungsnormen in Abhängigkeit von Veränderungen des Realbereiches zu interpretieren sind. Die Untersuchung rekonstruiert daher an dieser Stelle noch einmal das Verständnis des Bundesverfassungsgerichts vom Prozess freier öffentlicher Kommunikation, um es auf beobachtbare Veränderungen dieses Prozesses einstellen zu können.

Ergebnis dieses Rekonstruktionsprozesses ist auch die Beobachtung, dass die Begründung für eine besondere Ausgestaltung der Rundfunkordnung zur Gewährleistung freier öffentlicher Kommunikation in zwei Schritten erfolgt, nämlich zum Ersten in Begründung seiner besonderen Bedeutsamkeit für die individuelle und öffentliche Meinungsbildung. Zum Zweiten wird auf die Charakteristika der Dienste (etwa bestimmte Defizite einer marktlichen Erbringung von Rundfunkdiensten) rekurriert. Die Untersuchung greift diese Zweiteilung – die bislang in der rechtswissenschaftlichen Diskussion eher implizit und ohne sorgfältige Trennung der zugrunde liegenden Kriterien erfolgt – auf und versucht, sie zu systematisieren und auf induktiv gewonnene Beispieldienste in der entstehenden, sich ausdifferenzierenden Angebotspalette elektronischer Kommunikationsdienste zu beziehen. Dies geschieht zunächst (Kap. 5) für die Bedeutsamkeit der unterschiedlichen Dienste. Im folgenden Schritt wird die Frage bearbeitet, inwieweit bei den unterschiedlichen Diensten Indizien für Defizite einer marktlichen Bereitstellung erkennbar sind (Kap. 6). Dabei wird methodisch auf die Theorie des Marktversagens zurückgegriffen und deren Kanon von Typen von Marktmängeln zugrunde gelegt, wobei allerdings wiederum die Beobachtungen des Gegenstandsbereiches (etwa die besonderen Charakteristika von Netzwerkgütern) zu einer Modifikation und Weiterentwicklung dieser Lehre selbst beitragen.

In diesen Teilen muss die Studie auf empirische Fakten (etwa die Reichweite bestimmter Dienste, Unterschiede in der Rezeptionssituation usw.) Bezug nehmen, über die – zumindest für bestimmte Dienste – in den Wissenschaftsdisziplinen, die sie untersuchen, nur wenige, unzureichende oder gar keine Informationen zur Verfügung stehen, zumindest nicht Daten des Typus, die als Grundlage für die Bewertung taugen. Da die Untersuchung die Regulierungsperspektive des ausgestaltenden Gesetzgebers einnimmt, reicht es allerdings hier methodisch aus, Indizien zusammenzutragen, die angesichts des Prognose- und Wertungsspielraums des Gesetzgebers für die Beurteilung von Dienstetypen von Verfassungs wegen genügen. Aber auch auf der Grundlage dieses Maßstabes bleibt die Darstellung notwendigerweise lückenhaft und tentativ.

Anschließend wird der Optionenraum skizziert, der dem Gesetzgeber zur Verfügung steht, um Defizite im Hinblick auf die von der Verfassung geforderte Gewährleistung freier öffentlicher Kommunikation auszugleichen. Anhand dreier Beispiele wird erläutert, welche Reaktionen des Gesetzgebers möglich sind. Dieser Teil beabsichtigt nicht, konkrete Handlungsoptionen vorzuschlagen oder gar als verfassungsrechtlich notwendig darzustellen. Die Ausgestaltung einer Informationsordnung erfolgt in einem komplexen, multipolaren Ausgestaltungsprozess. Bereits das Austarieren unterschiedlicher Formen der Erbringung von klassischen Rundfunkdiensten im dualen System erfolgt richtigerweise nicht nach dem Schema der Zuordnung unterschiedlicher Dienste zu einem organisatorischen Typus, der für eine bestimmte Leistungserbringung steht (etwa öffentlich-rechtliche Anstalt und privater Rundfunkveranstalter), sondern berücksichtigt die unterschiedlichen Wechselwirkungen, die durch das faktische Handeln der verschiedenen Angebots- und Anbietertypen entstehen. Schon auf der Ebene der Betrachtung einzelner Dienste würde eine solche zwingende Zuordnung der unterschiedlichen Dienste zu bestimmten Verfahren ihrer Bereitstellung voraussetzen, dass sämtliche dieser Verfahren einer ausführlichen Analyse ihrer Leistungsfähigkeit unterzogen worden wären (so wie wir dies in der vorliegenden Studie für die marktliche Bereitstellung versucht haben). Erst die daraus ableitbare Kenntnis der *relativen* Leistungsfähigkeit aller in Betracht kommenden Bereitstellungsverfahren würde eine solche zwingende Zuordnung ermöglichen; ihre Bestimmung geht aber über den dieser Studie zugrunde liegenden und erfüllbaren Untersuchungsauftrag hinaus.

In einem Anhang wird abschließend versucht, das Ergebnis der Untersuchung im Hinblick auf unterschiedliche Dienstetypen zu konkretisieren, indem die Einordnungskriterien quantifizierend zugeordnet werden. Dabei wird auf die ökonomische Methode der Nutzwertanalyse zurückgegriffen. Angesichts der bereits oben skizzierten Faktenlage ist die Quantifizierung mit großen Unsicherheiten verbunden, so dass dieser quantitative Anhang als eine Art „Experiment“ zu verstehen ist. Aus den theoretischen Ableitungen ergibt sich ein Nutzwertschema, in das bei Zugrundelegung neuer empirischer Erkenntnisse oder bei der

Entstehung und Veränderung neuer Dienste neue Daten „eingefüttert" werden können, um auch für diese Dienste die Bedeutsamkeit und Behaftetheit mit Marktmängeln quantitativ zu berechnen. Während die verfassungsrechtlichen Einordnungen überwiegend am Hans-Bredow-Institut erarbeitet wurden, sind die ökonomischen und quantitativen Elemente überwiegend Ergebnis der Arbeit des Instituts für Rundfunkökonomie.

2. Derzeitiges Regulierungskonzept in Deutschland

Eine differenzierte Betrachtung verschiedener Dienstetypen ist dem deutschen Medienrecht nicht fremd. Als das Internet an gesellschaftlicher Bedeutung gewann und sich die Frage der Regulierung der neuen Dienste stellte, wurden diese nicht in bestehende Regime – etwa des Rundfunkrechts – integriert, sondern es wurden neue Gesetze geschaffen: das Informations- und Kommunikationsdienstegesetz (IuKDG) des Bundes und der Mediendienstestaatsvertrag der Länder (MdStV).[4] Entlang der Grenzen zwischen Bundes- und Länderkompetenz wurde damit die Unterscheidung zwischen „Mediendiensten" und „Telediensten" eingeführt. Größtenteils wird davon ausgegangen, dass das Teledienstegesetz (TDG), das als ein Teil des IuKDG erlassen wurde, für Individualkommunikation gilt und dass der Mediendienstestaatsvertrag und die Rundfunkgesetze Massenkommunikation betreffen.[5] Zum Teil wird aber auch die Ansicht vertreten, Massenkommunikation, die nicht redaktionell bearbeitet wurde, falle unter das TDG.[6]

Von diesen auf den Inhalt der jeweiligen Dienste bezogenen Regelungen zu unterscheiden sind die rechtlichen Vorgaben für die technische Seite elektronischer Kommunikation, d. h. für die Übertragung der Dienste. Diese Aspekte sind Gegenstand des Telekommunikationsgesetzes (TKG). Zu den Zielen dieses Gesetzes zählt die Sicherstellung eines chancengleichen und funktionsfähigen Wettbewerbs, und aus diesem Grunde richten sich viele Normen an marktbeherrschende Unternehmen (so genannte asymmetrische Regulierung). Zugangsregeln sollen sicherstellen, dass Marktteilnehmer die Netze des marktbeherrschenden Unternehmens nutzen können und dass es zu Zusammenschaltungen verschiedener Netze kommt, wenn ein Betreiber dies wünscht. Derzeit ist der ehemalige staatliche Monopolist, die Telekom, in vielen Bereichen noch marktbeherrschend.

Aspekte der Individualkommunikation und die Regulierung der technischen Seite elektronischer Kommunikation sind nicht Thema dieses Gutachtens. Der

---

4 Neben Jugend-, Datenschutz und Werberegeln finden sich im MdStV dem Presserecht nachempfundene Vorgaben (Kennzeichnungspflicht, für bestimmte Mediendienste auch Sorgfaltspflicht, Gegendarstellung, Auskunftsrecht) sowie auf speziell für diese Dienste eingeführte Verantwortlichkeitsregeln.

5 Zur Abgrenzung zwischen Tele- und Mediendiensten sowie zu den Auswirkungen auf den Jugendschutz vgl. Fn. 19 sowie *W. Schulz*, Stellungnahme zur Anhörung „Konvergenz und Medienordnung" am 03. Juli 2000, S. 16 f. (Frage 7); abrufbar unter http://rsw.beck.de/rsw/Downloads/mmr/BT-Anhoerung.pdf. sowie http://www.rrz.uni-hamburg.de/hans-bredow-institut/ws-lehr/bt-anh_konvergenz.pdf.

6 *G. Spindler*, § 2 TDG Rn. 81, in: Roßnagel (Hrsg.), Recht der Multimediadienste, Kommentar; vgl. zur strittigen Einordnung von Homepages von Privatpersonen und Unternehmen *G. Spindler,* § 2 TDG Rn. 70 ff. aaO.

hier behandelte Bereich elektronisch vermittelter *öffentlicher i. S. v. überindividueller* Kommunikation ist nach dem Gesagten rechtlich aufgeteilt in Rundfunk, Mediendienste und (str.) Teledienste.

Während sich IuKDG und MdStV nur in Teilbereichen – zum Beispiel dem Jugendschutz[7] – unterscheiden, enthalten die Rundfunkgesetze auf der einen Seite und MdStV und IuKDG auf der anderen Seite grundlegend verschiedene Regelungskonzepte: Die Veranstaltung von Rundfunk steht derzeit unter einem Zulassungsvorbehalt,[8] und neben speziellen Jugend- und Datenschutzregeln gelten – anders als bei Tele- und Mediendiensten – zahlreiche Regeln zum Schutz kommunikationsbezogener Interessen. Hierzu zählt die Forderung nach einem Mindestmaß an Binnenpluralität, Konzentrationsregeln und Quotenvorgaben. Auch die Werberegeln für den Rundfunk sind ungleich detaillierter und strenger als die für Mediendienste; das IuKDG enthält keinerlei Werbevorschriften.

Auch wenn das IuKDG und der MdStV im Hinblick auf das Internet erlassen wurden, ist eine Anwendung der Rundfunkregeln auf Online-Dienste nicht ausgeschlossen. Bekommen Online-Dienste den Charakter von Rundfunk, so sind sie auch als Rundfunk im Sinne des Rundfunkstaatsvertrags anzusehen. Angesichts der Schwierigkeit zu bestimmen, wann „Mediendienste" dem Rundfunk zuzuordnen sind, enthält § 20 Abs. 2 RStV eine spezielle Verfahrensregel, wonach eine Einordnung als Rundfunk eine einstimmige Entscheidung aller Landesmedienanstalten voraussetzt. Derzeit gehen diese noch davon aus, dass im Internet angebotene Dienste nicht als Rundfunk eingestuft werden.[9]

Eine ähnliche Wertung liegt auch der Entscheidung des Gesetzgebers zugrunde, öffentlich-rechtlichen Rundfunkanstalten das Angebot von Mediendiensten nur dann zu gestatten, wenn diese überwiegend einen Bezug zum klassischen Rundfunkprogramm aufweisen.[10]

---

7 Beim Jugendschutz verfolgen TDG und MdStV unterschiedliche Konzepte. Der Mediendienstestaatsvertrag enthält Totalverbote (etwa für Pornografie) und Sendezeitbeschränkungen bzw. Vorgaben zur anbieterseitigen Sperrung bestimmter Angebote. Für jugendgefährdende Teledienste gelten nur Vertriebsbeschränkungen, d. h. sie dürfen verbreitet werden, wenn durch technische Vorkehrungen Vorsorge getroffen wird, dass das Angebot nur volljährigen Nutzern zugänglich ist. Vgl. *K. Altenhain,* § 8 MDStV Rn. 31, in: *Roßnagel (Hrsg.),* Recht der Multimediadienste, Kommentar; *W. Schulz,* MMR 1998, 187.

8 Das Anbieten von Tele- und Mediendiensten bedarf keiner Zulassung und muss auch nicht angemeldet werden.

9 Vgl. Strukturpapier der Landesmedienanstalten, abrufbar unter http://www.alm.de/index2.htm. Jedoch ist auch zu beachten, dass bereits Online-Anbieter eine Rundfunkzulassung erhalten haben (z.B. „Chart Radio" in Baden-Württemberg, vgl. Pressemitteilung 05/00 der LfK vom 29.02.2000).

10 § 4 III ARD-StV/ZDF-StV/DR-StV: "... ist berechtigt, im Rahmen seiner Aufgabenerfüllung Mediendienste im Sinne von § 2 II Nr. 4 MDStV mit vorwiegend programmbezogenem Inhalt anzubieten." Vgl. zum Streit um die Zulässigkeit öffentlich-rechtlicher Online-Dienste etwa

Die Art und Intensität der Regulierung der marktlichen Erbringung der Dienstetypen weicht also zum Teil deutlich voneinander ab. Im Hinblick auf Alternativen zur marktlichen Erbringung von Diensten besteht die entscheidende Grenze derzeit zwischen Rundfunk (und dem Rundfunk zuzuordnenden Mediendiensten) und anderen Dienstetypen. Nur beim Rundfunk – bei diesem dem Grunde nach aber umfassend – werden alternative Formen, wie Veranstaltung durch öffentlich-rechtliche Anstalten, aber auch offene Kanäle und unterschiedliche Modelle nichtkommerziellen Rundfunks,[11] zur strukturellen Diversifizierung[12] genutzt.

Dieser kursorische Blick auf die derzeitige Regulierung elektronisch vermittelter Inhalte zeigt also, dass das Internet und der klassische Rundfunk derzeit rechtlich noch weitgehend als getrennte Welten angesehen werden. Für eine solche Trennung sind im Wesentlichen zwei Gründe denkbar: Entweder werden für beide Bereiche verschiedene Ziele eine Rolle spielen oder es werden dieselben Ziele in den beiden Bereichen mit unterschiedlichen Mitteln verfolgt. Geht man davon aus, dass auch in Bezug auf Online-Dienste Ziele verfolgt werden, die die Kommunikation selbst betreffen und nicht dem Schutz anderer Interessen im Rahmen von Kommunikationsvorgängen (Jugendschutz, Datenschutz etc.) dienen, so ist festzustellen, dass zur Erreichung dieser Ziele momentan allein auf die Leistungsfähigkeit des Marktes vertraut wird.

Der vorliegende Text geht den dem derzeitigen Regulierungskonzept zugrundeliegenden Prämissen nach: Es werden die Zielvorgaben für den Bereich der Online-Kommunikation und die Bedeutung einzelner Dienstetypen hierfür untersucht und es wird beleuchtet, inwieweit eine rein marktmäßige Erbringung der Dienste diese Ziele erfüllen kann.

H.D. Jarass, Online-Dienste; *C. Degenhart*, Online-Angebote; ders., MMR 1998, S. 137 ff; ders., Der Funktionsauftrag des öffentlichen-rechtlichen Rundfunks in der „Digitalen Welt"; *F. Schoch*, AfP 1998, S. 253 ff.; *H. Schulze-Fielitz*, AfP 1998, S. 447 ff.; *E.-M. Michel*, ZUM 1998, S. 350 ff.; *H. Gersdorf*, NJW-CoR 1998, S. 238 ff.

11 Vgl. etwa *W. Gellner*, Informationsordnung, S. 253 ff.

12 Vgl. zu dem Konzept struktureller Diversifikation *W. Hoffmann- Riem*, Erosionen des Rundfunkrechts, S. 38 ff; *W. Hoffmann-Riem*, Regulierung, S. 34 ff.

3. Reale und rechtlich definierte Dienstetypen

3.1 Einbezogene reale Dienstetypen

Während in Großteilen der Literatur bisher pauschal die Regulierung „des Internet" thematisiert wird, sollen in diesem Gutachten verschiedene Dienstetypen betrachtet werden, die im Internet angeboten werden. Angesichts der Vielzahl existierender und möglicher Dienste wird an dieser Stelle eine Auswahl getroffen, die – ohne Anspruch auf Vollständigkeit – die bekanntesten der derzeit im Netz angebotenen Typen umfasst. Die Liste ist bewusst ungeordnet, um zu verhindern, dass die Auswahl bereits im Hinblick auf Kriterien erfolgt, die für den Umfang der Gewährleistungspflicht des Staates von Bedeutung sind.

Eine Schwierigkeit bei der Beschreibung verschiedener Dienstetypen besteht darin, dass zwar Grundtypen ausgemacht werden können, diese in der Praxis aber vielfältig variiert werden (etwa in Bezug auf die konkrete Gestaltung, die konkreten Inhalte, die Finanzierung etc.). Wir gehen bei unserer Untersuchung davon aus, dass der Übertragungsweg für den Dienst keinen Unterschied macht, während Protokollstandards (etwa DVB oder TCP/ IP) eine Rolle spielen können, so dass Web-TV nicht mit „traditionellem Fernsehen" gleichgesetzt wird. Unterschiede können etwa bei der Möglichkeit der Speicherung oder der Verknüpfung mit anderen Diensten bestehen.

Als weiteres Problem kommt hinzu, dass die einzelnen Dienste selten getrennt voneinander vorkommen, sondern zumeist Bestandteile von Gesamtangeboten („Dienstebündeln") sind. Um angesichts der Vielzahl von Kombinationsmöglichkeiten die Anzahl der zu untersuchenden Dienste einzuschränken, wird bei den verwendeten Beispielen nur ein konkreter Teil des Dienstes betrachtet.[13]

Da wir die Leistungsfähigkeit marktmäßig angebotener Dienste im Hinblick auf bestimmte Ziele untersuchen, beschränken wir unsere Auswahl auf kommerzielle Dienste, die sich entweder aus Werbung oder aus Entgelten finanzieren. Aus nichtmarktlichen Einnahmen (z. B. aus Steuern, Gebühren, Subventionen oder Spenden) finanzierte Dienste, wie insbesondere die Rundfunk- und Online-Angebote der öffentlich-rechtlichen Rundfunkanstalten oder die Internet-Angebote so genannter Non-Profit-Organisationen, bleiben deshalb ebenso außer Betracht wie aus privaten Einkünften finanzierte Dienste, z. B. die Homepages von Privatpersonen. Auch Misch- und Querfinanzierungen, etwa durch E-

---

[13] Deshalb werden bei den Beispielsdiensten im Anhang dieser Studie z. B. www.yahoo.de und www.altavista.de von uns als Beispiele für Suchkataloge bzw. Suchmaschinen verwendet, obwohl beide Angebote mittlerweile auch als Portale fungieren. Ebenso wird z. B. www.tv1.de nur als Video-on-demand-Dienst betrachtet, obwohl er zugleich auch die Möglichkeit bietet, mit anderen Nutzern dieses Dienstes online zu kommunizieren, d. h. es sich auch um einen Chat-Dienst handelt.

Commerce oder durch den Erlös eines Hauptangebots, zu dem der jeweilige Online-Dienst nur einen Annex darstellt, bleiben aufgrund ihrer schwer bestimmbaren Anreizwirkungen und der damit verbundenen Angebotsstruktureffekte (Programmstruktureffekte) aus der Betrachtung ausgeklammert, obwohl sie in den Medien generell verbreitet sind[14] und aufgrund der Finanzierungsregeln der New Economy[15] gerade für Online-Angebote eine erhebliche Bedeutung besitzen.

In der folgenden Liste sind die Dienste aufgeführt, auf die wir uns exemplarisch beziehen. Eine Definition der einzelnen Dienste sowie die Nennung von existierenden Angeboten als Beispiele für die einzelnen Dienste findet sich im Anhang dieser Studie.

Übersicht: In die Untersuchung einbezogene Dienstetypen

- Fernseh-Vollprogramm
- Fernseh-Spartenkanal, Nachrichten (mit *Non-fiction*-Inhalten)
- Fernseh-Spartenkanal, Unterhaltung (mit *Fiction*-Inhalten)
- Webcasting-Vollprogramm
- Webcasting-Spartenkanal, Nachrichten (mit *Non-Fiction*-Inhalten)
- Webcasting-Unterhaltungskanal (mit *Fiction*-Inhalten)
- Newsarchiv
- Portal
- Suchkatalog, redaktionell bearbeitet
- Suchmaschine, redaktionell nicht bearbeitet
- offener Chat-Dienst
- geschlossener Chat-Dienst
- Nachrichten-Push-Dienst
- Info-Push-Dienst
- Linksammlung
- Newsgroup
- Newsletter
- EPG, elektronischer Programmführer via Internet
- Online-Nachrichtensendung
- Einzelnachrichten zum Abruf
- Video-on-Demand, Unterhaltung (mit *Fiction*-Inhalten)

---

14 *J. Ludwig*, Zur Ökonomie der Medien, S. 217 ff.

15 Hier spielen vor allem die so genannten First-Mover-Advantages eine wichtige Rolle, die dazu zwingen, zunächst nicht kostendeckende, d. h. in der Regel: aus den Erlösen anderer Geschäftsaktivitäten finanzierte, Online-Dienste anzubieten. Siehe hierzu unten, Abschnitt 6.1.2.3.3.4.

- Audio-/Music-on-Demand
- Online-Spiel
- Online-Bibliothek
- Online-Pressedienst
- Online-Bildungsangebot
- Online-Shopping
- themenbezogene elektronische Datenbank
- elektronischer Datendienst
- elektronischer Auskunftsdienst
- elektronische Zeitung, ohne multimediale Elemente
- elektronische Zeitung, mit multimedialen Elementen
- Special Interest-Homepage, *non-fiction*, ohne multimediale Elemente
- Special Interest-Homepage, *non-fiction*, mit multimedialen Elementen
- Special Interest-Homepage, *fiction*, ohne multimediale Elemente
- Special Interest-Homepage, *fiction*, mit multimedialen Elementen
- elektronisches Nachschlagewerk

Die Dienstedefinition erfolgt dort aus pragmatischen Gründen weitgehend aufgrund inhaltlicher Merkmale der Angebote. Damit wird nicht etwa unterstellt, die Art des Umgangs der Nutzer mit diesem Angebot sei unerheblich. Angesichts der verschwimmenden Grenzen zwischen den Diensten wird es zunehmend darauf ankommen, welche Rezeptionshaltung (ich sehe fern, ich lese einen Newsletter) der Nutzer gegenüber dem jeweiligen Angebot einnimmt.[16]

Dabei spielt die „Zeitdimension" eine zentrale Rolle. So wird für Rundfunk als charakteristisch angesehen, dass es mit dem Bewusstsein rezipiert wird, dass andere es zur gleichen Zeit wahrnehmen; man ist Teil eines „Publikums",[17] aus diesem entsteht „Öffentlichkeit". Angebote sind also auch dadurch charakterisiert, wie sie öffentliche Aufmerksamkeit in zeitlicher Hinsicht strukturieren (relevant nur in diesem Augenblick, tagesaktuell usf.). Die differenzierte Betrachtung von Öffentlichkeit in diesem Sinne und auch eine Kategorisierung der Dienste nach diesem Kriterium beginnt, in der Kommunikationswissenschaft Thema zu werden. Was überhaupt als Dienst anzusehen ist, kann bei größerer Flexibilisierung im Hinblick auf den Nutzungszeitpunkt (etwa so genannte Personal Video Recorder, die laufend für die betreffende Person interessante Sendungen aus einem Verteildienst aufzeichnen) nur noch abhängig von der individuellen Nutzung definier werden. Derzeit spricht allerdings viel dafür, dass die Kommunikationshaltung stark von bestimmten Angebotsmerkmalen abhängig

---

[16] Vgl. *U. Hasebrink*, Zukunft der Fernsehnutzung.

[17] *U. Hasebrink*, Fernsehen in neuen Medienumgebungen, Berlin 2001, S. 10 f.

ist, die deshalb der Abgrenzung der Dienste in diesem Gutachten zugrunde gelegt werden. Die Medienangebote bilden insoweit ein „Dispositiv“,[18] das den individuellen Umgang mit ihnen (mit-)bestimmt.

3.2 Rechtlich definierte Dienstetypen

Im Bereich der Inhaltedienste (also nicht der Telekommunikationsdienste) folgt die Regulierung einer Aufteilung in Typen, die durch drei zentrale Gesetzeswerke vorgenommen wird. Diese Typen sind z. T. weiter untergliedert. Die Kriterien, die die Gesetzgeber zur Bestimmung der Dienstetypen formuliert haben, sind in der wissenschaftlichen Literatur heftiger Kritik ausgesetzt.[19] Hier werden schlicht die gesetzlichen Kriterien aufgeführt, um die bestehende Aufteilung als Hintergrund für die weitere Untersuchung präsent zu machen.

3.2.1 Teledienste

§ 2 TDG definiert Teledienste als „alle elektronischen Informations- und Kommunikationsdienste, die für eine individuelle Nutzung von kombinierbaren Daten wie Zeichen, Bildern oder Tönen bestimmt sind und denen eine Übermittlung mittels Telekommunikation zugrunde liegt.“ Regelbeispiele liefert § 2 Abs. 2 TDG, bei denen solche wie „Telebanking“ (§ 2 Abs. 2 Nr. 1 TDG) eher unproblematisch erscheinen, während die Abgrenzung in § 2 Abs. 2 Nr. 2 („Angebote zur Information oder Kommunikation, soweit nicht die redaktionelle Gestaltung zur Meinungsbildung für die Allgemeinheit im Vordergrund steht...“) Abgrenzungsprobleme mit dem Mediendienste-Staatsvertrag hervorrufen.

3.2.2 Mediendienste

Unter Mediendienste fällt gemäß § 2 Abs. 1 MDStV „... das Angebot und die Nutzung von an die Allgemeinheit gerichteten Informations- und Kommunikationsdiensten (Mediendienste) in Text, Ton oder Bild, die unter Benutzung elektromagnetischer Schwingungen ohne Verbindungsleitung oder längs oder mittels eines Leiters verbreitet werden.“ Auch § 2 Abs. 2 MDStV enthält einen

---

18 *K. Hickethier,* Fernsehen als Dispositiv, montage/AV 1995, S. 63 ff.

19 Vgl. statt vieler zur Abgrenzung von Tele- zu Mediendiensten *G. Gounalakis/L. Rhode,* K&R 1998, S. 321 ff.; *G. Spindler,* Verantwortlichkeit im Internet, S. 194 ff.; *S. Engel-Flechsig/F. A. Maennel/A. Tettenbaum,* NJW 1997, S. 2981 ff. Zur Abgrenzung Mediendienste zu Rundfunk Fn. 20. Zum Ganzen mit weiteren Nachweisen *W. Schulz,* Stellungnahme zur Anhörung „Konvergenz und Medienordnung“ des Unterausschusses Neue Medien des Ausschusses für Kultur und Medien des Deutschen Bundestages am 3. Juli 2000, S. 16 f. (Frage 7); abrufbar unter http://rsw.beck.de/rsw/downloads/mmr/bt/anhoering.pdf. sowie http://www.rrz.uni-hamburg.de/hans-bredow-institut/ws-lehr/bt-anh_konvergenz.pdf.

Katalog von Regelbeispielen, der sowohl Verteildienste (Teleshopping) als auch Abrufdienste auflistet.

Der Mediendienstestaatsvertrag nennt, ohne dies in der Definition aufzuführen, eine besondere „Gattung" von Diensten, nämlich solche, die gemäß § 6 Abs. 2 als journalistisch-redaktionell gestaltete Angebote anzusehen sind, in denen vollständig oder teilweise Inhalte periodischer Druckerzeugnisse in Text oder Bild wiedergegeben oder in periodischer Folge Texte verbreitet werden. An diese – hier als „publizistische Mediendienste" bezeichnete – Angebote knüpfen die Gesetzgeber besondere Privilegien und Verpflichtungen. Sie können daher als eigener, vom Gesetzgeber ausgeformter Typus angesehen werden.

3.2.3 Rundfunk

Die Definition des Rundfunks unterscheidet sich von der der Mediendienste dadurch, dass eine „Darbietung" erforderlich ist. § 2 Abs. 1 RStV bestimmt: „Rundfunk ist die für die Allgemeinheit bestimmte Veranstaltung und Verbreitung von Darbietungen aller Art in Wort, in Ton und in Bild unter Benutzung elektromagnetischer Schwingungen ohne Verbindungsleitung oder längs oder mittels eines Leiters." [20]

Ob ein Dienst als Mediendienst oder als Rundfunk einzustufen ist, ergibt sich aus den gesetzlichen Kriterien. § 20 Abs. 2 RStV bestimmt darüber hinaus, dass – zumindest in Grenzfällen – die Einordnung als Rundfunk nur im Einvernehmen aller Landesmedienanstalten erfolgen darf. Angesichts der weit reichenden Folgen der Einordnung eines Angebots als Mediendienst oder als Rundfunk sind die gesetzlichen Abgrenzungskriterien unbefriedigend vage.[21]

Die Landesmedienanstalten, denen die Einordnung obliegt, behelfen sich derzeit in Anlehnung an die Ausführungen des Bundesverfassungsgerichts zur Bedeutung des Rundfunks mit den Kriterien Breitenwirkung, Aktualität und Suggestivkraft (dieser verfassungsrechtliche Hintergrund wird später weiter ausgeleuchtet, s. u. Kapitel 4).[22] Zu den Grenzfällen zählen Angebote, die ver-

---

20 Vgl. zur Abgrenzung zwischen Rundfunk und Mediendiensten *W. Schulz*, ZUM 1996, S. 487 ff.; *G. Gounalakis/L. Rhode*, CR 1998, S. 487 ff.; *M. Bermanseder*, ZRP 1997, S. 330 ff.; *R. Hochstein*, NJW 1997, S. 2977 ff

21 Vgl. *W. Schulz/T. Held*, in: epd medien, Nr. 30, S. 8 (9). *W. Schulz*, Stellungnahme zur Anhörung „Konvergenz und Medienordnung " des Unterausschusses Neue Medien des Ausschusses für Kultur und Medien am 03. Juli 2000, S. 13 (Frage 5), S. 24 (Frage 10); abrufbar unter http://rsw.beck.de/rsw/ Downloads/mmr/BT-Anhoerung.pdf.

22 *DLM*, Strukturpapier zur Unterscheidung von Rundfunk und Mediendiensten, Zweite Fassung vom Dezember 1998; abrufbar unter http://www.alm.de/aktuelles/presse/struktur2.htm. Vgl. zur Konturlosigkeit dieser Begriffe jenseits politischer Berichterstattung *T. Vesting*, Informationsordnung.

meintlich keine hohen Nutzerzahlen aufweisen, wie etwa Internet-TV und Business-TV.[23]

Beim Rundfunk wird wiederum unterschieden zwischen so genannten „Vollprogrammen“ und „Spartenprogrammen“, die in § 2 Abs. 2 legaldefiniert sind, nämlich Vollprogramme als Rundfunkprogramme mit vielfältigen Inhalten, in welchen Information, Bildung, Beratung und Unterhaltung einen wesentlichen Teil des Gesamtprogramms bilden, und Spartenprogramme als Rundfunkprogramme mit im Wesentlichen gleichartigen Inhalten.

Darüber hinaus finden sich Binnendifferenzierungen des Rundfunks. So sehen Landesmediengesetze spezifische Erleichterungen für so genannten „Bagatellrundfunk“ vor, wobei die eingrenzenden Kriterien vor allem an die technische Reichweite des Angebotes anknüpfen.[24] So sind etwa Sendungen in einem Gebäude nach § 43 HambMedienG zulassungsfrei. Das Programm darf keine Werbung enthalten und muss mit der Funktion des Gebäudes im Zusammenhang stehen. Nur meldepflichtig sind gemäß § 44 HambMedienG auch Sendungen in einem Gebäudekomplex mit maximal 100 Wohneinheiten, ohne dass die Sendungen im funktionalen Zusammenhang mit den Wohneinheiten stehen müssen. Ein vereinfachtes Zulassungsverfahren wird gemäß § 42 HambMedienG etwa für Sendungen im örtlichen Bereich einer Veranstaltung und für bestimmte Sendungen in einer Mehrzahl von Einrichtungen vorgesehen.

Auch das geltende Recht differenziert also bereits – sogar relativ fein –, wenn auch noch nicht systematisch abgestuft, unterschiedliche Dienstetypen. Es wäre zu prüfen, inwieweit die im Folgenden erarbeiteten Kriterien die Einstufung stützen, die mit einer gewissen Unterscheidung in Art und Intensität der Regulierung, angefangen bei Telediensten und endend beim Rundfunkvollprogramm, einhergeht. Dabei sind die Hintergründe der derzeitigen rechtlichen Differenzierung verschiedener Dienstetypen mit in den Blick zu nehmen: So ist die Unterscheidung zwischen Medien- und Telediensten eine Folge der Aufteilung der Gesetzgebungskompetenzen in Deutschland,[25] und bei der Wahl des Regulierungskonzepts des Mediendienste-Staatsvertrags, das sich erheblich von dem des Rundfunkstaatsvertrag unterscheidet, mag eine Rolle gespielt haben, dass die wirtschaftliche Entwicklung im Bereich des Internet nicht durch Marktzugangshemmnisse gebremst werden sollte. Hinzu kommt die Erkenntnis, dass

---

23 Vgl. *M. Lammek/S.Dreyer*, CR 1999, S. 638 ff.; *M. Libertus*, K&R 2000, S. 119 ff.; vgl. auch die gemeinsame Vorlage für die 129. Sitzung der DLM am 14./15.11.2000 in Düsseldorf: Medienrechtliche Einordnung von „Kunden-TV“; abrufbar unter http://www.alm.de/aktuelles/presse/kundtv.doc.

24 Eine Übersicht über die Regelungen in den einzelnen Ländern findet sich bei *T. Held/W. Schulz*, RuF 1999, S. 101 ff.

25 Vgl. zur Entstehungsgeschichte *S. Engels/W. Schulz*, Kommunikation, S. 3.

Dienste im Internet kaum einer nationalen oder gar von den Bundesländern zu leistenden Regulierung zugänglich sind, deren Dichte derjenigen beim traditionellen Rundfunk entspricht.[26]

Angesichts des radikalen Bruchs zwischen Mediendienstestaatsvertrag und Rundfunkstaatsvertrag sind die Kriterien von großer Bedeutung, die die Abgrenzung zwischen den Regelungswerken steuern. Die Frage aber, welche Dienste als Rundfunk im Sinne von § 2 Rundfunkstaatsvertrag einzustufen sind, ist bisher noch nicht befriedigend geklärt worden. Eindeutig dem Rundfunk (im einfachgesetzlichen Sinn) zuzuordnen sind nur unsere Referenzdienste Fernsehvollprogramm und Fernsehspartenprogramme. Bereits beim Webcasting, das sich von den Referenzdiensten nur im Hinblick auf das Übertragungsprotokoll unterscheidet, ist unklar, ob hier der Rundfunkstaatsvertrag anzuwenden ist.

Auch bei den anderen in diese Untersuchung einbezogenen Diensten ist die Zuordnung problematisch; nach der derzeitigen Ansicht der Landesmedienanstalten, denen gemäß § 20 Abs. 2 RStV die Feststellung obliegt, ob ein Angebot dem Rundfunk zuzuordnen ist, sind sie wohl als Mediendienste anzusehen.[27] Einige von ihnen (etwa Auskunfts- und Datendienste) können bei entsprechender Auslegung der Abgrenzungskriterien auch als Teledienste eingestuft werden. Zur Konturierung der Schnittstelle zwischen Mediendiensten und Rundfunk ist auf die im Folgenden beleuchteten verfassungsrechtlichen Vorgaben abzustellen, eine differenzierte wissenschaftliche Analyse der relevanten Kriterien steht bisher noch aus.

---

26 *K.-H. Ladeur*, ZUM 1997, S. 382 f.; *C. Engel*, AfP 1996, S 220 ff.

27 Vgl. die aktualisierte Fassung des Strukturpapiers zur Unterscheidung von Rundfunk und Mediendiensten, abrufbar unter http://www.alm.de/aktuelles/presse/struktur2.htm.

4. Verfassungsrechtliche Zielvorgaben

Die vorliegende Untersuchung überträgt die ökonomische Theorie der Marktmängel auf Kommunikationsdienste. Der Markt ist dabei, wie bei Gütern generell, nicht schon dann ein geeignetes Bereitstellungsverfahren, wenn er ein wie auch immer geartetes Angebot erbringt; vielmehr muss dieses Angebot bestimmten individuellen und auch gesellschaftlichen Anforderungen entsprechen. Um die *gesellschaftlichen Anforderungen an Kommunikationsdienste* zu bestimmen, an denen die Qualität ihrer *marktlichen* Erbringung gemessen werden kann, müssen zunächst die gesetzlichen Zielvorgaben für die Informationsordnung herausgearbeitet werden. Im Rahmen dieses Gutachtens soll nur auf die Ziele abgestellt werden, die sich auf den Schutz des Kommunikationsprozesses selbst beziehen. Der Schutz anderer Güter (wie z. B. der Jugendschutz) bleibt hier außen vor. Zu den gesetzlichen Zielvorgaben zählen zunächst die verfassungsrechtlichen Vorgaben, an denen das Handeln des einfachen Gesetzgebers ausgerichtet sein muss. Daneben steht es dem Gesetzgeber – unter Beachtung der Rechte Dritter, europarechtlicher Vorgaben usw. – frei, weitere Ziele zu definieren. Letztere sollen im Rahmen dieses Gutachtens nur am Rande erwähnt werden, im Zentrum stehen die verfassungsrechtlichen Vorgaben.

4.1 Zielvorgaben des Art. 5 Abs. 1 GG

4.1.1 Online-Dienste als Rundfunk im Sinne von Art. 5 Abs. 1 S. 2 GG

Bevor untersucht werden kann, welche Zielvorgaben sich aus der Verfassung für elektronisch vermittelte öffentliche Kommunikation ableiten lassen, muss der Frage nachgegangen werden, welche Verfassungsnormen auf diesen Bereich anwendbar sind. Insbesondere die Reichweite der so genannten Kommunikationsgrundrechte aus Art. 5 Abs. 1 GG ist zu bestimmen.

Inwieweit neue Kommunikationsdienste unter Art. 5 Abs. 1 S. 2 GG fallen, ist umstritten. Aufgrund der zahlreichen Folgen der Zuordnung von Dienstetypen zum Schutzbereich der Rundfunkfreiheit – angefangen vom noch zu erörternden Ausgestaltungsspielraum des Gesetzgebers über kompetenzrechtliche Auswirkungen bis hin zum Funktionsauftrag öffentlich-rechtlichen Rundfunks – ist der verfassungsrechtliche Rundfunkbegriff Gegenstand fast jeder medienrechtlichen und -politischen Debatte. Zum Teil wird die Subsumtion unter den verfassungsrechtlichen Rundfunk automatisch mit der Entscheidung für eine bestimmte Regulierungsintensität gleichgesetzt und die Möglichkeit der Abstufung innerhalb des Rahmens von Art. 5 Abs. 1 Satz 2 GG verneint.[28] Entsprechend eng ist nach dieser Ansicht der Rundfunkbegriff auszulegen.

Einigkeit besteht darüber, dass Art. 5 Abs. 1 S. 2 GG nur Massenkommunikation erfasst. Dabei wird größtenteils darauf abgestellt, ob sich das jeweilige Angebot „an die Allgemeinheit" richtet.[29] Voraussetzung hierfür ist nicht, dass das Angebot wirklich Massen erreicht, die Nutzung muss nur prinzipiell jedem Interessierten offen stehen. Thematisch eingeschränkte Angebote (etwa Spartenkanäle) sind hiervon nicht ausgenommen.[30]

Auch die Bereitstellung des Dienstes gegen ein Entgelt ändert nichts an der Einordnung als Rundfunk im Sinne der Verfassung, sofern die Möglichkeit zum Vertragsschluss der Allgemeinheit eröffnet ist.[31] Auf die von uns untersuchten Dienstetypen bezogen bedeutet dies, dass auch die entgeltfinanzierten Dienste von Art. 5 Abs. 1 S. 2 GG erfasst sind, sofern die im Folgenden beleuchteten Kriterien erfüllt sind.

Der für Online-Dienste entscheidende Streitpunkt ist die Einordnung von Abrufdiensten. Während Verteildienste alle Rezipienten gleichzeitig erreichen, kann der Nutzungszeitpunkt bei Abrufdiensten vom jeweiligen Rezipienten selbst bestimmt werden. Zum Teil wird behauptet, dass damit die Kommunikation in einzelne Rezeptionsakte zerfalle, die sich im Zweipersonenverhältnis abspielten. Der Tatsache, dass der Inhalt nicht nur für eine Person bestimmt ist, wird dadurch Rechnung zu tragen versucht, dass von „gestückelter überindividueller Kommunikation" gesprochen wird.[32] Eine solche sei verfassungsrechtlich anders zu bewerten als ein „planhaft ablaufendes Gesamtprogramm",[33] das die Nutzer stärker in seinen Bann ziehe als einzeln abzurufende Kommunikate.[34]

Folgte man dieser Ansicht, wären sämtliche hier untersuchten Online-Dienste außer dem als planhaft ablaufendes Gesamtprogramm konzipierten Webcasting nicht als Rundfunk im Sinne von Art. 5 Abs. 1 S. 2 GG einzustufen.

---

28 *M. Bullinger/E.-J. Mestmäcker*, Multimediadienste, S. 45 ff.

29 *W. Hoffmann-Riem,* AfP 1996, S. 10 f.; *H. Gersdorf*, Der verfassungsrechtliche Rundfunkbegriff, S. 102 ff.; *M. Bullinger*, AfP 1996, 2 ff; *H. D. Jarass*, AfP 1998, S. 134; *R. Ricker*, NJW 1997, 3202; vgl. auch *A. K. Pieper/P. Wiechmann*, ZUM 1995, 89.

30 *W. Hoffmann-Riem,* AfP 1996, S. 9 ff.; *H. D. Jarass*, AfP 1998, S. 134.

31 *W. Hoffmann-Riem*, Pay-TV, S. 47.; *ders.* AfP 1996, S. 11; *H. D. Jarass*, AfP 1998, S. 134; *H. Gersdorf*, Der verfassungsrechtliche Rundfunkbegriff, S. 112 ff.; Vgl. auch *W. D. Ring*, ZUM 1990, S. 279 f.; *D. Dörr*, „Multimedia" und der Rundfunkbegriff, S. 124 f.

32 *Bullinger/Mestmäcker*, Multimediadienste, S. 56.

33 *Bullinger/Mestmäcker*, ebd.; *M. Bullinger*, AfP 1996, S. 8; *C. Degenhart*, Art. 5 Abs. 1 und 2, Rn. 682, in: Kommentar zum Bonner GG; Rn. 682.; *ders.* Der Funktionsauftrag des öffentlichen-rechtlichen Rundfunks in der „Digitalen Welt.

34 Zum Teil wird in Bezug auf private Homepages die Auffassung vertreten, diese dienten nur der individuellen Kontaktaufnahme und seien daher nicht als Rundfunk einzustufen. Vgl. *C. v. Heyl*, ZUM 1998, S. 118 f.; *N. P. Flechsig/D. Gabel* CR 1998, S. 353.

Dieser Argumentation wird jedoch entgegen gehalten, dass sich Abrufdienste, die der Allgemeinheit angeboten werden, in den für eine Einordnung als verfassungsrechtlichen Rundfunk relevanten Merkmalen von Verteildiensten nicht unterschieden. Im Unterschied zur Meinungsfreiheit in Art. 5 Abs. 1 S. 1 1. Alt. GG, die den Kommunikator schütze, und zur Informationsfreiheit in Art. 5 Abs. 1 S. 1 2. Alt. GG, die die Empfangbarkeit des Kommunikats sichere, garantiere Art. 5 Abs. 1 S. 2 GG die Freiheit des *Kommunikationsprozesses*. Während es bei der Individualkommunikation eines solchen speziellen Schutzes nicht bedürfe, weil davon ausgegangen werde, dass alle Kommunikationspartner an der Aushandlung der Kommunikationsbedingungen beteiligt sind, bestehe bei Massenkommunikation ein strukturelles Ungleichgewicht zwischen Kommunikator und Empfänger.[35] Der Empfänger habe auf den Inhalt der Kommunikation keinen Einfluss, er habe nur die Möglichkeit, die Kommunikation fortzusetzen oder sie abzubrechen.

Bei Abrufdiensten, die der Allgemeinheit angeboten werden, habe der Rezipient genauso wenig Einfluss auf den Inhalt der Kommunikation wie bei Verteil- oder Zugriffsdiensten. Sein Autonomiegewinn beschränke sich auf die Wahl des Zeitpunkts der Kommunikation und der Reihenfolge der Nutzung der einzelnen Kommunikate.[36] Nach dieser Ansicht besteht auch bei Abrufdiensten, die der Allgemeinheit angeboten werden, ein strukturelles Ungleichgewicht zwischen Kommunikator und Rezipient, das einer speziellen Sicherung der Freiheit des Kommunikationsprozesses bedarf.

Umstritten ist auch die Behandlung geschlossener Benutzergruppen. Zum Teil werden diese nicht dem Rundfunk im Sinne der Verfassung zugerechnet, sofern folgende Voraussetzungen erfüllt sind:

Die Teilnehmer sind durch gemeinsame berufliche, ideelle oder vergleichbare Merkmale miteinander verbunden und damit als homogene Gruppe von der Allgemeinheit abgrenzbar, die Mitglieder dieser Gruppe sind durch vertragliche, mitgliedschaftliche oder öffentlich-rechtliche Beziehung mit dem jeweiligen Anbieter verbunden, und das Angebot dient allein der Befriedigung des bereichsspezifischen Rezeptionsbedarfs der homogenen Gruppe.[37]

Auf die hier untersuchten Online-Dienste bezogen bedeutet dies, dass das Anbieten geschlossener Chats nicht von Art. 5 Abs. 1 S. 2 GG umfasst wäre. Nach anderer Ansicht kann auch bei geschlossenen Benutzergruppen ein strukturelles Ungleichgewicht zwischen Kommunikator und Rezipient bestehen,

---

35 *W. Schulz*, ZUM 1996, S. 489 f.; vgl. auch *W. Schulz/T. Held*, Informationsordnung, S. 122.

36 *W. Hoffmann-Riem*, Pay-TV, S. 58.

37 *H. Gersdorf*, Der verfassungsrechtliche Rundfunkbegriff, S. 107; *W. Hoffmann-Riem*, Pay-TV, S. 45.

nämlich dann, wenn der Kommunikator nicht mehr alle Empfänger individuell „präsent" hat und somit nicht auf jeden Einzelnen eingehen kann.[38]

Neben dem Kriterium an die Allgemeinheit gerichteter bzw. *öffentlicher Kommunikation* ist die elektronische Verbreitung des Kommunikats Voraussetzung für die Einordnung als Rundfunk. Dieses Merkmal grenzt den Rundfunk von den anderen durch Art. 5 Abs. 1 S. 2 GG geschützten Formen öffentlicher Kommunikation ab: der Presse und dem Film. Zum Teil wird die Ansicht vertreten, Angebote, die zwar elektronisch – etwa über das Internet – verbreitet werden, aber deren Inhalt dem von Presseerzeugnissen entspricht, seien selbst als Presse anzusehen.[39] Dem wird entgegengehalten, dass die Art der Übertragung sowohl die Nutzungssituation als auch die Darstellungsmöglichkeiten beeinflusst. Nach dieser Ansicht sind auch Online-Zeitungen Rundfunk im Sinne von Art. 5 Abs. 1 S. 2 GG.[40]

Ein weiterer Streitpunkt ist das Erfordernis bzw. die Definition des so genannten Darbietungscharakters des Angebots. Während der Rundfunkstaatsvertrag nur Dienste in seinen Anwendungsbereich aufnimmt, die als „für die Allgemeinheit bestimmte Veranstaltung und Verbreitung von Darbietungen aller Art" einzustufen sind, ist es auf der Ebene der Verfassung durchaus umstritten, ob ein Angebot eine Darbietung enthalten muss (und welche Merkmale diese erfordert), um Art. 5 Abs. 1 S. 2 GG zu unterfallen. Eine Entscheidung dieses Streits ist dann nicht besonders weit reichend, wenn von einem weiten Darbietungsbegriff ausgegangen wird, der alle Inhalte umfasst, denen nicht jede meinungsbildende Wirkung abzusprechen ist,[41] und dabei die Rechtsprechung des Bundesverfassungsgerichts zur Bedeutung von Unterhaltung und Kultur für die freie Meinungsbildung einbezogen wird.[42] Folgenreicher wird das Erfordernis des Darbietungscharakters, wenn dieses Kriterium stark aufgeladen wird. So verlangen einige Autoren eine redaktionelle Bearbeitung[43] bzw. die publizistische Relevanz des Angebots, um es als Rundfunk im Sinne der Verfassung einzustufen. Die publizistische Relevanz wird dem Inhalt abgesprochen, wenn er nicht „in einem anspruchsvollen Sinne Faktor der Meinungsbildung" ist.[44]

Hiernach wären wohl redaktionell nicht bearbeitete Suchmaschinen, Chat-Dienste, Newsgroups, EPGs, On-Demand-Dienste, reine Daten- und Auskunfts-

---

38 *W. Schulz*, ZUM 1996, 490.
39 *H. Gersdorf*, Der verfassungsrechtliche Rundfunkbegriff, S. 147 m. w. N.
40 *W. Hoffmann-Riem/W. Schulz*, Hamburgisches Medienrecht, S. 38.
41 *W. Hoffmann-Riem*, AfP 1996, S. 12.
42 BVerfGE 73, 118, 157 f.; 74, 297, 324; 90, 60, 90.
43 *H.D. Jarass*, AfP 1998, S. 135; *H.D. Jarass*, Online-Dienste, S. 13.
44 *H.-H. Trute*, VVDStRl 1998, S. 235, 241.

dienste und Einkaufshomepages nicht als Rundfunk im Sinne der Verfassung anzusehen.

Nach anderer Ansicht kann auf der Ebene des Verfassungsrechts auf ein Darbietungselement verzichtet werden.[45] Das Ungleichgewicht zwischen Kommunikator und Rezipient bei öffentlicher Kommunikation bestehe unabhängig vom konkreten Inhalt, so dass der Schutz des Kommunikationsprozesses nicht erst beim Vorliegen einer Darbietung einsetze.

In dieser Untersuchung wird von einem weiten Rundfunkbegriff ausgegangen, der sämtliche Formen öffentlicher Kommunikation, die elektronisch verbreitet wird, einbezieht. Auf ein spezielles Darbietungselement wird bei der Frage, ob Rundfunk im Sinne des Art. 5 Abs. 1 S. 2 GG vorliegt, verzichtet. Sämtliche von uns untersuchten Dienste unterfallen demnach der Rundfunkfreiheit.

Die Annahme eines weiten Rundfunkbegriffs bedeutet nicht, dass die besondere Bedeutung redaktionell gestalteter, publizistisch relevanter oder in einem Gesamtprogramm präsentierter Angebote für den Meinungsbildungsprozess unberücksichtigt bleibt. Die Einstufung als Rundfunk im Sinne von Art. 5 Abs. 1 S. 2 GG ist nicht automatisch an eine bestimmte Regulierungsdichte gekoppelt. Vielmehr erlaubt es ein weiter Rundfunkbegriff, sowohl die unterschiedliche Bedeutung von Dienstetypen für die Meinungsbildung als auch unterschiedliche Defizite bei der Erfüllung der Zielvorgaben aus Art. 5 Abs. 1 S. 2 GG auf der zweiten Stufe, der einfachgesetzlichen Ausgestaltung, zu berücksichtigen.[46] Wird anders als hier ein enger Rundfunkbegriff zugrunde gelegt, so können die folgenden Überlegungen etwa zur Bedeutsamkeit Kriterien dafür liefern, welche Dienste als Rundfunk anzusehen sind.

4.1.2 Zielvorgaben

Als Nächstes sollen die Zielvorgaben aus Art. 5 Abs. 1 GG beleuchtet und dabei aktuelle Entwicklungen einbezogen werden.

Eine zeitangemessene Auslegung und Konkretisierung verfassungsrechtlicher Zielvorgaben ist notwendig, wenn von einer Grundrechtstheorie ausgegangen wird, die den Realitätsbezug bereits in das Konzept des Normverstehens integriert.[47] Im Zentrum der Interpretation steht hiernach eine bestimmte Funktion der Grundrechte, die sich nicht in ihrem Wortlaut oder den zu einem be-

---

45 *W. Schulz*, ZUM 1996, S. 493 f.; *J. Scherer*, AfP 1996, S. 218. Vgl. auch *W. Schulz/Th. Held*, Informationsordnung, S. 122.

46 *W. Schulz*, ZUM 1996, S. 491.

47 Paradigmatisch *F. Müller*, Juristische Methodik, S. 138 ff. Vgl. auch *K. Hesse*, Grundzüge des Verfassungsrechts, Rn. 49 ff.

stimmten Zeitpunkt gängigen Interpretationen erschöpft. Grundrechte sind – so sieht es auch das Bundesverfassungsgericht[48] – funktional zu begreifen,[49] ihre Auslegung muss den aktuellen Voraussetzungen im Gegenstandsbereich und möglichen zukünftigen Entwicklungen angepasst werden. *Vesting* stellt sogar in Frage, dass es überhaupt noch möglich ist, *positive* Normziele zu umschreiben. Mit *Ladeur*[50] geht er davon aus, dass dem Verfassungsrecht gerade im Bereich von Art. 5 Abs. 1 Satz 2 GG die Aufgabe zukomme, Möglichkeiten zu eröffnen, Ziele erst zu finden.[51] Um diesen Prozess der Regelsuche offen zu halten, diene Recht im Wesentlichen der Erhaltung von Alternativenreichtum. Auch wenn man nicht bereit ist, diesen letzten Schritt mitzugehen, kann eine verfassungsrechtliche Untersuchung nicht darauf verzichten, die Zielvorgaben auf aktuelle Erkenntnisse und erwartbare Entwicklungen einzustellen.

Verfassungsrechtliche Aspekte können die Gesetzgebung in zweierlei Hinsicht steuern: Zum einen kann die Verfassung dem Gesetzgeber ein Tätigwerden gebieten oder zumindest nahe legen, und zum anderen steckt die Verfassung den Rahmen ab für die zulässigerweise ausgeübte Gestaltungsmacht des Gesetzgebers. In diesem Gutachten soll es in erster Linie um die erstgenannte Funktion der Grundrechte gehen. Diese positive Komponente der Grundrechte ist bei Art. 5 Abs. 1 S. 2 GG besonders deutlich ausgeprägt, da hier den Gesetzgeber die Pflicht zur gesetzlichen Ausgestaltung trifft.[52] Diese Position wird – wenn auch in der Wissenschaft weiterhin grundlegend kritisiert[53] – dem Folgenden zugrunde gelegt. Die Art der Ausgestaltung ist zwar nicht vorgegeben, sie muss sich aber an den Zielvorgaben aus Art. 5 Abs. 1 S. 2 GG ausrichten.

4.1.2.1 Das Primärziel freier öffentlicher und individueller Meinungsbildung

Die Kommunikationsfreiheiten in Art. 5 Abs. 1 GG sind unterteilt in die Meinungs- und Informationsfreiheit in Art. 5 Abs. 1 S. 1 GG einerseits und die Presse-, Rundfunk- und Filmfreiheit in Art. 5 Abs. 1 S. 2 GG andererseits. Nach Auffassung des Bundesverfassungsgerichts stehen bei der Rundfunkfreiheit nicht individuelle Abwehransprüche im Vordergrund. Art. 5 Abs. 1 S. 2 GG enthält in erster Linie einen Gewährleistungsauftrag an den Gesetzgeber zur Sicherung der Rundfunkfreiheit, der dabei die verschiedenen Interessen – ge-

---

48 Für Art. 5 Abs. 1 Satz 2 GG: BVerfGE 7, 198, 208.

49 Vgl. *W. Hoffmann-Riem*, Kommunikations- und Medienfreiheit, Rdnr. 4 ff.

50 *K.-H. Ladeur*, Postmoderne Rechtstheorie, S. 212.

51 Vgl. *T. Vesting*, Prozedurales Rundfunkrecht, S. 99, 110.

52 BVerfGE 57, 295, 319 ff.; 74, 297, 334; 83, 238, 295 f.; 87, 181, 197 f.

53 *W. Schmitt Glaeser*, Kabelkommunikation und Verfassung, *ders.*, AöR 1987, S. 216 ff.; *E. Kull*, AfP 1987, S. 365 ff.; *Ch. Engel*; AfP 1994, S. 185 ff.; vgl. zum Streitstand mit zahlreichen Nachweisen insbesondere auch *S. Ruck*, AöR 1992, S. 553 ff.

sellschaftliche Allgemeininteressen und Einzelinteressen von Anbietern und Rezipienten – zum Ausgleich bringen muss.[54]

Unabhängig von dem Streit darüber, ob eine derartige staatliche Gewährleistung für erforderlich gehalten wird, dient nach allgemeiner Ansicht der Schutz der Individual- und der Massenkommunikation der freien öffentlichen und individuellen Meinungsbildung.[55] Man kann dies als „Primärziel" von Art. 5 Abs. 1 GG bezeichnen. Die Gewährleistung der freien öffentlichen Meinungsbildung wird vom Bundesverfassungsgericht als Demokratie ermöglichender und fördernder Prozess begriffen, während die Gewährleistung der freien individuellen Meinungsbildung der Persönlichkeitsentfaltung dient.

4.1.2.1.1 Freie öffentliche Meinungsbildung

Mit dem Terminus der öffentlichen Meinungsbildung[56] verweist das Bundesverfassungsgericht auf einen überindividuellen Prozess, dessen Bedeutung es insbesondere durch die Aussage betont, Meinungs-, Presse- und Rundfunkfreiheit seien für die freiheitliche Demokratie schlechthin konstituierend.[57] Im Mittelpunkt dieser Betrachtungsweise steht nicht der Einzelne mit seinen Artikulations- und Informationsbedürfnissen, sondern der Prozess insgesamt, an dem ein gesellschaftliches Interesse besteht.

In diesem Prozess spielen die Massenmedien eine zentrale Rolle und deshalb dominiert ihre Funktion auch die wissenschaftliche Betrachtung. Die Bedeutung von Massenmedien für die demokratische Willensbildung ist bereits für die klassischen Medien Gegenstand zahlreicher sozial- und politikwissenschaftlicher Untersuchungen.[58] Das Funktionieren dieses Prozesses setzt auf der Ebene der handelnden Akteure voraus, dass die Wähler über aktuelle Probleme informiert sind, die Konzepte der Parteien kennen und deren bisherige Leistungen beobachten konnten und dass die politischen Akteure sich ein Bild von den aktuellen Präferenzen der Bevölkerung machen können.[59] Aber auch jenseits von Wahlen setzt Demokratie gesellschaftliche Verständigung über überindivi-

---

54 BVerfG 57, 295, 319 ff.

55 Vgl. etwa BVerfGE 57, 295, 319; *W. Hoffmann-Riem*, AK-GG Art. 5 Abs. 1, 2 Rn. 135; *C. Degenhart*, Artikel 5 Abs. 1 und 2, Rn. 3 f., in: Kommentar zum Bonner GG.

56 Öffentlicher Meinungsbildung kommt im Rahmen von Art. 5 Abs. 1 GG eine herausragende Rolle zu. So genießen etwa Äußerungen von öffentlichem Interesse stärkeren Schutz als sonstige, vgl. *H. D. Jarass*, Art. 5 Rdnr. 58, in: Jarass/Pieroth, GG-Kommentar; BVerfGE 61, 1, 11; 71, 206, 220.

57 BVerfGE 7, 198, 208; 62, 230, 247; 76, 196, 208 f.

58 Vgl. etwa *C. Eisenstein*, Meinungsbildung, S. 59 ff.; *J. Hoffmann/U. Sarcinelli*, Politische Wirkung der Medien; *J. Tenscher*, Politik für das Fernsehen – Politik im Fernsehen, S. 184 ff.; *H. Pöttker* (Hrsg.): Öffentlichkeit als gesellschaftlicher Auftrag.

59 Vgl. *K. Voltmer*, Medienqualität und Demokratie.

duell bedeutsame Themen voraus. Dabei ist die öffentliche Meinung keine feststehende Größe im Sinne eines gesamtgesellschaftlichen Konsenses, vielmehr geht es um ein beständiges Aushandeln, das über Kommunikation erfolgt.[60] Andersherum nutzt auch die Politik den „Spiegel“ der Medien, um für konkrete Entscheidungen eine „öffentliche Meinung“ konstruieren zu können. Das Bundesverfassungsgericht hat dieses komplexe Zusammenspiel vor allem in der Spiegel-Entscheidung beschrieben und der verfassungsrechtlichen Bewertung zugrunde gelegt.[61]

Man kann insoweit von einem gesellschaftlichen Selbstverständigungsprozess sprechen, für den Massenmedien eine zentrale Rolle spielen.[62]

Da eine Funktion dieses Selbstverständigungsprozesses in der Herstellung eines gesellschaftlichen Zusammenhalts – oder anders ausgedrückt: kollektiver Identität[63] – liegt, ist damit mehr gemeint als nur die politische Kommunikation im engeren Sinne. Weitgehend konsentiert ist in diesem Zusammenhang die Bedeutung kultureller Aspekte.[64] Auch das Bundesverfassungsgericht betont, dass sich die öffentliche Meinungsbildung nicht auf politische Informationen beschränkt:

> „Meinungsbildung vollzieht sich nicht nur durch Nachrichtensendungen, politische Kommentare oder Sendereihen über Probleme der Vergangenheit, der Gegenwart oder der Zukunft, sondern ebenso in Hör- und Fernsehspielen, musikalischen Darbietungen oder Unterhaltungssendungen.“[65]

Schon für den Prozess politischer Kommunikation ist also mehr als die Kommunikation explizit politischer Inhalte erforderlich; alles kann eine politische Dimension haben oder bekommen. Bereits im Gruppen- bzw. Verbändestaat kommt der öffentlichen Meinungsbildung gerade auch eine „Themenfindungsfunktion“ zu; es ist nicht a priori klar, was politisch relevant ist, entsprechend weit ist der geschützte Bereich öffentlicher Selbstreflexion zu fassen.[66]

Geschützt ist also der gesamte Prozess der Selbstbeobachtung der Gesellschaft, der wiederum durch das politische System beobachtet werden kann. Ob

---

60 Vgl. etwa *N. Luhmann*, Die Politik der Gesellschaft, S. 284: „Im Gegensatz zu jeder Art sozialpsychologischem Realismus muss man die öffentliche Meinung an der Kommunikation und nur an der Kommunikation ablesen.“

61 BVerfGE 20, 162 (174 f.); dazu auch *W. Hoffmann-Riem/W. Schulz*, Politische Kommunikation – Rechtswissenschaftliche Perspektiven, S. 159 ff.

62 Allgemein etwa aus systemtheoretischer Sicht *F. Marcinkowski*, Publizistik als autopoietisches System, S. 113 ff.; *N. Luhmann*, Realität der Massenmedien, S. 169 ff.

63 *D. Grimm/U. Steiner*, Kulturauftrag, S. 104 ff., 135.

64 Vgl. *T. Vesting*, Prozedurales Rundfunkrecht, S. 220 ff., der die Bedeutung kultureller Vielfalt *neben* der demokratischen Dimension der Rundfunkfreiheit betont.

65 BVerfGE 73, 118, 152; vgl. auch BVerfGE 59, 231, 257 f.

66 *H. Rossen*, Freie Meinungsbildung, S. 145 f.

auch das Ziel eines über die Konstitution des „Selbst“ der Beobachtung hinausgehenden, materiellen Verbunds der Gesellschaft noch erreicht werden kann und soll, ist allerdings fraglich. Der Betrachtungsweise einer gesellschaftlichen Integration über die öffentliche Meinungsbildung stehen moderne Gesellschaftsbeschreibungen entgegen, die von einer Ausdifferenzierung gesellschaftlicher Teilsysteme ausgehen, die in sich geschlossen sind und deren Kommunikation die Systemgrenzen nicht überschreitet. Operationen in der Umwelt der Systeme werden nur als Irritationen wahrgenommen, die erst nach interner Verarbeitung Bedeutung für die weitere Kommunikation im System erhalten. Was ökonomisch relevant ist, entscheidet allein die Ökonomie, was Kunst ist, das System Kunst usf. Die These einer gesamtgesellschaftlichen Kommunikation oder gar eines gesamtgesellschaftlichen Wissensbestandes verliert hiermit an Plausibilität (s. u. zur „Integrationsfunktion“). Stattdessen gewinnen auf Teilsysteme bezogene Teilöffentlichkeiten, Kommunikation in sozialen Milieus usw. an Bedeutung.[67] Öffentlichkeit spielt aber auch nach dieser Sichtweise eine wichtige Rolle, jedoch – wenn man dieser systemischen Beschreibung folgt – nur als Fiktion.[68] Reflektiert ein System,

> „dass es von außen beobachtet wird, ohne dass schon feststünde, wie und durch wen, begreift es sich selbst als beobachtbar im Medium der Öffentlichkeit. Dies kann, muss aber nicht, zur Orientierung an generalisierbaren (öffentlich vertretbaren) Gesichtspunkten führen.“[69]

Die Funktion der Massenmedien ist hiernach die Repräsentation von Öffentlichkeit, und zwar für unterschiedliche Teile des gesellschaftlichen Ganzen.[70] Worüber die Medien berichten, kann bei der Kommunikation im jeweiligen System als bekannt vorausgesetzt werden.[71] Aber nicht nur die Politik „spiegelt“ sich in den Medien, sondern auch die anderen Funktionssysteme. *Marcinkowski* hat dies beispielhaft am Sport- und Freizeitbereich illustriert: Hier sei zu beobachten, dass sich neue „Lebenswelten“ bzw. „Subsinnwelten“ regelmäßig um die publizistische Verbreitung neuer Sportarten oder Sportgeräte ausbildeten (z. B. Roller-Blades, Bungee Jumper) und als Modesport im Sportsystem perpetuiert würden.[72]

---

67 *W. Schulz*, Gewährleistung kommunikativer Chancengleichheit, S. 154.

68 Luhmann verwendet die Metapher des Spiegels: „Man kann sie [die öffentliche Meinung] als einen durch die öffentliche Kommunikation selbsterzeugten Schein ansehen, als eine Art Spiegel, in dem die Kommunikation sich selber spiegelt.“, *N. Luhmann*, Die Politik der Gesellschaft, S. 286.

69 *N. Luhmann*, Realität der Massenmedien, S. 185.

70 *N. Luhmann*, Realität der Massenmedien, S. 188.

71 *N. Luhmann*, Realität der Massenmedien, S. 120 f. Luhmann spricht vom Gedächtnis des Gesellschaftssystems.

72 *F. Marcinkowski*, Publizistik als autopoietisches System, S. 124.

Aber die Medien verschaffen damit den Systemen ein Bild ihrer Umwelt.[73] Ihnen ist es möglich, in der funktional differenzierten Gesellschaft Kommunikation in den einzelnen Teilsystemen für andere zugänglich zu machen, also in einem anspruchsvollen Sinne „Öffentlichkeit" herzustellen.[74]

Auch an dieser Stelle stößt die Untersuchung wieder auf ein verfassungsrechtliches Problem, das mit dem Gesellschaftswandel verbunden ist und dessen Lösung noch aussteht. Je mehr sich das Gemeinwesen vom Modell des Gruppen- bzw. Verbändestaates ablöst, der Staat seinen Ort als Zentrum der Gesellschaft verliert und polyzentrische Strukturen entstehen, rückt die Bedeutung von Kommunikation und dadurch hergestellter Öffentlichkeit in den Teilbereichen selbst (Wirtschaft, Kultur etc.) in den Blick, nicht nur aufgrund ihrer potenziell politischen Bedeutung. Ist Meinungsbildung auch in Bezug auf ihre Funktion für die dortigen Willensbildungsprozesse in Art. 5 Abs. 1 S. 2 GG einbezogen? Davon ausgehend wäre zu überlegen, ob nicht auch der Bezugspunkt des Schutzes durch Art. 5 Abs. 1 GG auf Kultur oder auf die Willensbildung in anderen Gesellschaftsbereichen umgestellt werden muss.[75]

Die Frage kann hier nur formuliert, nicht aber beantwortet werden. Die folgende Untersuchung legt den Schwerpunkt noch auf ein an politischer Willensbildung orientiertes Verständnis (bei diesem wird aber im Ergebnis der Prozess der Selbstbeobachtung der Gesellschaft insgesamt geschützt), um zu prüfen, ob das Ergebnis selbst bei einem solchen, eher traditionellen Verständnis trägt.

4.1.2.1.2 Freie individuelle Meinungsbildung

Neben diese überindividuelle Funktion des Kommunikationsprozesses tritt die Bedeutung öffentlicher Kommunikation für die Persönlichkeitsentwicklung des Einzelnen. Über diesen Funktionsaspekt finden sich allerdings sowohl in den Judikaten des Bundesverfassungsgerichts als auch in den Ausführungen der Literatur wenig Präzisierungen.[76] Fest steht: über die Medien wird dem Rezipienten nicht nur das für die Kommunikation mit anderen erforderliche Wissen vermittelt, vielmehr hat öffentliche Kommunikation und haben damit die Massenmedien Einfluss auf seine komplette Lebensgestaltung, so etwa auf Stil, Verhaltensweisen und Wertvorstellungen.[77]

---

73 Vgl. *F. Marcinkowski*, Publizistik als autopoietisches System, S. 126.

74 Vgl. *H. Rossen*, Freie Meinungsbildung, S. 232 ff.

75 In diese Richtung *T. Vesting*, Prozedurales Rundfunkrecht, S. 214 ff.

76 Mit der Erforschung dieses Wirkungszusammenhangs befassen sich Teildisziplinen der Kommunikationswissenschaft, etwa die Medienkulturforschung.

77 Dies ist im weitesten Sinne das Thema der „cultivation analysis", zusammenfassend: *G. Gerbner* u. a., Growing up with television, S. 17 ff.; für den „sozialökologischen" Ansatz der Me-

Diese auf das einzelne Subjekt bezogene Sichtweise steht nun nicht isoliert neben der zuvor angesprochenen kollektiven, vielmehr sind beide miteinander verknüpft. Die Annahme einer öffentlichen Meinung zu einem Thema beispielsweise beeinflusst auch die eigenen Urteile.[78] Das Grundgesetz geht von einem Menschenbild aus, bei dem sich die Persönlichkeit des Einzelnen in Interaktion mit anderen entwickelt und formt.[79] Das Schutzkonzept von Art. 5 Abs. 1 GG nimmt die Erkenntnis auf, dass für diesen Entwicklungsprozess neben individueller Kommunikation auch die Teilhabe an öffentlicher, vor allem medial vermittelter Kommunikation Bedeutung hat. Nach dem Gesagten können Informationen jeglicher Art für die individuelle Meinungsbildung von Bedeutung sein. Eine Verengung, etwa nur auf politische Informationen, ist mit der verfassungsrechtlichen Konzeption auch an dieser Stelle nicht vereinbar. Berichte über Prominente können bspw. als Bezugspunkt von Ablehnung oder Bewunderung Auswirkungen auf die Persönlichkeitsentwicklung haben, die im Hinblick auf diesen Aspekt von Art. 5 Abs. 1 GG verfassungsrechtliche Relevanz erlangen können.[80]Ähnliches gilt für ökonomisches Handeln: Auch wirtschaftliche Entscheidungen setzen Informationen voraus; wird also wirtschaftliches Handeln als Ausdruck der Persönlichkeit angesehen, kann hierauf gerichtete Kommunikation nicht per se aus dem Schutzbereich von Art. 5 Abs. 1 GG herausfallen.[81] Eine Unterscheidung in – nur von Art. 12 GG geschützte – Wirtschaftskommunikation und zur Meinungsbildung beitragende Kommunikation wird der zunehmenden Vermischung dieser Aspekte im allgemeinen Kommunikationsverhalten nicht mehr gerecht.[82]

Dies bedeutet aber nicht zwangsläufig, dass verfassungsrechtlich von einer Gleichwertigkeit aller für die individuelle Meinungsbildung relevanten Infor-

---

dienanalyse: *B. Bachmair*, Fernsehkultur, insb. S. 67 ff., S. 84 ff. sowie als konkretes empirisches Beispiel *I. Paus-Haase u.a.*, Talkshows im Alltag von Jugendlichen.

78 *W. Schulz*, Gewährleistung kommunikativer Chancengleichheit, S. 178.

79 Zu dieser Interpretation etwa BVerfGE 27, 71, 81 f.; *H. Rossen*, Freie Meinungsbildung, S. 112 ff.; *W. Schulz*, Gewährleistung kommunikativer Chancengleichheit, S. 49 f.

80 BVerfGE, 1 BvR 653/96 vom 15.12.1999, Absatz-Nr. 100, www.bverfg.de; *S. Engels/W. Schulz*, AfP 1998, S. 584 f.

81 Das Bundesverfassungsgericht bewertet hingegen rein kommerziellen Interessen dienende Kommunikation tendenziell nicht als von Art. 5 Abs. 1 GG umfasste Meinungsäußerungen. Das Grundrecht der Meinungsfreiheit könne für eine Wirtschaftswerbung „allenfalls in Anspruch genommen werden, wenn die Werbung einen wertenden, meinungsbildenden Inhalt hat oder Angaben enthält, die der Meinungsbildung dienen." BVerfGE 95, 173, 182. Vgl. auch BVerfGE 71, 162, 175. Rundfunkwerbung wird vom Gericht zumindest mittelbar der Rundfunkfreiheit zugeordnet, und zwar als Finanzierungsquelle der Rundfunkveranstalter, BVerfGE 87, 181, 197 ff. Vgl. auch *W. Hoffmann-Riem*, Pay-TV, S. 49; *W. Hoffmann-Riem*, ZUM 1996, S. 9 ff. (bis 16); *C. Degenhart*, Artikel 5 Abs. 1 und 2, Rn. 125 ff., in: Kommentar zum Bonner GG.

82 Vgl. etwa *K.-H. Ladeur*, ZUM 1999, S. 680.

mationen auszugehen ist. Insbesondere wird dem ausgestaltenden Gesetzgeber nicht abverlangt werden können, auf jedes individuelle Informationsinteresse einzugehen; er muss allerdings sein Konzept auf die Differenzierung einstellen, will er die verfassungsrechtlichen Ziele erreichen.

4.1.2.2 Rundfunk und Online-Dienste im Raum öffentlicher Kommunikation

Die Untersuchung geht – mit dem Bundesverfassungsgericht – davon aus, dass das *Primärziel freier, öffentlicher und individueller Meinungsbildung* persistent bleibt. Der Grundrechtsschutz bezieht sich *funktional* auf dieses Ziel. Was dafür allerdings gewährleistet sein muss, hängt von gesellschaftlich-historisch kontingenten Umständen ab. Somit ist im nächsten Schritt zu fragen, ob dieses Primärziel bereits durch die Regulierung des klassischen Rundfunks erfüllt wird oder ob auch Online-Dienste in das Gewährleistungskonzept einzubeziehen sind.

Die Zuordnung der an die Allgemeinheit gerichteten Online-Dienste zum Rundfunk bedeutet keinesfalls, dass diese per se in ähnlicher Weise reguliert werden müssten wie traditioneller Rundfunk. Dies zeigt das Beispiel der Presse, die auch von Art. 5 Abs. 1 S. 2 GG erfasst wird und somit prinzipiell auch der Ausgestaltung durch den Gesetzgeber zugänglich ist,[83] aber keiner ausgeprägten Regulierung zugunsten kommunikationsbezogener Ziele unterliegt.[84] (Ob auch andere Medien jenseits des Rundfunks prinzipiell ausgestaltungsfähig sind, ist umstritten; dies soll hier aber nicht ausgeführt werden).

Die funktionale Betrachtungsweise legt jedoch keine Einschränkung des Auftrages auf bestimmte in Art. 5 Abs. 1 S. 2 GG genannte Dienste nahe. Im Gegenteil: die Gewährleistung bezieht sich auf *den gesamten Raum öffentlicher Kommunikation*, der Gesetzgeber ist bei Ausgestaltungsentscheidungen gehalten, mit Blick auf die gesamte Kommunikationsordnung zu optimieren, also etwa Auswirkungen auf andere Medien oder Kommunikationsformen einzubeziehen. Die Frage, welche spezifische Bedeutung Massen*medien* insgesamt und

---

83 Str., wie hier *H. Schulze-Fielitz*, Art. 5 I, II, Rn. 176, in: *Dreier* (Hrsg.), Kommentar zum GG; *H. D. Jarass*, Art. 5, Rn. 33, in: *Jarass/Pieroth*, Kommentar zum Grundgesetz; *W. Hoffmann-Riem*, Art. 5 Abs. 1, 2, Rn. 168, in: *Wassermann* (Hrsg.), AK zum GG. Auch das Bundesverfassungsgericht weist darauf hin, „dass der Staat gegebenenfalls Gefahren abwehren müsse, die der freien Presse aus der Bildung von Meinungsmonopolen erwachsen könnten", vgl. BVerfGE 20, 162, 176; anders *Ch. Degenhart*, Art. 5 Abs. 1, 2, Rn. 395, in: Bonner Kommentar zum GG; *C. Starck*, Art. 5 Abs. 1 und 2, Rn. 81 ff., in: *v. Mangoldt/KleinStarck*, Kommentar zum GG.

84 BVerfGE 57, 295, 323: „Während bei der Presse die geschichtliche Entwicklung zu einem gewissen bestehenden Gleichgewicht geführt hat, sodass es heute zur Sicherstellung umfassender Information und Meinungsbildung durch die Presse grundsätzlich genügen mag, Bestehendes zu gewährleisten, kann von einem solchen Zustand auf dem Gebiet des privaten Rundfunks zumindest vorerst nicht ausgegangen werden."

bestimmte Typen (etwa Rundfunk) haben, wird erst beim nächsten Prüfungsschritt bedeutsam. Dies ergibt sich zum einen aus den Ausführungen des Bundesverfassungsgerichts, die eine Einbeziehung der Meinungsbildung durch die Presse bei Ausgestaltung der Rundfunkordnung fordern (dazu sogleich). Zum anderen hat das Bundesverfassungsgericht bei der Konturierung des umstrittenen Begriffs der Grundversorgung deutlich gemacht, dass es als Minimum der Gewährleistung eine *reale Versorgung* der Bürger mit den Rundfunkangeboten ansieht, die erforderlich sind, um die oben genannten Prozesse gesellschaftlicher Selbstverständigung und Persönlichkeitsentwicklung am Laufen zu halten.

Vor diesem Hintergrund ist nach den verfassungsrechtlichen Vorgaben für die Ausgestaltung in Bezug auf einzelne Dienste zu fragen. Ob und in welcher Intensität der Gesetzgeber die einzelnen Dienstetypen reguliert, ist also insoweit verfassungsrechtlich vorgeprägt, als die Erreichung der Zielvorgaben aus Art. 5 Abs. 1 GG sichergestellt werden muss. Dabei ist – nach richtigem Verständnis des Konzepts des Bundesverfassungsgerichts – zum einen darauf abzustellen, welche Bedeutung die Dienstetypen für diese Ziele haben und inwiefern eine unregulierte Erbringung dieser Dienste Defizite aufweist. Dies wird nicht für alle Dienstetypen eindeutig festzustellen sein, dem Gesetzgeber obliegt es, im Rahmen seines Ausgestaltungsspielraums[85] eine „Risikoabschätzung“ vorzunehmen.

Bevor auf einzelne Dienste eingegangen wird, soll hier der generellen Frage nachgegangen werden, ob überhaupt der Bereich des Internet einer auf kommunikationsbezogene Ziele ausgerichteten Regulierung bedarf, solange für den klassischen Rundfunk die Zielerreichung gesichert ist. Wie bereits angesprochen, hat der Gesetzgeber von seiner prinzipiell bestehenden Möglichkeit, im Bereich der Presse ausgestaltende Regeln zu erlassen, kaum Gebrauch gemacht. Dies liegt nicht an der mangelnden Bedeutung der Presse für die Ziele aus Art. 5 Abs. 1 GG. Das Bundesverfassungsgericht hat betont, dass die Presse neben Hörfunk und Fernsehen das wichtigste Instrument der Bildung der öffentlichen Meinung sei[86] und sich Rundfunk und Presse in ihrer Funktion nicht unterschieden:

> „Unter den Bedingungen der modernen Massenkommunikation sind beide für die freie individuelle und öffentliche Meinungsbildung, für Kritik und Kontrolle der öffentlichen Gewalt und für die Wahlentscheidung als demokratischen Grundakt des Volkes unerlässlich.“[87]

---

85 *W. Hoffmann-Riem,* Kommunikations- und Medienfreiheit, Rn 28 ff.

86 BVerfGE 12, 113, 125.

87 BVerfGE 91, 125, 134. Vgl. auch BVerfGE 12, 205, 260; 35, 202, 222 f.; 63, 131, 142 f. „Unterschiede bestehen allerdings im Mittel der Funktionserfüllung. Während die Presse bei der Berichterstattung darauf beschränkt ist, ihren Lesern ein Ereignis in Wort und Bild zu schildern,

Das Absehen von kommunikationsbezogener Regulierung der Presse beruht zum einen darauf, dass eine Erbringung über den Markt als ausreichend erachtet wird, um die Vorgaben aus Art. 5 Abs. 1 S. 2 GG zu erfüllen. Das Angebot ist also – in der hier verwandten Terminologie – nicht in gleicher Weise mit Marktmängeln behaftet. Zum anderen kann sich der Gesetzgeber darauf berufen, dass die Mehrzahl der Bürger sich – zumindest auch – über die elektronischen Medien informiert, sodass eine Regulierung von Hörfunk und Fernsehen die Freiheit der öffentlichen und individuellen Meinungsbildung sichert.

Dies bedeutet aber nicht, dass es keine Wechselwirkungen zwischen der Presse und dem Rundfunk gäbe. Das Bundesverfassungsgericht lässt in seinen Entscheidungen durchaus erkennen, dass die Situation auf dem Pressemarkt bei der Rundfunkausgestaltung zu beachten ist. Beispielsweise hat es als Argument für Aktivitäten öffentlich-rechtlicher Rundfunkanstalten im regionalen und lokalen Bereich genannt, dass hier die Zahl der Anbieter von Beiträgen in der Presse oder im Rundfunk, die sich auf die Region oder den Ort beziehen, erheblich niedriger sei als im überregionalen Bereich:

> „...häufig, wenn nicht in der Regel, wird es sich um eine Zeitung handeln, zu der in günstigen Fällen noch ein weiteres regionales oder lokales Rundfunkprogramm treten kann, das nicht von einem örtlichen Zeitungsverleger veranstaltet wird. Bei dieser Sachlage öffentlich-rechtliche Regional- und Lokalprogramme zu verbieten, bedeutet daher nichts anderes, als wirksame publizistische Konkurrenz zu einem wesentlichen Teil oder sogar gänzlich zu unterbinden.“[88]

Außerdem werden „Cross-media-ownerships“ zwischen Presse und Rundfunk vom Gericht als Gefahr für die Meinungsvielfalt angesehen.[89] Die verfassungsrechtliche Gewährleistung freier Meinungsbildung erfordere gesetzliche Vorkehrungen auch dagegen, dass vorherrschende Meinungsmacht sich aus einer Kombination der Einflüsse in Rundfunk und Presse ergebe.[90]

Eine isolierte Betrachtung der verschiedenen Bereiche wäre hiernach nicht zulässig, vielmehr ist danach zu fragen, ob in der Informationsordnung insge-

---

hat der Rundfunk außerdem die Möglichkeit, das Ereignis seinen Zuhörern und Zuschauern akustisch und optisch in voller Länge oder in Ausschnitten, zeitgleich oder zeitversetzt zu übertragen.“ BVerfGE 91, 125, 134.

88 BVerfGE 74, 297, 333.

89 Die Britische Regierung hatte in seinem Grünbuch zu Besitzverhältnissen im Medienbereich 1995 sogar erwogen, bei der Konzentrationskontrolle auf Marktanteile am gesamten Medienmarkt (Presse, Radio und Fernsehen) abzustellen. Im Broadcasting Act 1996 wird jedoch nur der Zuschauermarktanteil im Rundfunksektor zugrunde gelegt.

90 BVerfGE 73, 118, 175.

samt die Freiheit der öffentlichen und individuellen Meinungsbildung gesichert ist.[91]

Ob nun der Gesetzgeber auch im Verhältnis zwischen Rundfunk und Internet davon ausgehen kann, dass eine Regulierung des klassischen Rundfunks – unter Berücksichtigung der Entwicklung im Online-Bereich – den Zielen genügt, hängt im Wesentlichen davon ab, ob für die verfassungsrechtlichen Vorgaben relevante Funktionen des Rundfunks in das Internet „abwandern“[92] bzw. ob Online-Diensten jenseits der klassischen Funktionen des Rundfunks eine entscheidende Bedeutung für die freie öffentliche und individuelle Meinungsbildung zukommt. Dass ersteres möglich ist, hat das Bundesverfassungsgericht bereits 1991 betont, als es über die Zulässigkeit so genannter „rundfunkähnlicher Kommunikationsdienste“ (es ging primär um Video- und Bildschirmtext)[93] zu entscheiden hatte:

> „Angesichts des beschleunigten medientechnischen Fortschritts kann nicht ausgeschlossen werden, dass rundfunkähnliche Kommunikationsdienste [...] künftig Funktionen des herkömmlichen Rundfunks übernehmen werden.“[94]

Um das Ziel freier öffentlicher und individueller Meinungsbildung zu erreichen, müssen den Nutzern reale Informationschancen eingeräumt werden. Die Regulierung bestimmter Medien – und das Akzeptieren von Defiziten bei anderen – ist also nur ausreichend, wenn dabei der kommunikative Einschluss aller gelingt. Der Bezug auf die *realen* Kommunikationschancen und damit auch die alte Argumentationsfigur der *Grundversorgung* wird dadurch deutlich.

---

91 Zweifel können hieran höchstens aufkommen, wenn das Gericht Druckwerke öffentlich-rechtlicher Rundfunkanstalten als „unterstützende Randbetätigung“ bezeichnet; BVerfGE 83, 238, 312 ff. Da aber die Herausgabe von Presseerzeugnissen schon begriffslogisch nicht unmittelbare Aufgabe öffentlich-rechtlichen Rundfunks sein kann, erlaubt die Entscheidung noch nicht den Schluss, dass das Gericht generell von einem Zwei-Märkte-Modell in Bezug auf Presse und Rundfunk ausgeht. Das Gericht betont zwar, dass sich eine öffentlichrechtliche Rundfunkanstalt nicht auf das Grundrecht der Pressefreiheit stützen kann, BVerfGE 83, 238, 312. Es weist aber auch darauf hin, dass es keinen verfassungsrechtlichen Grundsatz publizistischer Gewaltenteilung gibt, BVerfGE 83, 238, 313.

92 Die Frage nach einer möglichen Übernahme klassischer Funktionen des Rundfunks durch Online-Angebote stellt sich erst gar nicht bei solchen Diensten, bei denen Hörfunk- und Fernsehprogramme als Verteildienste via Internet übertragen werden, also neben Terrestrik, Breitbandkabel und Satellit lediglich ein neuer Übertragungsweg genutzt wird; vgl. *W. Hoffmann-Riem*, Regulierung, S. 237 f. Angesichts des besonderen Übertragungsprotokolls gehen wir hier aber dennoch von einem von herkömmlichem Rundfunk unterscheidbaren Dienst aus.

93 BVerfGE 83, 238, 289.

94 BVerfGE 83, 238, 302 f.

4.1.2.2.1 Die Rolle von Online-Diensten für die öffentliche Meinungsbildung

Eine konsentierte Erkenntnis der Kommunikationswissenschaften ist das so genannte „Riepl'sche Gesetz", dem zufolge neue Medien alte nicht komplett verdrängen, sondern nur zu einer Neukonfiguration von Angeboten und Nutzungsmustern führen.[95] Ein Gesetzgeber, der die Zieloptimierung im Hinblick auf Art. 5 Abs. 1 S. 2 GG anstrebt, muss daher diese Neukonfigurationen beobachten und das System der Ausgestaltung darauf einstellen. Die Umgestaltung in der Kommunikationslandschaft durch das Hinzutreten von Online-Diensten ist derzeit zu beobachten, aber noch schwer empirisch zu beschreiben. Wechselwirkungen mit der Presse, die auch zu beachten sind, müssen im Folgenden ausgeblendet bleiben.

Schon für den „wohl geordneten" Bereich der klassischen Medien sind theoretische Modelle und empirische Daten nicht hinreichend, um zu erklären, welchen Beitrag sie zu den für Art. 5 GG relevanten Funktionen leisten. Im Bereich der Netzkommunikation kann erst auf Anfänge wissenschaftlicher Forschung verwiesen werden, die im Folgenden – mit der gebotenen Vorsicht – aufgegriffen wird.

4.1.2.2.1.1 Reichweite und Nutzungsdauer des Internet

Wie bereits dargestellt, bezieht sich der Schutz der freien öffentlichen Meinungsbildung auf gesellschaftliche Selbstverständigungsprozesse. Dass das Internet überhaupt eine gesamtgesellschaftliche Bedeutung hat, kann angesichts der Tatsache, das es bereits von weit über einem Drittel der Bevölkerung genutzt wird (März 2001: 46 % der 14- bis 69-Jährigen),[96] kaum noch bestritten werden. Da der Anteil derjenigen Personen, die über eine Internet-Zugangsmöglichkeit verfügen, bereits 2000 bei 50,6 % lag, besteht weiteres Potenzial. „Letztendlich kann man jedoch aus den Ergebnissen nicht ablesen, ob es sich bei den Personen um zukünftige User handelt oder um hartnäckige Verweigerer dieses Mediums."[97]

Die Nutzungsdauer wird voraussichtlich stark ansteigen. Die 1998 vom Fraunhofer-Institut für Systemtechnik und Innovationsforschung befragten Experten gehen davon aus, dass in Bezug auf den durchschnittlichen täglichen

---

95 Dies geht zurück auf *Wolfgang Riepl*, Nachrichtenwesen des Altertums.

96 Vgl. GfK Online-Monitor, 7. Untersuchungswelle, S. 9, abrufbar unter http://www.gfk.de/ produkte/eigene_pdf/online_monitor.pdf. Auch die Autoren der ARD/ZDF-Studie gingen 2000 davon aus, dass sich der Anteil der Internetnutzer in Deutschland mittelfristig bei 40 bis 45 % einpendelt; *B. v. Eimeren/H. Gerhard*, MP 2000, S. 348.

97 G+J Electronic Media Service, Internet-Nutzung in Deutschland, Analyse der sechsten Erhebungswelle des GfK-Online-Monitors, Hamburg 2000, S. 23.

Zeitaufwand für die Nutzung der Medien im privaten Sektor die relative Bedeutung von PC- und Online-Diensten zu Lasten traditioneller Medien zunehmen wird (2015: 17 %; zum Vergleich: 1995: 3 %)[98]. Dabei werde sich die durchschnittliche Dauer der Nutzung von Hörfunk und Fernsehen kaum verändern, vielmehr führt der Anstieg der Dauer der Nutzung von PC- und Online-Diensten (2005: 0,8 h, 2015: 1,3 h; zum Vergleich: 2000: 0,17 h)[99] dazu, dass das Zeitbudget für Mediennutzung insgesamt zunimmt (2015: ca. 7,15 h; zum Vergleich: 1995: 6,5 h).[100]

Im Jahr 2005 werden nach Einschätzung der Experten 19 % und im Jahr 2015 41 % der Haushalte über Geräte zur Nutzung von Online-Diensten verfügen.[101] Für 2005 wird prognostiziert, dass der Anteil der TV-Geräte mit Online-Funktionen 8 % und der der PCs mit Fernsehfunktionen 10 % betragen wird (2015: jeweils 17 %). Das bedeutet, dass auch in Zukunft PC und TV als Einzellösung überwiegen werden.[102] In Bezug auf die für Online-Dienste genutzten Verbreitungswege gehen die Experten davon aus, dass auch 2015 das konventionelle Telekommunikationsnetz dominierend sein wird.[103] Hiermit korrespondierend stimmen 84 % der befragten Experten der These zu, dass die Herausbil-

98 Fraunhofer Institut für Systemtechnik und Innovationsforschung, Mediennutzung der Zukunft im privaten Sektor, 1998, S. 18; die Internet- Nutzung betrug im Jahr 2000 ca. 0,3 h, vgl. *B. v. Eimeren/H. Gerhard*, MP 2000, S. 346, und wird im Jahr 2005 nach einer Prognose des Fraunhofer Instituts auf 0,8 h anwachsen, vgl. Fraunhofer Institut für Systemtechnik und Innovationsforschung, Mediennutzung der Zukunft im privaten Sektor, 1998, S. 18.

99 *B. v. Eimeren/H. Gerhard*, MP 2000, S. 346.

100 Fraunhofer Institut für Systemtechnik und Innovationsforschung, Mediennutzung der Zukunft im privaten Sektor, 1998, S. 18 f.

101 Fraunhofer Institut für Systemtechnik und Innovationsforschung, Mediennutzung der Zukunft im privaten Sektor, 1998, S. 32.

102 Fraunhofer Institut für Systemtechnik und Innovationsforschung, Mediennutzung der Zukunft im privaten Sektor, 1998, S. 39. Auch „Forrester Research" geht in Bezug auf Europa davon aus, dass 2003 der mit Abstand größte Teil der Nutzer exklusiv über den PC Zugang zum Internet erlangt, The Forrester Research, Europe's Digital Decade, S. 4. Bei einer 1998 durchgeführten internationalen Delphi-Befragung war die Konvergenz der Endgeräte im Jahr 2010 ein Thema. 21,5 % der befragten Experten ging davon aus, dass in den meisten Haushalten spezielle Endgeräte für die verschiedenen Anwendungen separat genutzt werden, 20 % prognostizierten ein integriertes digitales Endgerät, 18,8 % waren der Meinung, dass in den meisten Haushalten digitale Endgeräte für spezielle Anwendungen miteinander vernetzt sein werden, und 35,8 % glaubten, dass keines dieser Szenarien wirklich dominierend sein wird; *K. Beck/P. Glotz/G. Vogelgesang*, Die Zukunft des Internet, S. 50.

103 Fraunhofer Institut für Systemtechnik und Innovationsforschung, Mediennutzung der Zukunft im privaten Sektor, 1998, S. 38, 41.

dung eines neuen „integrierten" Medienmarktes (Branchenkonvergenz) mehr Zeit in Anspruch nehmen wird als allgemein erwartet.[104]

Auch ausländische Untersuchungen gehen von einem stetigen Anstieg der Internetnutzung aus. Für die USA prognostiziert „Forrester Research", dass 2003 56 % aller Haushalte über einen Internetzugang verfügen werden.[105] Für Europa nimmt „Forrester Research" an, dass der Anteil der Internetnutzer an der Gesamtbevölkerung auf 33 % ansteigen wird. Für die Übertragungswege wird davon ausgegangen, dass bis 2003 ebenfalls etwa 33 % der Nutzer einen Breitband-Internetzugang haben werden.[106]

4.1.2.2.1.2 Verschiebung klassischer Funktionen des Rundfunks auf Online-Dienste?

Bei der Behandlung der Frage, welche Funktion das Internet für den gesellschaftlichen Selbstverständigungsprozess haben kann, fällt ins Auge, dass der Abruf aktueller Nachrichten derzeit zu den am häufigsten genutzten Angeboten gehört. Bei den mindestens einmal wöchentlich genutzten Onlinemöglichkeiten liegen aktuelle Nachrichten auf dem dritten Platz, hinter internetspezifischen Tätigkeiten wie dem Versenden und Empfangen von E-Mails und dem ziellosen „Surfen".[107] Verstärkt wird dieses Bild noch dadurch, dass als das zentrale Mo-

---

104 Fraunhofer Institut für Systemtechnik und Innovationsforschung, Mediennutzung der Zukunft im privaten Sektor, Karlsruhe 1998, S. 50.

105 The Forrester Research, From Dial-up To Broadband, April 1999, zitiert nach *Hamm/Hart*, Kommunikationsordnung 2010, S. 31 f.

106 The Forrester Research, Europe's Digital Decade, November 1999, abrufbar unter http://www.forrester.com/ER/Research/Report/Summary/0,1338,8646,FF.html.

107 *B. v. Eimeren/H. Gerhard,* MP 2000, S. 342. Insgesamt geben 65 % der Nutzer an, schon einmal aktuelle Nachrichten abgerufen zu haben, 46 % nutzen diese Möglichkeiten mindestens einmal wöchtlich. Auch die Ergebnisse einer GfK-Studie aus 2000 belegen, dass bei der inhaltlichen Orientierung der Internet-Nutzung „Weltnachrichten" einen hohen Stellenwert haben. Bei den Angeboten, die häufig/gelegentlich genutzt werden, liegen Weltnachrichten auf Platz 3 (43,4 %), GfK Medienforschung, 6. Untersuchungswelle, August 2000, zitiert nach G+J Electronic Media Services, Internet-Nutzung in Deutschland, Analyse der sechsten Erhebungswelle des GfK-Online-Monitors, 2000, S. 31 (Zusammenfassung der GfK-Studie abrufbar unter: http://194.175.173.244/gfk/gfk_studien/eigen/OMO_W6.pdf). Die Bedeutung von Nachrichtenangeboten wird auch bestätigt durch die Ergebnisse der Studie von „ComCult" aus dem Jahr 2000: Auf die Frage, wie häufig Online-Angebote/Websites im WWW zu bestimmten Themen aufgesucht werden, sagten die meisten (81,7 %) in Bezug auf Nachrichten „sehr häufig" und „häufig". (Danach folgen Bildung, 73,8 %, Computer, 67,9 %); abrufbar unter http://www. comcult.de/ccstudie/zgmotiv 2000.html. „ComCult" kommt zudem für das Jahr 1999 zu dem Ergebnis, dass 76,4 % der Nutzer mindestens einmal im Monat Nachrichten und Magazine im Internet aufrufen; abrufbar unter http://www. comcult.de/ccstudie/onbesuch.htm. Die Fittkau & Maaß GmbH (www.w3b.de) hat „Lebenszyklen" eines WWW-Nutzers ausgemacht, in denen er mehrere Stadien durchläuft. Seine Nutzungsziele und Präferenzen verschieben sich im Laufe

tiv fast aller Rezipienten für die Nutzung des Internet angegeben wird, an interessante Informationen zu kommen,[108] und dass Online-Angebote klassischer Medienanbieter, wie etwa von Wochenzeitungen, tatsächlich vergleichsweise hohe Zugriffszahlen verzeichnen.[109] Bei einer 1998 durchgeführten internationalen Delphi-Befragung prognostizierten 48,4 % der befragten Experten, dass im Jahr 2010 über 40 % der Privathaushalte in den entwickelten Industrie- bzw. Dienstleistungsgesellschaften computervermittelte Informationsanwendungen regelmäßig nutzen werden.[110]

Als Indiz für die Bedeutung von Nachrichten ist es auch zu werten, dass Analysen, die verschiedene Nutzertypen identifiziert haben, neben „Internet-Profis", „Business-Usern", „Travellern", „E-Shoppern", „Gameboys und -girls" und „Klickern" den „News-Freak" ausgemacht haben. Zu diesem Nutzertypen werden 13,2 % der Nutzer gerechnet.[111]

Auch wenn das Bundesverfassungsgericht betont, dass sich Meinungsbildung nicht nur über Nachrichten vollzieht, spielen diese für die von Art. 5 Abs. 1 GG geschützte gesellschaftliche Selbstverständigung eine wichtige Rolle. Traditionelle Nachrichtensendungen zeichnen sich neben ihrer besonderen Aktualität dadurch aus, dass sie zwar auf Fakten beschränkt sind, thematisch aber

---

der Zeit. Erstes Ziel sei Unterhaltung und Neugier, dann folgt die Suche nach Informationen (Nachrichten und Produkte). Darauf folgen Online-Kommunikation (E-Mail, Chat, Newsgroups) und zuletzt die Online-Transaktionen, also zum Beispiel das Einkaufen im Internet; Zusammenfassung unter http://www.wuv-studien.de/wuv/studien/112000/158/summary.htm. Der UCLA Internet Report vom 25.10.2000 zeigt, dass auch in den USA das Abrufen von Nachrichten eine wichtige Rolle bei der Internetnutzung spielt. Auf Platz 4 der „Top Ten Most Popular Internet Activities" befindet sich „Reading news" (56,6 % der Internetnutzer), gefolgt von „Finding entertainment information" (54,3 %). Die populärsten Internet-Aktivitäten sind „Web surfing or browsing" (81,7 %), „E-mail" (81,6 %) und „Finding hobby information" (57,2 %), *UCLA Center for Communication Policy*, The UCLA Internet Report. Surveying the Digital Future, Los Angeles 2000, S. 10; abrufbar unter http://www.ccp.ucla.edu/pages/internet-report.asp.

108 So gaben etwa in der ARD/ZDF-Online-Studie 2000 92% der befragten Personen als Grund für die Einrichtung eines Online-Anschlusses zu Hause dieses Motiv an. *B. v. Eimeren/H. Gerhard*, MP 2000, S. 340.

109 Beispielsweise verzeichnete Focus Online nach den Online-Nutzungsdaten der Informationsgemeinschaft zur Feststellung der Verbreitung von Werbeträgern e.V. (IVW) allein im November 1999 18.636.845 Visits und 48.078.884 Page-Impressions (abrufbar unter: www.ivw.de). Auch greifen viele auf die Angebote von Rundfunkanbietern zu. 64 % der Nutzer interessieren sich bei den Online-Inhalten von Fernseh- und Radiosendern vor allem für aktuelle Informationen über das Weltgeschehen, *B. v. Eimeren/H. Gerhard*, MP 2000, S. 348.

110 43,5 % gingen davon aus, dass über 40 % der Privathaushalte computervermittelte Unterhaltungsanwendungen regelmäßig nutzen werden, *K. Beck/P. Glotz/G. Vogelgesang*, Die Zukunft des Internet, S. 75.

111 G+J Electronic Media Services, Internet-Nutzung, S. 33 ff.

einen weiten Bereich abdecken und somit für mehrere gesellschaftliche Teilbereiche, etwa Wirtschaft, Politik und Sport, von Relevanz sind. Auch die hohen Reichweiten klassischer Nachrichtensendungen, wie der Tagesschau,[112] können (noch) als Beleg dafür gelten, dass es diesen Formaten gelingt, trotz der gesellschaftlichen Fragmentierung Aufmerksamkeit zu verdichten. Aber hier sind bereits Erosionen zu beobachten; Zielgruppennachrichten nachvollziehen und verstärken auch in diesem Bereich die gesellschaftliche Ausdifferenzierung.

Informieren sich nun zunehmend die Rezipienten via Internet über das aktuelle Weltgeschehen, kann dies als Indiz dafür gelten, dass Online-Dienste bereits teilweise Funktionen klassischer Medien übernehmen. Noch fehlt es an Untersuchungen, inwieweit die Internetnutzung zu einem Rückgang der Zuschauer- bzw. Hörerzahlen der Nachrichtensendungen in Hörfunk und Fernsehen führt. Insgesamt wird allerdings davon ausgegangen, dass es noch nicht zu einer Substituierung klassischer Medien durch das Internet kommt,[113] auch wenn bereits ein Drittel der Internetnutzer angibt, weniger fernzusehen.[114]

Es zeigt sich also, dass zum Teil (Nachrichten) bereits Funktionen klassischen Rundfunks von Online-Diensten übernommen werden, während dies in anderen Bereichen (Unterhaltung) noch nicht in diesem Maße zu beobachten ist.

4.1.2.2.1.3 Neuartige Funktionen im Hinblick auf das Ziel freier öffentlicher Meinungsbildung

Jenseits einer „Übernahme“ von klassischen Funktionen von Hörfunk und Fernsehen durch Online-Dienste ist zu untersuchen, ob nicht Internetangebote eine eigenständige, neuartige Funktion im Hinblick auf das Ziel freier öffentlicher

---

112 So sahen im Durchschnitt 1999 9,42 Millionen Zuschauer die Tagesschau (zu den Erhebungen Medienspiegel 2000, Heft Nr. 22, S. 8); Nachrichtensendungen erreichten in 1999 einen durchschnittlichen Marktanteil von 66 %, vgl. Medienspiegel 2000, Heft Nr. 24, S. 3.

113 So steigt etwa der Fernsehkonsum trotz Internet ständig. *E. Oehmichen/C. Schröter*, MP 2000, S. 359 ff.

114 Befunde aus den USA zeigen, dass dort bei den Gruppen, die das Internet nutzen, das Internet als Informationsmedium im Vergleich zu den klassischen Medien bereits einen erheblichen Stellenwert erreicht. So liegt das Internet dem UCLA Internet Report vom 25.10.2000 zufolge bei den Internet-Nutzern nur knapp hinter den wichtigsten Informationsquellen, den Büchern und Zeitungen. Die Nicht-Nutzer informieren sich im gleichen Umfang über Bücher, Zeitungen und Fernsehen. Der unmittelbare Vergleich der beiden Gruppen zeigt, dass es bei den Internet-Nutzern das Fernsehen und der Hörfunk sind, deren relative Bedeutung gegenüber den Nicht-Nutzern reduziert ist. Die Printmedien dagegen werden von den Internet-Nutzern für wichtiger gehalten als von den Nicht-Nutzern, was vor allem ein Hinweis auf die besondere soziodemographische Zusammensetzung dieser Gruppe ist, die mit häufigerer Nutzung von informationsorientierten Printmedien einhergeht, *UCLA Center for Communication Policy*, The UCLA Internet Report. Surveying the Digital Future. Los Angeles 2000, S. 18, 33; abrufbar unter http://www.ccp.ucla.edu/pages/internet-report.asp.

Meinungsbildung erfüllen. Sozial- und politikwissenschaftliche Studien haben sich der Frage zugewandt, inwieweit das Internet demokratische Prozesse verändert. Die These einer direkteren Partizipation der Bürger an der Politik wurde hierbei schnell relativiert,[115] zum Teil wurde sogar – provokant – behauptet, das Internet sei schädlich für die Demokratie.[116] Sollte jedoch das Internet zu einem Forum für die öffentliche Meinung werden, an dem sich die Politik orientiert, wäre eine Ausgestaltung, die sich auf den klassischen Rundfunk beschränkt, nicht mehr ausreichend. In welcher Form dies auf anderem Wege als über publizistische Kommunikation erfolgen könnte – in diesem Fall käme es einfach zum bereits angesprochenen „Abwandern" von klassischen Funktionen des herkömmlichen Rundfunks –, ist derzeit nur in Ansätzen erkennbar:

> „Bedeutung für den politischen Prozess gewinnt die Netzkommunikation vorrangig, wenn sich bereits themenzentrierte Teilöffentlichkeiten gebildet haben. Ihre wichtigste Rolle wird sein, die Binnenkommunikation politischer Organisationen zu gegebenen Themen zu verbessern."[117]

Netzkommunikation beginnt bereits, die Bildung von Öffentlichkeit zu verändern. Zwischen der – wohl auch nur fiktiven – publizistischen Bildung einer Gesamtöffentlichkeit und privater Kommunikation bilden sich unterschiedliche Formen von Foren, in denen Aufmerksamkeit zeitlich, thematisch, räumlich variierend gebündelt werden kann.[118]

4.1.2.2.2 Die Bedeutung des Internet für die individuelle Meinungsbildung

Der verstärkte Abruf aktueller Nachrichten via Internet hat auch Auswirkungen auf die individuelle Meinungsbildung. Hierüber setzt sich der Einzelne über das aktuelle Weltgeschehen ins Bild und erhält Informationen, die er in der Kom-

---

[115] Vgl. etwa *P. Donges/O. Jarren*, Öffentlichkeit durch Netzkommunikation, S. 85 ff.; sowie *O. Jarren*, Demokratie durch Internet, S. 27 ff. Donges und Jarren weisen darauf hin, dass Medien – auch das Internet – als Element im Zuge politischer Strategien anzusehen seien. „In [...] Beiträgen [...] wird aber unterstellt, als sei das Engagement im Netz selbst die politische Aktivität. In der normativen Funktionsperspektive kann also die Relevanz des Internets für die politische Öffentlichkeit nicht an [...] Wachstumsraten bei der Anzahl der Nutzerinnen und Nutzer gemessen werden, sondern einerseits daran, was die in ihm stattfindenden Kommunikationen zur gesellschaftlichen Selbstbeobachtung als Funktion politischer Öffentlichkeit beitragen, und zum anderen daran, ob und wie das Netz von Akteuren für die politische Kommunikation genutzt wird."

[116] *E. Noam*, Why internet is bad for democracy (unveröffentlichtes Manuskript).

[117] *P. Donges/O. Jarren*, Öffentlichkeit durch Netzkommunikation, S. 85 ff. Vgl. auch *H. Hill*, Bürgermitwirkung unter neuen Perspektiven, S. 234 ff.; *F. Krotz*, Öffentlichkeit aus Sicht des Publikums, S. 95 ff.

[118] Vgl. etwa die Beiträge von *F. Krotz* und *I. Neverla* in *W. Faulstich* (Hrsg.), Öffentlichkeit im Wandel.

munikation mit anderen benötigt. Zur Persönlichkeitsformung gehört auch (Kommunikation über) die eigene Weltsicht. Auch die „Übernahme" weiterer klassischer Funktionen herkömmlichen Rundfunks für die Persönlichkeitsentwicklung durch Online-Dienste ist in diesem Zusammenhang relevant. Jedoch ist etwa in Bezug auf die Unterhaltungsfunktion derzeit noch nicht zu beobachten, dass es zu einer Substituierung von Hörfunk und Fernsehen durch das Internet kommt.[119] Unterhaltung wird bisher nicht als zentrales Motiv für die Anschaffung eines Internetanschlusses angegeben,[120] und auch bei den am häufigsten genutzten Online-Möglichkeiten rangieren unterhaltende Angebote, wie etwa Spiele, erst hinter Informationsangeboten im engeren Sinne.[121] Bei einer 1998 durchgeführten internationalen Delphi-Befragung prognostizierten 90 % der befragten Experten, dass auch 2010 das Fernsehen das zentrale Unterhaltungsmedium bleiben werde.[122]

Auch bei der Persönlichkeitsbildung müssen neue, internetspezifische Funktionen berücksichtigt werden: Treten neben traditionelle Medien andere Typen von Informationsangeboten, so kann angesichts gesellschaftlicher Veränderungen nicht davon ausgegangen werden, dass diese für die verfassungsrechtlichen Ziele, wie die freie individuelle Meinungsbildung, irrelevant sind. Wie oben angedeutet, kann eine komplexe, sich zunehmend ausdifferenzierende Gesellschaft auch den Informationsbedarf des Einzelnen erhöhen; die Bedeutung von an die Allgemeinheit gerichteter Kommunikation nimmt in allen gesellschaftlichen Bereichen zu. Je größer die Zahl derjenigen wird, die das Internet nutzen, desto selbstverständlicher wird in der Kommunikation erwartet, dass an Kenntnisse angeknüpft werden kann, die ausschließlich oder zumindest primär über das Internet erlangt werden können. Hierzu könnten etwa Informationen mit einem Aktualitätsgrad gehören, der über das Radio nur eingeschränkt, über das

---

119 *U. Hasebrink*, Zukunft der Fernsehnutzung.

120 *B. v. Eimeren/H. Gerhard*, MP 2000, S. 341.

121 *B. v. Eimeren/H. Gerhard*, MP 2000, S. 342.

122 *K. Beck/P. Glotz/G. Vogelgesang*, Die Zukunft des Internet, S. 68. Zum Teil lässt sich Untersuchungen aber auch entnehmen, dass der unterhaltungsorientierte Bereich im Internet künftig hohe Wachstumskurven zeigen wird. Laut einer US-Marktstudie aus dem Juni 2000, in der 12- bis 24-jährige Amerikaner befragt wurden (83 Prozent dieser Gruppe haben einen Computer zu Hause, 77 Prozent Zugang zum Internet, 65 Prozent eine eigene E-Mail-Adresse; Beginn der Nutzung im Schnitt mit 14 Jahren; mittlere Nutzungsdauer pro Tag: eine Stunde), liegt das Internet bei der Einschätzung, mit welchem Medium man auf die beste Art seine Zeit verbringen könne, knapp vor Radio und Fernsehen, *Edison Media Research/Arbitron*, Internet IV: The Buying Power of Streamies, 2000; http://www.edisonresearch.com/Internet4NABgraphs.htm). Steigt die Anzahl der Nutzer des Internet, so liegt die Vermutung nahe, dass Unterhaltungsangebote an Bedeutung gewinnen. Während die „Pioniere" typische Informationsnutzer waren, gehören zu den neuen Nutzern auch solche, die nicht in gleicher Weise informationsorientiert sind.

Fernsehen kaum und über die Zeitung gar nicht erreicht werden kann, oder auch Hintergrundinformationen, die den im klassischen Rundfunk möglichen Umfang überschreiten. Der Gesetzgeber kann und muss bei der Ausgestaltung den erhöhten Informationsbedarf des Einzelnen nicht uneingeschränkt berücksichtigen, eine Reduzierung staatlicher Gewährleistung auf eine „Mindestversorgung" durch die traditionellen Medien wäre aber mit Art. 5 Abs. 1 S. 2 GG nicht vereinbar.[123]

Neben dem Abruf von Informationen im engeren Sinne sind auch andere Formen der Online-Kommunikation mit in den Blick zu nehmen. Welche Bedeutung etwa Gesprächsforen, Newsgroups, Chats etc. für die Persönlichkeitsbildung haben, bedarf weiterer sozialwissenschaftlicher Untersuchungen.

Auch hier macht sich eine Differenzierung der Nutzung bemerkbar. Neben den informationsorientierten Nutzern machen sozialwissenschaftliche Studien zunehmend Netzmilieus aus, deren Mitglieder eine Netzidentität entwickeln, die wiederum auf ihr „reales" Leben rückwirkt.[124]

4.1.2.2.3 Zwischenfazit

Sowohl die verfassungsrechtliche Literatur als auch der auf der Grundlage von Art. 5 Abs. 1 S. 2 GG die Rundfunkordnung ausgestaltende Gesetzgeber gingen bislang davon aus, dass für die genannten Ziele der durch die traditionellen Massenmedien vermittelte Prozess publizistischer Kommunikation von so überwiegender Bedeutung war, dass er allein der Betrachtung bedurfte. Dabei konzentrierte sich das Problem auf den als besonders bedeutsam, aber auch als besonders missbrauchsanfällig angesehenen Rundfunk. Für alle anderen Fragen schien es zu genügen, dass Art. 5 Abs. 1 GG staatliche Intervention im Kommunikationsbereich beschränkt (subjektiv-abwehrrechtliche Funktion).

Die vorstehenden Ausführungen haben aber ergeben, dass es schon beim derzeitigen Stand der Nutzung kaum plausibel erscheint, den Bereich des traditionellen Rundfunks und den der Online-Kommunikation im Hinblick auf die Verwirklichung der Ziele von Art. 5 Abs. 1 GG als zwei getrennte Sphären zu betrachten, auch wenn sich etwa die Rezeptionshaltung bei unterschiedlichen Diensten deutlich unterscheidet. Wie bei den unterschiedlichen Formen des traditionellen Rundfunks, dessen unterschiedliche Distributionswege und Produktionsweisen, spricht vieles dafür, den gesamten Raum öffentlicher Kommunikation als Bezugspunkt für die Gewährleistungsverantwortung des Gesetzge-

---

[123] Dass der Gewährleistungsauftrag in Bezug auf die Ziele aus Art. 5 Abs. 1 S. 2 GG nicht auf eine Mindestversorgung beschränkt ist, zeigte bereits die Diskussion um die Aufgaben öffentlich-rechtlichen Rundfunks. Vgl. *W. Hoffmann-Riem*, Pay-TV, S. 63 ff.

[124] *F. Krotz,* RuF 1995, S. 445 ff.; *W. Vogelgesang*, RuF 1995, S. 538 ff.

bers anzusehen. Dies bedeutet keineswegs – genauso wenig wie es für die Presse der Fall war –, dass die Verfassung den Gesetzgeber dazu nötigen würde, den gesamten Bereich elektronisch vermittelter öffentlicher Kommunikation gleich intensiv oder gar in gleicher Weise zu regulieren. Es wird zunächst lediglich der Bezugspunkt der Gewährleistung markiert.

Auch wenn sozial- und politikwissenschaftliche Untersuchungen bislang erst in Ansätzen Ergebnisse zu Tage fördern, die als Ausgangspunkt für gesetzgeberische Entscheidungen dienen könnten, finden sich schon jetzt Indizien dafür, dass der Gesetzgeber nicht ohne weiteres bei der Gewährleistung auf die Regulierung des klassischen Rundfunks vertrauen darf.

Zwei Gesichtspunkte weisen darauf hin, dass diese Beschränkung in Frage gestellt werden muss. Zum einen zeigt sich in bestimmten Bereichen ein Trend, sich Informationen, die Rezipienten bislang durch traditionellen Rundfunk erhalten haben, über Online-Angebote zu erschließen (was nicht zu einem Rückgang der Nutzung klassischen Rundfunks führt). Zum anderen kann der Gesetzgeber bei der Frage, welche Qualität und welchen Umfang von informativer Inklusion er für erforderlich hält, um die Ziele von Art. 5 Abs. 1 GG zu verwirklichen, nicht von einer statischen Betrachtungsweise ausgehen. In einer Gesellschaft, die mit dem – wenn auch etwas unglücklichen – Label der „Informationsgesellschaft" bezeichnet wird, kann man nicht davon ausgehen, dass die Qualität und Quantität von Informationen, die benötigt wird, um an den von Art. 5 Abs. 1 GG geschützten Prozessen teilzuhaben, konstant bleibt.

Vielmehr wird das, was in alter Terminologie als *Grundversorgung* bezeichnet wird – also die basale Inklusion in Kommunikationsprozesse, die in jedem Fall erforderlich ist, um den Prozess der öffentlichen und individuellen Meinungsbildung im Sinne von Art. 5 Abs. 1 GG in Gang zu halten –, sich entsprechend verändern und auch bislang nicht eingeschlossene Bereiche erfassen.

Ein entscheidendes Argument für einen genaueren Blick auf Bedeutung und mögliche Defizite der Online-Kommunikation ist die Notwendigkeit der Antizipation zukünftiger Entwicklungen. In der sich in schnellem Tempo verändernden Informations- und Kommunikationslandschaft muss der Gesetzgeber beständig beobachten, wie sich technische und gesellschaftliche Entwicklungen auf die Erreichung der verfassungsrechtlichen Zielvorgaben auswirken. Gerade im sensiblen Bereich von Art. 5 Abs. 1 GG sind frühzeitige Maßnahmen notwendig, um effektiv riskanten Tendenzen entgegensteuern zu können.[125]

---

[125] In Bezug auf den klassischen Rundfunk hat das Bundesverfassungsgericht ausgeführt, es komme darauf an, „dass freie, umfassende und wahrheitsgemäße Meinungsbildung [...] gewährleistet ist, dass Beeinträchtigungen oder Fehlentwicklungen vermieden werden. Der Gesetzgeber hat insbesondere Vorkehrungen zu treffen, die sicherstellen, dass der Rundfunk nicht einer oder einzelnen gesellschaftlichen Gruppen ausgeliefert wird, dass die in Betracht kommenden gesell-

Hierbei ist auch in den Blick zu nehmen, ob Online-Bereich und klassischer Rundfunk in Zukunft überhaupt noch trennscharf auseinander gehalten werden können. Werden zunehmend Hörfunk- und Fernsehprogramme über das Internet übertragen und verschmelzen möglicherweise Online- und Offline-Bereich für den Rezipienten zu einem zusammenhängenden Informationsangebot (Stichwort: Enhanced TV), verliert eine Reduzierung staatlicher Gewährleistung auf den klassischen Rundfunk weiter an Plausibilität.

Daher ist es erforderlich, sich die Bedeutung der einzelnen Dienstetypen für die Ziele aus Art. 5 Abs. 1 S. 2 GG und die Defizite einer marktmäßigen Erbringung bei der Zielerreichung zu vergegenwärtigen, unabhängig von ihrer Zuordnung zur „Online-Welt" oder „Rundfunkwelt".

4.1.2.3 Die Zielvorgaben aus Art. 5 Abs. 1 S. 2 GG

Nachdem festgestellt wurde, dass das Primärziel freier öffentlicher und individueller Meinungsbildung es erfordert, Online-Dienste mit in den Blick zu nehmen, sind im Anschluss die Vorgaben für öffentliche Kommunikation zu beleuchten, die sich aus dem Primärziel ergeben.

4.1.2.3.1 Vielfalt und kommunikative Chancengerechtigkeit

Aus dem Primärziel freier öffentlicher und privater Meinungsbildung lassen sich spezielle Zielvorgaben für den durch Art. 5 Abs. 1 S. 2 GG geschützten Kommunikationsprozess ableiten. Zu diesen werden die Vielfaltsicherung bzw. die kommunikative Chancengerechtigkeit gezählt.[126]

Während es bei der negativen Vielfaltsicherung darum geht, staatliche und einseitige gesellschaftliche Einflussnahmen auf den Kommunikationsprozess abzuwehren, zielt die positive Vielfaltsicherung[127] darauf, dass die in der Gesell-

---

schaftlichen Kräfte im Gesamtprogramm zu Wort kommen und dass die Freiheit der Berichterstattung unangetastet bleibt." BVerfGE 57, 295, 321 f. Das Gericht betont, dass „einmal eingetretene Fehlentwicklungen – wenn überhaupt – nur bedingt und nur unter erheblichen Schwierigkeiten rückgängig gemacht werden könnten." BVerfGE 57, 295, 323.

126 Vgl. *W. Hoffmann-Riem/W. Schulz/T. Held*, Konvergenz und Regulierung, S. 41 ff.

127 Es können verschiedene Vielfaltsdimensionen unterschieden werden: Das Bundesverfassungsgericht differenziert zwischen gegenständlicher und inhaltlicher, BVerfGE 73, 118, 162, bzw. zwischen der Vielfalt der Themen und der Vielfalt der Meinungen, BVerfGE 83, 238, 296. In BVerfGE 87, 181, 198 f. wird zudem die „gegenständliche Breite aller Programmsparten" erwähnt, in BVerfGE 90, 60, 90 f. thematische Vielfalt. *W. Hoffmann-Riem* nennt folgende Vielfaltsdimensionen: inhaltliche/meinungsbezogene, personen-, gruppen- und instititutionenbezogene, gegenständliche, räumliche, Genre- und Spartenvielfalt sowie Rezeptionsvielfalt im Sinne einer Offenhaltung unterschiedlicher Wege zur Kommunikation; *W. Hoffmann-Riem*, Regulierung, S. 99 f.

schaft vorhandenen Meinungen ihrem Gewicht entsprechend abgebildet werden. Laut Bundesverfassungsgericht soll die Vielfalt der bestehenden Meinungen im Rundfunk „in möglichster Breite und Vollständigkeit Ausdruck" finden, damit „umfassende Information" geboten wird.[128] Auf Verbreitung angelegte Meinungen dürften nicht von der öffentlichen Meinungsbildung ausgeschlossen werden.[129] Dazu gehört es insbesondere, dass „alle gesellschaftlich relevanten Kräfte" im Gesamtprogramm zu Wort kommen.[130] Es werden mehrere Vielfaltsdimensionen unterschieden, nämlich inhaltliche/meinungsbezogene, personen-, gruppen- und institutionenbezogene, gegenständliche, räumliche, Genre- und Spartenvielfalt sowie Rezeptionsvielfalt im Sinne einer Offenhaltung unterschiedlicher Wege zur Kommunikation.[131]

Das Ziel positiver Vielfaltsicherung ist schon für den traditionellen Rundfunk aus ganz unterschiedlichen Richtungen und mit wachsendem Nachdruck kritisiert worden. Es stellt sich die Frage, ob das abstrakte Ziel der Meinungsvielfalt überhaupt durch gesetzgeberische Vorgaben umgesetzt werden kann. Zum einen ist es kaum möglich, diesem verfassungsrechtlichen Leitbild klare Konturen zu verleihen, da weder alle in der Gesellschaft vorhandenen Meinungen bestimmbar sind noch festgelegt werden kann, wann die Darstellung dem Gewicht der Meinungen entspricht.[132] Zum anderen würde jede staatliche Vorgabe, die sich auf den Inhalt des Programms bezieht, am Erfordernis der Staatsfreiheit scheitern.[133] Als weiterer Kritikpunkt wird darauf hingewiesen, dass die zunehmende Fragmentierung der Gesellschaft die Darstellung aller in der Gesellschaft vorhandenen Meinungen zusätzlich erschwere.[134] Es schält sich zunehmend heraus, dass der Gesetzgeber dem abstrakten Zielwert einer positiven Meinungsvielfalt nicht durch veranstalterbezogene Vorgaben, sondern allenfalls

---

[128] BVerfGE 57, 295, 320; 73, 118, 124; 74, 297, 324; 87, 181, 198 f. spricht von gleichgewichtiger Vielfalt der in der Gesellschaft anzutreffenden Meinungen.

[129] BVerfGE 57, 295, 323.

[130] BVerfGE 12, 205, 206, 262 f. „Der Veranstalter muss [...] grundsätzlich alle bestehenden Tendenzen von Gewicht in seinem Programm gleichermaßen zu Wort bringen." BVerfGE 83, 238, 321. Auch aktuell betont das Gericht, dass Art. 5 GG eine positive Ordnung verlange, welche sicherstellt, dass der Rundfunk „die Vielfalt der Themen und Meinungen aufnimmt und wiedergibt, die in der Gesellschaft eine Rolle spielen." BVerfGE 90, 60, 88.

[131] *W. Hoffmann-Riem*, Regulierung, S. 99 f.

[132] Auch das Bundesverfassungsgericht betont, dass sich nicht exakt bestimmen lasse, wann „gleichgewichtige Vielfalt" bestehe, vgl. BVerfGE 73, 118, 156 unter Verweis auf BVerfGE 57, 295, 324.

[133] Engel bezeichnet den Versuch, eine angemessene Repräsentation von Meinungen in der Gesellschaft durch eine ausgestaltende Ordnung staatlich sicherzustellen, als „Meinungsplanwirtschaft"; *C. Engel*, Medienordnungsrecht, S. 190.

[134] Vgl. *T. Vesting*, Prozedurales Rundfunkrecht, S. 220 ff.

durch strukturelle Vorgaben gerecht werden kann, die die Wahrscheinlichkeit inhaltlicher Diversifizierung erhöhen.[135]

Die Perspektive einer positiven Vielfaltsicherung wird daher zunehmend ergänzt und z. T. auch abgelöst durch eine Lesart, die die kommunikative Chancengleichheit als Ziel von Art. 5 Abs. 1 Satz 2 GG in den Mittelpunkt stellt.[136] Ziel der Ausgestaltung ist es hiernach, angemessene Zugangschancen im Kommunikationssystem zu gewährleisten. Kontrovers wird die Frage diskutiert, ob bestimmte kommunikative Interessen, die sich am (ökonomischen) Markt nicht durchsetzen können, privilegiert werden dürfen.[137] Dass eine solche Privilegierung zumindest denkbar ist, wird im hier vertretenen Konzept unterstellt. Voraussetzung dafür ist, dass diese Interessen im Hinblick auf die öffentliche und individuelle Meinungsbildung von besonderer Bedeutung sind (etwa Angebote für Jugendliche oder regionale Angebote), entsprechende Angebote bei rein marktmäßiger Bereitstellung aber ausbleiben (etwa weil sich ein Markt für lokale Informationen aus ökonomischen Gründen nicht entwickelt).

Die Chancengerechtigkeitsperspektive ermöglicht es nicht nur, bestimmte bislang als Vielfaltsgesichtspunkte thematisierte Fragen als Zugangsfragen zu reformulieren; auch andere Regelungen fügen sich in dieses Paradigma ein;[138] so regelt das Rundfunkrecht den Zugang von:

- Kommunikationsinhalte-Anbietern zu Inhaltediensteanbietern (Bsp.: Wahlwerbung),
- Inhaltediensteanbietern zu Kommunikationsinhalte-Anbietern (Bsp.: Exklusive Vermarktung im Pay-TV, Kurzberichterstattung),
- Inhaltediensteanbietern zu Netzen und TK-Diensten (Bsp.: Kabelverbreitung),
- Inhaltediensteanbietern zu Zusatzdienstleistungen (Bsp.: CA, Multiplexing, Navigatoren/Suchmaschinen).[139]

---

135 Vgl. zum Konzept struktureller Diversifikation *W. Hoffmann-Riem*, Erosionen des Rundfunkrechts, S. 38 ff.; *W. Hoffmann-Riem*, Regulierung, S. 34 f.

136 *W. Hoffmann-Riem*, Kommunikations- und Medienfreiheit, Rdnr. 12 ff.; *W. Schulz*, Gewährleistung kommunikativer Chancengleichheit, S. 168 ff.

137 Für eine solche Privilegierungsmöglichkeit sprechen sich etwa aus *W. Hoffmann-Riem*, RuF 1995, S. 125 ff.; *W. Schulz/W. Seufert/B. Holznagel*, Digitales Fernsehen, S. 99 ff.; aA. *M. Bullinger/E.-J. Mestmäcker*, Multimediadienste, S. 47 ff.; *M. Bullinger*, Regulierung unter Viel-Kanal-Bedingungen, S. 184 ff. Bullinger ist der Auffassung, dass eine Entfaltung der kommunikativen Interessen erfolgen soll, ohne dass der Staat eigene gestalterische Ziele verfolgt (reine Offenheitspflege).

138 Vgl. *W. Hoffmann-Riem/W. Schulz/T. Held*, Konvergenz und Regulierung, S. 66.

139 Weitere Zugangsfragen stellen sich auf der Ebene des Telekommunikationsrechts: Zugang von Netzbetreibern zu anderen Netzen (Interconnection), von Providern zu Netzen und TK-Diensten

Schließlich ist auch der Zugang der Rezipienten in dieses Konzept einzubeziehen. Die Berücksichtigung dieser Perspektive ist aber bisher in Rechtsprechung und Literatur nicht sonderlich ausgeprägt.

4.1.2.3.2 Rekonstruktion der Zugangsfragen aus der Nutzerperspektive

Insbesondere in Bezug auf das Internet wird der durch das Bundesverfassungsgericht geprägten Dogmatik, bei der – wie gezeigt – die staatliche Gewährleistung von Vielfalt und Ausgewogenheit im Vordergrund stehen, entgegengehalten, dass die Vielzahl der Angebote nun zu einem Außenpluralismus führe, der staatliche Maßnahmen überflüssig mache. Diese Argumentation blendet – unabhängig davon, ob die Prämisse zutrifft – die Frage aus, ob ein vielfältiges Angebot automatisch zu freier öffentlicher und individueller Meinungsbildung führt. Insbesondere wird nicht berücksichtigt, ob sich auf der Seite des Zugangs des Rezipienten Verzerrungen im Kommunikationsprozess ergeben, die im Hinblick auf das Primärziel freier individueller und öffentlicher Meinungsbildung bedenklich sind.

Dass die Betrachtung von Chancenungleichheiten aus der Nutzerperspektive in der Rundfunkdogmatik bislang keine relevante Stelle einnimmt, ist dadurch zu erklären, dass die Risikolagen den Blick auf den Veranstalter und sein „Machtpotenzial" lenkten. Selbst das Bundesverfassungsgericht, das die Rundfunkfreiheit als eine Freiheit ansieht, die der freien Meinungsbildung des Einzelnen dienen soll, wendet sich primär der Angebotsseite zu, die Nutzerseite bleibt in den Judikaten ein weißer Fleck.

Diese traditionelle Perspektive wird im Folgenden dargestellt, und es wird gezeigt, inwiefern durch sie der Blick gerade auf neue Probleme der Netzkommunikation verdeckt wird. Anschließend soll der Versuch unternommen werden, ausgehend von der Funktion der Rundfunkfreiheit verfassungsrechtliche Anforderungen an die Berücksichtigung der Nutzerperspektive zu entwickeln.

4.1.2.3.2.1 Die Berücksichtigung der Rezipientenseite bei den derzeitigen Lesarten der verfassungsrechtlichen Vorgaben

4.1.2.3.2.1.1 Die rein vielfaltszentrierte Sichtweise

Das Bundesverfassungsgericht hebt in seiner Rechtsprechung hervor, dass sich freie öffentliche und individuelle Meinungsbildung in einem Prozess der Kommunikation vollziehe. Den Medien, die Informationen und Meinungen verbrei-

---

(Bsp.: Zugang von Resellern zu TK-Netzen) und von Endverbrauchern zu Netzen und TK-Diensten (Bsp.: Universaldienste).

ten und selbst Meinungen äußern, komme in diesem Kommunikationsprozess eine Vermittlerfunktion zu, wobei der Rundfunk mit seiner Breitenwirkung, Aktualität und Suggestivkraft eine Sonderstellung einnehme.[140]

Stellt man sich diesen Prozess vereinfacht als Dreierbeziehung aus Informationsquelle, Vermittler und Empfänger vor – auf neue Glieder in dieser Kette wie etwa die Zusatzdienste digitalen Fernsehens soll an späterer Stelle eingegangen werden –, so ist die Freiheit des Prozesses nur dann gewährleistet, wenn sowohl die Beziehung zwischen Informationsquelle und Vermittler als auch die zwischen Vermittler und Empfänger frei von solchen Restriktionen ist, die nicht kommunikativ begründet sind.

Zum Teil wird bei der Auseinandersetzung mit der Rechtsprechung des Bundesverfassungsgerichts zur Rundfunkfreiheit allein die Vielfaltsicherung und damit die Beziehung zwischen Informationsquelle und Vermittler herausgestellt.[141] Hierbei wird aber verkannt, dass das Gericht den Schutz von Art. 5 Abs. 1 GG auf den gesamten *Prozess* der Meinungsbildung bezieht,[142] in seinen Entscheidungen aber bisher mit Blick auf die technischen und gesellschaftlichen Gegebenheiten die Beziehung zwischen Vermittler und Rezipienten ausblenden[143] und sich deshalb stärker mit Anforderungen an die Veranstalter auseinander setzen konnte. Zur verfassungsrechtlich zu sichernden Grundversorgung zählte es die meinungsbezogene und gegenständliche Vielfalt und die gleichgewichtige Darstellung der bestehenden Meinungsrichtungen. Da es nur wenige Veranstalter gab – in den Anfängen der dualen Rundfunkordnung nahm das Programmangebot nur langsam zu –, mussten in der Sphäre der Vermittlung zum Rezipienten dann nur noch technische Restriktionen ausgeschlossen werden: Die Übertragungstechnik musste den Empfang der Sendungen für alle sicherstellen.

Bei der Beurteilung von Weiterverbreitungsregeln hielt das Gericht das Vorschreiben bestimmter Mindestvoraussetzungen für ausreichend, um drohende Vermachtungen bei der Vermittlung zum Rezipienten abzuwehren. Ansonsten sei den Zielen von Art. 5 Abs. 1 S. 2 GG bereits bei der Zulassung der Rundfunkprogramme genüge getan. Es sah damals das Kabel primär als eine Möglichkeit an, den Zugang des Bürgers zu Rundfunkprogrammen zu verbessern,[144]

---

140 BVerfGE 90, 60, 87.

141 Diese Betrachtung der Rechtsprechung wird meistens mit einer Kritik an der Dogmatik des Bundesverfassungsgerichts verbunden. Vgl. etwa *Chr. Engel*, AfP 1994, S. 190 ff.; *E. Bremer/M. Esser/M. Hoffmann*, Rundfunk, S. 41 ff.

142 Vgl. etwa BVerfGE 57, 295, 319 f.

143 Es hat aber stets die Meinungsbildung und damit auch die Rezipientenseite im Blick. Aufgabe des Rundfunks sei es, frei, umfassend und wahrheitsgemäß zu informieren.

144 BVerfGE 73, 118, 197.

zur Erfüllung der Vorgaben aus Art. 5 Abs. 1 S. 2 GG ließ es aber weitgehend genügen, dass die *Veranstalter* einer Regulierung unterliegen.

Die Nutzerperspektive konnte das Gericht so lange außer Acht lassen, als die Zahl der empfangbaren Programme auf einige wenige begrenzt war. Konnte der Rezipient ohnehin nur auf eine bestimmte Anzahl von Programmen zugreifen, so stand es außer Frage, dass Vielfaltsanforderungen an diese Programme automatisch dazu führten, dass der Nutzer zu verschiedenen Themen und verschiedenen Meinungen real Zugang hatte. Als Kabel und Satellit die Zahl der übertragbaren Programme erhöhten und privater Rundfunk eingeführt wurde, richteten sich die Vielfaltsanforderungen nicht mehr primär an einzelne Programme, sondern an das Angebot insgesamt (vgl. § 25 Abs. 1 RStV). Aber da die Anzahl der Programme immer noch überschaubar war, stand die Nutzbarkeit des Angebots weiterhin außer Frage. Deshalb wurde die Nutzerseite wenig relevant; die Frage etwa, ob es zur Freiheit der individuellen und öffentlichen Meinungsbildung ausreicht, dass alle Rezipienten – also auch solche mit Minderheiteninteressen – auf sie interessierende Programme zugreifen können oder ob die Gewährleistungsfunktion des Staates auch beinhaltet, dass die Rezipienten von der Vielfalt der Themen und Meinungen Kenntnis erlangen, wurde nicht angesprochen.

Die Aussagen des Bundesverfassungsgerichts sind also vor dem jeweiligen technischen und gesellschaftlichen Hintergrund zu bewerten. Aus ihnen kann nicht geschlossen werden, auch zum jetzigen Zeitpunkt gebiete die Verfassung eine Fokussierung auf das Vermachtungsrisiko auf Seiten der Veranstalter. Eine solche Verengung wurde schon für den traditionellen Rundfunk kritisiert, allerdings eher mit Blick auf vorgelagerte Tätigkeiten wie den Filmrechtehandel o. ä.[145] Für einen Bereich öffentlicher Kommunikation, in der Netze wie das Internet eine zunehmende Rolle spielen, nimmt ihre Plausibilität weiter ab. Zurecht wird festgestellt,[146] dass das Angebot im Internet *insgesamt* keiner angebotsorientierten Vielfaltssicherung bedarf. Das Nebeneinander verschiedenster Angebote scheint dazu zu führen, dass kaum ein Thema nicht angesprochen wird und kaum eine Meinung nicht vertreten ist. Scheinbar findet die Vielfalt der bestehenden Meinungen hier in möglichster Breite und Vollständigkeit Ausdruck, ohne dass es einer staatlichen Ordnung bedürfe.

Hier muss nun aber die Frage gestellt werden, ob die Bürger das vielfältige Angebot auch in der Weise nutzen können, dass die freie Meinungsbildung gewährleistet ist, ob die Nutzbarkeit der Angebote also frei von Restriktionen ist. Erhebungen der Nutzerzahlen zeigen, dass die Nutzer nur auf einen kleinen

---

145 *W. Hoffmann-Riem*, Der strategische Stellenwert der Programmproduktion, S. 13 ff.

146 Vgl. auch *R. Weber*, Informationsordnung.

Teil des Angebots im Internet zugreifen und dass solche Angebote die höchsten Zugriffszahlen aufgreifen, die (neuartige) Vermittlerfunktionen für den Nutzer übernehmen: Portale und Suchmaschinen.[147] Sie können als Informations-HUBs im Netz bezeichnet werden. Die Vielzahl der Angebote macht Strukturen zur Orientierung erforderlich. Diese Funktion von Rundfunk konnte in der bisherigen Rechtsprechung des Bundesverfassungsgerichts außer Betracht bleiben, da diese sich noch auf geradlinigen Beziehungen zwischen Angebot und Nutzung beziehen konnte, die nun durch Netzstrukturen abgelöst werden.

4.1.2.3.2.1.2 Die Lesart der kommunikativen Chancengleichheit

Wie bereits dargestellt, setzt die Lesart des Art. 5 Abs. 1 S. 2 GG, wonach die kommunikative Chancengerechtigkeit als zentrales Ziel von Art. 5 Abs. 1 S. 2 GG anzusehen ist, den Akzent etwas anders als diejenige, die nur die Vielfaltsicherung in den Vordergrund stellt. Die freie öffentliche und individuelle Meinungsbildung sei durch die Gewährleistung von Zugangschancen zu sichern. Auch hierbei überwiegt zurzeit noch die Betrachtung des Zugangs von Angeboten zu Vermittlern bzw. zum Rezipienten, nicht jedoch des Zugangs des Nutzers zum Angebot. *Hoffmann-Riem* differenziert zwischen Zugangs- und Verbreitungschancengerechtigkeit für die Anbieter und Empfangs- und Verarbeitungschancengerechtigkeit für die Nutzer,[148] gesetzlich festgeschrieben sind Zugangschancen derzeit jedoch nur bei der Belegung von Frequenzen und bei den Zusatzdiensten Digitalen Fernsehens. Gewährleistet wird der Zugang des Rundfunkveranstalters zum Übertragungsweg bzw. zum Zusatzdienst.

Wird bisher kommunikative Chancengleichheit primär so verstanden, dass alle kommunikativen Inhalte, die an die Allgemeinheit gerichtet sind, prinzipiell die gleiche Chance haben sollen, zu dieser zu dringen,[149] zeigt sich, dass auch bei dieser Lesart der Schwerpunkt auf der Richtung vom Anbieter zum Nutzer liegt, die entgegengesetzte Richtung dagegen noch vergleichsweise schwach beleuchtet wurde.

4.1.2.3.2.1.3 Die Sichtweise eines reinen Veranstaltergrundrechts

Nicht in den Blick tritt natürlich eine nutzerorientierte Ausgestaltung, wenn in Art. 5 Abs. 1 S. 2 GG ein reines Veranstaltergrundrecht gesehen wird, das vor Eingriffen des Staates schützt. Die Einbeziehung von Nutzerinteressen wird von Vertretern dieser Position unterstellt, da freie Veranstalter automatisch die Inte-

---

147 Vgl. hierzu auch *W. Schulz/T. Held*, Informationsordnung, S. 110 ff.

148 Vgl. *W. Hoffmann-Riem*, RuF 1995, S. 135; vgl. auch *W. Hoffmann-Riem*, Regulierung, S. 150, 311 f.

149 Vgl. *W. Hoffmann-Riem/W. Schulz/T. Held*, Konvergenz und Regulierung, S. 42.

ressen des Publikums befriedigten.[150] Eine Auseinandersetzung mit dieser grundsätzlich abweichenden Position kann hier nicht erfolgen; es liegt aber die Frage an Vertreter dieser Auffassung nahe, wie angesichts der geschilderten Nutzungsveränderungen der Markt allein für die Funktionsfähigkeit der auch von ihnen als von Art. 5 GG geschützt angesehenen Kommunikationsprozesse bürgen kann.

4.1.2.3.2.2 Realer, freier Zugang der Rezipienten als verfassungsrechtliches Ziel

Da bisher der freie Zugang des Nutzers kaum thematisiert wurde, soll an dieser Stelle ausgehend vom Primärziel der Gewährleistung freier individueller und öffentlicher Meinungsbildung diese Perspektive rekonstruiert werden. Eine simple Feststellung lautet zunächst, dass das Angebot allein die Meinungsbildung nicht befördern kann, es muss auch wahrgenommen werden bzw. zumindest wahrgenommen werden können. Kommunikation setzt Information, Mitteilung und Verstehen voraus. Wenn man davon ausgeht, dass Art. 5 Abs. 1 GG den Prozess der Kommunikation schützt, so bezieht sich der Schutz auf den gesamten Prozess vom Mitteilenden zum Empfänger. Es genügt also nicht, dass der Äußernde seine Meinung frei äußern kann, auch auf Seiten der Rezipienten muss die Freiheit des Kommunikationsprozesses gewährleistet sein. Art. 5 Abs. 1 S. 1 1. Alt. GG schützt in diesem Kommunikationsprozess die Mitteilung, und Art. 5 Abs. 1 S. 1 2. Alt. GG dient der Abwehr staatlicher und privater Einschränkungen der Zugänglichkeit der Informationsquellen. Beschränkte man Art. 5 Abs. 1 S. 2 GG auf die Freiheit der Äußerung durch spezielle Vermittler, so hätte die Ermöglichung realer Zugangschancen der Nutzer, die über die Abwehr von Einschränkungen hinausgeht, keinen Platz im Gefüge des Art. 5 Abs. 1 GG. Die Dogmatik der Ausgestaltung erlaubt es aber, alle möglichen Restriktionen im Kommunikationsprozess zu berücksichtigen; zu diesen zählen auch solche, die den Zugang der Nutzer betreffen. Art. 5 Abs. 1 S. 2 GG schützt nicht nur einen Teil des Kommunikationsprozesses, der über bestimmte Vermittler verläuft, sondern diesen Prozess insgesamt. Hier liegt der Unterschied zu den Rechten in Art. 5 Abs. 1 S. 1 GG, die sich nur entweder auf die Seite der Mitteilung oder auf die Seite des Empfangs beziehen, nicht aber auf den Prozess als Ganzes. Es sind also die realen Zugangschancen der Nutzer mit in den Blick zu nehmen.

---

[150] Vgl. statt vieler *W. Schmitt Glaeser*, Kabelkommunikation und Verfassung, S. 155.

Hierbei müssen mehrere Ebenen auseinander gehalten werden, die nur zum Teil von Art. 5 Abs. 1 S. 2 GG erfasst werden:

- Zugang zur technischen Infrastruktur (etwa zum Kabelnetz),
- Zugang zur Informations-Infrastruktur (etwa zur „Datenbank" Internet),
- Zugang zu bestimmten Informationstypen (etwa politisch relevanten Informationen),
- Zugang zu konkreten Daten.

Der Zugang zur technischen Infrastruktur wird von Art. 5 Abs. 1 S. 1 2. Alt. GG geschützt, jedoch – wie erwähnt – in einem primär abwehrrechtlichen Sinn (was den Schutz vor Eingriffen durch Privatpersonen mit einbezieht).[151] Art. 87 f Abs. 1 GG geht darüber hinaus, indem er den Staat verpflichtet, positiv eine technische Versorgung bestimmter Qualität zu gewährleisten. Hier findet sich die Figur der Universaldienstleistungen; derzeit wird diskutiert, ob sie auch auf die zweite Ebene (Access) übertragen werden kann.[152] Das Konzept der Universaldienstleistungen im TKG spricht eher gegen eine solche Übertragung: Verpflichtungen zu Universaldienstleistung dienen dazu, Dienste, die bereits breite Akzeptanz gefunden haben, auch den noch nicht Versorgten zugute kommen zu lassen. Proaktive Zugangspolitik findet daher eher in kommunikativen Zielen, wie den hier diskutierten, einen rechtlichen Anknüpfungspunkt. Dies kann allerdings hier nicht weiter verfolgt werden.

Der Zugang zum Internet bietet aber noch keine Gewähr dafür, dass der Einzelne auch die von ihm gesuchten Informationen erlangt. Es ist also zu fragen, ob es nicht die Funktion für die zu schützenden Prozesse erfordert, dass der Zugang zu bestimmten Informationen gewährleistet wird. Wird beispielsweise politischer Kommunikation in einer Demokratie besondere Bedeutung zugemessen, kann ein Interesse der Allgemeinheit daran bestehen, dass die Bürger Zugang zu politischen Informationen haben. Da die Perspektive der Informationsversorgung verfassungsrechtlich kaum aus der Rezipientenperspektive entwickelt wurde, finden sich auch nur wenige Hinweise im Verfassungsrecht darauf, an welchen Kommunikationsprozessen der Bürger eigentlich beteiligt sein muss, damit er mündig agieren kann.[153]

---

151 Vgl. etwa *H. Bethge*, Art. 5, Rn. 54, in: *Sachs*, Kommentar zum GG.

152 Vgl. *W. Schulz*, Stellungnahme zur Anhörung zum Tätigkeitsbericht der Regulierungsbehörde Telekommunikation und Post - Bericht nach § 81 Abs. 1 Telekommunikationsgesetz und nach § 47 Abs. 1 Postgesetz und Sondergutachten der Monopolkommission gem. § 81 Abs. 3 Telekommunikationsgesetz und § 44 Postgesetz am 15. Mai 2000 vor dem Ausschuss für Wirtschaft und Technologie des deutschen Bundestages, S. 13; abrufbar unter http://rrz.uni-hamburg.de/hans-bredow-institut/ws-lehr/bt-anh_tkg.pdf.

153 Zur Bedeutung von Geistesfreiheit, die auch Kenntnis verschiedener Optionen etwa zur Lösung von Sachproblemen beinhaltet, für die Persönlichkeitsbildung und den demokratischen Prozess vgl. bereits die KPD-Entscheidung des Bundesverfassungsgerichts, BVerfGE 5, 85, 204 ff.

Die Aufgabe des Staates zur Gewährleistung des Kommunikationsprozesses umfasst – der hier vertretenen funktionalen Interpretation von Art. 5 Abs. 1 S. 2 GG folgend – auch die Berücksichtigung von Zugangsrestriktionen aus der Nutzerperspektive. Es kann daher ein von Art. 5 Abs. 1 S. 2 GG gedecktes Ziel sein, Strukturen zu befördern, die es dem Bürger erlauben, sich angesichts der Vielzahl der Angebote zu orientieren und an bestimmte Informationen zu gelangen.[154] Geht man davon aus, dass bestimmte Informationen für den Nutzer nur dann einen Wert haben, wenn sie von einer bestimmten Qualität sind, so kann diese Gewährleistung auch umfassen, dafür zu sorgen, dass diese Qualität transparent wird. Hierzu gehört etwa die Zuverlässigkeit von Angeboten, die sich auf Faktisches beziehen. Ein Charakteristikum des Internet ist es, dass die Anbieter und damit die Qualität der angebotenen Informationen dem Nutzer weitgehend verborgen bleiben. Hier ist in besonderer Weise relevant, was in der medienökonomischen Literatur unter der Bezeichnung „Informationsasymmetrien" bereits für andere Informationsgüter herausgearbeitet wurde (s. u. Kapitel 6.1.2.4)

Werden infolge der Ausdifferenzierung von Angeboten und Nutzungsformen die durch Art. 5 Abs. 1 GG geschützten Funktionen für die öffentliche und individuelle Meinungsbildung neben oder anstelle der traditionellen Massenmedien auch von anderen Diensten übernommen, gefährden Restriktionen bei der Nutzung dieser Dienste die Erfüllung der Vorgabe freier öffentlicher und individueller Meinungsbildung.

Verfassungsrechtliches (Unter-)Ziel ist hiernach die Gewährleistung gerechter Zugangschancen der Nutzer zu denjenigen Informationen, die von besonderer Bedeutung für die öffentliche und individuelle Meinungsbildung sind (funktionsgerechter Informationszugang in der öffentlichen Kommunikation).

Auch die Frage seiner Nutzungskompetenz wird von einer Randgröße zu einem zentralen Faktor einer öffentlicher Kommunikation, die die von Art 5 Abs. 1 GG erwarteten Funktionen erfüllt. Noch nicht berücksichtigt ist dabei die Frage, wie öffentliche *Kommunikation* unter diesen Bedingungen so gelingen kann, dass Anschlusskommunikation möglich wird. Dazu gehört, dass Aufmerksamkeit zumindest phasenweise auf Themen verdichtet werden kann. Wie dies unter Bedingungen von Netzmedien gelingen kann, ist derzeit Gegenstand der Forschung politischer Kommunikation.[155]

---

[154] Angesichts der Fülle des Angebots wird es aber zunehmend schwieriger, in vertretbarer Zeit und zu vertretbaren Kosten Informationen in gewünschter Qualität zu erhalten. Vgl. *K. Goldhammer/A. Zerdick*, Rundfunk Online, S. 133 ff.

[155] Vgl. etwa die Beiträge von *F. Krotz* und *I. Neverla* in *K. Hickethier/W. Faulstich* (Hrsg.), Öffentlichkeit im Wandel.

4.1.2.3.2.3 Vermittlungsfunktionen im Prozess öffentlicher Kommunikation

Da es für den Nutzer schwierig ist, sich im Internet zu orientieren, bedarf es besonderer Strukturen, um seinen Zugang zu für ihn relevanten Informationen zu ermöglichen. Aus diesem Grunde behalten professionelle Vermittler ihre Aufgabe, so dass auch im Internet publizistische Organisationen weiterhin von Bedeutung sind. Unter Umständen bedarf es aber der Unterstützung durch weitere Vermittler. Die Verschiebungen im Gefüge öffentlicher Kommunikation, die durch die im Netzmedium Internet entstehenden Dienste erfolgen, führen offenbar zu einem Zuwachs – im Sinne von Art. 5 Abs. 1 GG relevanter – Informationen. Mit der Verfügbarkeit von Informationen im Netz sind diese zwar nicht mehr „geheim", damit aber nicht in der Weise „öffentlich", dass gesellschaftliche Kommunikation daran anschließen könnte. Dem Nutzer wird es ermöglicht – aber auch zugemutet –, selbst Aufgaben zu übernehmen, die sonst publizistische Vermittler für ihn leisten (Recherche, Selektion, Bewertung). Dies wird zum Teil durch neue Vermittler erleichtert, die folglich eine hohe Bedeutung erhalten und in den Fokus der Gewährleistung treten. Hier kommen vor allem besondere Vermittler in Betracht, die eine Orientierungsfunktion bieten können (etwa Suchmaschinen, Portale). Ökonomische Untersuchungen zeigen, dass es im Internet eine Vielzahl von Möglichkeiten für neue Akteure gibt, wie z. B. Anbieter von Navigatoren und andere so genannte Intermediäre.[156] Die 1998 vom Fraunhofer Institut befragten Experten gehen davon aus, dass neben der Hard- und Software-Gestaltung, Selbsterklärung von Medienangeboten, schneller und einfacher Installation und sich an den individuellen Nutzer anpassender Software technische „Agenten" die Bereitschaft zur Nutzung neuer Medienangebote am stärksten beeinflussen werden.[157]

Die Veränderung der „Risikolagen", die bei einer Netzkommunikation im Vergleich zu traditioneller Massenkommunikation vorliegen, erfordert eine Prüfung, ob die hergebrachte Zentrierung der Zielvorgaben auf bestimmte Rollen im Prozess öffentlicher Kommunikation noch sachgerecht ist. Beim Rundfunk war die Rolle des Veranstalters als massenmedialer Vermittler zentral, an den Anforderungen (Vielfältigkeit) adressiert werden konnten. Umfasst die Gewährleistungsfunktion des Staates auch den realen Zugang der Nutzer, so muss der Gesetzgeber das Augenmerk auf Strukturen richten, die eine entsprechende Orientierung ermöglichen.

---

156 *A. Zerdick/A. Picot/K. Schrape/A. Artopé/K. Goldhammer/U. Lange/E. Vierkant/E. López-Escobar/R. Silverstone*, Die Internet-Ökonomie, S. 221 ff.

157 Fraunhofer Institut für Systemtechnik und Innovationsforschung, Mediennutzung der Zukunft im privaten Sektor, 1998, S. 22 f.

Die folgende Analyse ist folglich zweigeteilt. Zunächst wird auf publizistische Kommunikation abgestellt. Es wird unterstellt, dass diese auch zukünftig noch besondere Relevanz im Hinblick auf die verfassungsrechtlich geschützten Prozesse besitzt. Da sich aber der Ausgestaltungsauftrag auf den gesamten Raum öffentlicher Kommunikation bezieht, kommt als Anknüpfungspunkt auch Kommunikation in Frage, die zwar nicht dem Funktionssystem Publizistik zuzurechnen ist, aber dennoch – etwa wegen ihrer Vermittlungsfunktion jenseits der Publizistik – eine wichtige Rolle für die verfassungsrechtlichen Ziele spielt. Die abstrakten Zielwerte Vielfalt und kommunikative Chancengerechtigkeit können für diese zwei Bereiche zu konkreten Vorgaben verdichtet werden.

4.1.2.3.2.4 Konkrete Zielvorgaben für publizistische Kommunikation

Eine besondere Bedeutung für die Zielvorgaben aus Art. 5 Abs. 1 S. 2 GG wird der Kommunikation zugesprochen, die zum publizistischen System gehört. Publizistik verdichtet Aufmerksamkeit so, dass das Publizierte in beliebigen Anschlusskommunikationen als bekannt unterstellt werden kann. Das publizistische System leistet – seit Einführung der bürgerlichen Presse im letzten Jahrhundert – Selbstbeobachtung der Gesellschaft nicht dadurch, dass der Wissensbestand ständig vergrößert wird, sondern vielmehr in der Konzentration auf das jeweils Neue, da sie Informationen mit ihrer Veröffentlichung quasi selbst vernichtet und wieder Platz für neue Informationen schafft.[158] Sie schafft damit Öffentlichkeit für Themen und ermöglicht durch thematische Fokussierung ein Prozessieren von öffentlicher Kommunikation.

Die Auslegung von Art. 5 Abs. 1 S. 2 GG durch das Bundesverfassungsgericht und die Literatur orientiert sich verständlicher – und bislang überzeugender – Weise an diesem publizistischen Prozess. Angesichts der Notwendigkeit, das Ziel der Meinungsvielfalt in strukturelle Vorgaben zu übersetzen und der Schwierigkeit zu definieren, wann gerechte Zugangschancen vorliegen, wurde so die Sicherung funktionierender Publizistik verfassungsrechtlich zum zentralen Punkt. Dies betont auch das Bundesverfassungsgericht. Der Rundfunk könne seine Vermittlungsfunktion nur wahrnehmen, wenn die Programmfreiheit gesichert sei. Sie gewährleiste, „dass Auswahl, Inhalt und Gestaltung des Programms Sache des Rundfunks bleiben und sich an publizistischen Kriterien ausrichten können."[159] Außerdem hat es beispielsweise die Beteiligung der redaktionell Beschäftigten an der Programmgestaltung und Programmverantwor-

---

[158] Vgl. *N. Luhmann*, Gesellschaft der Gesellschaft, S. 196 ff.

[159] BVerfGE 90, 60, 87. Eine Indienstnahme des Rundfunks für außerpublizistische Zwecke sei damit unvereinbar. Vgl. auch BVerfGE 74, 297, 332: „publizistische Konkurrenz als Lebenselement der Meinungsfreiheit".

tung als geeignetes Mittel zur Sicherung der Vielfaltsanforderungen angesehen.[160]

Die Sicherung von Publizistik stellt also ein Instrument dar, um unter anderem das Ziel der „Meinungsvielfalt" zu erreichen.[161] Welche Meinungen gesellschaftlich relevant sind, kann – wie gesagt – nicht extern bestimmt werden, dies ist erst am Ergebnis eines nach publizistischen Kriterien ablaufenden Kommunikationsprozesses abzulesen. Daher wird der Prozess der öffentlichen Kommunikation dadurch abgestützt, dass etwa Publizistik gegen ökonomische Einflüsse oder Interessen Dritter rechtlich imprägniert wird. In Bezug auf die Presse hat das Bundesverfassungsgericht festgestellt, diese müsse „nach publizistischen Kriterien entscheiden dürfen, was sie des öffentlichen Interesses für wert hält und was nicht."[162]

Auch wenn das Konzept auf kommunikative Chancengerechtigkeit umgestellt wird, macht ein Abstellen auf die Sicherung von Publizistik Sinn. Bedarf der freie Kommunikationsprozess Vermittler, so liegt es auf der Hand, dass nicht jeder denkbare Inhalt in voller Breite Zugang zu diesem Vermittler erhalten kann. Ob die Kommunikationschancen des einzelnen Inhalts „gerecht" sind, lässt sich nicht abstrakt bestimmen. Publizistische Kriterien sorgen dafür, dass der einzelne Inhalt seiner kommunikativen Bedeutung entsprechend berücksichtigt wird, und bewirken damit eine das faktische, kommunikative Gewicht in der Gesellschaft ausdrückende Veröffentlichung (d. h. „Zugang zum Raum öffentlicher Kommunikation") von Meinungen und Tatsachenbehauptungen.

Die Sicherung der verfassungsrechtlich relevanten Funktion von Publizistik kann also als Sekundärziel angesehen werden, das der Durchsetzung der abstrakten Zielwerte Vielfalt und kommunikative Chancengerechtigkeit dient. Zwar sind die Funktionen des Systems Publizistik nicht deckungsgleich mit den Zielvorgaben aus Art. 5 Abs. 1 GG, so dass der Schutz der Systemautonomie nicht

---

160 BVerfGE 83, 238, 320. Durch eine Redakteursbeteiligung an der Programmgestaltung und -verantwortung „soll innerhalb des arbeitsteiligen Unternehmens Rundfunk diejenige Berufsgruppe gestärkt werden, die den Auftrag des Rundfunks, Medium und Faktor der Meinungsbildung zu sein, unmittelbar erfüllt. Deswegen handelt es sich bei der Redakteursbeteiligung nicht um die Einräumung externen Einflusses, sondern um interne Mitsprache bei der Wahrnehmung der von Art. 5 Abs. 1 Satz 2 GG geschützten Funktion. Als solche wird sie den Redakteuren nicht im Interesse ihrer Selbstverwirklichung im Beruf oder zur Durchsetzung ihrer subjektiven Auffassungen eingeräumt, sondern zur Erfüllung ihrer Vermittlungsfunktion." BVerfGE 83, 238, 321.

161 Auch anderen Vorgaben des Bundesverfassungsgerichts dient die Sicherung von Publizistik: *Ausgewogenheit* (Mindestmaß von inhaltlicher Ausgewogenheit) (BVerfGE 12 205, 206, 263; 57, 295, 325; 83, 238, 297) = *Gleichgewichtigkeit*, „Sicherung gleichgewichtiger Vielfalt" (BVerfGE 73, 118, 156; 83, 238, 296); *Sachlichkeit* (BVerfG 12, 205, 206, 263; 57, 295, 325); sachgemäße, umfassende und *wahrheitsgemäße* Information (BVerfGE 57, 295, 326).

162 BVerfG, 1 BvR 653/96 vom 15.12.1999, Absatz-Nr. 97, 105, http://www.bverfg.de.

mit dem Schutz der Grundrechtsziele parallelisiert werden könnte. Wenn aber ein gesellschaftliches Funktionssystem wie die Publizistik *„Leistungen"* (wie auch für andere gesellschaftliche Teilsysteme) für diese verfassungsrechtlich zu schützenden Prozesse zur Verfügung stellt, dient ein Schutz der Systemautonomie auch Art. 5 Abs. 1 GG.[163]

Mit dem Schutz der Publizistik sind aber die Ziele aus Art. 5 Abs. 1 S. 2 GG noch nicht erschöpfend beschrieben. Daneben lassen sich Ziele aus der Verfassung ableiten, die auch eine funktionierende Publizistik nicht erreichen würde. So kann etwa die Berücksichtigung von Informationen mit bestimmten Eigenschaften geboten sein, die im publizistischen Prozess nicht hinreichend berücksichtigt werden, aber für Art. 5 Abs. 1 S. 2 GG wegen der hohen Bedeutung für die öffentliche und/oder individuelle Meinungsbildung besonders relevant sind. Beispielsweise neigt Publizistik strukturell zu einer Vernachlässigung von Minderheitsmeinungen,[164] die demokratietheoretisch dysfunktional erscheint und den Gesetzgeber zu Korrekturen berechtigt oder sogar verpflichtet. Daneben ist es Aufgabe des ausgestaltenden Gesetzgebers, dafür zu sorgen, dass weitere Inhalte mit bestimmten Eigenschaften zum Nutzer gelangen, notfalls unter punktueller Überprägung publizistischer Logik. Hierzu zählen lokale Angebote[165] und Angebote für Kinder und Jugendliche.[166] Mit Blick auf das Ziel freier öffentlicher Meinungsbildung und seine Bedeutung für die Demokratie gilt diese besondere Gewährleistungspflicht auch für Informationen, die für den demokratischen Willensprozess besonders relevant sind.[167]

Die Sicherung von Publizistik kann darüber hinaus auch in Bezug auf solche Inhalte unzureichend sein, die prinzipiell in diesem System aufgrund ihres besonderen Gewichts berücksichtigt werden. Grundsätzlich zielt Publizistik auf Öffentlichkeit; es bilden sich aber Angebote heraus, bei denen – etwa finanzielle – Restriktionen beim Zugang der Nutzer zu publizistischen Leistungen bestehen, die den Zugang für bestimmte, aus verfassungsrechtlichen Gründen wichti-

---

163 So wird argumentiert, die Publizistik ermögliche eine Selbstbeobachtung der Politik in Form politischer Öffentlichkeit, und sicherere so Prozesse politischer Willensbildung, vgl. *N. Luhmann*, Realität der Massenmedien, S. 185; verfassungsrechtlich *H. Rossen,* Freie Meinungsbildung, S. 232 ff.

164 Das BVerfG betont die „Möglichkeit für alle Meinungsrichtungen – auch diejenige von Minderheiten –", im Rundfunk „zum Ausdruck zu gelangen", BVerfGE 73, 118, 160.

165 BVerfGE 74, 297, 327 f., 338; BVerfGE 87, 181, 204.

166 Vgl. zum positiven Jugendschutz *S. Engels*, Recht der Fernsehwerbung für Kinder, S.187 ff.*; W. Hoffmann-Riem/S. Engels/W. Schulz*, Fernsehwerbung für Kinder, in: *M.Charlton/K. Neumann-Braun/S. Aufenanger/W. Hoffmann-Riem (Hrsg.)*: Fernsehwerbung für Kinder, Band 2, S. 311 ff., 417 ff.

167 Dies kann aus der vom BVerfG betonten Bedeutung des Rundfunks für die öffentliche Meinungsbildung abgeleitet werden.

ge Angebote beschränken. Darin kann ein (distributiver) Marktmangel gesehen werden (s. u. Kapitel 6.2.). Ein aktuelles Beispiel für eine auf solche Restriktionen reagierende staatliche Maßnahme ist die Festschreibung bestimmter Großereignisse, die im Free-TV gesendet werden müssen, im Rundfunkstaatsvertrag.[168] Hier wird in § 5 a RStV die Empfangbarkeit unabhängig von der finanziellen Leistungskraft gesichert.

4.1.2.3.2.5 Konkrete Zielvorgaben für sonstige öffentliche Kommunikation mit besonderer Bedeutung für Art. 5 Abs. 1 GG

Daneben ist – wie gesagt – auch Kommunikation in den Blick zu nehmen, die nicht nach publizistischen Kriterien abläuft, aber dennoch – etwa als Vermittlungsleistung – eine wichtige Rolle für den durch Art. 5 Abs. 1 GG geschützten Kommunikationsprozess spielt.

Auch für diese nicht-publizistischen Dienste wie etwa nicht redaktionell betreute Suchmaschinen gilt natürlich, dass sie in dem Maße Bedeutung im Rahmen von Art. 5 Abs. 1 GG haben, wie sie faktisch für die Prozesse relevant sind, die oben als zentral durch die Norm geschützt konstruiert wurden. Anders als bei den oben genannten publizistischen Angeboten kann hier aber nicht allein mit der Unterstellung gearbeitet werden, dass die Teilhabe an Publizistik zumindest Indizcharakter dafür hat, dass ein Dienst eine besondere Bedeutung auch im Rahmen der Zielerfüllung besitzt. In einem ersten Schritt wird man aber festhalten können, dass angesichts der eben geschilderten Bedeutung von Publizistik ein Ziel für derartige Dienste sein muss, dass sie, sofern sie Einfluss auf publizistische Dienste haben, so gestaltet sein sollten, dass sie das Funktionieren der Publizistik unterstützen.

Im Übrigen greift auch für diese Dienste unmittelbar die funktionale Betrachtungsweise, die – dem Bundesverfassungsgericht folgend – dem Gutachten zugrunde gelegt ist. D. h. Art. 5 Abs. 1 GG drängt darauf, dass auch diese Dienste so gestaltet sind, dass das Funktionieren des Prozesses individueller und öffentlicher Meinungsbildung im oben dargestellten Sinne möglich ist. Hier lautet das Ziel, dass für Art. 5 Abs. 1 GG Inhalteanbieter bzw. Diensteanbieter (bei Vermittlung zwischen anderen Diensteanbietern und Nutzern), die von besonderer Bedeutung für die öffentliche und individuelle Meinungsbildung sind, chancengerechten Zugang haben. Was dies im Einzelnen bedeuten kann, lässt sich kaum abstrakt als positive Zielvorgabe formulieren, sondern ist viel-

---

[168] In Bezug auf das Kurzberichterstattungsrecht betont das Bundesverfassungsgericht, dass „zur Information im Sinn des klassischen Rundfunkauftrags, der im Rundfunksystem insgesamt erfüllt werden muss, die gegenständlich uneingeschränkte Information über alle Lebensbereiche unter Zugrundelegung publizistischer Kriterien" gehört; BVerfGE 97, 228.

mehr eine Frage der Risikoabschätzung, die Ergebnis der Defizitanalyse sein kann. Besondere Bedeutung wird dabei der Zugang zu den Informationen haben, die herkömmlich Gegenstand publizistischer Kommunikation waren; es reicht im Sinne von Art. 5 Abs. 1 GG möglicherweise nicht mehr aus, einen Zugang zu publizistischen Vermittlern sicherzustellen, wenn deren Funktion – zumindest z. T. – auf andere Dienste übergegangen ist.

4.1.2.3.3 Weitere Zielvorgaben

Neben den erwähnten Zielen der Vielfaltsicherung und der Gewährleistung kommunikativer Chancengerechtigkeit werden weitere Paradigmen genannt, die nur zum Teil in dem bisher ausgebreiteten Konzept aufgehen.

4.1.2.3.3.1 Offenhalten des Kommunikationsprozesses

Trotz der Vielzahl der Angebote wird zum Teil die Befürchtung geäußert, dass diese im Wesentlichen stets in gleiche Schemata einrasteten und so kein Raum für neue, innovative Inhalte und Angebotsformen bleibe. Aus diesem Grunde wird bereits auf der Ebene verfassungsrechtlicher Ziele ein Offenhalten des Kommunikationsprozesses gefordert.[169] Den Akteuren müsse es ermöglicht werden, neue Impulse aufzunehmen und auch selbst neue Impulse generieren zu können. Alternativenreichtum sei strukturell zu bewahren.[170]

Sozialwissenschaftliche Studien haben für den klassischen Rundfunk einen Trend zum „Formatting“ ausgemacht.[171] Ökonomisch kann das Phänomen des Einrastens von Medieninhalten in immer gleiche Schemata damit erklärt werden, dass mit der Produktion solcher Inhalte hohe Unsicherheiten verbunden sind. Es besteht keine eindeutige oder für den Rezipienten erkennbare Beziehung zwischen Input und Output dergestalt, dass mit einem steigenden Input auch der Output zunimmt. Imitationsstrategien sind eine Möglichkeit, diese Unsicherheiten zu kompensieren (bspw. Imitation erfolgreicher Handlungsrah-

---

169 Vgl. *T. Vesting*, Prozedurales Rundfunkrecht, S. 111. Ladeur rückt die Suche nach neuem Wissen und das Offenhalten für Neues sogar generell in den Mittelpunkt des Verfassungsverständnisses. *K. H. Ladeur*, Postmoderne Rechtstheorie, S. 81 ff.

170 Dass das Bundesverfassungsgericht an anderer Stelle – nämlich bei der Beschreibung der Rolle politischer Parteien – den Prozess der Meinungs- und Willensbildung als notwendig „freien und offenen“ bezeichnet (BVerfGE 20, 56, 99), verweist auf die Bedeutung dieses Aspektes, auch wenn er sich in Entscheidungen zu Art. 5 Abs. 1 GG nicht explizit findet.

171 Vgl. etwa *M. Meckel*, RuF 1997, S. 479; *U. Göttlich/J.-U. Nieland*, Inszenierungsstrategien in deutschen Daily Soaps, S. 143 ff.; *K. Goldhammer*, Formatradio in Deutschland; *K. Plake*, Talkshows.

men, -orte, -träger, -elemente, -konzepte und -personen).[172] Publikationsentscheidungen orientieren sich deshalb weitgehend am Erfolg früherer Produktionen.

In Bezug auf neue Dienste müssen sozial- und wirtschaftswissenschaftliche Studien noch ergeben, inwieweit ähnliche Trends auch bei diesen zu beobachten sind. Wird dies als Defizit bewertet, muss sich die Rechtswissenschaft darüber Gedanken machen, mit welchen Mitteln der Kommunikationsprozess offen gehalten werden kann.[173]

Ob diese Auffassung gewissermaßen ein Teilziel der oben genannten Bezugspunkte von Art. 5 Abs. 1 GG markiert oder aber eine völlig andere Deutung des Grundrechtes zugrundelegt, kann an dieser Stelle nicht geklärt werden. Es erscheint zumindest denkbar, den Gedanken der Innovationsoffenheit des Kommunikationssystems in das Zugangschancen-Paradigma zu integrieren.[174] So kann Zugangsoffenheit für die Anbieter neuer, noch nicht massentauglicher Inhalte gefordert werden. Die Aufgabe der Medien, selbst neue Impulse zu generieren, geht aber über diese Zugangsproblematik hinaus.

Auch hier spielt das publizistische System eine wichtige Rolle. Funktionierende Publizistik ist im Hinblick auf die von ihr aufgegriffenen Themen gerade auf Neues ausgerichtet, erst wirtschaftliche Logiken führen zum Rückgriff auf Altbekanntes. Insoweit kann der Schutz der Publizistik auch hier das verfassungsrechtliche Ziel erreichen helfen. Allerdings sind die Aufgreifkriterien und die Formen, in denen die Inhalte dargestellt werden, auch innerhalb der Publizistik persistent. Nach Luhmann sind diese Konstanten gerade die Voraussetzung dafür, dass das Mediensystem auf der Inhaltsebene auf Neuigkeit programmiert ist.[175] Im Hinblick auf diese zweite Ebene gewährt also auch das Funktionieren der Publizistik keineswegs die erforderliche Offenheit und Irritierbarkeit des Prozesses öffentlicher Kommunikation. Publizistik wäre – dieser Zielvorgabe zufolge – in sich veränderungsfähig zu halten.

Das Internet kann hier eine Rolle spielen: Es ermöglicht, nun auch Inhalte in den Kommunikationsprozess einzuspeisen, die nach publizistischen Kriterien unberücksichtigt bleiben würden. Auch und gerade außerhalb der publizisti-

---

172 Vgl. *J. Heinrich*, Medienökonomie 2: Hörfunk und Fernsehen, S. 129 f., der aber so genannte Billigproduktionen nur als Tendenz interpretiert und darauf hinweist, dass Privatsender zum Teil auch versuchen, mit recht teuren Programminvestitionen einen Markterfolg zu erzwingen. Siehe auch unten, Abschnitt 6.1.2.4.2.

173 Ansätze dazu etwa bei *K.-H. Ladeur*, RuF 1998, S. 5 ff.

174 Vgl. aber die Kritik an dem Konzept kommunikativer Chancengerechtigkeit *T. Vesting*, Zur Zukunft und Konstruktion des Medien- und Telekommunikationsrechts in den hybriden Beziehungsnetzwerken der „Informationsgesellschaft“, V. 2.

175 Vgl. *N. Luhmann*, Organisation und Entscheidung, S. 39 ff.

schen Kommunikation muss es ermöglicht werden, neue Impulse aufzunehmen und auch selbst neue Impulse zu generieren.[176]

4.1.2.3.3.2 Integration im Sinne teilsystemübergreifender Kommunikation

Zum Teil wird Art. 5 Abs. 1 S. 2 GG das Ziel gesellschaftlicher Integration entnommen. Damit wird eine bestimmte Qualität des Prozesses freier, individueller und öffentlicher Meinungsbildung betont. Dieses Modell, das insbesondere mit Blick auf den öffentlich-rechtlichen Rundfunk der auf elektronischem Wege erfolgenden Massenkommunikation die Funktion der Integration der Gesamtgesellschaft zuschreibt,[177] wird allerdings zunehmend kritisiert. Insbesondere wird der bereits angesprochene Zerfall der Öffentlichkeit in Teilöffentlichkeiten angeführt, der mit einer Diversifizierung von Angeboten und der Individualisierung der Nachfrage einhergehe.[178] Die Integrationsfunktion ist daher ein gutes Beispiel dafür, wie verfassungsrechtliche Zielwerte im Wechselspiel mit Veränderungen der empirisch beobachtbaren Realität angepasst werden müssen. Wie vor diesem Hintergrund „Integration der Gesellschaft" verstanden werden kann und welche Rolle Massenmedien dabei zukommt, bedarf sozialwissenschaftlicher Klärung. Es liegen allerdings bereits entsprechende – im Wesentlichen systemtheoretische – Überlegungen zur Reformulierung der Integrationsfunktion vor.[179]

Es wären weitere Untersuchungen sinnvoll, die klären, ob am Ziel gesellschaftlicher Integration festgehalten werden[180] und – wenn ja – wie dieses Ziel angesichts fragmentierter Publika gewährleistet werden kann. Denkbar wäre ein Festhalten am Ziel der Integration insoweit, als nicht die Inklusion in ein gedachtes Gesellschaftsganzes angestrebt, sondern teilsystemübergreifende Kommunikation (d. h. Kommunikation über Milieus etc. hinweg) ermöglicht wird.

4.1.2.3.4 Zwischenfazit

Für den Bereich des Rundfunks wurde aus Art. 5 Abs. 1 Satz 2 GG herausgelesen, dass zum einen positiv die Sicherung von „*Vielfalt*" (in unterschiedlichen

---

176 Im klassischen Rundfunk wird dieses Ziel durch die Einrichtung offener Kanäle verfolgt.

177 Vgl. etwa *G. Krauße-Ablaß*, RuF 1962, S. 113 ff.; *M. Stock*, Zur Theorie des Koordinationsrundfunks, S. 13 ff.

178 Vgl. *T. Vesting*, Prozedurales Rundfunkrecht, S. 79 ff., 220 f. sowie *T. Vesting*, Informationsordnung, S. 275 ff.

179 Vgl. *T. Vesting*, Prozedurales Rundfunkrecht, S. 140 ff.; *H. Rossen*, Freie Meinungsbildung, S. 232 ff.; *O. Jarren*, M & K 2000, S. 21 ff.

180 Vgl. die Beiträge in *U. Hasebrink/P. Rössler*, Publikumsbindungen; sowie *U. Hasebrink*, Politikvermittlung im Zeichen individualisierter Mediennutzung, S. 345 ff.

Dimensionen) im Gesamtprogramm erforderlich sei, negativ müsse verhindert werden, dass staatliche oder einseitig gesellschaftliche Einflussnahme auf das Programm möglich wird. Diese Perspektive wird in der verfassungsrechtlichen Literatur zunehmend durch eine Lesart ergänzt, z. T. auch ersetzt, die *kommunikative Chancengerechtigkeit* als Ziel von Art. 5 Abs. 1 Satz 2 GG in den Mittelpunkt stellt. Letzteres öffnet den Blick dafür, Zugangsfragen in allen Phasen des Kommunikationsprozesses verfassungsrechtlich zu bewerten.

Der Fokussierung auf traditionellen Rundfunk und herkömmliche Rezeptionsweisen geschuldet, beschränkte sich die Diskussion von Zugangsfragen – vor allem unter dem Vielfaltsparadigma – auf Gewährleistung des Zugangs bestimmter Inhalte zum Programm. Dazu gehörte und gehört die Sicherung *realer Zugangschancen auch für Inhalte, die nur für Minderheiten* interessant sind. Die Perspektive des Zugangs der Rezipienten musste nicht eingenommen werden. Dies heißt allerdings nicht, dass ein derartiger Gehalt nicht aus Art. 5 Abs. 1 GG herausgelesen werden könnte. Im Gegenteil lässt sich nachweisen, dass ein *freier, realer Zugang der Rezipienten* Voraussetzung ist, um das oben genannte Primärziel freier, öffentlicher und individueller Meinungsbildung zu gewährleisten. In einem Mediensystem mit einer überschaubaren Anzahl von Rundfunkprogrammen, zu dem alle Rezipienten technisch und finanziell real Zugang haben, erschien es ausreichend, ein vielfältiges Rundfunkangebot – respektive gerechte Zugangschancen zur Programmveranstaltung – zu gewährleisten. In der Internet-Welt kehrt sich die Perspektive tendenziell um (ohne dass damit Zugangschancen auf Seiten der Anbieter keine Rolle mehr spielen würden): Es kann auch bei dem vielfältigsten Angebot, bei vollständig gerechten Zugangschancen zur Publikation, für den Nutzer Restriktionen geben oder faktisch unmöglich sein, den Zugang zu den Informationen zu erhalten, die seine Inklusion in die oben beschriebenen Meinungsbildungsprozesse ermöglicht. Damit tritt auch die Möglichkeit in den Blick, dass auf der Seite des Zugangs des Rezipienten zur Information Vermachtungen entstehen, die im Hinblick auf Art. 5 Abs. 1 GG eines regulatorischen Ausgleichs bedürfen können.

Neben diese Aspekte der Vielfaltsicherung bzw. Gewährleistung von Zugangschancengerechtigkeit treten aus Art. 5 Abs. 1 GG ableitbare Zielvorgaben, die auf eine *Offenhaltung des Kommunikationsprozesses* zielen, sein Einrasten in das Immergleiche verhindern. Freie öffentliche und individuelle Meinungsbildung kann nicht in der Weise funktionieren, wie das Grundgesetz es für notwendig erachtet hat, wenn öffentliche Kommunikation in Form oder Inhalt erstarrt. Derartige Erstarrungen können durch ökonomische Motive und Wirkungsmechanismen entstehen, aber auch die Publizistik selbst ist zwar auf Neues programmiert, in ihrer Programmierung aber durchaus statisch. Aus dieser Vorgabe können sich gesetzliche Handlungsspielräume oder gar Verpflichtungen im

Hinblick darauf ergeben, das vorhandene Spektrum der Leistungserbringung bei Kommunikationsdiensten durch weitere Formen anzureichern (wie im traditionellen Rundfunk etwa durch Offene Kanäle u. ä.).

Der Gesichtspunkt der *Integration* – ursprünglich als zentrale, vom Grundgesetz geforderte Funktion des Kommunikationsprozesses angesehen und insbesondere dem öffentlich-rechtlichen Rundfunk als Aufgabe zugeschrieben – hat in der verfassungsrechtlichen Diskussion an Bedeutung verloren. Soweit dies mit der Ausdifferenzierung gesellschaftlicher Teilsysteme, Milieus usw. begründet wird, die eine Integration in eine Gesamtgesellschaft erschweren, erscheint eine Aufgabe dieses Zieles nicht angezeigt. Vielmehr machen neuere Untersuchungen deutlich, dass auch unter diesen Bedingungen Integration in einem veränderten Verständnis Bedeutung haben kann. Auch – nein: gerade – die sich ausdifferenzierende postindustrielle Gesellschaft bedarf der Möglichkeit teilsystemübergreifender Kommunikation. Die Erhaltung variabler Anschlussmöglichkeiten in diesem Bereich kann als verfassungsrechtliches Ziel herausgearbeitet werden. Davon ausgehend könnte ein neues Verständnis von Integration durch öffentliche Kommunikation entwickelt werden.

4.2 Verfassungsrechtliche Aspekte jenseits der Rundfunkfreiheit

Auch wenn an die Allgemeinheit gerichtete bzw. öffentliche Online-Dienste als Rundfunk im Sinne von Art. 5 Abs. 1 S. 2 GG einzuordnen sind, bedeutet dies nicht, dass sich die Zielvorgaben für diese Dienste nur aus dieser Verfassungsnorm ergeben. Dieses Gutachten streift aber Vorgaben jenseits derer aus Art. 5 Abs. 1 S. 2 GG nur am Rande. Nur skizziert werden deshalb an dieser Stelle weitere verfassungsrechtliche Rahmenbedingungen, die bei der Gestaltung einer dienstespezifisch diversifizierten Informationsordnung zu beachten sind.[181]

Für die technische Infrastruktur ist vor allem Art. 87 f. GG von Bedeutung, der zum einen die Überführung des ehemals durch einen staatlichen Monopolisten geprägten Telekommunikationssektors in einen privatwirtschaftlichen Wettbewerb als Zielvorgabe enthält und zum anderen dem Staat eine Gewährleistungspflicht auferlegt in Bezug auf die Versorgung mit flächendeckend angemessenen und ausreichenden Dienstleistungen. Inwieweit diese Gewährleistungspflicht auch Dienstleistungen wie die Zugangsvermittlung zum Internet einschließt, wird derzeit in der Rechtswissenschaft diskutiert.[182] Darüber hinaus

---

[181] Die folgenden Ausführungen basieren auf *W. Schulz/Th. Held,* Informationsordnung, S. 118 f.

[182] Vgl. *B. Holznagel/S. Verhulst/A. Grünwald/K. Hahne*, Removing E-Barriers, MMR 2000 (7. April 2000); abrufbar unter http://www.beck.de/MMR/Materialien/barriers.htm.

hat die technische Infrastruktur auch weit reichende Bedeutung für die mittels ihrer stattfindende Kommunikation.[183]

Im Bereich reiner Wirtschaftskommunikation, die Bestandteil der Online-Kommunikation ist, spielt – zumindest wenn sie nicht auch einen Beitrag zur Meinungsbildung leistet – Art. 12 Abs. 1 GG eine entscheidende Rolle (das Verhältnis von Art. 5 Abs. 1 GG und Art. 12 Abs. 1 GG soll an dieser Stelle nicht erörtert werden). Auch die möglicherweise aus dem Demokratie- und/oder dem Rechtsstaatsprinzip (Art. 20 GG) abzuleitenden Grundsätze für die Informationspolitik des Staates müssen neben den kommunikationsrechtlichen Vorgaben mit ins Kalkül gezogen werden. Die aktuelle Debatte um die Gestaltung der Online-Angebote von Ländern, Kommunen und öffentlich-rechtlichen Institutionen macht dies deutlich.[184]

Schließlich ist das Kommunikationsverhalten insgesamt verfassungsrechtlichen Schranken unterworfen. Zu den nicht-kommunikationsbezogenen Interessen, die die Kommunikationsfreiheiten des Art. 5 Abs. 1 GG einschränken, zählen etwa Jugendschutz, Persönlichkeitsschutz (einschließlich Ehr- und Datenschutz), Schutz geistigen Eigentums und Verbraucherschutz.

Sie sollen in diesem Gutachten ebenso unberücksichtigt bleiben wie Ziele, die der Gesetzgeber legitimerweise verfolgen kann, die von der Verfassung aber nicht unmittelbar vorgegeben werden (etwa Herstellung und Erhaltung von ökonomischem Wettbewerb, Sicherung von Innovationsoffenheit in anderen Gesellschaftsbereichen).[185]

---

183 Ladeur geht sogar entgegen der in der Konvergenzdebatte herrschenden Auffassung von einer zunehmenden Kopplung von Technik und Inhalt aus; *K.-H. Ladeur*, C&R 1999, S. 398 ff.

184 Vgl. *F. Schoch*, AfP 1998, S. 253 ff.; *H. Schulze-Fielitz*, AfP 1998, S. 447 ff.; *M. Rath-Glawatz*, AfP 1998, S. 261 ff.

185 Vgl. zu den Zielen von Regulierung im Bereich Information, Kommunikation und Medien *W. Hoffmann-Riem/W. Schulz/T. Held*, Konvergenz und Regulierung, S. 37 ff. Neben den verfassungsrechtlichen Zielen spielen natürlich auch einfachgesetzliche Vorgaben eine Rolle bei der Ausgestaltung der Informationsordnung, etwa diejenigen, die bisher in den Rundfunkgesetzen genannt werden. Hierzu zählen etwa die Verpflichtung auf bestimmte Werte (Völkerverständigung, Gleichbehandlung von Frau und Mann), Beratung und Kulturförderung jenseits der bereits angesprochenen verfassungsrechtlichen Bedeutung von kultureller Kommunikation.

5. Die gesellschaftliche Bedeutsamkeit von Kommunikations-Diensten als Determinante der staatlichen Gewährleistungsverantwortung

Nachdem die Zielvorgaben beleuchtet wurden, die für den gesamten Bereich öffentlicher Kommunikation gelten, und erläutert wurde, warum auch das Internet bei der diese Ziele verfolgenden Ausgestaltung zu berücksichtigen ist, sollen jetzt die einzelnen Dienstetypen näher untersucht werden. Welche Bedeutung haben sie im Hinblick auf die verfassungsrechtlichen Vorgaben, und weist eine rein marktmäßige Erbringung dieser Dienste Defizite hinsichtlich der oben beschriebenen gesellschaftlichen und (verfassungs-)rechtlichen Zielvorgaben auf? Die Beantwortung dieser Frage setzt die Herausarbeitung der Kriterien voraus, die die Bedeutung der Kommunikations-Dienste charakterisieren und – im zweiten Schritt – der Kriterien, die die Marktfähigkeit bzw. Marktschwächen dieser Dienste bestimmen.

Die an den traditionellen Formen der Kommunikation orientierte Verfassungsdogmatik konnte sich mit Kriterien behelfen, die auf die Legitimation – oder De-Legitimation – bestimmter Unterscheidungen zielten: Hierzu zählt die besondere Bedeutung des Rundfunks im Vergleich zur Presse. Die Folge waren zeitbedingte Kriterienbündel, wie etwa die „Sondersituation" des Rundfunks oder später die Merkmalstrias „Aktualität, Breitenwirkung und Suggestivkraft".[186] Die hier angestrebte, nach unterschiedlichen Dienstetypen aufgeschlüsselte Untersuchung zwingt nun, die hinter diesen Ad-hoc-Konstruktionen stehenden abstrakten Kriterien weiter herauszuarbeiten. Bereits in der Debatte um den verfassungsrechtlichen Rundfunkbegriff waren Stimmen zu vernehmen, die eine Entwicklung von Abgrenzungskriterien entlang des spezifischen Risikopotenzials unterschiedlicher Dienste im Hinblick auf die oben heraus gearbeiteten Ziele von Art. 5 Abs. 1 GG in den Mittelpunkt stellten.[187]

Dabei schälte sich ein „Zwei-Stufen-Test" heraus, der das rechtliche Prüfungsschema weiter ausdifferenziert. Auf der ersten Stufe wird nach Spezifika des Diensteangebotes gefragt, die die *Bedeutsamkeit* des Dienstes für den Einzelnen und für die Gesellschaft ausmachen (dies beinhaltet die Rolle des jeweiligen Dienstes für die oben genannten Prozesse). Dies wird – allerdings ohne großen Begründungsaufwand – vom Bundesverfassungsgericht beim Rundfunk als Kriterium genannt.[188]

---

[186] Vgl. zur Sondersituation etwa BVerfGE 31, 314, 318 f.; 57, 295, 308 f.; zur Breitenwirkung, Aktualität und Suggestivkraft BVerfGE 90, 60, 87 f.

[187] Vgl. etwa *W. Hoffmann-Riem*, AfP 1996, S. 9 ff.

[188] Etwa BVerfGE 57, 295, 322 f.

Auf der zweiten Stufe wird dann gefragt, ob der Markt die Erfüllung der oben herausgearbeiteten verfassungsrechtlichen Zielvorgaben leistet, oder ob *Marktdefizite* vorliegen.[189] Während auf der ersten Stufe primär kommunikationswissenschaftliche Erkenntnisse in die juristischen Überlegungen einfließen, wird auf der zweiten Stufe vor allem nach den ökonomischen Besonderheiten des jeweiligen Dienstetyps gefragt.

Der Umfang der staatlichen Gewährleistungsverantwortung für verschiedene Kommunikationsdienste ergibt sich unserer Auffassung nach somit im Ergebnis aus der *Verknüpfung der beiden Merkmalsbündel Bedeutsamkeit und Behaftetheit mit Marktdefiziten* (wobei die relative Gewichtigkeit der beiden Merkmalsbündel im politischen Diskurs festgelegt werden muss). Als Folge können sowohl Dienste mit einer vergleichsweise geringen gesellschaftlichen Bedeutsamkeit, aber gleichzeitig gravierenden Marktmängeln als ausgestaltungsrelevant angesehen werden als auch Dienste mit einer vergleichsweise hohen gesellschaftlichen Bedeutsamkeit bei gleichzeitig geringeren Marktmängeln. Das entspricht strukturell der Sichtweise in anderen – im Hinblick auf die verfassungsrechtliche Lage nicht vergleichbaren – Bereichen staatlicher Regulierung (etwa im Umweltschutz oder bei der Produkthaftung), in denen die Berechtigung und Intensität hoheitlicher Steuerung bestimmt wird als Produkt aus der Wahrscheinlichkeit einer Marktstörung und dem Umfang der damit verbundenen gesellschaftlichen Schäden (etwa in Abhängigkeit von der Größe des räumlichen Wirkkreises, der Zahl der Betroffenen und dem Ausmaß des Schadens pro Betroffenem).

5.1 Kriterien für die gesellschaftliche Bedeutsamkeit eines Dienstes

Regulierung, die der Erfüllung der Zielvorgaben aus Art. 5 Abs. 1 S. 2 GG dienen soll, muss sich daran orientieren, welche Bedeutung den einzelnen Dienstetypen für die individuelle und öffentliche Meinungsbildung zukommt. Die staatliche Gewährleistung im Bereich öffentlicher Kommunikation kann als „Risikomanagement" für die Kommunikationschancen angesehen werden, so dass die Bedeutung eines Dienstes für den oben skizzierten Kommunikationsprozess als Aufgreifkriterium, aber auch für die Art und Intensität möglicher Ausgleichsmechanismen eine Rolle spielt.

Die vorliegende Untersuchung betritt in diesem Bereich Neuland und ist zum Teil spekulativ, ist sie hier doch auf Daten anderer Wissenschaften angewiesen, die nicht einmal für die traditionellen Massenmedien vorliegen. So haben sich etwa in der Medienwirkungsforschung die Fragestellungen so ausdifferenziert, dass die Frage nach *der* Wirkung eines Mediums in den Konzepten

---

[189] Dieses Konzept findet sich im Ansatz bereits in *W. Schulz*, ZUM 1996, S. 487, 491 ff.

gar nicht mehr formulierbar ist. Dies ist für den ausgestaltenden Gesetzgeber allerdings nicht fatal, denn Art. 5 Abs. 1 S. 2 GG gibt ihm einen Prognose- und Bewertungsspielraum, so dass plausible, wissenschaftlich gestützte Indizien genügen.[190] Genau diese sollen im Folgenden gesucht werden.

Bisher wurden als Beleg für die besondere Bedeutung des – klassischen – Rundfunks für den Kommunikationsprozess die Kriterien Breitenwirkung, Aktualität, Suggestivkraft angeführt. Weitere Kriterien wurden zwar mitgedacht, waren aber nicht zur Abgrenzung notwendig und wurden daher nicht ausdifferenziert oder ergänzt, da bisher nur klassische Vermittler wie Rundfunk- und Presseunternehmen in den Blick genommen wurden, die per se diese Kriterien erfüllen. Wird die Frage gestellt, ob bestimmte Anbieter ebenso wie diese klassischen Vermittler einer spezifischen Regulierung bedürfen, sei es, weil diese klassischen Vermittler durch neue Anbieter im Internet substituiert werden, sei es aus anderen Gründen, müssen diese Kriterien rekonstruiert werden.[191]

Wie bereits dargestellt, kann Kommunikation, die sich in besonderer Weise auf die Erreichung der Ziele aus Art. 5 Abs. 1 GG auswirkt, grob in publizistische Kommunikation und sonstige, aus anderen Gründen für die öffentliche und individuelle Meinungsbildung in erhöhtem Maße relevante Kommunikation eingeteilt werden. Kennzeichnend für beide Formen ist eine besondere Vermittlungsleistung. Auch wenn es analytisch eine klare Unterscheidbarkeit etwa der Publizistik geben mag, finden sich doch empirisch selten reine Formen, so dass auch publizistische Kriterien lediglich Indizien für eine – faktische – Bedeutsamkeit für die von Art. 5 Abs. 1 GG geschützten Prozesse darstellen.

5.1.1 Breitenwirkung

Der vom Bundesverfassungsgericht erstmals in der Gebührenentscheidung verwandte Begriff der Breitenwirkung[192] verweist darauf, dass Rundfunk klassischerweise weite Bevölkerungsteile erreichte.

Die Breitenwirkung eines Dienstetypus spielt sowohl für die öffentliche als auch für die individuelle Meinungsbildung eine Rolle. Betont man mit dem Bundesverfassungsgericht die herausragende Bedeutung der Massenmedien für den demokratischen Willensbildungsprozess, so können diese ihre Funktion nur erfüllen, wenn sie auch „Massen" erreichen. Der einzelne Dienstetypus hat auf diese Prozesse einen umso größeren Einfluss, je mehr Rezipienten auf ihn

---

190 BVerfGE 57, 295, 321 ff.; 73, 118, 153; 74, 297, 324.

191 *DLM*, Strukturpapier zur Unterscheidung von Rundfunk und Mediendiensten, zweite Fassung vom Dezember 1998, abrufbar unter http://www.alm.de/aktuelles/presse/struktur2.htm.

192 BVerfGE 90, 60, 87. Der Sache nach hat das Gericht auf die Verbreitung eines Kommunikats bereits in der Lebach-Entscheidung abgestellt; BVerfGE 35, 202, 216.

zugreifen. Aber auch für die individuelle Persönlichkeitsbildung ist es von Bedeutung, ob jemand Informationen mit einer kleinen Gruppe oder mit einer großen Gruppe der Bevölkerung „teilt".[193]

Eine intendierte und mögliche Breitenwirkung ist daher zunächst ein Kriterium für das Vorliegen von Massenkommunikation, ist aber in evidenter Weise auch zur Graduierung von Bedeutsamkeit tauglich.[194] Auch die Kommunikationswissenschaft oder die kommerzielle Marktforschung haben derzeit noch nicht *eine* „Währung" für die Breitenwirkung aller Dienste im Bereich öffentlicher Kommunikation entwickelt, sodass bislang für die Breitenwirkung eines Dienstes nur Anhaltspunkte gewonnen werden können.[195]

Die mögliche Breitenwirkung ist zunächst begrenzt durch die technischen Reichweiten. Knapp 97,9 % der Bevölkerung besitzen einen Fernseher,[196] 45,4 % verfügen über einen Kabelanschluss[197] und 50,6 % haben Zugang zum Internet.[198] Da die Konvergenz dazu führt, dass technische Übertragungswege zunehmend austauschbar werden und Dienste über verschiedene Plattformen verbreitet werden können, kommt die technische Verbreitung allenfalls noch kurzfristig als Anknüpfungspunkt einer abgestuften Regulierung in Frage. Wird in der Folge auf die tatsächliche Reichweite des jeweiligen Dienstetypus abgestellt, rücken Zuschauer- und Zugriffszahlen in den Vordergrund, wobei bei deren Bewertung der Fragmentierung des Angebots und des Publikums Rechnung zu tragen ist. Reichweiten eines Durbridge-Krimis in den sechziger Jahren sind in der heutigen Zeit kaum mehr denkbar.

Auf rechtlicher Ebene hat man sich – wie die Diskussion um die konkrete Ausgestaltung des Zuschauermarktanteils zeigt – noch nicht klar gemacht, was genau unter diesen Voraussetzungen als breitenwirkungsrelevante Reichweite gefasst werden soll. Soll etwa der Kontakt entscheiden, also wie viele Bürger einmal (oder mehrmals) mit dem Programm (oder der Sendung, der Einzelinformation oder was immer zugrunde gelegt wird) in Kontakt kommen, oder trifft es die verfassungsrechtlich relevante Wirkung eher, die Aufmerksamkeitsdauer zu kumulieren, egal wie sie sich auf die Bürger verteilt? Auch ein geeigneter Zeitraum muss bestimmt, die relevanten Alterskohorten müssen

---

193 Bei der Betrachtung der Leistungsfähigkeit des Marktes wird diesbezüglich von einem „Netzeffekt" gesprochen. Siehe hierzu etwa *W. Hoffmann- Riem*, Regulierung, S. 126 ff m. w. N.

194 Aus diesem Grunde wird derzeit Bagatellrundfunk schwächer reguliert als sonstiger Rundfunk.

195 Auch die Zahl der direkt erreichbaren Personen hat für die Bedeutsamkeit natürlich nur Indizcharakter, da etwa Informationen in Elitemedien über einen Zwei-Stufen-Fluss mittelbar mehr Menschen erreichen können, vgl. *O. Jarren,* M&K 2000, S. 22 ff.

196 Vgl. MP Basisdaten 2000, S. 67.

197 Vgl. MP Basisdaten 1998, S. 8.

198 G+J Electronic Media Service, Internet-Nutzung in Deutschland, Analyse der sechsten Erhebungswelle des GfK-Online-Monitors, Hamburg 2000, S. 9.

festgelegt werden usf. Diese Frage zu diskutieren macht derzeit wenig Sinn, da vergleichbare Zahlen für unterschiedliche Dienste noch nicht vorliegen. Eine Untersuchung der Nutzung, die über diejenige hinausgeht, die gem. § 27 RStV für die KEK durchzuführen ist, wäre wünschenswert. Hierbei sollte systematisch und kontinuierlich die Nutzung aller Dienstetypen verglichen werden. Derzeit muss die Zusammenschau der unterschiedlichen vorhandenen Daten und ihre plausible Bewertung im Hinblick auf die Breitenwirkung genügen.

Wie die Regelungen im Rundfunkstaatsvertrag zeigen, geht der Gesetzgeber davon aus, dass ab einem Zuschauermarktanteil von 30 % von vorherrschender Meinungsmacht eines Unternehmens auf dem Fernsehmarkt auszugehen ist.[199] Besondere vielfaltsichernde Maßnahmen (Programmfenster) sind bereits ab 10 % vorgeschrieben. Die größten Anteile am Zuschauermarkt, die einzelne Programme derzeit erreichen, liegen bei etwa 15 %. Um einen Vergleich von Fernsehprogrammen und Online-Diensten zu ermöglichen, kommt es aber nicht auf den Anteil der Programme am Fernsehmarkt, sondern am gesamten „Informationsmarkt" bzw. „Aufmerksamkeitsmarkt"[200] an. Entsprechende Angaben wurden bisher nicht erhoben, grobe Indizien können aber die konkreten Nutzerzahlen liefern.

In diesem Gutachten sollen die Nutzerzahlen des jeweils erfolgreichsten Angebots eines Dienstetypus der Bewertung zugrunde gelegt werden. Für die maximale Reichweite eines Dienstetypus auf die technische Reichweite abzustellen, wäre unrealistisch, da ein einzelnes Angebot selten dieses Potenzial ausschöpfen wird.

Statt auf ein einzelnes Angebot könnte auch auf die Reichweite des gesamten Dienstetypus abgestellt werden. Dies wird an dieser Stelle nicht getan, da zu der Frage, wie viel Bundesbürger von allen Vollprogrammen oder allen Spartenprogrammen zusammen erreicht werden (ohne Mehrfachzählung derer, die verschiedene Programme an einem Tag sehen), keine Daten vorliegen. Deshalb wäre kein Vergleich der Nutzung des Dienstes Fernsehprogramm mit den Online-Diensten möglich. Bei der weiteren Diskussion muss aber beachtet werden, dass es bei der Betrachtung bestimmter Regulierungsoptionen entscheidend sein kann, welche Breitenwirkung alle Angebote eines Dienstetypus zusammengenommen erzielen.

1999 erreichte das Erste Fernsehprogramm an einem durchschnittlichen Wochentag (Montag bis Sonntag) rund 42 % der Bundesdeutschen (29,7 Mio.), RTL kam auf 37 % (26,66 Mio.), das ZDF auf 36 % (26,04 Mio.) und SAT.1

---

[199] Vgl. zur Kritik etwa *M. Stock,* JZ 1997, S. 583 ff.; *E. Clausen-Muradian,* 1997, ZUM 1997, S. 934 ff.

[200] Vgl. *G. Franck*, Ökonomie der Aufmerksamkeit.

auf 33 % (23,68 Mio.).[201] Solche Werte verzeichnen jedoch nur Programme, die ein breites Spektrum an Inhalten und Formaten aufweisen (der Spartenkanal SuperRTL hatte demgegenüber im April 2000 einen Anteil von 2,7 % und der Nachrichtensender n-tv einen Anteil von 0,8 % am Zuschauermarkt;[202] die Nettoreichweite von SuperRTL betrug 1999 11,5 % der Bevölkerung (8,23 Mio.)).[203] Mangels aktuellerer Daten werden in diesem Gutachten die Nettoreichweiten von 1999 auch für 2000 angenommen, um diese mit den für 2000 vorliegenden Online-Zahlen vergleichen zu können.

Im Bereich des entgeltfinanzierten Fernsehens ist die mögliche Reichweite auf die Anzahl der Abonnenten der Pay-TV-Angebote begrenzt. Derzeit existiert allein ein entgeltfinanziertes Angebot, und zwar „Premiere World". Dieses wies Ende 2000 2,3 Mio. Abonnenten auf.[204]

Konkrete Nutzerzahlen für das Internet sind zurzeit nur schwer zu ermitteln. Messungen von Zugriffen (Hits), Seitenabrufen (Page Impressions) und – zusammenhängender – Nutzungsvorgängen (Visits)[205] im Internet[206] ermöglichen es noch nicht, den Anteil der Bevölkerung zu bestimmen, den der jeweilige Dienst erreicht. Dies ist nur bei Untersuchungen möglich, bei denen das Nutzerverhalten eines bestimmten Panels protokolliert wird – ähnlich den GfK-Erhebungen.[207]

Zu den Angeboten, die am meisten Nutzer erreichen, gehören laut MMXI Europe derzeit Portale und Suchmaschinen.[208] Im April 2000 besuchten jeweils über 4 Mio. Nutzer die Domains T-Online.de und T-Online Application und jeweils über 2 Mio. die Domains Yahoo.de, Lycos.de und Yahoo.com. Mit Nutzerzahlen zwischen 1 und 2 Mio. folgten Microsoft.com, MSN.com, AOL Proprietary und Freenet.de. Auf Platz 10 landete der E-Mail-Dienst GMX.de.

---

201 *M. Gerhards/A. Grajczyk/W. Klingler*, MP 2000, S. 459.

202 Vgl. Medienspiegel 2000, Nr. 29, S. 8.

203 *M. Gerhards/A. Grajczyk/W. Klingler*, MP 2000, S. 459.

204 Vgl. http://www.set-top-box.de/news/010108_premiere.htm.

205 Für Werbung wird ein so genannter Tausend-Kontakt-Preis bezahlt. Dies ist der Betrag für 1000 Site-Besuche (Click-Throughs).

206 Vgl. etwa die Messungen des IWV: Dezember 2000: Fireball 27,4, RTL.de: 47,3 Mio., abrufbar unter www.ivw.de

207 Vgl. etwa MMXI Europe, Das Internet auf dem Weg zum Medium für alle Titel, November 2000, abrufbar unter http://194.175.244/gfk/unternehmen/medien/pdf/211100.pdf.

208 Vgl. ebd., S. 2. Laut einer GfK-Studie von März 2001 befindet sich die Nutzung von Suchmaschinen und Web-Katalogen auf Platz 2 der „Top 10-Aktivitäten" bei der Internetnutzung (39 %). An erster Stelle steht das Senden und der Empfang von E-Mails; GfK Online-Monitor, 7. Untersuchungswelle, S. 26, abrufbar unter http://www.gfk.de/produkte/eigene_pdf/online_monitor.pdf.

Da diese Zahlen die Nutzung innerhalb eines Monats wiedergeben, ist ein direkter Vergleich mit den Tagesreichweiten der Fernsehprogramme nicht ohne Weiteres möglich.[209]

Eine Berechnung der Tagesreichweiten ergibt, dass Yahoo täglich auf etwa 2,9 Millionen Nutzer kommt.[210] Wie bereits erwähnt, erreicht die ARD täglich etwa 29,7 Mio. und SuperRTL etwa 8,2 Mio. Bundesdeutsche.

Die – in den Fußnoten ausgeführten – „Zahlenspiele" machen deutlich, dass ein Vergleich der Breitenwirkung einzelner Dienstetypen zurzeit nur auf unsicherer Grundlage möglich ist. Erst wenn vergleichbare Nutzerzahlen vorliegen, können Größenklassen gebildet werden, die die Breitenwirkung der Dienste charakterisieren.

Schon jetzt ist aber erkennbar, dass die Breitenwirkung von Online-Diensten nicht unerheblich ist; im Vergleich zur Nutzung des Fernsehens sind diese Besucherzahlen aber immer noch sehr gering. Bei den Online-Diensten weisen

---

209 Würde man die Tagesreichweiten der Fernsehprogramme schlicht mit 30 multiplizieren, würde man zum Teil dieselben Nutzer mehrfach einbeziehen, während bei der MMXI-Studie jeder Nutzer nur einmal gezählt wird.

210 Ein Weg, die Tagesreichweite von Online-Angeboten zu schätzen, ist der folgende: Laut einer Untersuchung klicken 22,3 % der Nutzer fast täglich auf www.yahoo.de, vgl. http://www.wuv.de/studien/w3b_0500/2.html. Eine Studie aus dem Jahr 2000 (ARD/ZDF-Online-Studie, MP 2000, 341, Untersuchungszeitraum 22.03.2000- 24.04.2000) ergab, dass 28,6 % der Bevölkerung (zwischen 14 und 60 Jahren) das Internet nutzen. Dies entspricht 18,3 Millionen Nutzern. Das bedeutet, dass etwa 4,1 Mio. Nutzer fast täglich das Angebot von Yahoo aufrufen. Ein Vergleich mit den oben genannten Monatswerten von MMXI zeigt, dass Nutzerzahlen für das Internet zurzeit noch mit Vorsicht zu behandeln sind. Um den Tageswert zu bestätigen, soll noch eine Untersuchung aus 2000 einbezogen werden, wonach 28,8 % der Nutzer auf www.yahoo.com zugreifen (vgl. MMXI Europe, Das Internet auf dem Weg zum Medium für alle Titel, November 2000, abrufbar unter http://194.175. 244/gfk/unternehmen/medien/pdf/211100.pdf, S. 2).Um hieraus die Tagesreichweite zu ermitteln, muss zunächst errechnet werden, wie viele Personen an einem Tag das Internet nutzen. Der Anteil derer, die das Internet täglich nutzen, liegt bei 44 % (8 Mio.). 28,7 % (5,3 Mio.) nutzen es wöchentlich, 8,3 % (1,5 Mio.) 2-wöchentlich und 18,4 % (3,4 Mio.) in noch größeren Zeitabständen (hier veranschlagt: einmal im Monat) (vgl. GfK Online-Monitor, 6. Untersuchungswelle, abrufbar unter http://194.175.173.244/gfk/gfk-studien/eigen/OMO_W6.pdf). An einem Tag nutzen demnach durchschnittlich ca. 9 Mio. Deutsche das Internet und somit 2,9 Mio. das Angebot von Yahoo. (Für März 2001 ergab eine GfK-Studie, dass bereits 11,1 Mio. Deutsche pro Tag das Internet nutzen; GfK Online-Monitor, 7. Untersuchungswelle, S. 11, abrufbar unter http://www.gfk.de/produkte/eigene_pdf/online_monitor.pdf. Wir gehen jedoch in dieser Studie noch von den Zahlen für 2000 aus.) Um das Risiko zu vermeiden, die Bedeutung von Online-Diensten überzubewerten, soll hier von dem geringeren der alternativ geschätzten Werte (also 2,9 Mio.) ausgegangen werden.

Portale und Suchmaschinen die höchsten Nutzerzahlen auf, andere Angebote haben momentan noch eine weitgehend zu vernachlässigende Breitenwirkung.[211]

Unberücksichtigt bleibt an dieser Stelle die – mittelbare – Breitenwirkung, die ein Dienst dadurch erlangt, dass andere Dienste Inhalte aufgreifen und damit den Verbreitungsgrad erhöhen (etwa bei Nachrichtendiensten).

5.1.2 Kriterien publizistischer Wirkmacht

Während die vom BVerfG angeführten Merkmale der „Breitenwirkung" und der – noch anzusprechenden – „Suggestivkraft" solche sind, die nicht zwingend auf eine journalistisch-redaktionelle Arbeitsweise verweisen, scheint mit dem in der Rechtsprechung entwickelten und in der Literatur aufgenommenen Merkmal der „Aktualität" ein Terminus eingeführt worden zu sein, der auf eben diese Rolle spezifischer Vermittler Bezug nimmt.[212] Es verweist damit auf Funktionsmerkmale dessen, was als Publizistik oder System der Massenkommunikation beschrieben werden kann. Welche Bedeutung der Publizistik im Rahmen von Art. 5 Abs. 1 GG zukommt, wurde bereits beleuchtet. Dass deren Charakteristika auch mit Blick auf die „neuen" Medien rechtlich relevant sind, zeigen bereits die Vorschriften des Mediendienstestaatsvertrags, die bspw. besondere Auskunftsrechte nur für Anbieter von journalistisch-redaktionell gestalteten Angeboten vorsehen (§ 11 Abs. 1 iVm. § 6 Abs. 2 MdStV).

Im Folgenden sollen die Indizien entwickelt werden, die die Rolle der klassischen Vermittler der Massenkommunikation charakterisieren,[213] ohne zu ver-

---

211 Zu beachten ist in diesem Zusammenhang, dass bei einer 1998 durchgeführten internationalen Delphi-Befragung ein Drittel des Expertenpanels der Auffassung war, dass 2010 ein Viertel aller Haushalte Online-Spiele nutzen werden, *K. Beck/P. Glotz/G. Vogelgesang*: Die Zukunft des Internet, S. 76. In Bezug auf On-Demand-Dienste ergab sich folgendes Bild: Über ein Drittel prognostizierten, dass sich Radio-on-demand überhaupt nicht durchsetzen werde; und diejenigen, die einen Durchbruch voraussagen, verweisen mehrheitlich auf einen Zeitraum nach 2010. Etwas günstiger lautet die Prognose für Audio-on-Demand. Über vier Fünftel der Befragten sagen voraus, dass sich dieser Dienst etablieren wird, allerdings ebenfalls erst deutlich nach 2010. 93 % der Experten gehen von einer Akzeptanz von Video-on-demand in den meisten Haushalten aus (Zeitpunkt: nach 2000*), K. Beck/P. Glotz/G. Vogelgesang*, Die Zukunft des Internet, S. 81 f.

212 Vgl. auch *A. Scholl*, Publizistik 1997, S. 475; *S. Weischenberg*, Journalistik, Band I: Mediensysteme, S. 41 ff.; S. 97: „... durch dieses soziale System [Journalismus] werden Themen für die Medienkommunikation zur Verfügung gestellt, die Neuigkeitswert und Faktizität besitzen...". Nach dem BVerfG besteht die Funktion der Presse darin, die „in der Gesellschaft und ihren Gruppen unaufhörlich sich neu bildenden Meinungen und Forderungen" kritisch zusammenzufassen und zur Erörterung zu stellen; BVerfGE 20, 162, 175.

213 Neuberger grenzt den Kernbereich des Journalismus nach den Kriterien Universalität, Aktualität, Periodizität und Publizität ab; *C. Neuberger*, Media Perspektiven 2000, S. 311. So auch *T. J. Gerpott/M. Schlegel*, M&K 2000, S. 338 f. Publizität meint die Zugänglichkeit des Mediums.

kennen, dass diese als derzeit besonders bedeutsam eingeordnete Kategorie der Informationsvermittlung in einer dienstespezifisch diversifizierten Ordnung durchaus an Bedeutung verlieren kann, während andere – nicht publizistische – Angebote funktional an diese Stelle treten können, mit der Folge, dass auch auf diese der regulatorisch-prüfende Blick von Verfassungs wegen gelenkt werden muss. Auch die Kriterien journalistischer Arbeit selbst verändern sich.[214]

Zum System der Publizistik – Luhmann spricht vom System der Massenmedien,[215] sein Fokus ist aber weitgehend ebenfalls auf das gerichtet, was als Publizistik bezeichnet wird – kann nur solche Kommunikation gezählt werden, die sich an einem bestimmten Code ausrichtet. Ob man den Code nun mit Information/Nichtinformation oder nicht-öffentlich/öffentlich beschreibt, die Besonderheit der Kommunikation in diesem System besteht jedenfalls darin, dass beständig die erstgenannte Seite der Unterscheidung in die andere umgewandelt wird. Es wird etwas kommuniziert, weil es bisher nicht-öffentlich war, anschließend ist es öffentlich. Informationen werden durch die Kommunikation in Nicht-Informationen umgewandelt.[216] Wiederholungen sind hierbei nicht ausgeschlossen, sie können etwa die Information enthalten, dass das Wiederholte besonders wichtig und erinnerungswert ist. Auch Unterhaltung gehört zum System der Massenmedien bzw. Publizistik,[217] hier wird aber typischerweise zu einem großen Teil mit bekannten Formaten und Inhalten gearbeitet, die nur in Nuancen variiert werden. In diesem Gutachten wird bei *Fiction*-Angeboten nicht die Produktion, sondern die Auswahl und Zusammenstellung von fiktionalen Inhalten durch den Anbieter eines Dienstes betrachtet.

Die hier gewählte – und auch in der Kommunikationswissenschaft verbreitete – systemische Betrachtungsweise[218] geht eher deduktiv vor; ihr Ziel ist nicht primär, Kriterien zu entwickeln, anhand derer empirisch Dienste eindeutig als publizistisch oder nicht-publizistisch klassifiziert werden können. Allerdings finden sich in der systemtheoretisch orientierten Journalismusforschung solche Kriterien. Ob Kommunikation als publizistische angesehen werden kann, hängt

---

Gerpott/Schlegel unterscheiden zwischen potenzieller Publizität und realisierter Publizität, *T. J. Gerpott/M. Schlegel*, M&K 2000, S. 339, 347. Erstere ist im Internet per se gegeben, zweitere entspricht unserem Kriterium der Breitenwirkung. Vgl. zu der Frage der Kriterien, die Journalismus im Internet auszeichnen, auch *T. Quandt*, Ende des Journalismus, S. 483 ff.

214 Vgl. *K. D. Altmeppen/P. Donges/K. Engels*, Transformation im Journalismus, S. 35 ff.

215 *N. Luhmann*, Realität der Massenmedien, S. 174.

216 Dies ist der Fall, wenn man in diesem Fall von einem Informationsbegriff im Sinne von Bateson ausgeht, wonach Information „a difference, which makes a difference" ist.

217 *N. Luhmann*, Realität der Massenmedien, S. 96 ff.

218 Vorschläge für die Verbindung von Akteur-, Institutionen- und Systemtheorie in Bezug auf Journalismus finden sich bei *C. Neuberger*, Journalismus als systembezogene Akteurskonstellation, S. 275 ff.

zum einen von den Entscheidungskriterien ab, die bei der Erstellung des jeweiligen Kommunikats zugrunde gelegt werden (etwa „Nachrichtenfaktoren"). Mit Hilfe dieser Kriterien wird die Entscheidung getroffen, ob etwas publiziert wird oder nicht, und es wird die Gewichtung der einzelnen Bereiche, Themen etc. gesteuert. Zum anderen sind Kriterien heranzuziehen, die den Informationswert des Medienangebots selbst verdeutlichen.

Im Folgenden geht es also um die Sammlung von Indizien, die Dienste charakterisieren, die an dem System Publizistik teilhaben oder aber äquivalente Funktionen erfüllen.[219] Zu ihnen gehören auch solche, die Presse und klassischem Rundfunk gemein sind und deshalb bei der Abgrenzung zwischen diesen keine Rolle spielten.

Eine besondere Bedeutung für die öffentliche und individuelle Meinungsbildung können diese Kriterien nur ausüben, wenn sie für die Nutzer als Nachfrager von publizistischen Leistungen auch erkennbar sind und diese dem jeweiligen Angebot deshalb eine hohe Bedeutung zumessen, weil sie damit eine bestimmte Reputation verbinden und deshalb die vermittelten Kommunikate für besonders relevant, glaubwürdig etc. halten.[220]

5.1.2.1 Entscheidungsbezogene journalistische Kriterien

Während in der öffentlichen Debatte nur der Output massenmedialer Kommunikation als Anknüpfungspunkt einer Bewertung des jeweiligen Angebots gewählt wird, besteht in der Kommunikationswissenschaft weitgehend Einigkeit darüber, dass sich die besondere Relevanz publizistischer Kommunikation für den Einzelnen und für die Gesellschaft vor allem aus ihrer besonderen Entstehungsweise ergibt. Hiernach hängt es in erster Linie von den Kriterien ab, die die der Kommunikation vorgelagerten Entscheidungen leiten, ob das jeweilige Angebot eher von hoher oder von niedriger Bedeutung für die öffentliche und individuelle Meinungsbildung ist. Diese Kriterien beeinflussen sowohl das Aufgreifen eines Themas als auch seine Behandlung.[221]

Zu diesen Kriterien werden die Neuheit der Information, Quantifizierung, räumliche Nähe („Sachdimension"),[222] Tragweite und öffentliche Bedeutung

---

219 Vgl. dazu *W. Schulz/B. Korte*, Medienprivilegien, KritV 2001, S. 113 ff.

220 „Bei Informationen, die im Modus der Nachrichten und Berichterstattung angeboten werden, wird vorausgesetzt und geglaubt, dass sie zutreffen, dass sie wahr sind."; *N. Luhmann*, Realität, S. 55.

221 Nach *Neuberger* ist Online-Journalismus gegenüber anderen Inhalteanbietern durch die Akzeptanz journalistischer Berufsnormen abgrenzbar (Sorgfaltspflicht, Autonomie der Redaktion gegenüber Fremdeinflüssen etc.); *C. Neuberger*, Media Perspektiven 2000, S. 310.

222 *B. Blöbaum*, Jounalismus als soziales System, S. 236 f.

(„Sozialdimension")[223] etc. gezählt.[224] Ereignisse, die Informationswert haben, sind u. a. Konflikte und Normverstöße/Skandale, und auch die handelnden bzw. betroffenen Personen sind von Bedeutung.[225]

Inwieweit sich die Entscheidungen, die zur Publikation führen, an diesen Kriterien orientieren, lässt sich ohne Betrachtung einzelner Kommunikate nur sehr grob bestimmen. Erkennbar ist in der Regel jedoch, wenn sich Kommunikation überhaupt nicht an diesen Kriterien, sondern an anderen, etwa wirtschaftlichen Gesichtspunkten ausrichtet.

Dass eine Orientierung an den publizistischen Entscheidungskriterien für die freie individuelle und öffentliche Meinungsbildung von Bedeutung ist, entspricht auch der Sichtweise des Bundesverfassungsgerichts. Wie bereits an anderer Stelle erwähnt, hat das Gericht betont, dass die Programmfreiheit, die den Kern der Rundfunkfreiheit ausmache,[226] gewährleiste,

> „dass Auswahl, Inhalt und Gestaltung des Programms Sache des Rundfunks bleiben und sich an publizistischen Kriterien ausrichten können. Es ist der Rundfunk selbst, der aufgrund seiner professionellen Maßstäbe bestimmen darf, was der gesetzliche Rundfunkauftrag in publizistischer Hinsicht verlangt. Eine Indienstnahme des Rundfunks für außerpublizistische Zwecke ist damit unvereinbar."[227]

Zudem hat das Bundesverfassungsgericht entschieden, dass es Art. 5 Abs. 1 S. 2 GG entspricht, eine Förderung von Presseerzeugnissen daran zu knüpfen, ob sie primär publizistischen Zwecken dienen oder ob die Berichterstattung außerpublizistischen Geschäftszwecken untergeordnet wird:

---

223 *B. Blöbaum*, Jounalismus als soziales System, S. 237 f.

224 Auch Aktualität ist ein solches Entscheidungskriterium („Zeitdimension"). Hiervon zu unterscheiden ist die Aktualität des Mediums selbst, also der Zeitpunkt der Verfügbarkeit des Kommunikats für den Nutzer („Veröffentlichung"). Dieser Punkt wird weiter unten unter „medienbezogene Kriterien" angesprochen. Auch *Blöbaum* unterscheidet zwischen der Aktualität der Zeitung und der Bedeutung der Aktualität als Selektionskriterium; *B. Blöbaum*, Journalismus als soziales System, S. 200 f., 234 ff. (vgl. zur Aktualität als Funktionsmerkmal des journalistischen Systems S. 262 ff.).

225 Vgl. auch *N. Luhmann*, Realität der Massenmedien, S. 58 ff.

226 Vgl. BVerfGE 59, 231, 258; 87, 181, 201; 90, 60, 87.

227 BVerfGE 90, 60, 87 f. Bereits in der Lüth-Entscheidung betonte das Gericht, dass ein Kommunikationsvorgang umso größeren Schutz genießt, je mehr es sich dabei nicht um eine „Äußerung im privaten, namentlich im wirtschaftlichen Verkehr und in Verfolgung eigennütziger Ziele, sondern um einen Beitrag zum geistigen Meinungskampf in einer die Öffentlichkeit wesentlich berührenden Frage durch einen dazu Legitimierten handelt", BVerfGE 7, 198, 212. Vgl. auch BVerfG, 1 BvR 653/96 vom 15. 12. 1999, Absatz-Nr. 97, 105, http://www.bverfg.de: „Die Presse muss nach publizistischen Kriterien entscheiden dürfen, was sie des öffentlichen Interesses für wert hält und was nicht."

> „Ein solches Differenzierungskriterium ist im Grundgesetz selbst angelegt. Die grundrechtliche Garantie der Pressefreiheit dient wie alle Garantien in Art. 5 Abs. 1 GG der freien individuellen und öffentlichen Meinungsbildung [...]. Die Erfüllung dieser Funktion ist daher auch ein zulässiges Kriterium für die Vergabe staatlicher Pressesubventionen. [...] Presseorgane, bei denen die Meinungsäußerung und Information außerpublizistischen Geschäftszwecken untergeordnet wird, sind ihrer Intention nach nicht primär auf einen Beitrag zur Meinungsbildung ausgerichtet. Solche Publikationen genießen zwar ebenso wie die übrige Presse die Freiheit von staatlicher Lenkung, haben aber nicht notwendig denselben Anteil an staatlicher Förderung.“ [228]

Dies könnte man am Grenzfall Public Relations diskutieren. Inwieweit PR zur Publizistik gehört, kann an dieser Stelle allerdings nicht erörtert werden, zumal auch in der Kommunikationswissenschaft die Einordnung alles andere als klar ist.[229]

Als Indiz für eine Orientierung an den genannten Kriterien sind bestimmte Instrumente zur Sicherung journalistischer Professionalität anzusehen.[230] So wird der Code der Publizistik regelmäßig von redaktionellen Organisationen in Publikationsentscheidungen umgesetzt.[231] Redaktionen zeichnen sich durch die Professionalisierung von Arbeitsprozessen und die Abgrenzung zu Organisationen mit anderer Handlungslogik im Sinne von Sicherungsmechanismen gegenüber externen Einflussnahmen aus.[232] Alle Entscheidungen, die die Redaktion trifft, sind entweder Publikationsentscheidungen oder dienen diesen. Dies beeinflusst sowohl bereits die Einstellung der Mitarbeiter, die über eine bestimmte Ausbildung verfügen müssen, als auch die interne Organisation (so werden bei-

---

228 BVerfGE 80, 124, 135.

229 Vgl. hierzu *F. Marcinkowski*, Publizistik als autopoietisches System, S. 225 f.; *P. Szyszka* (Hrsg.), Öffentlichkeit und Public Relations. Ein Diskurs (im Erscheinen).

230 So werden publizistische Massenmedien zum Teil als Ergebnis der Institutionalisierung von Kommunikation bezeichnet, deren Leistungsfähigkeit durch bestimmte Strukturen sichergestellt wird. *S. Weischenberg*, Journalistik, Bd. 1, Mediensysteme, S. 275.

231 *F. Marcinkowski*, Publizistik als autopoietisches System, S. 148; vgl. auch *T. Grothe/W.Schulz*, Politik und Medien, S. 567 f. Die Redaktion hat einen hohen Einfluss auf Entwicklung und Durchhaltung journalistischer Entscheidungsprogramme, indem sie etwa über die Inklusion und weitere Qualifikation der Mitglieder entscheidet und über informelle Vereinbarungen journalistische Standards beeinflusst; *W. Schulz/B. Korte*, KritV 2001, S. 113 ff. Vgl. auch *S. Weischenberg*, Journalistik, Band 1: Mediensysteme, S. 275 ff. Vgl. zur Problematik des Outsourcing etwa *W. Hoffmann-Riem*, Der strategische Stellenwert der Programmproduktion, S. 13 ff., hier: S. 20 f. Vgl. auch das Themenheft zum Symposion „Outsourcing“ der Kommission zur Ermittlung des Finanzbedarfs der Rundfunkanstalten (KEF), MP 1999, Heft 1, S. 1 ff.

232 *S. Weischenberg*, Journalistik, Bd. 1, Mediensysteme, S. 275 ff.

spielsweise Ressorts gebildet[233] oder spezielle Qualitätssicherungsmaßnahmen eingebaut[234]).

Die Transformationen im Kommunikationsbereich schwächen allerdings auch diesen Anknüpfungspunkt; so wird die zunehmende Auflösung von Redaktionsstrukturen beschrieben (und beklagt).[235] Indizcharakter kann diesem Merkmal dennoch zukommen.

Eine offensichtliche Verknüpfung der für die Publikationsentscheidung zuständigen Organisation mit wirtschaftlich ausgerichteten Organisationen, wie es etwa bei Unternehmenskommunikation der Fall ist, ist als Indiz für eine schwächere Ausrichtung an diesen Entscheidungskriterien zu werten. Auch bei Angeboten, die offensichtlich von Einzelpersonen oder von organisierten Laien erstellt wurden, wird diese spezielle Arbeitsweise eher zu verneinen sein.[236]

Bei der Betrachtung der einzelnen Dienstetypen ist zunächst darauf abzustellen, ob es sich um *Fiction-* oder *Non-fiction-*Angebote handelt, auch wenn die Unterscheidung schwierig ist und zunehmend schwieriger wird. Zwar spielen die genannten Entscheidungskriterien auch bei der Erstellung von *Fiction-*Angeboten eine Rolle, hier wird aber typischerweise zu einem großen Teil mit bekannten Formaten und Inhalten gearbeitet. Wie bereits betont, betrachten wir Dienste, bei denen Fiction-Inhalte ausgewählt und zusammengestellt werden; auf die Produktion dieser Inhalte wird nicht abgestellt. Die Entscheidung, einen bestimmten Spielfilm oder ein bestimmtes Musikstück in das Angebot aufzunehmen, orientiert sich nur bedingt an Kriterien wie Neuheit, Quantifizierung, räumliche Nähe, Tragweite und öffentliche Bedeutung. Insbesondere fungieren diese Kriterien bei Fiktion nicht als Ausschlusskriterien: So wird etwa ein Musikstück auch dann gespielt, wenn es nicht mehr neu ist, und für einen Spielfilm ist es nicht entscheidend, ob die behandelten Themen eine räumliche Nähe zum Rezipientenkreis aufweisen.

Demgegenüber ist die Orientierung an den Entscheidungskriterien bei reinen Nachrichtenangeboten sehr hoch, und zwar unabhängig davon, ob sie im Rahmen eines Verteildienstes oder eines Abrufdienstes angeboten werden.

---

233 *P. Donges/O. Jarren*, MP 1997, S. 198 ff.

234 Vgl. zum Programmcontrolling beim WDR und beim SWR *M. Tebert*, MP 2000, S. 86; *M. Blumers*, MP 2000, S. 201-206; vgl. zum „Hessen Fernsehen" *J. Metzger/E. Oehmichen*, MP 2000, S. 207 ff., und zum so genannten Vier-Augen-Gespräch beim NDR *J. Lampe/P. Mewes*, MP 1998, S. 214 ff.; *J. Lampe*, Produktionssteuerung des NDR, in: *Kops* (Hrsg.) Produktionssteuerung, 2001, S. 31 ff.; *J. Kellermeier*: Steuerung, in: *Kops* (Hrsg.): Produktionssteuerung im öffentlich-rechtlichen Rundfunk, S. 77 ff.

235 Dies erzeugt auch in anderen Bereichen des Medienrechts Anpassungsbedarf, vgl. *W. Schulz/B. Korte*, KritV 2001, S. 113 ff. m.w.N.

236 *N. Luhmann*, Organisation und Entscheidung, S. 39 ff.

Bezieht man diese Überlegungen auf die hier beispielhaft betrachteten konkreten Dienstetypen (s. o. Kapitel 3.1.), so ergibt sich folgendes Bild:

Am stärksten ist die Ausrichtung an den genannten journalistischen Entscheidungskriterien, also bei Nachrichtenspartenkanälen (Fernsehen und Webcasting), Nachrichten-Push-Diensten, Spezialinfo-Push-Diensten, per E-Mail zugesandten Newslettern, Nachrichtensendungen zum Abruf, Einzelnachrichten als Video-Files und Online-Pressediensten. Bei redaktionell betreuten Suchmaschinen erfolgt die Auswahl zwar auch durch spezielle Redaktionen anhand bestimmter Kriterien, letztere unterscheiden sich jedoch zum Teil von den klassischen Nachrichtenfaktoren (so dürfte etwa räumliche Nähe keine große Rolle spielen).

Bei „*Non-fiction-special-interest*-Homepages" ist zu beachten, dass diese zum Teil auch eine Archivfunktion erfüllen, so dass hier eine Orientierung an den journalistischen Kriterien nicht im gleichen Maß erfolgt wie bei den zuvor genannten *Non-fiction*-Angeboten.

Bei Angeboten, die sowohl aus *Fiction*- als auch aus *Non-fiction-Teilen* bestehen, erfolgt diese unbedingte Ausrichtung an diesen Kriterien nur im *Non-fiction*-Bereich. Zu diesen Angeboten zählen TV- und Webcasting-Vollprogramme und Online-Zeitungen. Bei Vollprogrammen liegt der *Fiction*-Anteil derzeit bei etwa 40 %.[237]

Auch bei der Erstellung von Linksammlungen werden Entscheidungen zum großen Teil anhand der genannten Kriterien, wie Neuheit, Quantifizierung, räumliche Nähe, Tragweite und öffentliche Bedeutung getroffen, zum Teil enthalten diese Linksammlungen aber auch konstante Verweise auf andere Angebote, die dem Nutzer unabhängig etwa vom Neuheitswert den Zugriff auf diese Angebote erleichtern sollen. In diese Kategorie gehören Portale und Channels. Ein ähnliches Verhältnis von Orientierung an journalistischen Kriterien und der Ermöglichung konstanten Zugangs liegt bei EPGs vor.

Newsarchive werden zwar auch im Hinblick darauf erstellt, dass für bestimmte Nutzer die bereits verbreiteten Nachrichten noch Neuigkeitswert haben, daneben sollen sie aber auch die Funktion einer historischen Dokumentation erfüllen. Dasselbe trifft auf themenbezogene Datenbanken zu.

Bei *Fiction*-Angeboten (TV- und Webcasting-*Fiction*-Spartenkanäle) spielen journalistischen Kriterien – wie gezeigt – eine deutlich kleinere Rolle als bei *Non-fiction*-Angeboten. Um Missverständnissen vorzubeugen: Das führt nicht zu der Annahme einer insgesamt geringeren Bedeutung von *Fiction*-Angeboten für die öffentliche und individuelle Meinungsbildung. An späterer Stelle wird

---

237 Bei ARD und ZDF betrug der *Fiction*-Anteil 1999 31 bzw. 34 % und der Anteil der Werbung jeweils 1 %, bei RTL und SAT.1 betrug der *Fiction*-Anteil 1999 37 bzw. 41 % und der Anteil der Werbung 15 bzw. 16 %; *M. Gerhards/A. Grajczyk/W. Klingler*, MP 2000, S. 461.

etwa davon ausgegangen, dass diese in der Regel eine höhere Suggestivkraft besitzen als beispielsweise Nachrichten.

Im Rahmen von Special-interest-Homepages fällt die Ausrichtung des *Fiction*-Angebots an journalistischen Kriterien sogar noch geringer aus, weil hier die bereits angesprochene Archivfunktion dazukommt. Stellt man auf die Auswahl und Zusammenstellung der *Fiction*-Angebote und nicht auf deren Inhalt ab, so erfolgt das Angebot von einzelnen *Fiction*-Angeboten zum Abruf kaum noch anhand von journalistischen Kriterien. Dies gilt für das Angebot sowohl von Spielfilmen als auch von Musikstücken zum Einzelabruf. Bei Online-Spielen wird im Rahmen dieses Gutachtens auf die Erstellung und nicht nur auf das Angebot abgestellt. Aber auch bei der Erstellung von Online-Spielen sind publizistische Kriterien typischerweise nicht entscheidungsleitend.

Nachschlagewerke und elektronische Bibliotheken werden mit dem Ziel erstellt, möglichst vollständig zu sein, so dass die genannten Selektionskriterien keine besonders große Rolle spielen. Auch Bildungsangebote orientieren sich primär an nicht-publizistischen Kriterien.

Fast überhaupt nicht werden journalistische Kriterien bei reinen Suchmaschinen, dem Anbieten von Chat- und Newsgroup-Foren, Einkaufshomepages, Daten- und Auskunftsdiensten zur Grundlage der Publikationsentscheidung gemacht.

5.1.2.2 Medienbezogene Kriterien

Nicht nur die Kriterien, die den jeweiligen Publikationsentscheidungen zugrunde liegen, lassen auf eine publizistische Arbeitsweise schließen, auch Merkmale, die unmittelbar bei der Betrachtung des Angebots erkennbar sind, können als Indiz dafür gelten, dass die Kommunikation der Publizistik zuzurechnen ist. Hierzu gehören der Bezug des jeweiligen Kommunikats auf faktische Ereignisse, die thematische Breite des Angebots (Universalität), der offenkundige Zugriff auf mehrere Quellen, die aktuelle Veröffentlichung des jeweiligen Kommunikats, die Beschränkung des Angebots auf eine Auswahl des Anbieters (Selektivität) und das Verbreiten eigener Meinungen (Faktorfunktion).

5.1.2.2.1 Inhaltliche Ausrichtung am Maßstab der „Faktizität"

Als ein Merkmal publizistischer Kommunikation wird in der Literatur die inhaltliche Ausrichtung am Maßstab der Faktizität herausgestellt;[238] und auch die Ge-

[238] *A. Scholl*, Publizistik 1997, S. 474.

setzgebung enthält Hinweise auf eine besondere Bedeutung von Publikationen, die über reale Ereignisse berichten.[239]

Dies erscheint auch in Bezug auf die Bedeutung des jeweiligen Dienstes für die öffentliche Meinungsbildung einsichtig. Zwar umfasst diese auch kulturelle Aspekte und ist schon von daher nicht auf Fakten beschränkt, doch setzt der demokratische Willensbildungsprozess im besonderen Maße Informationen über tatsächliche Gegebenheiten voraus. Das bedeutet aber nicht, dass hiermit nur die Wiedergabe von Fakten gemeint ist. Publizistik heißt auch „Schreiben von Zeitgeschichte",[240] d. h. Massenmedien sind aktiv beteiligt an der Konstruktion gesellschaftlicher Realität, an der Produktion von „Fakten", auch indem sie deuten oder akzentuieren. So sind auch Stellungnahmen und Kritik elementare Bestandteile der öffentlichen Meinungsbildung; dem Merkmal der Faktizität genügen sie dann, wenn sie auf der Grundlage von Tatsacheninformationen oder mit Bezug auf reale Ereignisse erfolgen. Gemeint ist mit dem Kriterium ein Aufgreifen von in der Gesellschaft relevanten Themen. Das schließt wiederum *Fiction*-Angebote mit ein, die sich zumindest zu einem Teil auf Tatsächliches beziehen.[241] Laut Luhmann

> „... darf in der Unterhaltung, gerade wenn die Geschichte als fiktiv erzählt wird, nicht schlechthin alles fiktiv sein. Der Leser/Zuschauer muss in die Lage versetzt werden, sehr schnell ein zur Erzählung passendes, auf sie zugeschnittenes Gedächtnis zu bilden; und das kann er nur, wenn ihm in den Bildern oder Texten genügend ihm bekannte Details mitgeliefert werden."[242]

Während *Fiction-Angebote* selbst – und mittelbar auch ihre redaktionelle Programmierung – auch sich nur zu einem sehr geringen Teil auf faktische Ereignisse beziehen,[243] ist dieses Merkmal bei *Non-fiction*-Angeboten und im Besonderen bei Nachrichtenangeboten stark ausgeprägt.[244] Auch Linksammlungen (Portale, Channels), Suchkataloge und -maschinen, Archive (Newsarchive, themenbezogene Datenbanken), EPGs und Bibliotheken beziehen sich aus-

---

239 So wird z. B. staatliche Pressesubventionierung auf diejenigen periodisch erscheinenden Druckschriften beschränkt, die zu dem Zweck herausgegeben werden, „die Öffentlichkeit über Tagesereignisse, Zeit- oder Fachfragen zu unterrichten." Vgl. BVerfGE 80, 124, 125 f. Vgl. *W. Schulz/B. Korte*, KritV 2001, S. 113 ff.

240 *Vgl. S. Engels/W. Schulz*, AfP 1998, S. 579.

241 Vgl. aber BVerfGE 34, 269, 283; vgl. auch *W. Schulz/B. Korte*, KritV 2001, S. 113 ff.

242 *N. Luhmann*, Realität der Massenmedien, S. 99.

243 TV- und Webcasting-fiction-Spartenprogramme, *Fiction*-Angebote zum Abruf, Audio-on-Demand, Online-Spiele, fiction-special-interest-Homepages.

244 TV- und Webcasting-Nachrichten-Spartenprogramme, Nachrichten- und Spezialinfo-Push-Dienste, Newsletter per E-Mail, Nachrichtensendungen zum Abruf, Einzelnachrichten als Videofiles, Online-Pressedienste, non-fiction-special-interest-Homepages. Eine solche Faktenorientierung liegt auch bei Daten- und Auskunftdiensten, Bildungsangeboten und Nachschlagewerken vor.

schließlich auf Fakten, nämlich die tatsächlich vorhandenen Angebote, zu denen sie den Zugang vermitteln,[245] und Anbieter von Chats und Newsgroups eröffnen die Möglichkeit realer Kommunikation zwischen den Teilnehmern. Angebote, die sowohl aus *Fiction*- als auch aus *Non-fiction*-Teilen bestehen, weisen einen geringeren Faktenbezug auf (TV- und Webcasting-Vollprogramme, Online-Zeitungen).

5.1.2.2.2 Universalität

Auch das Merkmal der Universalität wurde in der Kommunikationswissenschaft als wichtiges Element der Publizistik herausgearbeitet.[246] Publizistische Angebote zeichnen sich dadurch aus, dass sie nicht von vornherein auf bestimmte Bereiche beschränkt, sondern grundsätzlich für alle Lebensbereiche offen sind.[247] In der Rundfunkgesetzgebung schlägt sich dieses Merkmal in der besonderen Bedeutung nieder, die so genannten Vollprogrammen beigemessen wird, in denen „Information, Bildung, Beratung und Unterhaltung einen wesentlichen Teil des Gesamtprogramms bilden" (§ 2 Abs. 2 Nr. 1 RStV). Zuzeiten des inzwischen durch das Zuschauermarktanteilsmodell abgelösten Beteiligungsmodells bei der Konzentrationskontrolle wurde die besondere Wirkung von Vollprogrammen für die öffentliche und individuelle Meinungsbildung dadurch herausgestellt, dass ein Veranstalter bundesweit im Hörfunk und im Fernsehen jeweils nur ein Vollprogramm verbreiten durfte (§ 21 RStV 1991).[248] Auch in der aktuellen Fassung gelten spezielle Regelungen für Vollprogramme, etwa zur inhaltlichen Vielfalt (§ 25 Abs. 1 RStV) und zur Einrichtung von Programmfenstern für Dritte (§ 25 Abs. 4 RStV; § 26 Abs. 5 RStV). Verbunden ist mit der Universalität eine potenziell hohe Breitenwirkung.[249]

Als Indiz für Universalität ist es zu werten, wenn ein Angebot, wie die angesprochenen Vollprogramme, Information, Unterhaltung und andere Bereiche abdeckt.

---

245 Einkaufs-Homepages beziehen sich auf tatsächlich vorhandene Produkte oder Dienstleistungen.

246 Vgl. schon *O. Groth*, Die unerkannte Kulturmacht, S. 102; ; vgl. hierzu auch *T. J. Gerpott/M. Schlegel*, M&K 2000, S. 335 ff.

247 Mit diesem Merkmal wird nur eine Vielfaltsdimension erfasst. Vergleiche zur Nutzung verschiedener Quellen den nächsten Punkt.

248 § 21 RStV 1991: „Ein Veranstalter darf in der Bundesrepublik Deutschland bundesweit im Hörfunk und im Fernsehen jeweils bis zu zwei Programme verbreiten, darunter jeweils nur ein Vollprogramm oder ein Spartenprogramm mit Schwerpunkt Information.". Desweiteren galten spezielle Beschränkungen für die Beteiligung an Fernsehvollprogrammen und Fernsehspartenprogrammen mit Schwerpunkt Information.

249 Daran sieht man, dass die Kriterien nicht streng unabhängig sind.

Während Angebote, die sowohl *Fiction*- als auch *Non-fiction*-Anteile aufweisen, sich demnach durch Universalität auszeichnen,[250] ist dieses Kriterium bei reinen Fiction- oder Non-fiction-Angeboten weniger stark ausgeprägt. Da in Nachrichtenangeboten[251] politische Informationen vermittelt werden, aber auch über unterhaltende Themen und Sport berichtet wird, sind sie thematisch breiter als *Fiction*-Angebote.[252]

Archive, Linksammlungen und Suchmaschinen zeichnen sich durch Universalität aus (Newsarchive, Portale, Suchkataloge und -maschinen), sofern sie nicht thematisch eingeschränkt sind (Channels, themenbezogene Datenbanken).[253] Während Chats zumeist für alle Bereiche offen sind, beziehen sich Newsgroups auf ganz bestimmte Themen. EPGs beziehen sich lediglich auf die angebotenen Fernsehprogramme; Daten- und Auskunftsdienste sind im Wesentlichen auf einen Gegenstand beschränkt.

5.1.2.2.3 Multiple Informationsquellen

Anerkanntes Merkmal journalistischen Arbeitens ist die Verarbeitung multipler Informationsquellen.[254] Neben der erhöhten Wahrscheinlichkeit für die Glaubwürdigkeit der publizistischen Kommunikation korrespondiert dieses Merkmal mit den verfassungsrechtlichen Vorgaben der Meinungsvielfalt und kommunikativen Chancengleichheit. So beinhaltet die Unterrichtung aus multiplen Quellen neben gründlicher Recherche und der kritischen Würdigung von Vorlagen, wie etwa Pressemitteilungen, auch die Berücksichtigung unterschiedlicher Ansichten bei der Erstellung des Programms.[255]

Das Bundesverfassungsgericht hat beispielsweise bei seiner Beschreibung der Funktion der Presse darauf hingewiesen, dass diese „die in der Gesellschaft und ihren Gruppen unaufhörlich sich neu bildenden Meinungen und Forderungen“ kritisch zusammenfasst.[256]

---

[250] TV- und Webcasting-Vollprogramme, Online-Zeitungen. Gleiches gilt auch für Bibliotheken und Nachschlagewerke.

[251] TV- und Webcasting-Nachrichten-Spartenprogramme, Nachrichten-Push-Dienste, Newsletter per E-Mail, Nachrichtensendungen zum Abruf, Einzelnachrichten als Videofiles, Online-Pressedienste.

[252] TV- und Webcasting-fiction-Spartenprogramme, Fiction-Angebote zum Abruf, Audio-on-Demand, Online-Spiele.

[253] Thematisch eingeschränkt sind auch non-fiction-special-interest-Homepages, fiction-special-interest-Homepages, Spezialinfo-Push-Dienste, Online-Bildungsangebote und Einkaufshomepages.

[254] Vgl. etwa *A. Scholl*, Publizistik 1997, S. 473 ff.; *K. D. Altmeppen/P. Donges/K. Engels*, Tranformationen im Journalismus, S. 32 ff.

[255] Vgl. *W. Schulz/B. Korte*, KritV 2001, S. 113 ff.

[256] BVerfGE 20, 162, 174.

Auch im Rundfunkstaatsvertrag kommt dieses Element zur Geltung, wenn es in § 10 Abs. 1 S. 1-3 RStV heißt:

„Berichterstattung und Informationssendungen haben den anerkannten journalistischen Grundsätzen, auch beim Einsatz virtueller Elemente, zu entsprechen. Sie müssen unabhängig und sachlich sein. Nachrichten sind vor ihrer Verbreitung mit der nach den Umständen gebotenen Sorgfalt auf Wahrheit und Herkunft zu prüfen."

Da an dieser Stelle Kriterien beleuchtet werden, die das Angebot auszeichnen, soll hier nur darauf abgestellt werden, ob nach außen erkennbar ist, dass sich das Angebote auf mehrere Quellen bezieht.

Das Merkmal der Verarbeitung multipler Informationsquellen wird dann nicht erfüllt, wenn nur die Sichtweise einer einzelnen Person, Personengruppe oder Institution wiedergegeben wird.[257] Dies gilt insbesondere für Werbung und PR, aber auch für Veröffentlichungen von Laienjournalismus, bei dem primär die eigene Meinung dargestellt wird.[258]

Dementsprechend ist dieses Kriterium vor allem bei Nachrichtenangeboten erfüllt,[259] während bei *Fiction*-Angeboten[260] nur wenige Quellen genutzt werden. Dazwischen liegen Angebote, die aus *Fiction*- und *Non-fiction*-Teilen bestehen.[261]

Newsarchive speisen sich nur aus erschienenen Zeitungsartikeln.[262] Portale und Channels verweisen zumeist nur auf ein bestimmtes Kontingent von Online-Angeboten,[263] während Suchmaschinen und -kataloge weite Teile des Internet einbeziehen. Bei Chats und Newsgroups werden nur die Äußerungen der Teilnehmer ungeprüft wiedergegeben, bei geschlossenen Chats und Newsgroups ist zudem die Anzahl der Teilnehmer stark limitiert. EPGs beziehen die verarbeiteten Informationen zumeist nur aus den TV-Programmen, über die berichtet wird.

---

257 Vgl. *H. D. Jarass*, Online- Dienste, S. 201, 202. Vgl. auch z.B. § 3 HambPresseG.

258 Vgl. *A. Scholl*, Publizistik 1997, S. 474.

259 TV- und Webcasting-Nachrichten-Spartenprogramme, Nachrichten- und Spezialinfo-Pushdienste, Newsletter, Nachrichtensendungen zum Abruf, Einzelnachrichten als Videofiles, non-fiction-special-interest-Homepages. Gleiches gilt für Online-Bibliotheken. Etwas weniger ausgeprägt ist dieses Merkmal bei Pressedienste, weil bei Nachrichtenangeboten zusätzlich zu den Quellen, die Pressedienste nutzen, auch noch die Pressedienste selbst genutzt werden.

260 TV- und Webcasting-fiction-Spartenprogramme, *Fiction*–Programme zum Abruf, Audio on Demand, Online-Spiele, fiction-special-interest-Homepages.

261 TV- und Webcasting-Vollprogramme, Online-Zeitungen.

262 Gleiches gilt für themenbezogene Datenbanken.

263 Auf ein begrenztes Spektrum von Quellen wird auch bei Bildungsangeboten und Nachschlagewerken zurückgegriffen.

Einkaufs-Homepages enthalten nur die Angaben des Unternehmens. Auch Daten- und Auskunftsdienste beziehen sich nur auf eine Quelle.

5.1.2.2.4 Aktualität

Die besondere Bedeutung der Aktualität für die öffentliche und individuelle Meinungsbildung wurde bereits angesprochen. Es handelt sich hierbei um eines der drei Elemente, mit denen das Bundesverfassungsgericht die Besonderheiten des Rundfunks herausstellt (Breitenwirkung, Aktualität, Suggestivkraft).[264] Auch in der Kommunikationswissenschaft wird Aktualität als konstitutives Element publizistischer Publikationen benannt.[265] Während dieses Merkmal im Rahmen der journalistischen Entscheidungskriterien das Aufgreifen gegenwärtiger Ereignisse beinhaltet,[266] geht es an dieser Stelle um die zeitnahe Vermittlung.

Wenn das Bundesverfassungsgericht in Bezug auf die Funktion der Presse die Vermittlung der „in der Gesellschaft und ihren Gruppen unaufhörlich sich neu bildenden Meinungen und Forderungen" anspricht,[267] klingt auch hier der Aktualitätsbezug an. Verbunden ist mit diesem Merkmal, dass der Kommunikationsprozess beständig fortgesetzt werden muss, um dem Aktualitätsanspruch gerecht zu werden. Eine einmalige Kommunikation verliert schnell ihre Aktualität, sodass der Anschluss weiterer Kommunikation erforderlich ist. Dieser Prozess wird in der Kommunikationswissenschaft zumeist mit dem Kriterium der Periodizität[268] gleichgesetzt.[269] Dies ist aber nicht zwingend, da der Aktualitätsanspruch gerade nicht bestimmte Publikationszyklen, sondern eine dem Verlauf der Ereignisse und des Nachfrageinteresses entsprechende Kommunikation voraussetzt. Damit verliert das Merkmal der Periodizität des Dienstes, das auch in der

---

264 BVerfGE 90, 60, 87.

265 Vgl. etwa *S. Weischenberg*, Journalistik, Band 1: Mediensysteme, S. 41 ff.; *A. Scholl*, Publizistik 1997, S. 468, 475; *N. Luhmann*, Realität der Massenmedien, S. 68 f.; vgl. hierzu auch *W. Schulz/B. Korte*, KritV 2001, S. 113 ff.

266 Vgl. *T. J. Gerpott/M. Schlegel*, M&K 2000, S. 335 ff.

267 BVerfGE 20, 162, 175.

268 Die Legaldefinition für periodische Druckwerke in den Landespressegesetzen lautet, dies seien solche Druckwerke, die „in ständiger, wenn auch unregelmäßiger Folge und im Abstand von nicht mehr als sechs Monaten" erscheinen (so z. B. § 7 Abs. 4 HambPresseG).

269 Vgl. *O. Groth*, Die unerkannte Kulturmacht S. 119: „Die Bedeutung der Periodizität liegt prinzipiell darin, dass ohne sie die Idee der Zeitung, universell und aktuell zu sein, überhaupt unausführbar wäre"; Scholl bezeichnet die periodische Erscheinungsweise als Ausdruck des „institutionalisierten Aktualitätsbezuges" eines Mediums, *A. Scholl*, Publizistik 1997, S. 475.

juristischen Literatur hervorgehoben wird,[270] an Bedeutung für die öffentliche und individuelle Meinungsbildung, behält aber Indizcharakter.[271]

Dies bedeutet, dass Angebote, die – wie im Internet – quasi jederzeit erneuert werden können (was zum Teil auch geschieht),[272] das Merkmal der Aktualität am besten erfüllen, während bei festgelegten Sendeschemata oder Erscheinungszeitpunkten von Zeitungen mehr Zeit zwischen dem jeweiligen Ereignis und der Veröffentlichung vergeht.

Anbieter von *Fiction*-Diensten[273] greifen auf Spielfilme, Musikstücke etc. zurück, deren Produktionszeit deutlich länger ist und bei denen mehr Zeit zwischen Erstellung und Veröffentlichung vergeht als etwa bei Nachrichtenangeboten.[274] Angebote, die sowohl aus Fiction- als auch aus Non-Fiction-Teilen bestehen, liegen dementsprechend dazwischen.[275]

Eine extrem hohe Aktualität weisen Chats auf, da in ihnen Echtzeitkommunikation stattfindet, bei dem hier zugrunde gelegten Typ der Newsgroup werden

---

270 Vgl. *Seldelmeier*, in: *Löffler*, Presserecht, § 7 LPG, Rn. 65 ff.; *Löffler/Ricker*, Handbuch des Presserechts, 13. Kap., Rn. 15 f.; zur Rechtsprechung vgl. etwa LG Düsseldorf, AfP 1998, 420.

271 Vgl. hierzu *W. Schulz/B. Korte*, KritV 2001, S. 128 f.: Das Merkmal der Periodizität „verweist [...] auf Vorstellungen, die bei der Reflexion über die Entstehung der bürgerlichen Presse im letzten Jahrhundert deutlich werden: Die Gesellschaft wurde so komplex, dass ihre Selbstbeobachtung nicht mehr darin bestehen konnte, den Wissensbestand immer mehr zu vergrößern. In der Flut der Informationen bedurfte es vielmehr neuer (Zeit-)Strukturen. Eine solche Strukturierungsfunktion erfüllte die periodisch erscheinende Presse. [...] Die Umstellung der Informationsverarbeitung in der entstehenden Informations- und Wissensgesellschaft hat den Selbstbeobachtungsprozess der Gesellschaft jedoch erneut verändert. Informationen werden heute in Netzwerken prozessiert, die zwar mit periodischen Aktualisierungen arbeiten können, die aber auch vor-mediale Formen der Wissensakkumulation kennen und post-mediale Abbildungen von Wissen in Netzstrukturen hervorbringen." In diesem Sinne auch (in Bezug auf das journalistische Zeugnisverweigerungsrecht) *A. Pauli*, Schutz von Presse und Rundfunk, S. 120, und *Achenbach*, in: Löffler, Presserecht, § 23, Rn. 41.

272 U. a. dieser Umstand führt dazu, dass in Bezug auf das Internet das Verständnis des Merkmals der Periodizität, wie es etwa § 10 MdStV vorsieht, erheblich erschwert wird; vgl. auch *Th. Vesting*, § 10 MDStV, Rz. 20f.

273 TV- und Webcasting-fiction-Spartenprogramme, Fiction-Programme zum Abruf, Audio-on-Demand, Online-Spiele, fiction-special-interest-Homepages.

274 TV- und Webcasting-Nachrichten-Spartenprogramme, Nachrichten- und Spezialinfo-Pushdienste, Einzelnachrichten als Videofiles, Pressedienste, non-fiction-special-interest-Homepages. Bei Newslettern und Nachrichtensendungen zum Abruf werden die Nachrichten erst zu einem Dokument bzw. einer Sendung zusammengestellt und dann versandt. Eine hohe Aktualität weisen Daten- und Auskunftsdienste auf.

275 TV- und Webcasting-Vollprogramme, Online-Zeitungen. Neuberger weist darauf hin, dass eine kontinuierliche Aktualisierung bei den Angeboten von Tageszeitungen im Netz noch nicht die Regel ist, *C. Neuberger*, Nachrichten-Recycling, in: *C. Neuberger/J. Tonnemacher*, Zukunft der Zeitung, S. 252 ff.

die Artikel erst an den Anbieter gesendet, der sie dann auf seiner Homepage veröffentlicht.

Bei Portalen und Channels kann sofort auf aktuelle Ereignisse reagiert werden, bei den konstanten Verweisen, die eine Linksammlung in der Regel auch enthält, spielt jedoch Aktualität keine entscheidende Rolle.[276] In Suchmaschinen und Suchkatalogen erscheinen neue Angebote mit etwas Verzögerung, da diese Angebote erst gesichtet bzw. vom Anbieter bzw. einem Nutzer angemeldet werden müssen.[277]

Noch weniger aktuell sind Newsarchive, in die die Zeitungsartikel erst mit Time Lack eingestellt werden.[278]

5.1.2.2.5 Selektivität

Angesichts der Vielzahl möglicher Themen, Inhalte, Meinungen usw. besteht eine Hauptleistung publizistischer Kommunikation darin, dass sie selektiert, gefiltert, gewichtet, sortiert und aufbereitet werden und somit dem Rezipienten ein strukturierter Ausschnitt geboten wird.[279] Publizistische Kommunikation übermittelt nicht nur, sie vermittelt. Hierfür hat das publizistische System Strukturen zur Komplexitätsreduzierung herausgebildet;[280] insbesondere die Verwendung fester Muster und Schablonen der Präsentation führt dazu, dass der Rezipient die Information, das bisher Unveröffentlichte besser verarbeiten kann.[281] Da es dem Nutzer unmöglich ist, sich angesichts der Flut möglicher Themen und Meinungen ohne Vermittler ein möglichst umfassendes Bild zu machen, ist diese Selektionsleistung ein unverzichtbares Element öffentlicher und individueller Meinungsbildung. Gleichzeitig ist damit aber auch die Gefahr einseitiger Beeinflussung der Meinungsbildung verbunden. Ob die Darstellung verschiedener Meinungen und Themen ihrem „tatsächlichen" Gewicht entspricht, kann außerhalb des Systems der Publizistik kaum festgelegt werden.

Im Internet treten nun neuartige Vermittler auf, deren Selektionsleistungen geringer ausfallen als bei der publizistischen Kommunikation; das Internet verlagert Selektionsleistungen auf die Nutzer (zurück). Suchmaschinen basieren auf dem Prinzip, dass der Nutzer die Selektion mit Hilfe der von ihm vorgenommenen Suchbegriffe weitgehend selbst vornimmt. Daneben existieren aber auch Link-Sammlungen, die das Ergebnis einer Auswahl des Anbieters darstellen und

---

276 Ähnliches gilt für EPGs.

277 Ähnliches gilt für elektronische Bibliotheken, Online-Bildungsangebote und Online-Nachschlagewerke.

278 So auch bei themenbezogenen Datenbanken.

279 *B. Blöbaum*, Journalismus als soziales System, S. 267.

280 Vgl. *F. Marcinkowski*, Publizistik als autopoietisches System, S. 116.

281 Vgl. *N. Luhmann*, Realität der Massenmedien, S. 71.

diverse Zwischenformen, etwa redaktionell betreute Suchkataloge. Je größer die anbieterseitige Vorstrukturierung ist, desto größer ist die Bedeutung der Vermittlungsleistung für die Meinungsbildung des Rezipienten (und damit das Risiko eines Missbrauchs).

Da hier Dienstetypen betrachtet werden, kann auch die Beurteilung in diesem Punkt nur eher grob ausfallen. Entscheidend ist hier, ob überhaupt eine Selektion vorgenommen wird und wenn ja, ob diese eher stark oder eher schwach ausfällt (das „Wie" der Selektion hängt von den oben genannten journalistischen Entscheidungskriterien ab).

Einen hohen Selektionsgrad weisen alle Angebote auf, die speziell zusammengestellt wurden. Hierzu zählen TV- und Webcastingprogramme, Newsarchive, Portale, Nachrichten- und Spezialinfo-Push-Dienste, Channels, Newsletter, Nachrichtensendungen zum Abruf, Einzelnachrichten als Videofiles, Online-Pressedienste, Online-Zeitungen und *special-interest-Homepages*.[282]

Bei redaktionell bearbeiteten Suchmaschinen erfolgt zwar eine Auswahl, Ziel bleibt es aber, auf möglichst zahlreiche Angebote zu verweisen.

Angebote, bei denen aus einem großen Kontingent Filme, Musikstücke etc. ausgewählt werden können, zeichnen sich durch eine sehr geringe Selektion durch den Anbieter aus.[283]

So gut wie keine Selektion durch den Anbieter erfolgt bei reinen Suchmaschinen (rechtswidrige Angebote werden aber bei Kenntniserlangung i. d. R. ausgesondert), Chats (bei geschlossenen Chats erfolgt jedoch eine Auswahl der Teilnehmer), Newsgroups, EPGs, Daten- und Auskunftsdiensten.

Bei Einkaufs-Homepages geht es um die Darstellung der eigenen Meinung oder des eigenen Unternehmens bzw. Produkts, so dass in diesen Fällen auch nicht von einer Selektionsleistung gesprochen werden kann. Auch bei Online-Spielen ist i. d. R. der Schwerpunkt nicht die selektive Übernahme von Kommunikationsinhalten, vielmehr werden hier Handlung und Charaktere selbst kreiert.

5.1.2.2.6 Eigene Bewertung

Das Bundesverfassungsgericht betont beständig, dass Rundfunk zugleich Medium und Faktor der Meinungsbildung ist.[284] Klassischer Rundfunk erbringt keine reine Vermittlungsleistung, sondern bietet zugleich auch Einordnung und Bewertung der vermittelten Informationen an:

---

[282] Etwas geringer fällt die Selektionsleistung bei Online-Bildungsangeboten und themenbezogenen Datenbanken aus.

[283] Ähnliches gilt für Online-Bibliotheken und Online-Nachschlagewerke.

[284] BVerfGE 12, 205, 260; 60, 53, 64; 73, 118, 152; 74, 297, 323 f.; 83, 238, 296; 90, 60, 87.

„Ein erheblicher Teil des Materials für Presse, Hörfunk und Fernsehen kommt dadurch zustande, dass die Medien sich selbst spiegeln und das wiederum als Ereignis behandeln."[285]

Allein in der Auswahl und Art der Darstellung steckt bereits eine eigene Wertung, zum Teil wird diese aber noch expliziert, etwa in Kommentaren. Indem die klassischen Medien für den Rezipienten nicht nur eine Vermittlungsleistung übernehmen, sondern zugleich eigene Wertungen anbieten, verstärken sie ihre Orientierungsfunktion, aber auch die Gefahr einseitiger Beeinflussung. Vermittler, die sich einer eigenen expliziten Bewertung enthalten, wie etwa Suchmaschinen im Internet oder die Anbieter von Pressediensten, haben in Bezug auf diesen Aspekt eine geringere Bedeutung für die öffentliche und individuelle Meinungsbildung als etwa klassische Rundfunkveranstalter oder Anbieter von Tageszeitungen.

Auch hier ist zwischen *Fiction-* und *Non-fiction*-Angeboten zu unterscheiden, da erstere[286] in der Regel einen höheren Anteil an expliziter Meinungsäußerung des Anbieters aufweisen als zweitere.[287] Dazwischen liegen wiederum Angebote, die sowohl *Fiction-* als auch *Non-fiction*-Teile enthalten.[288]

Bei Newsarchiven, Portalen, Channels, redaktionellen Suchkatalogen und themenbezogenen Datenbanken wird die Meinung des Anbieters nur durch die Auswahl erkennbar. EPGs enthalten über die Vermittlung des Zugangs hinaus zumeist noch eigene Bewertungen der TV-Programme.

Findet nicht einmal eine Auswahl statt – wie bei reinen Suchmaschinen, Chats, Newsgroups –, fehlt dieses Kriterium völlig.[289] Zu vernachlässigen ist dieses Kriterium auch bei Daten- und Auskunftsdiensten.

Den höchsten Anteil an eigener Stellungnahme enthalten – hier nicht in die Untersuchung einbezogene – private Homepages. Bei Einkaufshomepages wird dies etwas abgeschwächt, da es hier zu einem gewissen Teil auch um die Vermittlung von Fakten geht (wobei natürlich bei der Auswahl und Darstellung der Fakten wieder implizit auch die jeweilige Meinung deutlich wird).

---

285 *N. Luhmann*, Realität der Massenmedien, S. 69.

286 TV- und Webcasting-Nachrichten-Spartenprogramme, Nachrichten- und Specialinfo-Pushdienste, Newsletter per E-Mail, Nachrichtensendungen zum Abruf, Einzelnachrichten als Videofiles, Online-Pressedienste, non-fiction special-interest-Homepages.

287 TV- und Webcasting-fiction-Spartenprogramme, Fiction-Programme zum Abruf, Audio-on-demand, Online-Spiele, fiction special-interest-Homepages.

288 TV- und Webcasting-Vollprogramme, Online-Zeitungen.

289 Dies gilt auch für Online-Bibliotheken. Bei Nachschlagewerken und Online-Bildungsangeboten findet noch eine gewisse Auswahl statt.

5.1.3 Suggestivkraft

Suggestivkraft ist wiederum eines der vom Bundesverfassungsgericht herausgestellten Kriterien, mit denen es die besondere Ausgestaltungsrelevanz des Rundfunks begründet.[290] In unserer Lesart hat sie sowohl Einfluss auf die Bedeutung des Dienstes als auch auf mögliche Defizite marktmäßiger Erbringung (s. u., Kapitel 6.2.). Stützen kann sich diese Einschätzung auf sozialwissenschaftliche Erkenntnisse, wonach die kontinuierliche Abfolge von unterschiedlichen Themen, Situationen, Szenen, Einstellungen usw., die für Hörfunk- und Fernsehangebote charakteristisch ist, den Rezipienten „mitreißt“[291] und dieser daher die dargebotenen Informationen nur oberflächlich verarbeiten kann.[292] Insbesondere mit Tönen versehene Bewegtbildübertragungen haben eine unmittelbar gefühlsmäßige Wirkungsqualität.[293] Diese Erkenntnisse führen zu der Prämisse, dass reine Textdarstellungen geringere Suggestivkraft haben als bewegte Bilder, und dass unbewegte Bilder sowie reine Tonübertragungen „irgendwo dazwischen“ liegen.[294] Aber auch innerhalb der jeweiligen Darstellungsformen sind Abstufungen denkbar. Insbesondere Angebote, die darauf angelegt sind, den Nutzer mitzureißen, und bei denen die Nutzer auch bereit sind, sich darauf einzulassen, etwa zur Entspannung oder zur Stimulierung von Gefühlen, werden eine erhöhte Suggestivkraft aufweisen im Vergleich zu Angeboten, bei denen die Vermittlung von Fakten und Meinungen im Vordergrund steht und der Nutzer kritisch distanziert das Angebot verfolgt. Diese beiden beschriebenen Beispiele werden kaum in Reinform vorkommen, insbesondere sind fließende Übergänge denkbar und bereits – Stichwort: Infotainment – zu beobachten. Dennoch soll hier als Prämisse davon ausgegangen werden, dass *Fiction*-Angebote eine höhere Suggestivwirkung besitzen als etwa Nachrichten.

Auch an dieser Stelle sei noch einmal darauf hingewiesen, dass hier nur ein isoliertes Merkmal betrachtet wird, das für sich alleine genommen noch nichts

---

290 Vgl. BVerfGE 90, 60, 87 sowie DLM, Strukturpapier zur Unterscheidung von Rundfunk und Mediendiensten, Zweite Fassung vom Dezember 1998; abrufbar unter http://www.alm.de/aktuelles/presse/struktur2. htm, in dem auf das Merkmal der Suggestivkraft ebenfalls abgestellt wird, um Mediendienste vom Rundfunkbegriff abzugrenzen.

291 *H. Sturm*, Die inneren Aktivitäten, S. 90 f., zusammenfassend: *H.-B. Brosius*, Visualisierung von Fernsehnachrichten, S. 213 ff.; vgl. hierzu auch *W. Schulz*, ZUM 1996, S. 492. Abgesehen davon, dass der Rezipient „mitgerissen“ wird und länger bei einem Angebot verweilt, als er eigentlich vorhatte, bleiben Bilder stärker im Kopf als reine Textmeldungen.

292 *F. Weidenmann*, Aufwand, in: *J. Groebel/P. Winterhoff-Spurk (Hrsg.),* Empirische Medienpsychologie, S. 134 ff.

293 *F. Krotz* hat hierfür den Begriff „Fernsehen fühlen“ geprägt, vgl. *F. Krotz*, RuF 1993, S. 477 ff.

294 Vgl. etwa *L. Mikos*, Der bewegte Blick, Medien praktisch 1994, Heft 3, S. 17 ff.; *A .Vlasic/W. Schweiger*, Bilder im World Wide Web, in: *E. Prommer/G. Vowe (Hrsg.)*, Computervermittlete Kommunikation, S. 39 ff.

über die Bedeutsamkeit eines Angebots insgesamt aussagt. So wird etwa im Bereich des Jugendschutzes davon ausgegangen, dass Jugendliche Darstellungen realer Gewalt – etwa in Nachrichten – schlechter verarbeiten können als fiktive Gewalt.[295] Hier wirkt sich offenbar das Merkmal der Faktizität stärker aus. Jugendliche müssen sich damit auseinander setzen, dass bestimmte Dinge wirklich passiert sind. Über die Suggestivkraft des Angebots sagt dies nichts aus.

Da die Suggestivkraft nach dem Gesagten davon abhängt, wie weit sich der Nutzer darauf einlässt, mitgerissen zu werden – bzw. ob das Angebot hierauf ausgerichtet ist –, kann eine erhöhte Interaktivität die Suggestivkraft sogar noch erhöhen. Aus diesem Grunde wird hier davon ausgegangen, dass Computerspiele mit bewegten Bildern und Ton derzeit die stärkste Suggestivkraft aufweisen.

Eine etwas geringere, aber gleichwohl hohe Suggestivkraft haben Bewegtbild-Ton-Kombinationen ohne die Interaktionsmöglichkeiten eines Online-Spiels, wobei – wie gezeigt – die Suggestivkraft bei *Fiction*-Angeboten[296] höher ist als bei *Non-fiction*-Angeboten.[297] Im Vergleich dazu wirken reine Textangebote[298] bzw. Kombinationen von Text und unbewegten Bildern[299] deutlich weniger suggestiv. Dazwischen liegen Audio-Angebote (etwa Audio-on-demand) sowie Kombinationen aus Text, unbewegten Bildern und multimedialen Elementen.[300]

5.1.4 Fehlende Interaktivität[301]

In den Anfängen sozialwissenschaftlicher und juristischer Beschäftigung mit dem Internet wurde oftmals recht pauschal die Interaktivität dieses Mediums betont. Der Nutzer könne frei und ohne Restriktionen sein Informationsangebot selbst zusammenstellen, werde so zu seinem eigenen Programmchef. Der ein-

---

295 Vgl. *H. Theunert/B. Schorb*, „Mordsbilder“, insbesondere S. 142 ff.

296 TV- und Webcasting-fiction-Spartenprogramme, Fiction-Programme zum Abruf.

297 TV- und Webcasting-non-fiction-Spartenprogramme, Nachrichtensendungen zum Abruf, Einzelnachrichten als Videofiles.

298 Chats, Newsgroups, Daten- und Auskunftsdienste.

299 Newsarchive, Portale, Channels, Suchkataloge und Suchmaschinen, Newsletter per E-Mail, EPGs, themenbezogene Datenbanken, Online-Zeitungen, Special-interest-Homepages, Nachschlagewerke. Bei Nachrichten- und Spezialinfo-Push-Diensten ist die Suggestivkraft etwas höher, da diese unvermittelt auf dem Bildschirm des Nutzers erscheinen und dieser dadurch im besonderen Maße zum Lesen bzw. Ansehen der Informationen motiviert wird.

300 Online-Zeitungen mit multimedialen Einheiten, Special-interest-Homepages mit multimedialen Einheiten.

301 *T. Eibl*, Medien + Erziehung 1999, Nr 5, S. 295 ff.; *H.J. Kleinsteuber/M. Hagen*, Interaktivität; *T. Steinmaurer*, Interaktivität, Medien Journal 1998, Nr. 4, S. 29-40; *L. Görtz*, RuF 1995, S. 477 ff.

seitigen Beeinflussung des Nutzers durch den Anbieter, wie sie für Presse und klassischen Rundfunk typisch ist, wurde das Bild einer aktiven Rolle des Rezipienten entgegengesetzt.[302] Mittlerweile wird dies differenzierter betrachtet.[303] Dass ein bestimmter Inhalt abgerufen statt aus einem laufenden Programm ausgewählt wird, führt – abgesehen von der Möglichkeit der Wahl des Rezeptionszeitpunktes – noch nicht zu einem erheblichen Autonomiegewinn beim Nutzer. In den Sozialwissenschaften wird darauf hingewiesen, dass die Modifikation von vorgegebenen Abläufen noch kein interaktiver Vorgang ist. Nimmt der Rezipient durch seine Auswahl etwas in Anspruch, was schon vorhanden ist, kommt es lediglich zu einer unterschiedlichen Zusammenfügung von Informations-Bausteinen.[304] Wenn also Interaktivität als Grad der Beeinflussung der Modalitäten der Kommunikation durch den Rezipienten[305] verstanden wird, liegt bei einem Abrufdienst ein nur geringfügig höherer Interaktivitätsgrad vor als bei einem klassischen Verteildienst. Geht man davon aus, dass die Freiheit der öffentlichen und individuellen Meinungsbildung eines besonderen Schutzes bedarf, wenn der Kommunikator strukturell bedingt die Kommunikationsmodalitäten einseitig festlegt und dadurch eine Machtstellung erhält, so ist fehlende Interaktivität ein Indikator für die Bedeutsamkeit des jeweiligen Dienstes im Hinblick auf die Ziele aus Art. 5 Abs. 1 GG.

Nur wenn der Nutzer die Bedingungen der Kommunikation (wenigstens zum Teil) aushandeln kann, kann von einem wirklich interaktiven Angebot gesprochen werden.

Ein hoher Interaktivitätsgrad führt aber nicht per se zu einer insgesamt geringeren Beeinflussung der Rezipienten. Es trifft zwar zu, dass im Internet die Aufteilung Veranstalter-Rezipient als Beschreibung nicht mehr taugt. Vielmehr werden alle gewissermaßen zu (aktiven) Teilnehmern. Es bilden sich aber neue Kommunikationsrollen heraus, es entwickeln sich so genannte „gestaltende Teilnehmer“, die die Interaktion der anderen Teilnehmer steuern.[306] Derartige

---

302 *M. Bullinger/E. J. Mestmäcker*, Multimediadienste, S. 23 ff.

303 Unklar ist die zukünftige Verbreitung interaktiver Angebote. Während das Fraunhofer Institut 1998 bei einer Expertenbefragung zu dem Ergebnis kommt, dass interaktive Gameshows bereits 2007 und interaktive Filmangebote 2012 weit verbreitet sein werden, vgl. *Fraunhofer Institut für Systemtechnik und Innovationsforschung*, Mediennutzung der Zukunft im privaten Sektor, 1998, S. 59, stimmten bei einer 1998 durchgeführten internationalen Delphi-Befragung über vier Fünftel der Einschätzung zu, dass auch 2010 interaktive Eingriffe der Zuschauer in die Dramaturgie fiktionaler Unterhaltung oder die unmittelbare Beteiligung an interaktiven Gameshows eine „seltene Ausnahme“ bleiben werden, *K. Beck/P. Glotz/G. Vogelgesang*: Die Zukunft des Internet, S. 79 f.

304 Vgl. *M. Jäckel*, RuF 1995, S. 472.

305 *W. Schulz*, ZUM 1996, S. 492.

306 Vgl. etwa *L. Görtz*, RuF 1995, S. 477 ff.

gestaltende Teilnehmer erhalten Einflusspotenzial gerade dadurch, dass Interaktion zwischen Teilnehmern bei diesen Angeboten möglich wird. An dieser Stelle entwickelt sich in der Tat eine kategorial neue Rolle, die durchaus Einfluss auf die kommunikative Chancengleichheit und damit auf Art. 5 Abs. 1 GG hat, von der Funktion und dadurch ableitbaren Bedeutung eines Veranstalters aber qualitativ zu unterscheiden ist. Werden die Regeln und Rahmenbedingungen der Kommunikation vom Anbieter vorgegeben, kann die Möglichkeit des Nutzers, innerhalb dieses Rahmens die Kommunikation mitzusteuern, sogar dazu führen, dass dieser noch stärker „mitgerissen" wird als bei einem klassischen Rundfunkprogramm. Ein solches Angebot weist zwar einen etwas höheren Grad an Interaktivität auf, aber auch eine stärkere Suggestivkraft. Ein Beispiel hierfür sind Online-Spiele (s. o.).

Kaum Interaktionsmöglichkeiten hat der Nutzer bei einem planhaft ablaufenden Gesamtprogramm.[307] Hier besteht nur die Möglichkeit, ein- oder aus- (bzw. um-)zu schalten. Auch der Ablauf von Online-Spielen wird weitgehend vom Anbieter geplant, der Nutzer kann diesen Ablauf aber durch eigene Entscheidungen und Handlungen mitsteuern. Etwas höher ist der Interaktivitätsgrad bei zum Abruf angebotenen Einzelangeboten, die zu einem beliebigen Zeitpunkt und in beliebiger Reihenfolge genutzt werden können.[308] Kann der Rezipient in einem sehr großen Gesamtangebot gezielt nach Informationen suchen, so schwindet der Einfluss der Anbieters auch in Bezug darauf, *was* genutzt wird.[309] Ein sehr hoher Interaktivitätsgrad liegt bei Suchkatalogen bzw. Suchmaschinen vor, weil hier dem Nutzer nahezu das gesamte Internet als Datenbank zur Verfügung steht und er durch die Vorgabe der Suchbegriffe bestimmen kann, auf welche Inhalte er geleitet wird.[310] Bei Chats und Newsgroups nimmt der Nutzer selbst Einfluss auf den konkreten Inhalt der Kommunikation.

5.1.5 Durch andere Dienste vermittelte Wirkung

Wie bereits mehrfach betont, kann auch an die Allgemeinheit gerichtete Kommunikation jenseits der Publizistik von großer Bedeutung für die freie öffentli-

---

307 TV- und Webcasting-Programme, Nachrichten- und Specialinfo-Push-Dienste werden dem Nutzer automatisch auf den Bildschirm übermittelt, so dass auch hier von einem sehr niedrigen Interaktivitätsgrad auszugehen ist.

308 Portale, Channels, Nachrichtensendungen zum Abruf, Online-Zeitungen, special-interest-Homepages, Online-Bibliotheken, Online-Pressedienste, Datendienste.

309 Newsarchive, themenbezogene Datenbanken, Fiction-Programmen zum Abruf, Audio-on-demand, Einzelnachrichten als Videofiles, Online-Bildungsangebote, Nachschlagewerke, Einkaufshomepage; in verstärktem Maße bei Auskunftsdiensten.

310 Bei EPGs ist die Interaktivität geringer, da hier die vom Anbieter vorgegebenen Zusatzinformationen mit zu berücksichtigen sind.

che und individuelle Meinungsbildung sein. Bereits bei der Regulierung traditionellen Rundfunks hat sich gezeigt, dass Dienste sich als regulierungsnotwendig erwiesen, die selbst keine Inhalte zur Verfügung stellen, wohl aber in dem Prozess vom Inhalteanbieter zum Rezipienten eine entscheidende Bedeutung erlangen. Die Rede ist insbesondere von den in § 53 RStV regulierten Diensten. Hier kommt vor allem die oben angesprochene Notwendigkeit der Berücksichtigung gerechter Zugangschancen der Rezipienten zum Tragen. Die Gewährleistung eines den Zielen von Art. 5 Abs. 1 GG entsprechenden publizistischen Angebots allein kann unter Umständen nicht ausreichen, um die verfassungsrechtlichen Ziele zu erfüllen.[311] Wird der Zugang zu diesem Angebot zunehmend nur über bestimmte Vermittler möglich, werden diese also zu „Flaschenhälsen" im Kommunikationsprozess,[312] müssen hier gerechte Zugangschancen – sowohl der Nutzer, als auch der vermittelten Angebote – gewährleistet werden, um eine Verfehlung der verfassungsrechtlichen Ziele zu verhindern.

Die Vermittler bekommen im Einzelfall dieselbe Bedeutung wie die Dienste „dahinter". Die Argumentation, dass die Bedeutung bestimmter Angebote für Art. 5 Abs. 1 S. 2 GG davon abhängt, welche Rolle diese für andere von Art. 5 Abs. 1 S. 2 GG erfasste Angebote spielen, ist in der Rechtsprechung bisher unter dem Stichwort der Annexdienste bekannt. Hiermit wurde begründet, warum die Länder für bestimmte Dienstetypen Kompetenzen besitzen, die eigentlich in den Zuständigkeitsbereich des Bundes fallen (etwa Fragen der Zuweisung von Rundfunkfrequenzen oder aktuell – wenn auch noch nicht vom Bundesverfassungsgericht entschieden – bestimmte Zusatzdienste Digitalen Fernsehens),[313] warum bestimmte Dienste von Art. 5 Abs. 1 S. 2 GG geschützt werden, ohne selbst Massenkommunikation zu sein (etwa Pressegrosso),[314] und warum bestimmte Tätigkeiten, die nicht als Rundfunk einzustufen sind, zu den Aufgaben öffentlich-rechtlicher Rundfunkanstalten gehören können.[315]

---

311 Vgl. statt vieler nur *H. Gersdorf*, Chancengleicher Zugang.

312 Bei einer 1998 durchgeführten internationalen Delphi-Befragung prognostizierten über 95 % der befragten Experten, dass auch zukünftig (2010) so genannte *Metatools* nicht nur für die Rezipienten eine wichtige Voraussetzung bei ihrer alltäglichen Selektion von Medienangeboten sein werden, sondern auch für die Anbieter von Medienprodukten von sehr hohem Wert sein werden: Schließlich entscheide die Arbeitsweise dieser Metatools, welche Medienangebote überhaupt und durch wen auffindbar sind und in der Folge genutzt werden können, *K. Beck/P. Glotz/G. Vogelgesang*: Die Zukunft des Internet, S. 69.

313 BVerfGE 12, 205, 260; zu Zusatzdiensten Digitalen Fernsehens vgl. *H. Gersdorf*, Chancengleicher Zugang.

314 BVerfGE 77, 346, 354 f.

315 Beispielsweise Herausgabe von Programmzeitschriften, vgl. BVerfGE 83, 238, 312 ff.; zu Nebentätigkeiten öffentlicher-rechtlicher Rundfunkanstalten vgl. auch *D. Grimm*, ZUM 1992, S. 581.

Dieses Kriterium trifft vor allem auf Angebote zu, die für die Nutzbarkeit des Internet (und somit auch für die für Art. 5 Abs. 1 GG besonders relevanten Dienste) eine elementare Rolle spielen. Hierzu zählen vor allem Suchkataloge und -maschinen und Portale. Ein Blick auf die Nutzerzahlen von Internetangeboten zeigt, dass es sich bei diesen um die von den meisten Rezipienten aufgerufenen Angebote handelt. Sie stellen die zentralen Anlaufstellen im Netz dar, von denen aus der Nutzer auf weitere Dienste zugreift. Eine vergleichbare Rolle spielen Channels und EPGs.

Auch Newsarchive und themenbezogene Datenbanken erfüllen eine Vermittlerfunktion, hier beschränkt auf Zeitungsartikel bzw. themenbezogene Dokumente.[316]

Inwieweit auch andere Online-Dienste eine entsprechende Vermittlerrolle jenseits der Publizistik erfüllen, ist derzeit noch schwer zu beurteilen.

5.2 Zwischenfazit

Vor allem für die (werbe- wie auch entgeltfinanzierten) Portale ist aufgrund ihrer entscheidungs- und medienbezogenen Charakterisika wie auch ihrer hohen Wirkung durch nachgelagerte Dienste eine hohe gesellschaftliche Bedeutsamkeit festzustellen, die dem klassischen Rundfunk zunehmend nahe kommt. Auch andere Dienste, wie Webcasting-Vollprogramme, Suchmaschinen und Newsarchive, sind für die freie individuelle und öffentliche Meinungsbildung von Bedeutung. Zu berücksichtigen ist dabei auch, dass bei einer längerfristigen Betrachtung die gesellschaftliche Bedeutsamkeit dieser Kommunikationsdienste aller Voraussicht nach noch wesentlich höher sein dürfte, weil bis dahin gravierende Veränderungen der Technik und des Nutzerverhaltens eingetreten sein werden. Für einige Dienste, wie etwa Audio-on-Demand und Newsgroups, ist unter Berücksichtigung der genannten Kriterien eine im Vergleich zu klassischem Rundfunk auch längerfristig geringer bleibende gesellschaftliche Bedeutsamkeit anzunehmen.

---

[316] Online-Bibliotheken vermitteln den Zugang zu den online abrufbaren Büchern.

6. Die Mängel einer marktlichen Bereitstellung von Kommunikations-Diensten als Determinante der staatlichen Gewährleistungsverantwortung

6.1 Allokative Mängel einer marktlichen Bereitstellung von Kommunikations-Diensten

6.1.1 Die ökonomische Theorie des Marktversagens und der Marktmängel

Der Markt ist für die meisten Güter das leistungsfähigste Bereitstellungsverfahren, sowohl was die effiziente Verwendung der Ressourcen für die produktivsten Zwecke betrifft (so genannte Allokationsfunktion), als auch was ihre gerechte und anreizverträgliche Verteilung zwischen den Mitgliedern der Volkswirtschaft (so genannte Distributionsfunktion) anbelangt. Bei ihm wird die Güterverteilung und -finanzierung dezentral durch freiwillige Tauschbeziehungen zwischen Anbietern und Nachfragern geregelt. Individuelle Präferenzen und die individuelle Kaufkraft der Wirtschaftssubjekte bestimmen somit darüber, welche Güter in welcher Form produziert und wie die produzierten Güter auf die einzelnen Wirtschaftssubjekte verteilt werden. Die damit verbundene Fähigkeit, die Güter gemäß den Präferenzen der Wirtschaftssubjekte zu erstellen und zu verteilen und die Produktionsfaktoren in ihre jeweils produktivste Verwendungsmöglichkeit zu lenken (und dabei auch veränderte technische, institutionelle, soziale Rahmenbedingungen berücksichtigen zu können), bewirken eine effiziente Mittelverwendung und eigenverantwortliches Handeln. Sie gewährleistet auch, dass der Markt, sozusagen als Nebenprodukt, die gesellschaftliche Wohlfahrt des Kollektivs (als Summe der individuellen Wohlfahrt aller seiner Mitglieder, so genannter „methodologischer Individualismus“) maximiert (Adam Smith‘s „invisible hand“).[316]

Allerdings ist diese Leistungsfähigkeit des Marktes an bestimmte Voraussetzungen gebunden. Bei Gütern, bei denen diese nicht erfüllt sind, können sich die Vorzüge des Marktes nur beschränkt (mit so genannten Marktmängeln) entfalten oder eine Bereitstellung kommt überhaupt nicht zustande (so genanntes Marktversagen).[317] Zudem führt der Markt auch (oder gerade) bei vollkommen marktfähigen Gütern zu bestimmten Ergebnissen, die aus gesellschaftlicher

---

316 Zu diesen Vorteilen des Marktes vgl. grundlegend bereits *F. A. Hayek*, The Road to Selfdom, auch *H. Girsch*, Allgemeine Wirtschaftspolitik, oder *H. Luckenbach*, Theoretische Grundlagen; aus Sicht der Neuen Institutionenökonomik *R. Richter/E. Furubotn*, Neue Institutionenökonomik, S. 309 ff.; *K. Homann/A. Suchanek*, Ökonomik, insbes. S. 237 ff.

317 Zur Theorie des Marktversagens allgemein und den einzelnen Formen von Marktversagen bzw. Marktmängeln siehe etwa *M. Fritsch u. a.*, Marktversagen und Wirtschaftspolitik.

Sicht nachteilig sein können.[318] Zu ihnen gehört die Verteilung von bestimmten Gütern (z. B. von Gesundheits- und Bildungsgütern) nach Maßgabe der individuellen Kaufkraft. Bei anderen Gütern wird die dem Markt inhärente Ausrichtung am (Massen-)Geschmack der Nachfrager als gesellschaftlich nachteilig erachtet, etwa im Hinblick auf eine mangelnde Vielfalt künstlerischer und kultureller Ausdrucksformen[319] oder gesellschaftlicher Sichtweisen.[320] Bei wiederum anderen Gütern und Lebensbereichen werden die mit den Marktmechanismen verbundenen Konkurrenzbeziehungen wegen negativer sozialer oder sozialpolitischer Folgen kritisiert.[321]

In der ökonomischen Literatur findet sich infolge von Unterschieden in der Terminologie und im zugrunde gelegten Abstraktionsniveau kein einheitlicher Katalog von Marktfehlern/Marktmängeln. Im Folgenden werden fünf Ursachen unterschieden, die dazu führen, dass die über den Markt vorgenommene Güterbereitstellung nicht in der Lage ist, den Nutzen für die Summe aller Mitglieder

---

318 Hierauf weist mit Bezug auf die Medien z. B. *J. Heinrich*, Medienökonomie, Bd 2, S. 43, hin: „Mit dem Konzept des Marktversagens kritisiert die Ökonomie eine strukturbedingt *unzureichende* Entfaltung des Marktes (Hervorhebung im Original). Die Kommunikationswissenschaft scheint mit dem Schlagwort der „Kommerzialisierung" vor allem eine zu weitgehende Entfaltung des Ordnungsprinzips Markt im Mediensystem und besonders im Rundfunksystem zu kritisieren." In der Tat macht es einen großen Unterschied, ob man unter Marktmängeln diejenigen Bereitstellungsmängel versteht, die sich ergeben, weil der Markt *nicht* perfekt funktioniert, oder diejenigen Bereitstellungsmängel, die sich ergeben, obwohl (oder sogar: *weil*) der Markt perfekt funktioniert. Aus einer übergeordneten, an gesellschaftlichen Erwartungen ausgerichteten Sichtweise, wie sie in Kapitel 4 auf der Basis der Rechtsprechung des Bundesverfassungsgerichts entwickelt wurde, müssen beide Varianten von Marktmängeln berücksichtigt werden: sowohl die aus Funktionsdefiziten des Marktes herrührenden Mängel (man könnte sie als „Marktmängel im engen Sinne" bezeichnen), die in den Lehrbüchern der Ökonomie behandelt werden, als auch die „Marktmängel im weiten Sinne", die sich trotz oder gerade aufgrund perfekt funktionierender Märkte ergeben, in der Ökonomie aber fast gar nicht – und in anderen Gesellschaftswissenschaften, wie z. B. der von Heinrich angesprochenen Kommunikationswissenschaft, auch nur vereinzelt – diskutiert werden. Hingegen berücksichtigt z. B. der Wissenschaftliche Beirat beim Bundesministerium für Wirtschaft und Technologie in seinem Gutachten zur „offenen Medienordnung" (S. 1) nur die Marktmängel i. e. S., wenn er postuliert, dass „Wettbewerb und Fusionskontrolle als Gewähr für das öffentliche Interesse an einer freien, durch Meinungsvielfalt geprägten Presse" ausreichend seien, dieses Kriterium auf den Rundfunk übertragen werden sollte und dadurch „ein Großteil der überkommenen Regulierungen ersatzlos entfallen" könne. Siehe zur Kritik an dieser Auffassung *M. Kops*, Deregulierung.

319 Siehe die Beiträge in den Sammelbänden von *F. Müller/M. Müller* (Hrsg.): Markt und Sinn, oder *U. Saxer* (Hrsg.): Medien-Kulturkommunikation.

320 Siehe die Beiträge im Sammelband von *G. Rager/B. Weber* (Hrsg.): Publizistische Vielfalt.

321 Siehe zur Problematik etwa *N. Luhmann*, Sinn der Kunst, *D. Campbell*, The Relational Contract and the Limits of „Economics", *oder A. Shipman*, Market Revolution; überzeugend auch *P. Thureau-Dangin*, Die Beine der Konkurrenz.

eines Kollektivs (den gesellschaftlichen Nutzen, s. o.) zu maximieren. Im Einzelnen handelt es sich dabei um die folgenden Ursachen:[322]

- *Unteilbarkeiten* (in erster Linie: Größen- und Fühlungsvorteile) bewirken, dass das betreffende Gut von einem einzigen großen bzw. eine weite Produktpalette abdeckenden Unternehmen billiger hergestellt werden kann als von mehreren, entsprechend kleineren bzw. auf eine engere Produktpalette beschränkten Unternehmen. Es bilden sich dann monopolistische oder oligopolistische Angebotsstrukturen, bei denen ein einziges Unternehmen (der Monopolist) bzw. wenige Unternehmen (die Oligopolisten) unter bestimmten Bedingungen (Marktzutrittschancen) höhere Preise oder/und geringere Produktqualitäten durchsetzen können, als sie sich bei einem Wettbewerb vieler kleinerer Anbieter ergäben.
- Die *fehlende Ausschließbarkeit* vom Konsum, d. h. die fehlende (oder zu kostspielige) Möglichkeit, die Nutzung der bereitgestellten Güter auf zahlungsfähige und -willige Personen zu beschränken, verhindert eine marktliche Bereitstellung, da private Anbieter aufgrund des „Trittbrettfahrer-Verhaltens" der Konsumenten keine Erlöse erzielen.
- *Asymmetrisch verteilte Informationen*, d. h. zwischen den Marktpartnern bestehende Unterschiede in der Informiertheit über relevante Produkteigenschaften, können dazu führen, dass eine marktliche Bereitstellung unterbleibt, die Ergebnisse der marktlichen Bereitstellung mit gravierenden Mängeln behaftet sind (adverse Selektion, moral hazard) oder bei der Beseitigung der Informationsasymmetrien (per „Screening" und „Signalling") hohe Transaktionskosten entstehen, die den Nutzen der Markttransaktionen (über-)kompensieren.[323]
- *Externe Effekte*, d. h. die (positive oder negative) Veränderung der Wohlfahrt von Personen, die an der Entscheidung über die (marktliche) Bereitstellung des Gutes nicht beteiligt sind, führen dazu, dass Güter vom Markt in einem Umfang bereitgestellt werden, der gesamtwirtschaftlich (d. h. unter Berücksichtigung der Wohlfahrt aller Betroffenen) suboptimal ist: Güter mit positiven Externalitäten werden vom Markt in einem gesamtwirtschaftlich

---

[322] Vgl. hierzu die Kataloge von Marktmängeln bei *K. Mackscheidt/J. Steinhausen*, Grundfragen versorgungspolitischer Eingriffe, S. 4 ff.; *M. Fritsch* u. a., Marktversagen und Wirtschaftspolitik, S. 53 ff.; *J. Heinrich*, Medienökonomie, Bd. 1, S. 36 ff. und *Ch. Burger*, Jahrbuch für Wirtschaftswissenschaften 1997, S. 89 ff., die z. T. zusätzliche, in den hier vorgelegten Katalog aber subsummierbare Formen von Marktmängeln nennen.

[323] Vgl. *J. Heinrich*, Medienökonomie, Bd. 2, S. 38 ff.

zu geringen, Güter mit negativen Externalitäten in einem gesamtwirtschaftlich zu großen Umfang bereitgestellt.[324]

- *„Intransitive" Präferenzen der Nachfrager* werden vom Markt nicht korrigiert, da dieser die von den einzelnen Wirtschaftsubjekten bekundeten Präferenzen anerkennt (so genannte Konsumentensouveränität). Güter, deren Nutzen von den Nachfragern dauerhaft („meritorische" Güter) oder aufgrund der besonderen Rahmenbedingungen des Konsumaktes unterschätzt wird, werden dadurch vom Markt in einem zu geringen Umfang bereitgestellt; Güter, deren Nutzen von den Nachfragern dauerhaft („demeritorische" Güter) oder aufgrund der besonderen Rahmenbedingungen des Konsumaktes überschätzt wird, werden umgekehrt vom Markt in einem zu hohen Umfang bereitgestellt.[325]

Allerdings ist die hiermit unterstellte trennscharfe (dichotome) Unterscheidung von vollkommen marktfähigen Gütern einerseits und mit Marktmängeln oder Marktversagen behafteten Gütern andererseits wenig realistisch. Tatsächlich verfügen fast alle Güter über (mehr oder minder große) Marktmängel:

- Die Kostenverläufe vieler Güter sind infolge von Größen- und/oder Fühlungsvorteilen *subadditiv*. Dementsprechend sind bei vielen Gütern keine polypolistischen, sondern oligopolistische Angebotsstrukturen anzutreffen.[326] Die Wettbewerbstheorie konzediert dies, indem sie nicht den perfekten, sondern den funktionsfähigen Wettbewerb fordert. Lediglich bei Gütern mit massiven Unteilbarkeiten (z. B. perfekt nichtrivalisierenden Gütern oder natürlichen Monopolen) wird ein Marktversagen angenommen, das eine umfassende Regulierung oder eine kollektive Bereitstellung erforderlich macht.[327]
- Die *Ausschließbarkeit vom Konsum* ist bei den meisten Gütern ebenfalls begrenzt. Im Einzelhandel wird z. B. ein durchschnittlicher „Warenschwund" von ca. 5 % in Kauf genommen, dessen Vermeidung zusätzliche Ausschlusskosten in betriebswirtschaftlich nicht vertretbarem Umfang erfordern würde.

---

324 Erklärungen und Typenbildungen von Externalitäten im Medienbereich finden sich bei *M. Kops*, Externalitäten, S. 101 ff., *J. Heinrich*, Medienökonomie, Bd. 2, S. 34 ff., *M. L. Kiefer*, Medienökonomik, S. 135 ff.

325 Zum Konzept der meritorischen Güter grundlegend *R. A. Musgrave*, The Theory of Public Finance, *ders.* Fiscal Systems, zusammenfassend *K. Mackscheidt*, Meritorische Güter. Zur Anwendung des Konzepts auf die Medien siehe *M. Kops*, Nachfragemängel, S. 7 ff., und *M. L. Kiefer*, Medienökonomik, S. 136 ff., sowie – kritisch – *N. Eickhof/H. Never* Rundfunkfreiheit, S. 299 ff., und *J. Heinrich*, Medienökonomie, Bd. 2, S. 41 ff.

326 Für die deutsche Wirtschaft siehe die im Hauptgutachten der Monopolkommission 1998/99, Wettbewerbspolitik, Anlagenband, ausgewiesenen Konzentrationsgrade.

327 Siehe etwa *K. E. Train*, Optimal Regulation, 1991, oder *W. K. Viscusi/J. M. Vernon/J. E. Harrington*, Economics of Regulation and Antitrust, 2000.

Durch neue Vertriebsformen (E-Commerce) und neue Ausschlusstechniken (elektronische Diebstahlsicherungen) kann die Ausschließbarkeit bei vielen Gütern aber möglicherweise noch erhöht werden. Dadurch kann eine marktliche Bereitstellung eventuell auch bei solchen Gütern möglich werden, die heute noch als nicht marktfähig, weil nicht ausschließbar angesehen werden (Emissionskontrollen bei Umweltgütern, elektronische Mautstellen bei innerstädtischen Verkehrswegen u. ä.).

- *Die asymmetrische Verteilung der Informationen* über relevante Gutseigenschaften ist ebenfalls eher die Regel als die Ausnahme. Entscheidend für die Funktionsfähigkeit des Marktes ist der Umfang der Asymmetrie bzw. die Höhe des Aufwandes, der für Verfahren zum Abbau der Asymmetrie (Signaling und Screening, siehe unten, Abschnitt 6.1.2.4) aufgewandt werden muss.
- *Auch externe Effekte* finden sich bei vielen Gütern. Maßgeblich für die Marktfähigkeit ist deshalb auch hier nicht deren vollständige Absenz, sondern ihr (begrenzter) Umfang im Verhältnis zu den internen Effekten.
- Dass die *Präferenzen* der einzelnen Nachfrager intransitiv sind, lässt sich ebenfalls für viele Güter beobachten. Auch hier fehlt die Marktfähigkeit aber nur bei Gütern, bei denen diese Verzerrungen gravierend sind, d. h. der Nachfrager situationsbedingt eine Wahl trifft, die erheblich von derjenigen abweicht, die er unter anderen, einer rationalen Entscheidung förderlicheren Rahmenbedingungen.

Damit lassen sich vier unterschiedliche Gütergruppen unterscheiden:

- (in der Praxis kaum anzutreffende) „vollkommen marktfähige Güter", bei denen keinerlei Marktmängel vorliegen,
- begrenzt marktfähige Güter, die einen oder mehrere Marktmängel aufweisen, deren Nachteile aber geringer sind als diejenigen einer nichtmarktlichen Bereitstellung,
- begrenzt marktfähige Güter, die eine oder mehrere Formen von Marktmängeln oder Marktversagen aufweisen, deren Nachteile höher einzuschätzen sind als die Nachteile einer nichtmarktlichen Bereitstellung und
- (in der Praxis ebenfalls kaum anzutreffende) „vollkommen nichtmarktfähige Güter", die durch den Markt überhaupt nicht bereitgestellt werden können.

Für die der Gruppe a) zuzurechnenden Güter sind die ordnungspolitischen Konsequenzen[328] eindeutig (unregulierte Bereitstellung durch den Markt), ebenso für die der Gruppe d) zuzurechnenden Güter (hoheitliche Bereitstellung). Für die den Gruppen b) und c) zuzurechnenden Güter, deren Anteil im Vergleich zu denjenigen der Gruppen a) und d) höher ist, deren relative Bedeutung mit einer

[328] Siehe hierzu ausführlicher unten, Abschnitt 7.2.

nach Sektoren bzw. Gütergruppen differenzierenden Betrachtung variiert,[329] müssen die ordnungspolitischen Konsequenzen demgegenüber aus dem Vergleich der relativen Leistungsfähigkeit einer unregulierten marktlichen Erbringung, einer regulierten marktlichen Erbringung oder einer hoheitlichen Erbringung bestimmt werden. Dabei ist zu berücksichtigen, dass der Markt unter bestimmten Bedingungen in der Lage ist, durch horizontale Vereinbarungen zwischen den Marktteilnehmern, d. h. ohne hoheitlichen Zwang, die beschriebenen Marktmängel zu verhindern oder zu korrigieren und dadurch sicherzustellen, dass die Summe der einzelwirtschaftlichen Wohlfahrtseffekte des Marktes mit dem gesellschaftlichen Wohlfahrtsoptimum übereinstimmt („unregulierte Selbstregulierung“ des Markes).[330] Allerdings setzt dies voraus, dass die Verursacher der Mängel identifiziert werden können, das Ausmaß der Mängel quantifiziert werden kann und sich die Verursacher und Betroffenen mit vertretbaren Transaktionskosten auf die Unterlassung der mängelverursachenden Aktivität bzw. deren Kompensation einigen können.[331]

Sind diese Bedingungen nicht gegeben, so bedarf es einer hoheitlichen („vertikalen“) Regulierung. In manchen Fällen kann sich diese auf wenige hoheitliche Vorkehrungen beschränken, die die Fähigkeit des Marktes zur Selbstregulierung herstellen („regulierte Selbstregulierung“),[332] z. B. auf Transaktionskosten reduzierende Maßnahmen (wie etwa die Gründung und Unterhaltung verhandlungsführender intermediärer Institutionen, oder den Erlass hoheitlicher Standards, die eine Quantifizierung der Marktmängel erleichtern). In anderen Fällen können die Marktmängel weder durch eine unregulierte Selbst-

329 Für „Konsumgüter“ beispielsweise ist von einem hohen Anteil der durch den Markt ohne Mängel oder mit vertretbaren Mängeln bereitstellbaren Güter auszugehen; dagegen ist z. B. bei „Gütern der örtlichen Daseinsvorsorge“ (z. B. der Energieversorgung, der Abfallwirtschaft, des öffentlichen Personenverkehrs und der inneren Sicherheit) der Anteil begrenzt marktfähiger und nicht marktfähiger Güter wesentlich höher. Das erklärt den empirischen Befund, dass die privatwirtschaftliche Bereitstellung solcher Güter stärker reguliert wird bzw. dass ein größerer Teil solcher Güter vom Staat, d. h. hier: den Gemeinden und Gemeindeverbänden, bereitgestellt wird (siehe hierzu wie auch zu den Möglichkeiten und Grenzen einer (regulierten) privatwirtschaftlichen Bereitstellung solcher Güter *J. Hellermann*, Örtliche Daseinsvorsorge, 2000).

330 Siehe zum Begriff der Selbstregulierung aus rechtswissenschaftlicher Sicht *W. Hoffmann-Riem*, Regulierung, S. 262 ff., 275 ff.; *W. Hoffmann-Riem/W. Schulz/Thorsten Held*, Konvergenz und Regulierung, S. 50; *M. Bruhn*, Multimedia-Kommunikation, S. 184 ff. In der Politikwissenschaft wird eher der Begriff der horizontalen Steuerung verwendet, etwa bei *W. Scharpf*, Koordination; *ders.*, Coordination; *ders.*, Games.

331 Siehe hierzu den grundlegenden Aufsatz von *R. Coase*, The Problem of Social Cost; zur Anwendbarkeit des Coase-Theorems ausführlich z. B. *R. Richter/E. Furubotn*, Neue Institutionenökonomik, S. 104 ff; *M. Erlei/M. Leschke/D. Sauerland*, Neue Institutionenökonomik, S. 282 ff.

332 Siehe zum Begriff aus rechtswissenschaftlicher Sicht *W. Hoffmann-Riem*, Regulierung, S. 262 ff.; *W. Hoffmann-Riem/W. Schulz/Thorsten Held*, Konvergenz und Regulierung, S. 50.

regulierung noch eine regulierte Selbstregulierung vermieden werden; in diesem Fall sind hoheitliche Eingriffe geboten („vertikale Regulierung"); diese können auch die hoheitliche Bereitstellung der Güter beinhalten.[333]

Um die Leistungsfähigkeit des Marktes und das Ausmaß eventueller Marktmängel für die verschiedenen Kommunikationsdienste beurteilen zu können, werden im Folgenden die jeweils bestehenden Möglichkeiten der Selbstregulierung geprüft. Dabei werden auch die im Übergang zwischen einer unregulierten Selbstregulierung und einer hoheitlichen Regulierung angesiedelten Zwischenlösungen „regulierter" Selbstregulierung in die Betrachtung einbezogen. Eindeutig der hoheitlichen Regulierung zuzuordnende Lösungen bleiben demgegenüber aus der Betrachtung ausgeklammert. Auf sie wird – kursorisch – bei der Prüfung der Handlungsoptionen eingegangen, die als Ergänzungen und Alternativen einer mangelhaften Bereitstellbarkeit von Kommunikationsdiensten in Frage kommen.[334]

6.1.2 Allokative Mängel bei den einzelnen Kommunikations-Diensten

Die Frage, ob Kommunikations-Dienste den Gesetzen des Marktes unterworfen werden sollten, wird seit längerem, vor allem mit Bezug auf den Rundfunk, diskutiert. Die Digitalisierung, die die Knappheit der Übertragungswege beseitigt und zur Entstehung einer Vielzahl neuer Kommunikations-Dienste, speziell sog. Online-Dienste, führt, hat nunmehr, auch mit Bezug auf diese neuen Dienste, zu einer Intensivierung dieser Diskussion beigetragen.

Die Ökonomie hat sich an ihr bisher kaum beteiligt. Zwar besitzt sie mit der Theorie des Marktversagens ein theoretisches Gerüst, das sie hierfür einsetzen könnte; sie tut sich aber schwer, diese Theorie auf Rundfunkprogramme und andere mediale Güter zu übertragen. Vielfach wird die Tatsache, dass ein marktliches Angebot zustande kommt, bereits als Beleg für die Funktionsfähigkeit des Marktes angesehen.

Dass die Vertreter anderer Wissenschaften, etwa der Kommunikationswissenschaft, der Publizistik, der Soziologie, z. T. auch der Rechtswissenschaft, die mit einer Kommerzialisierung des Rundfunks verbundenen Gefahren betonen und davor warnen, dass in Deutschland „amerikanische Verhältnisse" entstehen,[335] sollte allerdings auch den Ökonomen zu denken geben, auch wenn es auf den ersten Blick der in vielen ökonomischen Textbüchern im Vordergrund stehenden Botschaft zu widersprechen scheint, dass der Markt die effiziente und

---

333 Siehe unten, Abschnitt 7.2.

334 Siehe ebenda.

335 So unlängst z. B. wieder aus rechtswissenschaftlicher Sicht von *W-D. Ring*, Nationalstaatliche Deregulierung, und *D. Dörr*, Supranationale Deregulierung.

präferenzengerechte Versorgung der Konsumenten besser gewährleistet als andere Bereitstellungsverfahren. Eine genauere Betrachtung zeigt nämlich, dass sich die gegen eine privatwirtschaftliche, vor allem gegen eine unregulierte privatwirtschaftliche, Bereitstellung von Rundfunkprogrammen (wie auch von neuen Kommunikations-Diensten) geäußerten Vorbehalte durchaus in die ökonomische Lehre einordnen lassen. Die Argumente müssen allerdings auf die Massenmedien im Allgemeinen und, wie hier, auf Rundfunkprogramme oder neue Kommunikationsdienste im Besonderen übertragen werden.

Die vorliegende Studie versucht dies, indem sie die in der ökonomischen Theorie des Marktversagens enthaltenen grundsätzlichen Argumente auf Kommunikations-Dienste anwendet. Als Ausgangspunkt oder „Referenzdienst" werden dabei im Folgenden Rundfunk (voll-)programme zugrunde gelegt, die mittlerweile in der ökonomischen Literatur verschiedentlich auf ihre Marktfähigkeit untersucht worden sind.[336] Dabei wird zwischen werbefinanzierten Programmen und entgeltfinanzierten Programmen (Pay-TV) unterschieden. Beide Programmangebote werden anhand der oben allgemein dargestellten Merkmale „Unteilbarkeiten", „fehlende Ausschließbarkeit", „externe Effekte", „Informationsasymmetrien" und „intransitive Präferenzen" auf ihre Marktfähigkeit beurteilt. Dabei werden die relevanten Gesichtspunkte beim Referenzdienst „werbefinanziertes Fernsehvollprogramm" grundsätzlich und besonders ausführlich erörtert, so dass hierauf bei der Bewertung des daran anschließend untersuchten (zweiten) Referenzdienstes „entgeltfinanziertes Fernsehvollprogramm" und der in die Betrachtung einbezogenen Online-Dienste zurückgegriffen werden kann. Zur Wahrung der Übersichtlichkeit werden von diesen Diensten im vorliegenden Text allerdings nur *Webcasting-Vollprogramme, Newsarchive, Portale, reine Suchmaschinen, Newsgroups* und *Audio-on-demand* ausführlicher untersucht. Auf die Frage, ob die dabei festzustellenden Marktmängel auch bei den anderen Online-Diensten vorhanden sind, wird nur kursorisch eingegangen; unsere diesbezüglichen Bewertungen sind aber für alle Dienste den Tabellen im Anhang zu entnehmen.

---

[336] Siehe z. B. *N. Eickhof/H. Never*, Rundfunkfreiheit; *H. Gundlach*, Rundfunkunternehmen, S. 59 ff.; *K.-H. Hartwig/G. Schröder*, Das deutsche Mediensystem zwischen Markt- und Politikversagen, in: HJfWuG 1999, S. 275 ff.; *J. Heinrich*, Medienökonomie, Bd. 2, S. 21 ff; *M.-L. Kiefer*, Das Publikum als Kunde, S. 189 ff.; *dies.*, Medienökonomik, S. 146 ff.; *M. Kops*, Nachfragemängel, S. 151 ff.; *ders.*, Prinzipien zur Gestaltung von Rundfunkordnungen, S. 49 ff.; *M. Müller*, Markt- und Politikversagen; *J. Ludwig*, Ökonomie, S. 77 ff.

6.1.2.1 Unteilbarkeiten

6.1.2.1.1 Grundsätzliche Bemerkungen zum Marktmangel

Das Modell der atomistischen Konkurrenz unterstellt viele kleine Anbieter und Nachfrager. Tatsächlich kennzeichnen sich viele Märkte aber durch eine beträchtliche Konzentration, d. h. es existieren nur wenige Marktteilnehmer mit dann großen Marktanteilen und/oder einer breiten Produktpalette. Ursache hierfür sind so genannte Unteilbarkeiten. Diese ergeben sich, wenn Güter nicht beliebig teilbar sind, sondern nur in großen Sprüngen variiert werden können, weil steigende Skalenerträge und sinkende Durchschnittskosten bei der Produktion eines Gutes und/oder Verbundvorteile (Fühlungsvorteile) bei der Produktion mehrerer Güter bestehen[337] oder weil Besonderheiten der Güternutzung vorliegen (bei Informationsgütern vor allem, weil diese Güter nicht im Konsum rivalisieren).[338]

Im Extrem kann dadurch ein „natürlicher Monopolist" die gesamte Nachfrage nach einem Dienst kostengünstiger befriedigen, als es mehrere Anbieter (mit entsprechend kleineren Marktanteilen und Ausbringungsmengen) können. Bei weniger gravierenden Unteilbarkeiten bilden sich oligopolistische Angebotsstrukturen, bei denen einige wenige Anbieter (mit entsprechend großen Marktanteilen) die Nachfrage kostengünstiger befriedigen können als viele kleine.[339] Ebenso kann aufgrund hoher Fühlungsvorteile ein Unternehmen, das mehrere Kommunikationsdienste nebeneinander anbietet, die Nachfrage kostengünstiger befriedigen, als dies mehrere Anbieter (mit wiederum kleineren Marktanteilen und Ausbringungsmengen) können, die sich auf die Bereitstellung einzelner Güter (hier: einzelner Kommunikationsdienste) beschränken. Aufgrund der hohen Marktmacht, die die (wenigen) horizontal oder vertikal bzw. diagonal integrierten Anbieter besitzen, besteht die Gefahr, dass sie überhöhte Preise bzw. schlechte Qualitäten durchsetzen; in der dynamischen Perspektive kann auch der technische Fortschritt gehemmt werden.

Für die hier im Mittelpunkt stehende Frage, inwieweit eine freie öffentliche Kommunikation bei den sich verändernden Kommunikationsformen und -diensten über den Markt gewährleistet werden kann, sind vor allem zwei mögliche Konsequenzen der Medienkonzentration zu berücksichtigen. Zum einen ist

---

337 Siehe hierzu ausführlich *M. Frisch*, Marktversagen und Wirtschaftspolitik, S. 128 ff.

338 Zur Unterscheidung zwischen Größenvorteilen der Produktion und Größenvorteilen der Nutzung siehe *H. Grossekettler*, Options- und Grenzkostenpreise, auch *C. B. Blankart,* Öffentliche Finanzen. Zu den spezifischen Ursachen und Formen von Größenvorteilen im Medien- und Rundfunkbereich siehe z. B. *J. Heinrich*, Medienökonomie, Bd. 1, S. 117 ff., *J. Ludwig,* Ökonomie, insbes. S. 43 ff., S. 90 ff.; *J. Heinrich*, Medienökonomie, Bd. 2, insbes. S. 120 ff.

339 Siehe *M. Kops*, The European Journal of Communication Research 2000, S. 246 ff.

die hohe Marktmacht mit der Gefahr verbunden, dass die Anbieter, etwa aus wirtschaftlichen oder auch aus politischen Gründen, die Präferenzen der Nachfrager vernachlässigen, ohne hierfür von den Nachfragern (durch den Wechsel zu anderen Anbietern) bestraft werden zu können. Zum anderen ist die mit der Angebotskonzentration verbundene reduzierte Vielfalt zu beachten, die nach herrschender Auffassung für eine freie öffentliche Kommunikation von zentraler Bedeutung ist.[340]

6.1.2.1.2 Unteilbarkeiten bei Fernsehvollprogrammen

6.1.2.1.2.1 Technische Übertragungsknappheiten

Unteilbarkeiten spielen sowohl bei der Produktion als auch bei der Verbreitung von Rundfunkprogrammen eine wichtige Rolle (unabhängig von ihrer Finanzierung durch Werbung oder durch Entgelte). Da Rundfunkprogramme konstante und hohe Bandbreiten erfordern, sind sie in besonderer Weise von den nachgelagerter Märkten der Verbreitung abhängig. Ihr Nutzen wird daher erheblich eingeschränkt durch technische Knappheiten. Diese bestehen vor allem bei einer ausschließlich analogen terrestrischen Verbreitung, die auf fünf oder sechs Programme beschränkt und bei denen ein polypolistisches Angebot also von vornherein ausgeschlossen ist.

Mit dem Auf- und Ausbau von Kabelnetzen, in denen mehr als 30 Programme verbreitet werden können und an die mittlerweile ca. 56 % aller Fernsehhaushalte angeschlossen sind, und mit der Satellitentechnik, über die bis ca. 100 Programme von ca. 36 % aller Fernsehhaushalte empfangen werden kön-

---

340 Als Maßstab wird dabei die bei funktionierendem Wettbewerb erreichte Vielfalt betrachtet. Dass diese im Vergleich zu einem gesellschaftspolitisch bestimmten (ökonomisch: „meritorischen“) Verständnis wünschenswerter Vielfalt eingeschränkt sein kann, wird hier eingeräumt. (Interessanterweise sprechen gerade diejenigen Autoren, die sich für eine Deregulierung des Rundfunks einsetzen, von einer erforderlichen „Meritorisierung“ bestimmter Angebote, die bei einer marktlichen Bereitstellung nicht unterbreitet würden; so hat sich z. B. der *Kronberger Kreis*, Ärgernis, S. 6, dafür ausgesprochen, den öffentlich-rechtlichen Sendeanstalten „einen spezifisch kulturpolitischen Auftrag“ einzuräumen, und der *Wissenschaftliche Beirat beim Bundesministerium für Wirtschaft und Technologie*, Offene Medienordnung, S, 22, hält den öffentlich-rechtlichen Rundfunk für „ein geeignetes institutionelles Arrangement“ für die „Pflege der einheitsstiftenden Kultur“). Aus der Rechtsprechung des Bundesverfassungsgerichts lässt sich eine solche Auffassung, nach der die Vielfalt auch eines funktionierenden Marktes hinter dem gesellschaftlich wünschenswerten Maß zurückbliebe, allerdings nicht eindeutig ablesen. Sie erforderte auch eine Paternalisierung des Marktangebotes, die bei der ökonomischen Beurteilung der marktlichen Leistungsfähigkeit nach überwiegender Auffassung nicht zulässig ist (und die auch nicht erforderlich ist, sofern alle marktimmanente Ursachen für ein in der Vielzahl reduziertes und von den Präferenzen der Rezipienten abweichendes Angebot berücksichtigt werden).

nen,[341] hat sich diese technische Knappheit allerdings wesentlich reduziert. Eine weitere erhebliche Erhöhung (grob gerechnet: bis zu einer Verzehnfachung) der Übertragungskanäle steht in den nächsten Jahren im Zuge der Digitalisierung an.[342] Auf *technische Übertragungsknappheiten* zurückgehende Unteilbarkeiten bei der Rundfunkverbreitung stellen dann per se keinen (zumindest keinen gravierenden) Marktmangel mehr dar.

Allerdings muss, auch angesichts der teilweisen Euphorie, die die Digitalisierung im Mediensektor und im politischen Raum hervorgerufen hat,[343] darauf hingewiesen werden, dass nicht nur ausreichend dimensionierte Übertragungskanäle und -techniken benötigt werden, sondern die Rundfunkteilnehmer auch über geeignete digitale Endgeräte oder Set-Top-Boxen verfügen müssen. Deren Diffusion dürfte aber – betrachtet man das Adaptionsverhalten bei früheren technischen Neuerungen wie dem Farbfernsehen, dem Mehrkanalton oder dem Videotext – noch etliche Jahre dauern.

Zu berücksichtigen ist auch, dass im Zuge der Digitalisierung neue Wertstufen administrativer und technischer Dienstleistungen (so genannte Plattformen) entstehen, die den Zuschauern den Zugang (den „conditional access"), die Auswahl (die „Navigation") und ggf. (bei Pay-TV-Angeboten) die Bezahlung ermöglichen. Da auch bei diesen Dienstleistungen Größen- und Verbundvorteile bestehen, können sich auch für diese Dienste oligopolistische oder monopolistische Angebotsstrukturen entwickeln. Auch eine vertikale Integration von Anbietern dieser Dienste ist zu erwarten, weil die Akzeptanz der „Plattform" weniger von der Qualität ihrer technischen und administrativen Leistungen abhängt als von der Qualität derjenigen Programmangebote, die über diese Plattform empfangen werden können.[344]

---

341 Stand Mitte 2000. Siehe *A. Keinath*, Fernsehempfang, S. 452.

342 Auf den im Kabel derzeit für digitale Fernsehprogramme verfügbaren 13 Kanälen können jeweils neun 24-stündige digitale Fernsehprogramme übertragen werden. Damit wären rechnerisch über einhundert digitale Programme verbreitbar. Hinzu kommen möglicherweise Sonderkanäle, die bisher von der Regulierungsbehörde nicht für die Übertragung analoger (oder digitaler) Rundfunkprogramme freigegeben worden sind (weil sie den Flug- und Polizeifunk stören). Eine wesentliche Steigerung ist zudem mit dem Ausbau der Kabelnetze innerhalb der nächsten Jahre abzusehen. Durch eine technisch kurzfristig mögliche Erweiterung des Frequenzbereichs des Hyperbands um 49 weitere Kanäle (470 – 862 MHz) können bis zu 500 weitere Programme übertragen werden. Und wenn die analoge Technik abgeschaltet wird (vorgesehen für das Jahr 2010) werden weitere 28 bis 31 Kanäle (47 – 300 MHz) frei, durch die sich die Kapazität für digitale Programme und Datendienste nochmals wesentlich erhöhen wird. *Ch. Breunig*, Programmbouquets, S. 378 f.; siehe auch *M. König*, Einführung des digitalen Fernsehens, S. 30 ff.; *B. Krüger*, Bouquet-Fernsehen, S. 50 f., sowie *W. D. Ring*, Deregulierung.

343 Vgl. *P. Seeger*, Euphorie und Ernüchterung, S. 124 ff.

344 Siehe dazu *J. Kruse*, Ökonomische Probleme, S. 19; zu den Anreizen für vertikale Zusammenschlüsse im Zuge der Digitalisierung *M. König*, Einführung des digitalen Fernsehens, S. 63 ff.,

Unter Berücksichtigung dieser Gesichtspunkte bilden technische Übertragungsknappheiten gegenwärtig und auch in den nächsten Jahren noch für viele Rundfunkhaushalte eine strukturelle Besonderheit, die die Marktfähigkeit des Dienstes beeinträchtigt. Eine Selbstregulierung des Marktes ist in diesem Bereich nicht zu erwarten. Eine marktliche Verteilung knapper Übertragungskanäle (etwa durch Auktionen) würde beispielsweise dazu führen, dass sich wirtschaftliche Marktmacht, die in anderen, zum Teil hochkonzentrierten Wertschöpfungsstufen (etwa der Programmproduktion oder dem Rechtehandel) oder auch in ganz anderen Wirtschaftssektoren entstanden ist, auch auf die Verteilnetze überträgt. Auch eine Selbstregulierung in Form des drohenden Markteintritts neuer Anbieter kommt wegen irreversibler Kosten vermutlich nicht zustande.[345] Deshalb ist eine hoheitliche Gewährleistung des Netzzugangs von Anbietern, wie sie sich in unterschiedlicher Form und Intensität in allen Staaten findet, erforderlich.[346] Allerdings hat sich diese – nach dem so genannten disaggregierten Ansatz – auf die Übertragungswege (den so genannten Bottleneck-Bereich) zu beschränken;[347] und auch die Möglichkeiten, die in Deutschland auf mehrere Regulierungsbehörden verteilten Zuständigkeiten zu bündeln, sollten geprüft werden.

6.1.2.1.2.2 Größen- und Fühlungsvorteile

Die Zahl der Programmanbieter wird aber auch nach einer im Zuge der Digitalisierung längerfristig erreichten Beseitigung von Übertragungsknappheiten begrenzt bleiben oder gar zurückgehen, weil unabhängig von der Verteilung starke Konzentrationstendenzen in der *Produktion* i. w. S. bestehen.[348] Bei Rundfunk-

---

M. Kops, Prinzipien zur Gestaltung von Rundfunkordnungen, S. 11 ff., *D. Walter,* Preispolitik von Pay-TV-Anbietern.

345 D. h. es liegen so genannte nicht angreifbare Netzinfrastrukturen oder „monopolistische Bottleneck-Einrichtungen" vor; vgl. *G. Knieps*, Zugang zu Netzen, S. 67 ff., S. 11 ff.

346 Die in Deutschland geltenden Regelungen werden beschrieben bei *M. König*, Einführung des digitalen Fernsehens, S. 58 ff.; *J. Thierfelder*, Zugangsfragen; *W. Schulz/W. Seufert/B. Holznagel*, Digitales Fernsehen, 1999.

347 Die Regulierung hat sich nach dem so genannten disaggregierten Ansatz (vgl. *G. Knieps,* Zugang zu Netzen) auf die Übertragungswege (als dem so genannten Bottleneck-Bereich) zu beschränken.

348 Zur Unterscheidung zwischen den Kosten der Produktion von Gütern im weiten Sinne (d. h. hier: der Herstellung und Veranstaltung von Rundfunkprogrammen) und Kosten der Nutzung von (vorhandenen) Gütern siehe *C. B. Blankart*, Öffentliche Finanzen, S. 56 ff., sowie *H. Grossekettler*, Options- und Grenzkostenpreise, der zwischen einer Herstellungsmengenelastizität und einer Nutzungselastizität unterscheidet. Erstere ist eine Maßzahl für die Skalenvorteile bei der Produktion; letztere bezeichnet „die partielle Elastizität der erforderlichen Angebotsmenge in Bezug auf zusätzliche Nutzer (oder auch in Bezug auf zusätzliche Nutzungsakte)" (ebenda).

programmen ergeben sich diese in erster Linie aus so genannten *Größenvorteilen der Produktion* (economies of scale),[349] die daraus resultieren, dass die Produktionskosten (etwa für Personal oder technisches Equipment) sprungfix sind,[350] sowie aus *Größenvorteilen der Nutzung*, die aus der fehlenden Rivalität von Fernsehprogrammen resultieren.[351] Beide Formen von Größenvorteilen sind im Rundfunkbereich im Vergleich zu anderen Sektoren bzw. Güterarten hoch; sie erklären die für den Rundfunksektor traditionell charakteristische und in den letzten Jahren in Deutschland, aber auch in vielen anderen Staaten verstärkt zu beobachtende Tendenz zur (horizontalen) Unternehmenskonzentration[352] wie

---

349 Größenvorteile (oder steigende Skalenerträge, d. h. die überproportionale Steigerung des Outputs bei proportionaler Steigerung des Inputs, vgl. *M. Fritsch u.a.*, Marktversagen und Wirtschaftspolitik, S. 128 ff.) bilden die wichtigste, aber nicht die alleinige Ursache für Unteilbarkeiten („Subadditivitäten"). Nach *M. Fritsch u.a.*, ebenda liegt eine Subadditivität dann vor, wenn die Kosten für die Produktion von Teilmengen eines Gutes (oder mehrerer Güter) höher sind als für die Produktion der Gesamtmenge „in einer Hand". Steigende Skalenerträge sind im Übrigen nicht identisch mit fallenden Durchschnittskosten. Zwar führen steigende Skalenerträge stets zu fallenden Durchschnittskosten (weil dann jede proportionale Ausweitung der Inputs eine mehr als proportionale Steigerung des Outputs bewirkt); steigende Skalenerträge sind aber nur für den Fall einer Niveauvariation, d. h. einer proportionalen Veränderung der Einsatzmengen sämtlicher benötigter Produktionsfaktoren, definiert. Da die Durchschnittskosten aber auch bei einer nicht-proportionalen (d. h. partiellen) Veränderung der Inputs abnehmen können, stellen sinkende Durchschnittskosten im Vergleich zu steigenden Skalenerträgen das umfassendere Konzept zur Beschreibung von Unteilbarkeiten dar. Das allgemeinere, sowohl steigende Skalenerträge als auch sinkende Durchschnittskosten beinhaltende Konzept zur Erfassung von Unteilbarkeitsphänomenen ist aber das Konzept der Subadditivität. Diese schließt auch den Fall von Fühlungsvorteilen (economies of scope) ein (s. u.).

350 Siehe zu den Formen und Ursachen von Größenvorteilen bei Rundfunkprogrammen *F. Kübler*, Konzentrationskontrolle, S. 9 ff.; *S. Brummel*, Konzentration, S. 41 ff.; *H. Gundlach*, Rundfunkunternehmen, S. 146 ff.; *P. Mailänder*: Konzentrationskontrolle, insbes. S. 166 ff., *Kommission zur Ermittlung der Konzentration im Medienbereich (KEK)*: Fortschreitende Medienkonzentration, S. 43 f.; *J. Ludwig*, Ökonomie, S. 92 ff.

351 Das Merkmal der Nichtrivalität bildet eine Sonderform von Subadditivitäten: Da bei nicht rivalisierenden Gütern die Grenzkosten, die bei einer Ausdehnung der Zahl der Nutzer oder Benutzer bei einem pro Person vorgegebenen Nutzungspotential anfallen, gleich Null sind, liegen bei nicht rivalisierenden Gütern die Grenzkosten durchgehend unterhalb der Stückkosten, und die Stückkosten fallen mit zunehmender Zahl der Nutzer/Benutzer kontinuierlich.

352 Siehe hierzu den Bericht der *Kommission zur Ermittlung der Konzentration im Medienbereich (KEK)*: Fortschreitende Medienkonzentration, S. 87 ff. (für Deutschland) und S. 385 ff. (für Großbritannien, Frankreich, Italien und die USA).

auch zur Standardisierung und Vereinheitlichung von Programminhalten[353] – mit den damit verbundenen Beeinträchtigungen der Vielfalt.[354]

Von den Größenvorteilen zu unterscheiden sind die so genannten *Fühlungsvorteile* (economies of scope). Diese ergeben sich, wenn die Produktion verschiedener Güter „in einer Hand“ geringere Kosten verursacht als eine separate Produktion der Güter. Ursache hierfür können Kuppelprodukte sein, die Nutzung von nicht voll ausgelasteten (unteilbaren) Anlagen für mehrere Produkte oder die nicht rivalisierende Nutzung von (öffentlichen) Gütern, die bei der Herstellung mehrerer Produkte benötigt werden. Solche Fühlungsvorteile spielen bei Rundfunkprogrammen ebenfalls eine erhebliche Rolle. Sie steigen mit der Produktpalette bzw. der Länge der Wertschöpfungskette. Für vertikal integrierte Rundfunkunternehmen, die Rundfunkprogramme sowohl produzieren als auch veranstalten und verbreiten, ergeben sich ceteris paribus höhere Fühlungsvorteile als für Rundfunkunternehmen, die nur auf einer Stufe der Wertschöpfungskette tätig sind. Und für Rundfunkunternehmen, die eine breitere Palette von Programmarten (etwa: Fernsehvollprogramme) produzieren, veranstalten oder verbreiten, ergeben sich ebenfalls höhere Fühlungsvorteile als für Unternehmen, die nur in einem engen Programmsegment tätig sind. – Unterscheidet man wie bei den Größenvorteilen auch bei den Fühlungsvorteilen zwischen solchen, die bei der Produktion auftreten, und solchen, die bei der Nutzung auftreten, so sind auch *Fühlungsvorteile der Nutzung* von Rundfunkprogrammen zu berücksichtigen. Diese ergeben sich z. B. daraus, dass die Investitionskosten (Gerätekosten) und/oder Transaktionskosten für den Rezipienten mit der Ausweitung der Art und Zahl der genutzten Programme nicht oder nur unterproportional ansteigen. Das Ausmaß solcher Fühlungsvorteile der Nutzung variiert mit bestimmten Faktoren, etwa der Universalität der Empfangsgeräte und dem Grad der Standardisierung der Bedieneroberflächen; es beeinflusst diese Faktoren andererseits aber auch.

Durch die o. a. Digitalisierung werden die bei der Produktion und Nutzung von Rundfunkprogrammen und anderen Medien bestehenden Fühlungsvorteile weiter verstärkt. Die Zwischen- und Endnutzung von (ohnehin nicht rivalisierenden) Inhalten in verschiedenen Rundfunkprogrammen, aber auch in anderen Medien wird dadurch technisch noch einfacher. Das führt erstens dazu, dass die Elemente der traditionellen Medien – Dienst, Netz und Endgerät – zunehmend entkoppelt und zu neuartigen, differenzierteren Medien zusammengesetzt wer-

---

353 Siehe hierzu *K.-D. Altmeppen*, Medienkommunikation, S. 264 ff.; *J. Wilke*, Internationalisierung.

354 Diese Wirkungen sind im Einzelnen von den Vertretern der sog. TV-Economics nachgewiesen worden. Siehe *B. M. Owen/J. H. Beebe./W. G. Manning*: Television Economics; *B. M Owen/S. S. Wildman*, Video Economics. Siehe auch *P. Mailänder*, Konzentrationskontrolle, S. 172 ff.

den können, wodurch sich zwischen die traditionellen Printmedien und die traditionellen elektronischen Medien des Hörfunks und Fernsehens vielfältige neue Angebotsformen schieben, die sich einander sehr viel stärker ähneln und zwischen denen auch stärkere Fühlungsvorteile bestehen als zwischen den traditionellen Medien Zeitungen/Zeitschriften, Fernsehen und Hörfunk.

Parallel zur Erhöhung der Artenvielfalt von Medienangeboten kommt es zweitens zu einer Ausdifferenzierung der Wertschöpfungsketten, sowohl der (digitalisierten) klassischen als auch der neu entstehenden digitalen Medien: Die bestehenden Wertschöpfungsstufen werden um neue, mehrwertschaffende Güter und Dienste erweitert (= Vertiefung der Wertschöpfungsketten), und vor und hinter, z. T. auch zwischen den bestehenden Wertschöpfungsstufen entstehen neue, mehrwertschaffende Güter und Dienste (= Verlängerung der Wertschöpfungsketten).[355] Durch diese horizontale Ausdifferenzierung der Wertschöpfungsketten werden die auf den einzelnen Wertschöpfungsstufen erbrachten Güter und Leistungen einander ähnlicher. Dadurch erhöhen sich – ähnlich wie durch die zuvor beschriebene (vertikale) Ausdifferenzierung der Medienangebote – die Größen- und Fühlungsvorteile, und für die auf den einzelnen Wertschöpfungsstufen tätigen Akteure erhöhen sich die Anreize zur horizontalen, vertikalen und diagonalen Konzentration.

Die horizontale Ausdifferenzierung der Wertschöpfungsketten führt aber auch dazu, dass die Akteure auf den einzelnen Wertschöpfungsstufen abhängiger werden von den wirtschaftlichen Entscheidungen der Akteure vor- und nachgelagerter Stufen. Diese Abhängigkeiten erklären sich u. a. aus den o. g. technischen Engpässen (bottlenecks) und der Notwendigkeit einheitlicher technischer Normen; eine wichtige Erklärung ist aber auch, dass aufgrund der dargestellten ökonomischen Ursachen, z. T. aber auch aufgrund wettbewerbspolitischer Versäumnisse der Vergangenheit, innerhalb der einzelnen Wertschöpfungsstufen monopolistische oder oligopolistische Angebots- und Nachfragestrukturen entstanden sind, die den Akteuren gegenüber den Akteuren der vor- und nachgelagerten Stufen eine hohe Marktmacht verschaffen.[356] Aufgrund

---

355 Siehe zu diesen Vertiefungen und Verlängerungen der Wertschöpfungsketten im Mediensektor etwa *St. Gutsch*, Strategien, S. 25 ff.; *St. Kleine-Erfkamp*, Marktakteure; *B. Konert*, Konvergenz, S. 7 ff.; *T. Hacker*, Vernetzung; *W. Schulz/W. Seufert/B. Holznagel*, Digitales Fernsehen, S. 52 ff.; *O. Schusser*, Wertschöpfungskette, S. 29 ff.; *A. Zerdick u. a.*, Internet-Ökonomie, S. 63 ff.. Die wichtigsten Akteure multimedialer Dienste in Deutschland werden beschrieben bei *R. Perillieux/G. Vogelsang*, Informationsgesellschaft, S. 461 ff. Für die Printmedien siehe die entsprechenden Darstellungen bei *N. Sennewald*, Massenmedien, S. 58; für multimediale (printmedien- und fernsehähnliche elektronische) Dienste siehe ebenda, S. 102 ff.

356 Unabhängig von der Kontrolle der Medienkonzentration sind deshalb gesetzliche Maßnahmen erforderlich, mit denen der Zugang zu vor- und nachgelagerten Wertschöpfungsstufen offen gehalten wird. Siehe hierzu etwa *G. Bender*, Cross-Media-Ownership; speziell für digitale Fern-

dieser hohen Abhängigkeit tritt bei den Medien, vor allem bei den digitalen Medien, neben die hohen Größen- und Fühlungsvorteile eine weitere ökonomische Ursache für die überdurchschnittlichen Anreize zur Konzentration: Die (vertikale) Integration bildet hier ein geeignetes Instrument, um sich vor opportunistischem Verhalten der Akteure benachbarter Wertschöpfungsstufen wirksam und transaktionskostenarm abzusichern.[357] Hieraus erklärt sich die Vielzahl der z. Zt. beobachtbaren Fusionen und Allianzen, vor allem zwischen den Content Providern (z. B. Rechtehändlern, Filmproduktionsfirmen, Redaktionen, Fernsehveranstaltern) und den Service Providern (z. B. Netzbetreibern und Betreibern der technischen Plattformen),[358] die beim Aufbau des digitalen Fernsehens und anderer digitaler Medien voneinander abhängig sind.[359]

Schließlich erhöhen auch die Unsicherheiten, die mit den technischen Veränderungen und den Veränderungen des Nutzerverhaltens für die Amortisation der (tendenziell hohen) Investitionen verbunden sind, die Anreize zur vertikalen und diagonalen Konzentration, die die Investitionsrisiken auf mehrere, mit unterschiedlichen Medieninhalten und -vertriebswegen handelnde Unternehmen verteilt.[360]

Bei *entgeltfinanzierten Fernsehvollprogrammen* werden die Tendenzen zur (vertikalen und diagonalen) Konzentration der Programmproduktion durch die Vervielfachung der Übertragungswege eher noch verstärkt: Da mit der Vervielfachung der Kanäle die Präferenzen der Rezipienten genauer angesprochen und somit die notwendigen Konsumentenrenten, also die über dem Gleichgewichtspreis liegenden Zahlungsbereitschaften, abgeschöpft werden können,[361] entwickeln sich im Bezahlfernsehen neue, zusätzliche Aktivitäten (Wertschöpfungsstufen). Z. B. müssen die Voraussetzungen für den Ausschluss nichtzahlungswilliger Zuschauer mit Hilfe von Verschlüsselungs- und Rechteverwal-

---

sehprogramme *M. König*, Einführung des digitalen Fernsehens, S. 66 ff.; *W. Schulz/W. Seufert/B. Holznagel*, Digitales Fernsehen, S. 91 ff.; *J. Thierfelder*, Zugangsfragen; *W. Schulz/D. Kühlers*, Zugangsregulierung.

357 Siehe hierzu *St. Gutsch*, Strategien, insbes. S. 81, und *D. Walter*, Preispolitik von Pay-TV-Anbietern.

358 Die aktuellen Kooperationen und Fusionen werden z. B. beschrieben bei *G. Roberts/L. Welter*, Fernsehstrukturen; *P. Cox*, Europas Fernsehmarkt; *Ch. Forrester*, Challenge; *H. Röper*, Medienunternehmen.

359 Für den Vertrieb der Software werden leistungsfähige und kostengünstige Vertriebswege und -systeme benötigt, diese besitzen für den Konsumenten aber nur einen Wert, wenn mit ihnen attraktiver Content (Software) empfangen werden kann. Siehe hierzu ausführlich *M. König*, Einführung des digitalen Fernsehens, oder *G. Bender*, Cross-Media-Ownership.

360 *I. Sjurts*, Deutsche Medienbranche, S. 245 ff.; *G. Bender*, Cross-Media-Ownership, S. 72 f.; *H. Schatz*, Veränderungen, S. 33, spricht von „Angstkartellen gegen die neue Unübersichtlichkeit."

361 Vgl. *J. Heinrich*, Medienökonomie, Bd. 2, S. 72; *D. Walter*, Preispolitik von Pay-TV-Anbietern, S. 4.

tungssystemen geschaffen werden; und die Kundenbindung muss mit entsprechenden Aktivitäten gesteuert und kontrolliert werden. Dies erfordert Abrechnungs- und Kundendatenverwaltungssysteme, deren Entwicklung hohe (Fix-)Kosten verursacht, die wiederum *Größenvorteile* mit sich bringen, da sie weitgehend unabhängig von der Zahl der Zuschauer bzw. Kunden sind. Dadurch besitzen entgeltfinanzierte Fernsehveranstalter noch höhere Möglichkeiten der Synergiegenerierung, ein noch höheres Reputationspotenzial und noch größere Möglichkeiten zur Einsparung von Transaktionskosten als werbefinanzierte Veranstalter.[362] Die für das werbefinanzierte Fernsehen festgestellten Größen- und Fühlungsvorteile und die damit verbundenen Konzentrationsanreize dürften beim entgeltfinanzierten Fernsehen deshalb sogar noch stärker sein.

Ebenso wie bei der Konzentration der Verteilwege scheidet auch bei der Konzentration der Produktion von (werbe- wie entgeltfinanzierten) Rundfunkprogrammen eine Selbstregulierung aus. Zum einen lassen sich die Nachteile, die mit der marktbeherrschenden Stellung eines Rundfunkveranstalters für andere Veranstalter und für Rezipienten verbunden sind, kaum qualifizieren, geschweige denn quantifizieren; zum anderen ist die Zahl der Beteiligten, speziell der betroffenen Rezipienten, so groß, dass horizontale Vereinbarungen unverhältnismäßige Transaktionskosten verursachen würden. Konzentrationskontrolle und -beschränkung ist deshalb nur als vertikale, hoheitliche Regulierung möglich, in Deutschland vor allem in Form des europäischen und nationalen Wettbewerbs- und Kartellrechts, mit dem Zusammenschlüsse, die zu einer marktbeherrschenden Position von Unternehmen führen, verhindert werden können, und in Form des Art. 26 Abs. 2 RfStV, der solche Zusammenschlüsse speziell für Fernsehveranstalter verbietet, falls die einem Unternehmen zurechenbaren Programme im Durchschnitt eines Jahres einen Zuschaueranteil von 30 % erreichen (wobei einem Unternehmen alle selbst veranstalteten Programme sowie alle Programme anderer Veranstalter zugerechnet werden, an denen es mit mindestens 25 % der Kapital- und Stimmrechtanteile (so genannte „Bagatellgrenze") beteiligt ist).[363] Damit bezieht sich der RfStV allerdings primär auf die Vermeidung horizontaler Konzentration; Bestimmungen zur Erfassung und Kontrolle einer vertikalen und vor allem einer diagonalen Konzentration von Fernsehver-

---

[362] Dies erklärt sich vor allem durch die Möglichkeit des Know-how-Transfers innerhalb der Produktpalette und die gemeinsame Kundendatenbasis, die von Rundfunkunternehmen mit einer tiefen Wertschöpfungskette (bspw. bei der Programmbeschaffung, der Produktion, der Programmierung und der Vermarktung der Inhalte) effizienter genutzt werden kann als von Unternehmen, die nur auf einer oder wenigen Wertschöpfungsstufen tätig sind. Siehe hierzu bspw *O. Schusser*, Wertschöpfungskette.

[363] § 26 Abs. 2 Satz 1 RfStV. Siehe hierzu ausführlicher *M. Kops*, Konzentrationsschranken; *M. Stock*, Konzentrationskontrolle.

anstaltern finden sich dort, abgesehen von der in § 26 Abs. 2 Satz 2 erwähnten Möglichkeit, die Stellung auf medienrelevanten verwandten Märkten einzubeziehen,[364] nicht.

6.1.2.1.2.3 Zwischenergebnis

Insgesamt lässt sich damit sowohl für das werbefinanzierte wie vor allem auch für das entgeltfinanzierte Fernsehen festhalten, dass die digitalisierungsbedingte Vervielfältigung der Übertragungskanäle nicht notwendigerweise auch zu einer Vervielfältigung der Programmangebote und Programmanbieter führt. Im Gegenteil verstärkt die technische Konvergenz die im Rundfunk ohnehin hohen Größen- und Fühlungsvorteile und damit ceteris paribus auch den Konzentrationsgrad auf der Anbieterseite. Hinzu kommen neue Formen technischer und administrativer „Flaschenhälse“, die als Marktzutrittsbarrieren ebenfalls konzentrationsfördernd wirken. Mehr Übertragungskanäle führen deshalb, anders als häufig vermutet, nicht notwendigerweise zu mehr Programmanbietern, mehr wirtschaftlichem Wettbewerb und mehr publizistischem Wettbewerb, sondern können umgekehrt dazu führen, dass jeder der wenigen Anbieter mehr Programme kontrolliert und dass die horizontale, vertikale und diagonale Konzentration steigt – mit den damit verbundenen Gefahren für die in Abschnitt 4.1.2.3.1. dargelegten verfassungsrechtlichen Ziele, insbesondere die Vielfalt des Angebotes und die kommunikative Chancengleichheit.

Wegen der Vielzahl der Beteiligten und der mangelnden Qualifizierbarkeit und Quantifizierbarkeit können diese konzentrationsbedingten Nachteile für andere Anbieter und für die Nachfrager/Rezipienten nicht durch eine marktliche „Selbstregulierung“, d. h. durch horizontale Vereinbarungen zwischen den betroffenen Marktteilnehmern, verhindert werden. Vielmehr bedarf es einer vertikalen, hoheitlichen Regulierung, wie sie für deutsche Fernsehveranstalter z. B. durch das Europäische Wettbewerbsrecht, das Deutsche Kartellrecht und – speziell für Fernsehanbieter – den RfStV vorgenommen werden.

---

[364] Gem. § 26 Abs. 2 Satz 2 RfStV bei auch einer „geringfügigen“ Unterschreitung der 30-Prozent-Grenze vorherrschende Meinungsmacht zu vermuten, sofern das Unternehmen auf einem medienrelevanten verwandten Markt eine marktbeherrschende Stellung hat oder eine Gesamtbeurteilung einen Meinungseinfluss ergibt, der einem Zuschaueranteil von 30 % entspricht. Um welche Märkte es sich dabei handelt und mit welchen Gewichten diese bei der modifizierten Berechnung der Marktobergrenze einzubeziehen sind, wird im RfStV nicht bestimmt.

6.1.2.1.3 Unteilbarkeiten bei Online-Diensten

6.1.2.1.3.1 Für Online-Dienste generell geltende Überlegungen

Es stellt sich die Frage, ob die für Fernsehprogramme feststellbaren Unteilbarkeiten auch für Online-Dienste gelten. Auch hierbei ist zwischen Unteilbarkeiten bei der Übertragung der Dienste und Unteilbarkeiten bei ihrer Produktion/ Nutzung zu unterscheiden.

Was die *Unteilbarkeiten bei der Übertragung* betrifft, so ist eine Differenzierung nach den verschiedenen Online-Diensten nicht erforderlich. Alle Dienste werden über das Internet übertragen. Die für die Übertragung verwendete Internet-Technologie und hier insbesondere das genutzte Datentransferprotokoll (Transmission Control Protocol/Internet Protocol) erfordert – anders als bei der Rundfunkübertragung – keine „Aufteilung“ des Übertragungsspektrums in verschiedene Frequenzbereiche; *technische Übertragungsknappheiten* spielen deshalb, abgesehen von der für einzelne Dienste noch unzureichenden Bandbreite der Leitungen, keine Rolle. Dagegen sind – wiederum für alle Online-Dienste und ungeachtet der zwischen ihnen bestehenden Besonderheiten - Mängel einer marktlichen Bereitstellung aufgrund von *Netzwerkexternalitäten* zu erwarten: Als „Netz der Netze“ verbindet das Internet viele Teilnetze miteinander. Diese werden heute mehrheitlich von privaten Unternehmen, so genannten Internet-Providern, betrieben, die ihren Kunden den Zugang zum Internet gegen Entgelt gewähren. Damit diese Kunden auch auf andere im Internet zusammengeschlossene Teilnetze zugreifen können, müssen die Internet-Provider mit den Betreibern dieser anderen Teilnetze Verträge abschließen.[365] Nur dadurch erreichen sie die globale Anschlussfähigkeit (global interconnectivity), die für das Internet noch viel wichtiger ist als für andere Netzgüter, etwa das Telefon.[366] Andererseits erzeugt die Notwendigkeit, zu allen Teilnehmern des Internet weltweit eine Verbindung herstellen zu können, einen starken Drang zur Konzentration auf dem Markt für Interkonnektivität.[367] Die damit verbundenen Vermachtungen können dazu führen, dass die Netzbetreiber bestimmte Diensteanbieter diskriminieren – wodurch die Unabhängigkeit und Vielfalt

---

365 *Monopolkommission*, Hauptgutachten 1998/99, S. 63

366 „Gerade weil das Internet genutzt wird, um Informationen nachzufragen (bzw. anzubieten), von denen man im Voraus nicht weiß, wo man sie finden kann (bzw. wer sie nachfragt), entsteht der wesentliche Wert nur durch die umfassende Interkonnektivität.“ (*ebenda*)

367 „Globale Interkonnektivität bieten nur wenige Unternehmen an. Im Fusionsverfahren vor den europäischen und US-amerikanischen Behörden beim Zusammenschluss von WorldCom und MCI 1998 wurde deutlich, dass es weltweit nur vier Unternehmen gibt, die eigenständig globale Interkonnektivität garantieren können, also mit allen anderen Netzen Verbindungsabkommen geschlossen haben.“ (*ebenda*)

dieser Dienste ähnlich gefährdet wird wie diejenige von Fernsehveranstaltern, die ihre Programme über monopolisierte bzw. oligopolisierte Kabelnetze verbreiten.[368]

Auch die *Unteilbarkeiten in der Produktion* sind, ungeachtet der bei den einzelnen Diensten bestehenden, weiter unten diskutierten Besonderheiten, grundsätzlich ähnlich hoch zu veranschlagen wie beim Fernsehen. Verantwortlich hierfür sind zum einen wiederum die hohen *Größenvorteile* in der Produktion und Nutzung der Dienste, zum anderen die hohen *Fühlungsvorteile*, die mit der nichtrivalisierenden Nutzung der Ressourcen, vor allem der Inhalte, verbunden sind. Durch die digitale Form, in der die Online-Dienste diese Inhalte produzieren, speichern und übermitteln, sind diese Fühlungsvorteile besonders hoch, ähnlich wie dies für das digitale Fernsehen im Vergleich zum analogen Fernsehen bereits beschrieben wurde. Damit bestehen hohe Anreize sowohl zu einer horizontalen Konzentration als auch und vor allem zu einer Integration der Online-Dienste-Anbieter mit Unternehmen, die auf vor- und nachgelagerten Wertstufen tätig sind (vertikale Konzentration) und mit Unternehmen, die in anderen Medienmärkten, etwa dem Rundfunk oder der Presse, tätig sind (diagonale Konzentration).

Die empirischen Befunde stützen diese Vermutung. Die nach Beendigung der Internet-Euphorie einsetzende Konsolidierung hat bereits dazu geführt, dass die Zahl der Online-Dienste, die sich nennenswerter Nutzerzahlen erfreuen und die sich langfristig und dauerhaft aus Werbung oder Entgelten finanzieren können, wesentlich hinter frühere Erwartungen zurückgefallen ist. Nach einer neuen Studie von Jupiter Media Metrix, dem führenden US-Unternehmen zur Messung und Analyse der Internet-Nutzung, hat sich z. B. in den USA die Zahl der Unternehmen, auf die 50 % der Gesamtzeit der Internet-Nutzung entfallen, zwischen März 1999 und März 2001 von 11 auf 4 verringert;[369] die Zahl der Unternehmen, die 60 % der Gesamtzeit auf sich vereinen, ging im gleichen Zeitraum noch stärker zurück: von 110 auf 14, was einer Abnahme um 87 % entspricht![370] Die Pressemeldung zu dieser Studie ist bezeichnend „Myth: Severe market dominance is impossible on the Internet because the number of potential online channels is infinite. Reality: Online media consolidation is occurring rapidly, especially when considering control of people's time online."[371] Auch die in der

---

368 Siehe hierzu oben, Abschnitt 6.1.2.1.2.1.

369 Davon entfielen auf AOL Time Warner Network 32.0%, auf Microsoft Sites 7.5%, auf Yahoo! 7.2% und auf Napster Digital P 3.6%. Siehe www.jmm.com/xp/jmm/press/2001/pr_060401.xml

370 Die Unternehmen und ihre Anteile an der Nutzung werden in der o. g. URL aufgelistet.

371 Weiter heißt es dort: "The Media Metrix data show an irrefutable trend toward online media consolidation and indicate that the playing field is anything but even," said Aram Sinnreich, Jupiter senior analyst. "The Internet may provide an opportunity for new players such as Micro-

Studie genannten Gründe für diese Konzentration (1. Fusionen zwischen Anbietern,[372] 2. ein gestiegener Qualitätsunterschied in den Online-Angeboten[373] und 3. Größenvorteile[374]) bestätigen unsere theoretisch abgeleiteten Vermutungen, die im Übrigen nicht spezifisch für die USA sind. Die von der Europäischen Tochtergesellschaft von Jupiter Media Metrix, Jupiter MMXI, für Dänemark, Deutschland, Frankreich, Italien, Norwegen, die Schweiz und Spanien erhobenen Daten belegen eine ähnliche Konzentration, und sie zeigen darüber hinaus, dass diese nicht nur innerhalb der einzelnen Länder auftritt, sondern das weltweite Angebot betrifft.[375]

Auch die durch unsere theoretische Analyse prognostizierbare, durch Fühlungsvorteile bedingte Tendenz zur diagonalen Konzentration kommt in diesen Daten zum Ausdruck. Die größten Anbieter von Online-Diensten, wie die gerade genannten Unternehmen Microsoft und Yahoo oder AOL-Time Warner, in Deutschland auch T-online, werden sämtlich von großen Medienkonzernen betrieben, die zugleich auf anderen Medienmärkten agieren, etwa als Fernsehproduzenten und -veranstalter, als Buch- und Zeitschriften-Verlage, als Netzbetreiber oder als Software-Hersteller.[376]

In Deutschland haben es vor allem die Zeitungs- und Zeitschriftenverleger verstanden, ihre Reputation erfolgreich ins Internet zu übertragen. Unter den durch die Informationsgemeinschaft zur Feststellung der Verbreitung von Wer-

---

soft or Yahoo! to become serious media companies, but so far a major share of the market is being absorbed by a handful of companies, with those same companies continuing to direct traffic across their own networks of sites. Media companies competing for the attention of consumers must consider that while the key barrier to online entry and success used to be infrastructure, it has shifted dramatically to advertising and marketing."

372 "First, mergers and acquisitions have turned already powerful companies into even more powerful media behemoths. For example, in March 1999 AOL and Time Warner were both among the 11 companies controlling 50 percent of all user minutes - ranked number one and 11, respectively. Today, AOL Time Warner, the product of their merger, is ranked number one." (ebenda)

373 "Second, major media companies have significantly increased their ability to differentiate online offerings through quality of presentation, intensity of marketing and integration with off-line programming. As the toolset for online programming has improved and budgets for Internet projects have climbed at traditional media companies, the quality gap between Internet-only offerings and those of their established off-line competitors has broadened." (ebenda)

374 "Lastly, economies of scale apply to online businesses as much as they do to off-line. As funding and stockholder patience have evaporated over the last year, online businesses without self-sustaining revenue models or potential cost-savings for their parent companies have spiraled toward extinction." (ebenda)

375 Beispielswiese gehören Microsoft und Yahoo in allen europäischen Staaten, in denen Jupiter MMXI Daten erhebt, zu den Top-Five-Anbietern. Siehe http://www.jmm.com/xp/jmm/press/2001/pr_062701.xml.

376 Siehe hierzu *L. Hachmeister/G. Rager*, Wer beherrscht die Medien? *D. M. Johns*, Wirtschaftsmacht Fernsehen.

beträgern e. V. (IVW) ausgewiesenen werbungführenden Websides finden sich z. B. bei den General-Interest-Angeboten im April 2001 unter den Top 20 vierzehn Zeitungs- und Zeitschriften-Marken, des Weiteren vier private Fernsehveranstalter.[377] Bei den Special-Interest-Angeboten und den Fachinformationen sind die Verhältnisse ähnlich.

Eine horizontale (Selbst-)Regulierung der mit dieser Konzentration verbundenen Mängel einer marktlichen Bereitstellung kommt aus den bereits beim Fernsehen beschriebenen Gründen nicht in Betracht. Deshalb bedarf es auch hier hoheitlicher Maßnahmen der Konzentrationskontrolle und -begrenzung. Im Gegensatz zum Fernsehen fehlen diese für Online-Dienste aber noch weitgehend. Zwar hat sich mittlerweile für die Messung der Marktanteile von Online-Diensten und -Anbietern ein differenziertes Instrumentarium herausgebildet;[378] eine Anpassung und Fortentwicklung der für die Konzentrationsmessung im Fernsehsektor entwickelten Instrumente, in Deutschland also z. B. des so genannten Marktanteilsmodells, und vor allem dessen Umsetzung in justitiable und konsensuale Gesetze steht aber noch aus.

6.1.2.1.3.2 Dienstespezifische Besonderheiten

Die hier dargestellten – und durch empirische Daten bestätigten – Sachverhalte gelten grundsätzlich für alle Online-Dienste, d. h. sowohl für die in der vorliegenden Studie explizit untersuchten Dienstearten, wie Portale, Suchmaschinen und Newsletter, als auch für Online-Dienste, die hier nicht explizit betrachten wurden, etwa für Online-Bibliotheken, Online-Spiele, elektronische Daten- und – Auskunftdienste, Special-Interest-Homepages oder elektronische Zeitungen und Nachschlagewerke.

Allerdings bestehen bei den einzelnen Online-Diensten Besonderheiten, die die bisherigen allgemeinen Überlegungen ergänzen und ggf. modifizieren. So sind etwa beim *Webcasting* die anfallenden Größenvorteile wegen der hohen Fixkosten dieses Dienstes eher noch höher zu veranschlagen als für Online-Dienste generell (wobei entgeltfinanzierte Anbieter durch das zusätzlich notwendige Kundenmanagement tendenziell wiederum noch höhere Größenvorteile erzielen als werbefinanzierte Anbieter). Auch die beim Webcasting anfallenden Fühlungsvorteile sind mit Blick auf die beim Webcasting angebotenen Zusatzdienste, die vom Zuschauer mit zu vernachlässigenden Transaktionskosten („just one mouse click") genutzt werden können, innerhalb von (hier aus der

---

[377] Siehe ivw.de; auch *J. Zimmer*, Werbeträger Internet, S. 302; die einzelnen Anbieter sind unten (Abschnitt 6.1.2.4.3) im Einzelnen genannt.

[378] Siehe z. B. das von Media Metrix entwickelte, unter www.jmm.com/xp/jmm/ beschriebene Instrumentarium.

Betrachtung ausgeklammerte) Dienstebündeln eher noch höher einzuschätzen als bei Online-Diensten generell.

Auch bei *Newsarchiven* treten besonders hohe Größenvorteile der Produktion und der Nutzung auf. So verursacht die Bereitstellung von bereits produzierten Nachrichtenmeldungen in einem Archiv, abgesehen von den Kosten für die Speicherkapazität und für die thematische Zusammenstellung, keine weiteren Aufwände. Die geringen Grenzkosten in der Produktion führen zu hohen Betriebsoptima, die ceteris paribus eine hohe horizontale Konzentration hervorrufen. Ähnliches gilt für die Fühlungsvorteile, die bei der Nutzung von Newsarchiven für andere Medien, vor allem wiederum: für andere Online-Dienste anfallen. Ebenso ist die Nutzung der Inhalte von *Portalen* nicht rivalisierend und damit mit hohen Größenvorteilen verbunden. Im Gegensatz zum Rundfunkbereich zeichnen sich die interaktiven Online-Dienste zwar aufgrund limitierter Serverkapazitäten durch positive Grenzkosten in der Übertragung aus, die den konzentrationsfördernden Größenvorteilen entgegenwirken; für die Internet-Portale mit ihren relativ geringen zu übertragenden Datenmengen dürfte dieser Aspekt allerdings nachrangig sein. Die Konzentrationstendenzen aufgrund von Größenvorteilen der Produktion und Nutzung sind deswegen (unabhängig von der Finanzierungsart) als ähnlich bedeutsam einzustufen wie beim Webcasting. Auch Fühlungsvorteile spielen für Portal-Anbieter eine wichtige Rolle. Das Geschäftsmodell der meisten Internet-Portale beruht geradezu auf der Möglichkeit, ohne Zusatzkosten eine größere Palette von Diensten anzubieten bzw. die Inhalte über mehrere Dienste zu vermarkten. Im Ergebnis resultiert aus diesen verschiedenen Unteilbarkeiten eine Tendenz zur horizontalen, vertikalen und vor allem diagonalen Konzentration der Portal-Anbieter.

Die reinen *Suchmaschinen*[379] sind ähnlich zu beurteilen wie die Portale. Technische Knappheiten bei den Übertragungswegen spielen hier ebenfalls keine Rolle, da die Übertragung der Suchdienstinhalte, bestehend im Wesentlichen aus Text und Hyperlinks, keine großen Bandbreiten erfordert. Hingegen fallen bei den Suchmaschinen im Internet erhebliche Größenvorteile an. In der Produktion resultieren diese zum einen aus der Fixkostendegression, die sich aus den hohen (output-unabhängigen) Kosten für die Entwicklung des Suchalgorithmus und der dafür erforderlichen Software sowie aus den zum Teil sprungfixen Kosten für die Hardware (Rechner und Leitungen) ergibt. Zum anderen ist die Entwicklung von Suchmaschinen durch erhebliche Lerneffekte

[379] Wir betrachten hier wiederum nur die Kernleistung des Dienstes, die in der (automatischen) Durchsuchung der Seiten des world wide web und deren redaktionell nicht bearbeiteter Ausweisung besteht, obwohl fast alle Anbieter dieses Dienstes ihre Produktpalette mittlerweile durch die redaktionelle Bearbeitung und durch andere Dienste (Chats, Mail-Funktionen, Newsletter u. ä.) erweitert haben.

geprägt, so dass die Kosten für die Erstellung der in der Datenbank verfügbaren Internet-Seiten und -Links mit zunehmender Größe der Datenbank und Erfahrung mit dem komplizierten Suchalgorithmus sinken. Ein Grund hierfür besteht in der Fähigkeit moderner Softwareprogramme, aus der Produktion fehlerhafter und hinsichtlich der Suchanfrage unbefriedigender Ergebnisse zu lernen und den Algorithmus kontinuierlich zu verbessern. Ähnlich groß sind bei Suchmaschinen die Größenvorteile in der Nutzung, wiederum begründet durch die fehlende Konsumrivalität dieses Dienstes. Fühlungsvorteile sind bei Suchmaschinen weniger bedeutsam als bei Diensten, bei denen die Inhalte auch von anderen Diensten verwertet werden können, sie spielen bei ihnen aber ebenfalls eine Rolle, weil die Entwicklung und Betreibung dieses Dienstes Ressourcen erfordert (z. B. EDV-Hardware und Programmierleistung), die auch auf anderen Wertschöpfungsstufen oder für die Produktion anderer Online-Dienste genutzt werden können. Hinzu kommen Fühlungsvorteile der Nutzung in Form von Transaktionskostenersparnissen, die sich für die Nutzer der Suchmaschinen ergeben, z. B. durch eine für mehrere Online-Dienste einheitliche Bedieneroberfläche oder durch die andere Dienste anbindenden Schnittstellen (etwa für Zwecke des Datentransfers).

Bei *Newsgroups* werden die Beiträge der Teilnehmer dem so genannten Newsgroup-Verwalter meist mit Hilfe spezieller Usenet-Software, per E-Mail oder über eine HTML-Eingabemaske zugeschickt und von diesem mehr oder weniger automatisiert über eine Plattform an die anderen Teilnehmer der Newsgroup weitergeleitet. Die Kommunikation erfolgt also in der Regel nicht in Echtzeit. Die eingebrachten Beiträge sind, dieser geringen „Dynamik" entsprechend, meist umfangreicher und detaillierter als bei anderen Online-Diensten, bspw. bei Internet-Chats. Newsgroups dienen deshalb in der Regel auch mehr der Information und der fachlichen Kommunikation als der Unterhaltung, und übertragen werden nur mehr oder weniger kurze Textnachrichten. Technische Übertragungsengpässe bestehen, anders als bei anderen Online-Diensten, etwa dem Webcasting, bei Newsgroups deshalb nicht. Für die Untersuchung und Bewertung der bei Newsgroups anfallenden Größenvorteile ist wegen des hohen Grades der Interaktivität eine genauere Analyse des konkreten Dienstes notwendig. So setzt sich der Wert einer Newsgroup für den Nutzer aus zwei Bestandteilen zusammen: zum einen aus der interaktiven Beteiligung, also der Möglichkeit, mit anderen Nutzern über ein bestimmtes Thema (oder auch offen) zu kommunizieren, zum anderen aber auch aus dem Informations- und vielleicht auch Unterhaltungswert, den Newsgroups den Mitgliedern stiften, die sich nicht mit eigenen Beiträgen an der Kommunikation beteiligen, sondern auf die Lektüre der News anderer Mitglieder beschränken. Für diesen letzteren Kreis gelten die schon bei den anderen Dienstetypen in diesem Zusammenhang festgestellten hohen Größenvorteile infolge fehlender Konsumrivalität und einer starken Fixkostendegression output-unabhängiger Kosten der technischen und administrativen Infrastruktur.

Die interaktive Komponente bei denjenigen Mitgliedern der Newsgroups, die sich aktiv am Nachrichten- und Meinungsaustausch beteiligen, sind differenzierter zu beurteilen. Grundsätzlich steigt auch hier aufgrund positiver Netzwerkexternalitäten der Nutzen eines jeden Teilnehmers mit der Zahl der Teilnehmer zunächst an. Der Nachrichten- und Meinungsaustausch innerhalb einer Newsgroup stiftet den Mitgliedern allerdings nur solange einen Nutzen, solange die kommunizierten Beiträge von den Mitgliedern rezipiert und auch hinsichtlich ihres Informationswertes beurteilt werden können. Ist dies aufgrund einer zu großen Zahl von Mitgliedern und/oder Beiträgen pro Mitglied nicht mehr der Fall (und auch durch zusätzliche transparenz- und reputationsbildende Maßnahmen des Betreibers der Newsgroup nicht zu gewährleisten), so fällt der Nutzen der Newsgroup wieder ab. D. h. für Newsgroups ist von einer endlichen „optimalen Clubgröße" auszugehen.[380] Die Größenvorteile von Newsgroups (wie im Übrigen auch anderer Online-Dienste, wie z. B. von Chat-Diensten) sind deshalb geringer zu veranschlagen als bei Diensten, die keine oder wenige interaktive Elemente beinhalten. Hinsichtlich der bei Newsgroups auftretenden Fühlungsvorteile der Produktion und Nutzung gelten die für die anderen Online-Dienste, speziell die für Suchmaschinen, dargelegten Überlegungen.

Bei *Audio-/Music-on-Demand* werden technische Übertragungsknappheiten aufgrund der zügig ausgebauten Bandbreiten und der Ausstattung mit der notwendigen Infrastruktur (Multimedia-PCs und Abspielgeräte) in Kürze keine Rolle mehr spielen. Unteilbarkeiten bestehen allerdings auch bei diesen Diensten wiederum in Form von Größenvorteilen. In der Produktion bzw. der Bereitstellung von Audiodateien ergeben sich diese aus den hohen Kosten für die Urheberrechte, die z. T. unabhängig von der Ausbringungsmenge oder degressiv gestaffelt sind, und aus den Fixkosten für Marketing und Betrieb bzw. Softwareentwicklung der Demand-Plattform. Die fehlende Rivalität in der Nutzung der Dienste führt auch hier zu Grenzkosten von Null und dementsprechend zu Größenvorteilen. Hierzu kommen Fühlungsvorteile der Nutzung, weil die Transaktionskosten pro abgerufener Audio-/Video-Datei mit der Zahl der von auf einer

[380] Es handelt sich hier um ein Beispiel für die auch bei Netzwerkgütern bestehenden, in der New Economy häufig übersehenen Wachstumsgrenzen. Siehe hierzu allgemein *A. Zerdick u. a.*, Die Internet-Ökonomie, S. 214 f. Bei einer festgelegten durchschnittlichen Zahl von beigesteuerten Beiträgen pro Mitglied wäre die Klubgröße durch die Zahl der Mitglieder der Newsgroup auszudrücken. Siehe zur ökonomischen Klubgütertheorie allgemein *R. Cornes/T. Sandler*: Theory; zur Nutzbarmachung der Klubgütertheorie für die Optimierung der regionalen und thematischen Verbreitung von Medien siehe *K.-H. Hansmeyer/M. Kops*, Klubgüter.

Plattform angebotenen Dateien fallen. Nicht zuletzt aus diesem Grund versuchen die Anbieter dieses Dienstes deshalb, eine möglichst breite Palette von Dateien zum Download bereitzustellen – bei Musiktiteln auch unabhängig von dem Label bzw. Verlag, bei dem sie erschienen sind.[381]

6.1.2.1.3.3 Zwischenergebnis

Als Zwischenergebnis lässt sich festhalten, dass bei Online-Diensten *technische Übertragungsknappheiten* eine marktliche Bereitstellung nicht behindern, die notwendige globale Interkonnektivität von Online-Diensten aber – als typischer Netzeffekt – zu einer starken Konzentration der Netzbetreiber führt. Zudem spielen *Größenvorteile* bei Online-Diensten, bei denen die Kosten nicht oder nur geringfügig mit der Zahl der Nutzer variieren, eine ebenso große Rolle wie bei Fernsehprogrammen. Da die Inhalte von Online-Diensten häufig für weitere Dienste genutzt werden, ergeben sich außerdem *Fühlungsvorteile.* In der Produktion eröffnen sich diese, wie beim Fernsehen schon angesprochen, insbesondere durch die Digitalisierung, die es erlaubt, Inhalte kostengünstig in unterschiedlichen Versionen, d. h. hier: für die Verwertung in unterschiedlichen Medien, aufzubereiten (sog. Versioning).[382,383] Fühlungsvorteile lassen sich aber z. B. auch bei der Vermarktung erzielen, indem die einzelnen Inhalte unter einer Marke gebündelt und dadurch dem Nutzer Transaktionskosten erspart und Reputationsgewinne erzielt werden. Insofern sind für Online-Dienste ähnliche Konzentrationstendenzen anzunehmen wie für Fernsehveranstalter. Die empirischen Befunde stützen diese Vermutung: Nach einer Studie von Jupiter Media Metrix hat sich z. B. in den USA die Zahl der Unternehmen, auf die 50 % der Gesamtzeit der Internet-Nutzung entfallen, zwischen März 1999 und März 2001 von 11 auf 4 verringert; die Zahl der Unternehmen, die 60 % der Gesamtzeit auf sich vereinen, ging im gleichen Zeitraum noch stärker zurück: von 110 auf 14, was einer Abnahme um 87 % entspricht! Eine horizontale (Selbst-)Regulierung der mit der hohen Konzentration verbundenen Mängel einer marktlichen Bereitstellung von Online-Diensten kommt, aus den schon beim Fernsehen beschrie-

---

[381] Bertelsmann und Napster versuchen demzufolge, in die zu errichtenden Plattformen alle großen Musikverlage zu integrieren. Vgl. o. V. „Edel Music beteiligt sich an Allianz Napster-Bertelsmann“, in: *Die Welt* v. 4. 1. 2001.

[382] So ist es bspw. möglich, die gleichen Inhalte in Portalen, Newslettern, elektronischen Zeitungen, elektronischen Datenbanken und Linklisten anzubieten und diese Angebote durch interaktive Dienste, wie Chats, E-Mail-Dienste oder Foren, zu ergänzen. Vgl. *A. Zerdick* u. a., Internet-Ökonomie, S. 187 ff.; *C. Shapiro, H. R. Varian*, Information Rules, S. 53 ff.

[383] Weil dies auch den Aufbau neuer Marken erleichtert, indem die für einen Dienst erlangte Reputation auf andere Dienste übertragen wird, investieren die großen privaten Fernsehsender, wie RTL, SAT1 und Pro7, derzeit viel Kapital in den Aufbau ihrer Internet-Auftritte.

benen Gründen, nicht in Betracht; und für eine hoheitliche Regulierung fehlen in Deutschland, anders als beim Fernsehen, noch weitgehend die gesetzlichen Grundlagen.

6.1.2.2 Fehlende Ausschließbarkeit

6.1.2.2.1 Grundsätzliche Bemerkungen zum Marktmangel

Ausschließbarkeit heißt, dass es für den privaten Bereitsteller eines Gutes technisch möglich und wirtschaftlich[384] ist, nicht zahlenden Nutzern den Konsum des Gutes vorzuenthalten. Ist diese Voraussetzung nicht erfüllt, werden die Nutzer kein Entgelt entrichten und das Gut wird am Markt nicht bereitgestellt, weil private Unternehmen damit keinen Erlös erzielen können. Es bedarf dann einer hoheitlichen Bereitstellung und (Zwangs-)Finanzierung durch den Staat (vertikale Steuerung) oder zumindest einer hoheitlichen Unterstützung des privatwirtschaftlichen Ausschlusses, etwa indem den privaten Anbietern hoheitliche Rechte überlassen werden, die ihnen einen Ausschluss ermöglichen bzw. die damit verbundenen Transaktionskosten verringern (regulierte Selbststeuerung).[385]

Allerdings können durch eine Verbesserung der Ausschlusstechniken oder geeignete gesellschaftliche Arrangements, möglicherweise auch durch eine „soziale" Regulierung (wirksame Sanktionierung von Trittbrettfahrer-Verhalten) zunächst nicht ausschließbare Güter zu ausschließbaren Gütern werden. Durch Mautstationen kontrollierte Autobahnen, durch elektronische Mautschranken kontrollierte innerstädtische Straßen und kopiergeschützte Computerprogramme sind Beispiele für solche Güter. Die hierbei von den Anbietern entwickelten Verfahren der Zugangssicherung, des Diebstahls- und Kopierschutzes etc. sind als Formen der Selbstregulierung des Marktes anzusehen.

Eine andere Möglichkeit besteht darin, ein nicht ausschließbares Gut untrennbar mit einem ausschließbaren Gut zu verbinden. Über das Kuppelprodukt ist dann auch der (indirekte) Ausschluss des direkt nicht ausschließbaren Gutes möglich - und damit auch dessen marktliche Bereitstellung. Allerdings verursacht die Bildung solcher Bündel aus ausschließbaren und nicht ausschließbaren Gütern (die „Verkopplung") möglicherweise erhebliche Transaktionskosten. Außerdem sind die Bereitstellungsergebnisse nicht präferenzgerecht, d. h. sie entsprechen nicht den Wünschen der Nachfrager, die die im Bündel ge-

---

384 Wirtschaftlich heißt im vorliegenden Zusammenhang, dass die Vorteile der privatwirtschaftlichen Bereitstellung nicht durch die (Transaktions-)kosten des Ausschlusses aufgezehrt werden.

385 Die Übergänge zwischen vertikaler Steuerung und regulierter Selbststeuerung sind damit fließend.

koppelten Güter lieber separat und in anderen Mischungsverhältnissen konsumieren würden.

6.1.2.2.2 Fehlende Ausschließbarkeit bei werbefinanzierten Fernsehvollprogrammen?

Mit dem Anstieg der Wirtschaftskraft und der Zahl der Rundfunkteilnehmer wurden in den siebziger Jahren auch in Deutschland die Stimmen lauter, die eine privatwirtschaftliche Bereitstellung von (werbefinanziertem) Rundfunk forderten, wie er in anderen Ländern, insbesondere in den USA, zu dieser Zeit schon üblich war. Dabei wird das gegenüber den Zuschauern nicht ausschließbare Programm entgeltfrei bereitgestellt und die dadurch erzielte Aufmerksamkeit der Zuschauer an die werbetreibende Wirtschaft verkauft. Diese versucht, hauptsächlich mit Hilfe von Werbespots, die zwischen den einzelnen redaktionellen Sendungen (z. T. aber auch in den hierfür eingefügten Programmunterbrechungen) ausgestrahlt werden, „Werbebotschaften" zu verbreiten, die den Absatz der beworbenen Produkte und damit letztlich die Erlöse der Werbetreibenden steigern.[386] Der Ausschluss wird von den Fernsehveranstaltern also nicht gegenüber den Zuschauern angewandt, sondern gegenüber der Werbung treibenden Wirtschaft, gegenüber der dies ohne größere Transaktionskosten und ohne hoheitliche Unterstützung möglich ist.[387] Als ausschließbares Gut fungiert dabei nicht das Programm, sondern die durch das Programm geschaffene Zuschaueraufmerksamkeit.

Damit die Ziele der Werbetreibenden erreicht werden (und diese eine möglichst hohe Zahlungsbereitschaft für das Gut „Zuschaueraufmerksamkeit" an den Tag legen), muss das Programm möglichst eng mit den Werbebotschaften verkoppelt werden. Andernfalls beschränkt sich die Zuschaueraufmerksamkeit auf das redaktionelle Angebot, und die Werbung verfehlt ihren Zweck. Deshalb werden bei der so genannten Spotwerbung die Werbeblöcke beispielsweise in Spielfilmen u. ä. unmittelbar vor einem Spannungshöhepunkt platziert, so dass die Zuschauer im Bemühen, diesen Höhepunkt nicht zu verpassen, darauf verzichten, während der Werbung auf einen anderen Kanal umzuschalten. Eine noch engere Kopplung kann durch „programmintegrierte" Fernsehwerbung

---

386 Aufgrund der komplizierten Zusammenhänge zwischen Werbekontakt und davon ausgehenden Wirkungen auf Einstellungen und Verhaltensweisen der Zuschauer ist der Werbeerfolg allerdings nur schwer messbar. Die Werbeagenturen beschränken sich daher im Wesentlichen auf den Nachweis hergestellter Werbekontakte, siehe *D. Prokop*, Der Medienkapitalismus, S. 240 ff.; zu den methodischen Problemen im Detail *J. Spanier*, Werbewirkungsforschung; *A. v. Engelhardt*, Werbewirkungsmessung *M. Baldauf/St. Müller*, Fernsehforschung; *H. Zehetner*, Medienforschung.

387 *M.-L. Kiefer*, Das Publikum als Kunde, S. 432.

erzielt werden, wie z. B. durch Sponsoring, Product Placement, Programm-Bartering, Game-Shows, Teleshopping, redaktionelle Hinweise oder Split-Screen Commercials.[388] Die meisten dieser Werbeformen sind in Europa durch nationale Bestimmungen der Mitgliedstaaten und auch durch die europäische Fernsehrichtlinie zwar reguliert, die Kontrolle der Einhaltung der Regeln erweist sich aber in der Praxis als schwierig.[389]

Aufgrund der Kopplung von Werbung und Programm unterscheiden sich die von den Werbungtreibenden an die Programmstrukturen und -inhalte gestellten Anforderungen wesentlich von den Wünschen der Zuschauer. Das Programm muss entsprechend der Zielsetzung der Werbetreibenden nämlich so gestaltet werden, dass möglichst viele Einheiten der beworbenen Produkte verkauft werden, indem

a. die Aufmerksamkeit möglichst vieler Zuschauer auf diese Produkte gelenkt wird,
b. die Aufmerksamkeit möglichst derjenigen Zuschauer auf die Produkte gelenkt wird, die durch Werbung zum Kauf von Produkten bewogen werden können, und
c. möglichst viele dieser Zuschauer durch das Programm zum Kauf der beworbenen Produkte veranlasst werden.

Der Wunsch der Zuschauer nach einem ihren Präferenzen möglichst nahe kommenden Programmangebot spielt damit für die Zielsetzungen der Werbetreibenden (und damit auch für die Programmgestaltung durch die werbefinanzierten Fernsehveranstalter) zwar eine Rolle (weil die Zahl der erreichten Zuschauer auch durch die Präferenzengerechtigkeit des Programms beeinflusst wird), allerdings nur als einer von mehreren Faktoren (z. B. die bei den verschiedenen Bevölkerungsgruppen unterschiedliche Werbeaversion und Bereitschaft zur Werbevermeidung, etwa zum Zapping,[390] der Grad der Werbeempfänglichkeit,

---

388 Zum Begriff und den Formen programmintegrierter Fernsehwerbung siehe *O. Schaar*, Fernsehwerbung.

389 „Der Erfolg zukünftiger europäischer Fernsehpolitik wird sich daran messen lassen müssen, inwieweit diese in der Lage ist, dem kontinuierlichen Zusammenwachsen der Komponenten Werbung und Programm einen Riegel vorzuschieben. Der aktuell bereitgestellte Rechtsrahmen erweist sich hierbei jedenfalls als nur ein wenig überzeugend: Der Herausforderung, welche die Diversifikation und explosionsartige Entwicklung neuer programmintegrierter Werbeformen bedeutet, begegnet die Fernsehrichtlinie mit einem Regelungsinstrumentarium, das vor allem wegen seiner schwerpunktmäßigen Ausrichtung auf die klassische Spotwerbung weder in der Lage ist, den beschriebenen Problembereich auch nur annähernd zu erfassen, noch, ihn einer recht- und zweckmäßigen Regulierung zu unterstellen."; *O. Schaar*, Fernsehwerbung, S. 291.

390 In der unlängst durch das Münchner Institut für Jugendforschung erstellten Studie „Youth Browser 2001" wurde z. B. festgestellt, dass diese Bereitschaft bei Jugendlichen besonders hoch ist: 50 % der befragten Jugendlichen gaben dort an, Werbung im Privatfernsehen durch Wegzappen oder einen Gang zur Toilette zu vermeiden.

die unterschiedliche Kaufbereitschaft und Kaufkraft u. ä.). Rundfunkprogramme, die aufgrund ihrer Thematik nur wenige Zuschauer erreichen, kommen im werbefinanzierten Fernsehen deshalb ebenso zu kurz wie Programme, die sich an Menschen wenden, die für Werbebotschaften nicht empfänglich sind (z. B. manche ältere Menschen mit festen Verbrauchsgewohnheiten) oder Programme, die besonders für Menschen von Interesse sind, die im Fernsehen beworbene Produkte nicht kaufen (können).[391]

Wegen der Quoten- und Verkaufsorientierung und der dadurch im Vordergrund stehenden Zielsetzung, die Aufmerksamkeit der Zuschauer zu gewinnen und zu erhalten, sind die Programminhalte und -formen werbefinanzierter Veranstalter zudem hinsichtlich bestimmter subtiler und nur schwer nachweisbarer Merkmale gesellschaftspolitisch problematisch – z. B. im Hinblick auf die hohe Konsumorientierung[392] und Affektivität der Programme (etwa durch sexuelle Reize[393] und Gewalt,[394] die Verletzung gesellschaftlicher Tabus und individueller Persönlichkeitsrechte und durch Verstöße gegen die Menschenwürde)[395] und im Hinblick auf die Ausblendung konsumkritischer,[396] vielfaltsteigernder[397] und komplizierter[398] Themen. Nachteilig ist zudem, dass werbefinanzierte Rundfunkprogramme von den Zuschauern als „kostenlose" Güter angesehen und im

---

391 Siehe zu den Rückwirkungen auf die Programminhalte *J. Thomann*, Schau keinen, und *B. Diekmann/H. Kistler*, TV Hören &Sehen 1998, Nr. 16.

392 „Schließlich lenkt die Werbung das Interesse und die Begierde ständig auf Modetrends oder singuläre Movitäten. Insgesamt werden dadurch Orientierungen und Wertigkeiten lanciert, die weit über den Kauf hinausgehen und generellen ′Konsumismus′ ständig bekräftigen" (*H.-D. Kübler*, Mediale Kommunikation, S. 92; siehe zur Problematik auch *H. Rust*, Theorie der Werbung, S. 155 ff.; *T. Brinkmann*, Probleme der Marktregulierung, S. 160). Besonders problematisch ist dies für Kinderprogramme; siehe dazu am Beispiel des US-Kinderfernsehens *Ch.-M. Ridder*, MP 1997, S. 31 ff.

393 Siehe z. B. *K. Tozzer*, „Sex sells".

394 Siehe hierzu vor allem *J. T. Hamilton*, Channeling Violence, der die für die Fernsehveranstalter bestehenden Anreize zur Darstellung von Gewalt aufzeigt („If it bleeds, it leads"). Provokativ *D. Grossman/G. DeGaetona*, Stop Teaching Our Kids to Kill.

395 In Deutschland wurde die Problematik mit Bezug auf die nachmittäglichen „Talkshows" (*R. Albert u. a.*, Tyrannei; *B. van Einerem/H. Gerhard*, Talkshows; *T. P. Gangloff*, Journalist 1999, Nr. 7, S. 52 ff. *U. Di Fabio*, Menschenwürde) und die Ausstrahlung der ersten Staffel der so genannten Real Life Soap „Big Brother" (*H. Hartwig*, „Big Brother"; *U. Hinrichs*, „Big Brother"; *J. Haberer*, Freiheit, *D. Dörr*, Big Brother) diskutiert.

396 *T. Brinkmann*, Probleme der Marktregulierung, in: *H. D. Assmann* (Hrsg.), Offene Demokratie, S. 160.

397 Siehe ebenda.

398 In diese Richtung weist die Kritik an einer zunehmenden Verquickung von Information und Unterhaltung (unter dem Stichwort der „Boulevardisierung" z. B. kritisiert von *U. M. Krüger*, MP 1996, S. 362 ff.). Siehe ausführlich zum Problem auch *I. Hamm*, Bericht zur Lage des Fernsehens, insbes. S. 75 ff. und S. 91 ff.

Vergleich zu anderen, dem Ausschlussprinzip unterworfenen Medienprodukten (wie z. B. Büchern oder Kinoaufführungen), aber auch im Vergleich zu allen anderen entgeltlichen Gütern und Aktivitäten „übernutzt" werden.[399]

Die Werbefinanzierung ermöglicht damit zwar eine privatwirtschaftliche Bereitstellung von Rundfunkprogrammen, die gewichtige Vorteile (Effizienz, Innovationskraft, Präferenzengerechtigkeit für die Werbetreibenden etc.) beinhaltet; hierfür müssen aber auch eine Reihe von Nachteilen in Kauf genommen werden, die ökonomisch als Folgen der fehlenden direkten Ausschließbarkeit von Rundfunkprogrammen anzusehen sind. Von der Ökonomie sind diese Wirkungen, mit denen sich die Publizistik, die Kommunikationswissenschaft und die Medienforschung unter der Bezeichnung *„negative Programmstruktureffekte"* bzw. allgemeiner: *„Angebotsstruktureffekte"* ausführlicher beschäftigt hat,[400] bisher allerdings kaum als Folgen fehlender direkter Ausschließbarkeit, d. h. letztlich als Marktmangel erkannt worden.[401]

Die gesellschaftspolitische Bedeutsamkeit dieses Marktmangels ist schwer zu bestimmen. Deshalb ist auch die im Anhang zu unserer Studie vorgenommene Quantifizierung, in der wir davon ausgehen, dass die zur Lösung der Ausschlussprobleme herangezogene Werbefinanzierung erhebliche programmstrukturbedingte Marktmängel verursacht, mit Fragezeichen zu versehen. Unseres Erachtens sollte dieser Frage eine intensivere wissenschaftliche und politische Aufmerksamkeit gewidmet werden, auch wenn wissenschaftliche, insbesondere

---

399 Unter Berücksichtigung der Zeit- bzw. Opportunitätskosten, die den Rezipienten durch die Nutzung entstehen, sind werbefinanzierte Rundfunkprogramme so genannte „Allmendegüter", die zwar im Konsum rivalisieren, bei denen aber kein Ausschluss vorgenommen wird. Solche Güter werden über das ökonomisch sinnvolle Maß hinaus genutzt („übernutzt"), weil ihre relativen Preise die ökonomischen Knappheitsverhältnisse nicht korrekt widerspiegeln, sondern im Vergleich zu den Preisen von Gütern, bei denen das Ausschlussprinzip angewandt wird, zu gering sind; siehe allgemein hierzu etwa *R. Hardin*, Science, Nr. 162, 1243 ff.; *C. B. Blankart*, Öffentliche Finanzen, S. 61 ff.; mit Bezug zu Rundfunkprogrammen auch *K.-D. Altmeppen*, Medienkommunikation, S. 268 ff.

400 Siehe *U. Wurth*, Programmstruktureffekte; *E. Noam*, Public Choice 1987, S. 163 ff.; *A. Schmitz*, Rundfunkfinanzierung, S. 185 ff.; *Ch. Wegener*, Informationsvermittlung; *M. L. Kiefer*, Medienökonomik, S. 296 ff.; *dies.*, Publizistik, Sonderheft 2/1998, S. 97 ff.; *J. Heinrich*, Medienökonomie, S. 277 ff.

401 Der *Wissenschaftliche Beirat beim Bundesministerium für Wirtschaft und Technologie* beispielsweise erwähnt in seinem „Gutachten über eine *Offene Medienordnung*" (unter der lfd. Nr. 42) als Nachteile einer Werbefinanzierung des Fernsehens lediglich die folgenden „Auswüchse": „Die Veranstalter widerstehen manchmal nicht der Versuchung, die Trennung von Werbung und Programm aufzuheben. Dann werden Markenartikel in einer Weise platziert, die deren Nachfrage steigern soll. Manchmal nimmt das Werbefernsehen auch Einfluss auf den Charakter des Ereignisses, über das es berichtet. So haben viele Sportverbände in den vergangenen Jahren ihre Regeln so geändert, dass Werbeunterbrechungen weniger stören und das, was darin geboten wird, mehr Aufmerksamkeit erhält."

quantitative Untersuchungen in diesem Bereich durch die erheblichen methodischen Probleme erschwert werden, die den Bereich der Medienwirkungsforschung generell kennzeichnen.[402]

6.1.2.2.3 Fehlende Ausschließbarkeit beim entgeltfinanzierten Fernsehen?

Durch die technologische Entwicklung auf dem Gebiet der Verschlüsselungstechnik lassen sich Fernsehprogramme mittlerweile von den privatwirtschaftlichen Bereitstellern unschwer verschlüsseln, so dass sie nur von zahlungsbereiten Rezipienten empfangen werden können. Ausgehend von einer zunächst vollständig fehlenden Ausschließbarkeit (die eine vertikale Regulierung qua hoheitlicher Nutzungs- und Finanzierungsregeln erforderte) und dem gerade beschriebenen – mängelbehafteten – Ausschluss des Kuppelprodukts Werbung gelingt es dem Markt somit mittlerweile, durch ausschließlich horizontale Vereinbarungen zwischen den Marktpartnern das Ausschlussprinzip durchzusetzen. Fehlende Ausschließbarkeit ist für Fernsehveranstalter heute somit kein Marktmangel mehr, der eine marktliche Bereitstellung verhindert würde. Entgeltfinanzierte Programme werden deshalb mittlerweile auch in zunehmendem Umfang angeboten.

Vom entgeltfinanzierten Fernsehen werden auch diejenigen Zuschauer versorgt, die nicht oder wenig empfänglich für Werbebotschaften sind, ansonsten aber ein erkennbares Präferenzprofil und eine hohe Zahlungsbereitschaft aufweisen. Auch die beim werbefinanzierten Fernsehen mit dem Verkauf von Aufmerksamkeit an kaufstarke Zuschauergruppen verbundenen *negativen Programmstruktureffekte* finden sich beim Bezahlfernsehen nicht. Überdies schlagen sich beim entgeltfinanzierten Fernsehen, in der Variante des sog. Pay-per-View, bei der jede Sendung einzeln abgerufen wird und bezahlt werden muss, die zwischen den Programmen bestehenden Wertunterschiede für die Zuschauer nieder (während beim werbefinanzierten Fernsehen aufgrund der fehlenden Preise solche Wertunterschiede nicht sichtbar werden).

Allerdings tendieren auch entgeltfinanzierte Programmanbieter dazu, die Präferenzen der Zuschauermehrheiten in den Mittelpunkt ihrer Programmpolitik zu stellen, weil Minderheitenprogramme – den Marktgesetzen folgend – nur zu Preisen angeboten werden können, die häufig die Zahlungsbereitschaft der (wenigen) Zuschauer übersteigen, vor allem wenn – wie in Deutschland – ein umfangreiches Angebot von entgeltfreien (öffentlich-rechtlichen) Programmen existiert. Damit werden auch vom kommerziellen entgeltfinanzierten Fernsehen die Programminteressen zahlungsschwacher Minderheiten vernachlässigt, was im Licht der oben dargestellten verfassungsrechtlichen Anforderungen an die deut-

---

402 Siehe hierzu *H.-D. Kübler*, Mediale Kommunikation, S. 69 ff.

sche Rundfunkordnung sowohl unter allokativen als auch unter distributiven Gesichtspunkten kritisiert werden muss.[403] Diese Fokussierung auf Mehrheitsinteressen ist umso stärker, je größer das Programmbündel ist, das gemeinsam in einem „Kanal“ angeboten wird und per Abonnementpreis zu bezahlen ist (Pay-per-Channel).

Da die Präferenzengerechtigkeit des entgeltfinanzierten Fernsehens aber sowohl beim Pay-per-Channel als vor allem auch beim Pay-per-View höher ist als diejenige des werbefinanzierten Fernsehens, verwundert es auf den ersten Blick, dass die meisten Fernsehzuschauer in Deutschland die Werbefinanzierung (als allokativ mangelhafter Form der Selbstregulierung) einer mittlerweile technisch möglichen Entgeltfinanzierung (als der allokativ überlegenen Form der Selbstregulierung) weiterhin vorziehen. Die Entscheidung wird verständlicher, wenn man sie als Nutzen-Kosten-Analyse versteht, bei der die Zuschauer das entgeltfinanzierte Fernsehen nur dann akzeptieren, wenn dieses ihnen subjektiv einen positiven Netto-Nutzen (als Saldo von Nutzen und Kosten) beschert. Dabei haben sie als Nutzen des Entgeltfernsehens in erster Linie das zusätzlich verfügbare Programmangebot zu berücksichtigen, dessen Nutzen von der Art und Menge der bereitgestellten Bezahlprogramme abhängt. Daneben wird der Nutzen aber auch von der – subjektiv sehr unterschiedlichen – Aversion gegen Werbeeinblendungen beeinflusst, die den Nutzen des werbefinanzierten Fernsehens mindert bzw. deren Fehlen den Nutzen des entgeltfinanzierten Fernsehens im Vergleich zum werbefinanzierten Fernsehen steigert, ferner von den oben beschriebenen – ebenfalls subjektiv sehr unterschiedlich wahrgenommenen und bewerteten – negativen Programmstruktureffekten des werbefinanzierten Fernsehens, deren Fehlen den Nutzen des entgeltfinanzierten Fernsehen ebenfalls gegenüber demjenigen des werbefinanzierten Fernsehens erhöht, sowie schließlich von der subjektiv empfundenen Finanzierungslast, die werbefinanzierte Programme dem Zuschauer auferlegen bzw. von denen er bei einer Entgeltfinanzierung befreit ist.[404] Als Kosten des entgeltfinanzierten Fernsehens müssen andererseits die Entgelte für die abgerufenen Programme sowie ggf. erforderli-

---

403 Umfassend können diese Mängel allerdings nur bewertet werden unter Berücksichtigung der relativen Bedeutung des entgeltfinanzierten Fernsehen innerhalb der Summe aller entgeltpflichtigen und entgeltfreien öffentlich-rechtlichen und privaten Fernsehangebote – bzw. weiter: innerhalb aller Medienangebote, die zur Gewährleistung freier individueller und öffentlicher Kommunikation beitragen. Siehe hierzu für die distributive Beurteilung Abschnitt 6.2.

404 Da die letztgenannten Nutzenkomponenten nur die abgerufenen entgeltfinanzierten Programme betreffen, empfiehlt sich eine multiplikative Verknüpfung der Nutzenkomponenten, etwa in der Form: N=N1*N2*N3*N4 oder N=N1*(N2+N3+N4). Die genauen Zusammenhänge müssten durch empirische Untersuchungen, etwa durch Zuschauerbefragungen oder durch eine experimentelle Ermittlung der Zahlungsbereitschaften, geklärt werden.

che Aufwendungen für die technische Ausstattung, die Installation und die Betreibung der erforderlichen Set-Top-Box berücksichtigt werden.

Bei einer solchen Betrachtung als subjektive Kosten-Nutzen-Abwägung werden die Gründe deutlicher, aufgrund derer sich in Deutschland bisher nur vergleichsweise wenige Fernsehzuschauer für entgeltfinanzierte Programmangebote entschieden haben: Erstens wird der Nutzen zusätzlicher entgeltlicher Programmangebote aufgrund des umfangreichen, in Deutschland einzigartigen Umfangs entgeltfreier (kommerzieller und öffentlich-rechtlicher) Programmangebote von den meisten Fernsehzuschauern als vergleichsweise gering bewertet.[405] Zudem dürfte auch der höhere „Programmgenuss" der ohne Werbeunterbrechungen rezipierbaren Entgeltprogramme nur bei längeren, in sich geschlossenen Programmbeiträgen (vor allem bei Spielfilmen) als erheblich eingeschätzt werden. Bei Programmbeiträgen ohne geschlossene, aufeinander bezogene Handlungsabfolge (bestimmte Sportübertragungen) dürfte er dagegen von den meisten Zuschauern nur gering veranschlagt werden. Und bei einigen Programmformaten (Talkshows, Boulevardsendungen mit kurzen, in sich abgeschlossenen Beiträgen u. ä.) wird ihm von vielen Zuschauern vermutlich überhaupt kein zusätzlicher Nutzen beigemessen (die Werbeunterbrechung als willkommene „Pinkelpause").[406] Auch der mit der Entgeltfinanzierung verbundene Nutzen in Form fehlender werbebedingter negativer Programmstruktureffekte dürfte von den meisten Zuschauern nur gering veranschlagt werden; vielen Zuschauern dürfte nicht einmal bewusst sein, dass die Werbefinanzierung zu

---

[405] Das erklärt die Versuche der Pay-TV-Veranstalter, die Attraktivität ihres Angebots, wie es der frühere Premiere-Geschäftsführers Bernd Kundrun ausdrückte (zitiert nach *A. Friedmann*, Fernsehen, S. 195), „durch systematisches Vorenthalten von Programm" (im Free-TV) zu erhöhen. Der darauf abzielende Versuch, die Berichte über die Fußballbundesliga im kommerziellen Free-TV (Sat.1) zeitlich nach hinten zu verlagern, wurde in der Funkkorrespondenz 25/01 („ARD plant „Radiofernsehen" von der Fußball-Bundesliga") wie folgt beschrieben: „Der Medienunternehmer Leo Kirch spekuliert nun, dass sich die fußballbegeisterten Zuschauer nicht mehr bis drei Stunden nach dem Abpfiff gedulden (können), bis sie im Free-TV die ersten Bundesliga-Bilder vom Samstag sehen können, und dass sie deshalb sein Pay-TV-Angebot Premiere World abonnieren, wo alle Partien gegen Zusatz-Entgelt live am Nachmittag mitzuverfolgen sind. Der Medienhändler hofft, so endlich die seit langem stagnierende Abonnentenzahl von geschätzten 2,4 Mio. bis 2,5 Mio. deutlich zu steigern. Premiere World hat nach Angaben des „Spiegel" allein in den letzten 12 Monaten ein Defizit von 1,4 Mrd DM angehäuft."

[406] Die werbefinanzierten Fernsehveranstalter machen sich dies zunutze, indem sie bei der Produktion bzw. Konzeption der Programmbeiträge Unterbrechungen des Handlungsablaufs oder Spannungsverlaufs einbauen, die Werbeunterbrechungen weniger störend oder gar wünschenswert machen. Zudem werden die mit Werbeunterbrechungen verbundenen Nutzeneinbußen auch durch die Sehngewohnheiten beeinflusst, d. h. sie dürften in dem Umfang abnehmen, in dem Zuschauer durch eine Ausweitung von Werbezeiten und/oder eine Verdrängung werbefreier (öffentlich-rechtlicher oder entgeltfinanzierter) Fernsehveranstalter durch werbefinanzierte Veranstalter an Werbung gewöhnt werden.

einer Divergenz zwischen den bereitgestellten und den von den von ihnen gewünschten Programmangeboten führt. Das Gleiche ist schließlich auch für den Nutzen der bei entgeltfinanziertem Fernsehen fehlenden werbebedingten Finanzierungslasten anzunehmen. Dass der Zuschauer auch beim werbefinanzierten Fernsehen die Kosten zu tragen hat (als Konsument der im Fernsehen beworbenen Produkte) und dass ihn diese Finanzierungsform aufgrund hoher Transaktionskosten und einer teilweise geringen Wirksamkeit der Fernsehwerbung möglicherweise wesentlich teurer kommt als die direkte Finanzierung über Entgelte, dürfte vielen Zuschauern nicht bekannt sein: Werbefinanziertes Fernsehen wird gleichgesetzt mit „kostenlosem" Fernsehen.[407] Diese „Finanzierungsillusion" bildet einen wesentlichen Faktor für die auch nach einer möglichen technischen Ausschließbarkeit verbleibende Dominanz des werbefinanzierten Fernsehens gegenüber entgeltfinanziertem Fernsehen (wie auch für die Beliebtheit im Vergleich zum gebührenfinanzierten Fernsehen). Hinzu kommt, dass die Finanzierungslasten des werbefinanzierten Fernsehens (und der Nutzen fehlender werbebedingter Finanzierungslasten beim Entgeltfernsehen) nicht von seiner Programmwahl abhängen, sondern von seinen Kaufentscheidungen für die im Fernsehen beworbenen Produkte. D. h., selbst wenn er die von der Fernsehwerbung ausgehenden Finanzierungslasten erkennt, gehen diese nicht als Kosten in seine Entscheidung für oder gegen entgeltfinanzierte Fernsehangebote ein: Die Entscheidung für entgeltfinanzierte Programme reduziert die ihm durch das Werbefernsehen entstehenden (durch die Programmentscheidung anderer Zuschauer verursachten) Finanzierungslasten nicht,[408] ebenso wenig wie die Entscheidung für werbefinanzierte Programme diese Finanzierungslasten erhöht. Damit fehlt für diesen wichtigen Bestandteil der Kosten-Nutzen-Analyse die erforderliche Äquivalenz zwischen individuellem Verhalten (hier: der Wahl zwischen Entgelt- und Werbefernsehen) und Anlastung der damit verbundenen Kosten.[409]

---

407 *J. Ludwig*, Ökonomie, S. 206, weist zu Recht darauf hin, dass schon der Begriff Free-TV „alles andere als dazu angetan (ist), Rezipienten auf die verborgene Umwegfinanzierung aufmerksam zu machen".

408 Da der Zuschauer durch seine Entscheidung für oder gegen Entgeltfernsehen die Gesamtnachfrage (und damit auch den Gesamtumsatz und die insgesamt getätigten Programmaufwendungen des Pay-TV-Anbieters) in einem – allerdings infinitisimal geringen Ausmaß – beeinflusst, müsste man genauer sagen: Die Entscheidung:reduziert die Finanzierungslast in einem für ihn nicht merklichen Ausmaß.

409 Deshalb befinden sich Fernsehzuschauer bezüglich der Wahl zwischen Werbe- und Entgeltfinanzierung aus spieltheoretischer Sicht in einem so genannten „Gefangenendilemma": Auch wenn der Wechsel vom werbefinanzierten zum entgeltfinanzierten Fernsehen für die Summe aller Zuschauer wohlfahrtssteigernd ist (z B. aufgrund der damit eingesparten Transaktionskosten), wäre es aus Sicht des einzelnen Zuschauers weiterhin wohlfahrtsmindernd, vom Werbe-

Während der Nutzen der Entgeltfinanzierung bei Rundfunkprogrammen somit aus mehreren Gründen von den Zuschauern systematisch unterschätzt wird, werden die damit verbundenen Kosten möglicherweise systematisch überbewertet: Erstens müssen die für die genutzten Entgeltprogramme anfallenden Kosten dem Zuschauer, schon aus rechtlichen Gründen, vor dem Abruf explizit und zwecks Bestätigung vom Veranstalter mitgeteilt werden. Mit der nachträglichen Rechnungslegung werden sie nochmals ausgewiesen und dem Zuschauer bewusst gemacht; d. h. anders als beim werbefinanzierten Fernsehen fehlt beim entgeltfinanzierten Fernsehen, zumindest in der Form des Pay-per-View, jegliche Finanzierungsillusion. Zweitens werden auch die Kosten der Hardware, die für den Empfang verschlüsselter Programme erforderlich ist, dem Zuschauer deutlich, entweder in Form der einmalig zu leistenden Ausgaben für ihren Erwerb oder in Form der monatlich anfallenden Kosten für ihre Anmietung.[410] Schließlich schlagen auch die mit der Anschaffung, der Installation und dem Betrieb verbundenen Transaktionskosten merklich zu Buche.[411]

Der in Deutschland bisher geringe Erfolg des Entgeltfernsehens erklärt sich damit – abgesehen von möglichen unternehmensstrategischen Fehlern[412] und

---

fernsehen zum Entgeltfernsehen zu wechseln (weil er dadurch zusätzliche Entgelte abführen müsste, ohne dass sich die von ihm zu tragende Finanzierungslast werbefinanzierter Programme verringerte). Aufgrund dieses Gefangenen-Dilemmas weichen die aus Sicht des einzelnen Kollektivmitglieds rationalen Entscheidungen von der für das Kollektiv (aller Zuschauer) insgesamt otimalen Entscheidung ab. Aus dem gleichen Grund sind im Übrigen auch die individuellen Entscheidungen über das Ausmaß gewünschter Fernsehwerbung nicht deckungsgleich mit dem gesamtwirtschaftlich wünschenswerten Ausmaß. Unter Hinweis auf die mögliche Selbstregulierung verschiedentlich aufgestellte Forderungen nach einer Abschaffung der Vorschriften zum Umfang von Werbung sind deshalb nicht begründet.

410 Vor allem in ersterer Variante dürften diese Kosten zum vergleichsweise geringen Erfolg des Entgeltfernsehens beitragen, weil die subjektiv empfundene Finanzierungslast von den meisten Zuschauern nicht über eine lineare Abdiskontierung bestimmt wird, sondern zeitlich nahe Ausgaben eine höhere subjektive Finanzierungslast verursachen als weiter in der Zukunft liegende Ausgaben.

411 Auch hierbei werden die vor bzw. für die Anschaffung und Installation erforderlichen Aufwendungen von den meisten Zuschauern nicht linear abdiskontiert, sondern sie bilden als vorab zu tragende Kosten eine Zugangsbarriere auch für diejenigen Zuschauer, denen das Entgeltfernsehen einen positiven Nettonutzen stiften würde (die erfahrungsgemäß eher überwunden wird, wenn dem ein kurzfristiger, als hoch veranschlagter Nutzen, z. B. in Form einer ausschließlich im Entgeltfernsehen übertragenen Sportveranstaltung, gegenübersteht). Vor allem ältere Zuschauer, die eine Aversion gegenüber technischen Geräten haben, bewerten diese Transaktionskosten als hoch. Hinzu kommen weitere Transaktionskosten, die z. B. auch daraus resultieren können, dass die erforderliche Set-Top-Box als optisch störend empfunden wird. Siehe *W. Lauff*, Neue Inhalte, S. 7, der diese Kosten unlängst – bezogen auf die für das interaktive Fernsehen erforderlichen – technischen Vorkehrungen plastisch beschrieben hat.

412 Siehe hierzu am Beispiel von DF1 *A. Friedmann*, Fernsehen.

dem zögerlichen Ausbau der erforderlichen Kabelnetze[413] – teils aus den Besonderheiten der deutschen Fernsehlandschaft (großes Free-TV-Angebot), teils aus den systematischen Fehlbewertungen seines Nutzens und seiner Kosten durch die Zuschauer. Es ist auch davon auszugehen, dass aufgrund dieser Faktoren auch in absehbarer Zukunft der weitaus größte Teil der kommerziellen Programmangebote in Deutschland werbefinanziert bleiben wird. Aus allokativer Sicht ist dies bedauerlich, da eine (funktionierende) Entgeltfinanzierung sowohl im Hinblick auf die Präferenzengerechtigkeit und die Effizienz des Angebots als auch auf die Transaktionskostenarmut des Bereitstellungsverfahrens einer indirekten Finanzierung über Werbung überlegen ist.[414] Allerdings sind diese allokativen Vorteile gegen die erheblichen distributiven Nachteile einer Entgeltfinanzierung abzuwägen.[415]

Als Zwischenergebnis lässt sich festhalten, dass der Ausschluss von Fernsehprogrammen möglich ist. Beim werbefinanzierten Fernsehen geschieht dies „indirekt" über den Ausschluss des Kuppelproduktes Werbung. Dabei bestimmen die Präferenzen der Werbung treibenden Wirtschaft die Programminhalte und -gestaltungsformen. Eine Unterversorgung bestimmter Bevölkerungsgruppen und eine insgesamt mangelnde Präferenzengerechtigkeit werbefinanzierten Fernsehens sind die Folge. Die allokativ überlegene Form des direkten Ausschlusses per Programmverschlüsselung weist diese Mängel nicht auf; allerdings ist auch das entgeltfinanzierte Fernsehen auf Mehrheitenprogramme ausgerichtet, wobei Programme mit einem hohen Nutzen für nur kleine Zuschauergruppen eher beim Pay-per-View angeboten werden als beim Pay-per-Cannel. In Deutschland wird das werbefinanzierte Fernsehen trotz seiner im Vergleich zum entgeltfinanzierten Fernsehen größeren allokativen Mängel vermutlich

---

413 Siehe *O. Turecek/O. Kopitzke*, Digitales Fernsehen, S. 497 ff.; *W. Lauff*, Neue Inhalte, S. 2 ff. Ein solcher Ausbau ist insofern wichtig, als er digitale Angebote ermöglicht, die den Zuschauern einen Mehrwert gegenüber den bestehenden (analogen) Free-TV-Angeboten bieten.

414 Siehe hierzu grundlegend *L. Wegehenkel*, Gleichgewicht, bezogen auf Medien auch *K.-D. Altmeppen*, Medienkommunikation, S. 272. Das Ausmaß der allokativen Überlegenheit der Entgeltfinanzierung gegenüber der Werbefinanzierung variiert dabei allerdings mit dem (negativen oder positiven) Nutzen, den die Werbung den Rezipienten stiftet, und mit dem (damit korrelierenden) Erfolg der Werbung. Sofern sich alle Werbeausgaben für die Werbetreibenden in höheren (Netto)Erlösen niederschlagen würden, wäre die Werbefinanzierung allokativ effizient (in diesem Fall käme es übrigens auch nicht zu dem oben beschriebenen Gefangenendilemma. Davon kann aber nicht ausgegangen werden. Vielmehr ist nach einem – unterschiedlichen Personen zugeschriebenen – Bonmot davon auszugehen, dass nur die Hälfte aller Werbemaßnahmen wirkt, leider aber nicht bekannt sei, welche Hälfte. Eine Untersuchung von *Ch. Graf/H. Litzenroth (*Werbung) hat diese Daumenregel empirisch bestätigt. Andere Schätzungen sind skeptischer So ließt man bei *D. Prokop,* Der Medienkapitalismus, S. 242: „Branchenkenner vermuten, dass mindestens 90 % der Werbeetats ohne Nutzen ausgegeben werden."

415 Siehe hierzu Abschnitt 6.2.

noch lange dominieren, u. a. wegen der geringen Zahlungsbereitschaft (die vor allem auf das umfangreiche öffentlich-rechtliche Programmangebot zurückgeht), aufgrund der Unmerklichkeit der Werbefinanzierung („Finanzierungsillusion") und aufgrund der beim werbefinanzierten Fernsehen fehlenden Äquivalenz zwischen Nutzung und Finanzierungslast.

6.1.2.2.4 Fehlende Ausschließbarkeit bei Online-Diensten?

6.1.2.2.4.1 Für Online-Dienste generell geltende Überlegungen

Bei Online-Diensten stellen sich die Möglichkeiten eines Ausschlusses ähnlich dar wie beim Fernsehen: Auch bei ihnen ist der Ausschluss nicht zahlungsbereiter Nutzer mittlerweile technisch möglich, etwa durch die Vergabe von Passwörtern, die den Zugang erlauben, und durch die Angabe von Kreditkarten-Konten oder die Einrichtung von Kundenkonten, von denen die Entgelte in Abhängigkeit von der Art und Menge der abgerufenen Inhalte abgebucht werden. Daher wäre auch hier zu erwarten, dass die Entgeltfinanzierung die Werbefinanzierung verdrängt.

Tatsächlich dominiert aber – neben der Querfinanzierung aus Eigenmitteln[416] – bei den meisten Online-Diensten die Werbefinanzierung, in speziell für diese Dienste entwickelten Formen,[417] d. h. nicht in Form der im Fernsehen dominierenden Unterbrecherwerbung, die mit denkbar geringen Transaktionskosten - durch einen Mausklick - umgangen werden könnte (während dies im Fernsehen aufgrund des sequenziellen Programmablaufs schwerer möglich ist). Diese Dominanz der Werbefinanzierung von Online-Diensten lässt sich auf mehrere Gründe zurückführen:

- Zum Ersten besteht auch für die Werbung in Online-Diensten die oben für die Werbung im Fernsehen dargestellte „Finanzierungsillusion".
- Die Werbung in Online-Diensten kann die avisierten Zielgruppen wesentlich genauer ansprechen, als dies der Fernsehwerbung möglich ist.[418] Dadurch

---

[416] Bislang gibt es keine verlässlichen Angaben über die Anteile unterschiedlichen Finanzierungsquellen von Internet–Diensten. Für die folgenden Überlegungen konzentrieren wir uns auf Dienste, die sich überwiegend aus Werbung finanzieren.

[417] Neben dem (statischen) Banner, auf den nach Analysen des Internet Advertising Bureau aus den USA nur noch 0,25 % aller Surfer klicken (zitiert nach *S. Wermelskirchen*, Banner lernen laufen, in Handelsblatt-netzwert, v. 9.7.2001), gewinnen neue Werbeformen an Bedeutung, z. B. der animierte Banner, der Flash-Banner, die sog. Enliven, Interstitials, Pop-ups, Superstitials und Affiliates. Siehe hierzu *A. Werner*, Werbevielfalt, S. 127 ff. Mit der Verbesserung der Hard- und Software sind weitere, animierte Werbeformen zu erwarten. Siehe hierzu nochmals *S. Wermelskirchen*, Banner lernen laufen, in Handelsblatt-Netzwert, v. 9.7.2001.

[418] *B. Owen*, The Internet Challenge, S. 230 ff.; *S.-Y Choi/O. Stahl/A. B. Whinston*, Electronic Commerce, S. 41 ff.; *P. Setzer*, Targeting im Internet.

kann sie ihre Inhalte und Aufmachung auch genauer an die Präferenzen der Nutzer anpassen, wodurch sie bei diesen, anders als den meisten Fernsehzuschauern, geringere oder gar keine Aversionen (Kosten) verursacht, sondern ihnen möglicherweise sogar als hilfreich und willkommen empfundene Informationen (einen Nutzen) vermittelt; zudem sind auch die den Betreibern und den Kunden durch die Online-Werbung entstehenden Transaktionskosten geringer als bei der Fernsehwerbung.[419]

- Die Zahlungsbereitschaft für von Online-Diensten angebotene entgeltpflichtige Informationen ist vergleichsweise gering, weil diese Informationen trotz vielfältiger Tools (Suchmaschinen etc.) nur schwer erschlossen werden können und der Wert dieser Informationen von den Nachfragern auch nur schwer beurteilt werden kann.[420]
- Hinzu kommen wohl auch die höheren Transaktionskosten (einschließlich des Missbrauchrisikos), das die Nutzer bei entgeltpflichtigen Online-Diensten im Vergleich zu werbefinanzierten Diensten tragen müssen.
- Schließlich konnten sich entgeltfinanzierte Online-Dienste gegenüber werbefinanzierten Diensten auch deshalb in der Vergangenheit kaum durchsetzen, weil es aufgrund der Besonderheiten der Netzökonomie besonders wichtig war, First-Mover-Advantages zu erzielen[421] – und weil die Anbieter in den (nun vergangenen) Zeiten der „Internet-Hype" angesichts der für die Zukunft erwarteten hohen Marktanteile und Gewinne auch eher bereit waren, sich diesem Druck durch einen Verzicht auf direkte Nutzerentgelte zu beugen. Mit der Konsolidierung der Internet-Ökonomie dürfte diese Bereitschaft vermutlich sinken und der Anteil der über Entgelte finanzierten Online-Dienste entsprechend zunehmen;[422] gleichwohl wird die Werbung für die Finanzierung von Online-Diensten auch langfristig von erheblicher Bedeutung bleiben.

Für werbefinanzierte Online-Dienste sind ähnliche *negative Angebotsstruktureffekte* zu erwarten, wie sie oben für das werbefinanzierte Fernsehen beschrieben wurden: Auch hier werden diejenigen Zielgruppen vernachlässigt, die weniger empfänglich für die Werbebotschaften sind oder die nur über eine geringe Kaufkraft verfügen. Und weil auch bei den werbefinanzierten Online-Diensten nicht die Präferenzen der Dienstenutzer im Vordergrund stehen, sondern das

---

419 Deshalb ist bei Online-Diensten die Entgeltfinanzierung der Werbefinanzierung nicht in dem starken Maß allokativ überlegen, wie dies beim Fernsehen der Fall ist.

420 Folgt man der provokanten These von *C. Stoll*, LogOut, so ist diese Erwartung plausibel, weil die im Internet bereitgestellten Informationen seiner Meinung nach ökonomisch wertlos und damit schlichtweg unverkäuflich sind.

421 Siehe unten, Abschnitt 6.1.2.3.3.4.

422 Vgl. *C. Dose*: Kosten Infos aus dem Web bald Geld? In: Welt am Sonntag v. 28. 1. 2001, S. 54.

Streben der Werbetreibenden, eine möglichst hohe Aufmerksamkeit für die verbreiteten Werbebotschaften zu erzielen, dominieren auch bei den Inhalten und den Gestaltungsmerkmalen dieser Dienste Elemente, die diese Zielsetzung erreichen.[423] Diese Gefahr ist umso größer, als die Nutzer von Online-Diensten Werbung wesentlich leichter umgehen können, als dies bei der Unterbrecherwerbung im Fernsehen (aufgrund des sequenziellen Ablaufs der Fernsehprogramme) möglich ist, d. h. die Online-Anbieter sind noch stärker als die werbefinanzierten Fernsehveranstalter permanent bedroht, Aufmerksamkeit zu verlieren, d. h. per Fernbedienung (bzw. hier per Mausklick) durch einen anderen Anbieter ersetzt zu werden. Sie müssen die Programminhalte und die Werbung deshalb in noch engerer und subtilerer Weise miteinander verknüpfen als die Fernsehveranstalter.[424] Dadurch sind bei ihnen noch negativere Programmstruktureffekte der Werbung zu erwarten als beim Fernsehen. Dem steht allerdings der Vorteil entgegen, dass Werbung in Online-Diensten wesentlich zielgerichteter platziert werden kann, weil die Nutzergruppen homogener sind und genauere Informationen über die Eigenschaften und Konsumpräferenzen der Nutzer vorliegen (u. a. durch die Analyse von Web-Protokollen und interaktive Rückmeldungen). Die Werbung wird deshalb als weniger störend oder sogar als informativ (d. h. nutzenstiftend) empfunden.

6.1.2.2.4.2 Dienstespezifische Besonderheiten

Über diese grundsätzlichen, für alle Online-Dienste geltenden Überlegungen hinaus bestehen bei den einzelnen Online-Diensten wiederum Besonderheiten (hier zu den Möglichkeiten eines Ausschlusses und dem Ausmaß negativer Angebotsstruktureffekte der Werbefinanzierung), die eine separate Analyse erfordern. So dürfte z. B. bei werbefinanzierten *Portalen* die zunehmende Spezialisierung und Fragmentierung der Portalangebote und die damit möglich werdende genauere Werbeansprache von Zielgruppen dazu beitragen, dass die Inhalte eine besonders starke Konsumorientierung aufweisen und mehr und mehr mit subtilen Werbebotschaften durchsetzt werden. Hierzu tragen auch neue Werbeformen bei, wie bspw. Inhalte, die direkt von einem werbetreibenden Markenunternehmen erstellt werden (so genannter „Branded Content"). Die Fokussierung des werbefinanzierten Inhalteangebots auf eine stark profilierte und segmentierte Zielgruppe schließt zudem noch mehr als bei einem werbefinanzierten Fernseh-Vollprogramm diejenigen Zuschauer aus, die für Werbebotschaften nicht empfänglich sind oder deren Profil nicht eindeutig bestimmbar ist und die somit durch das Zielgruppenraster fallen. Kritisch ist zudem, wenn

423 *R. W. McChesney*, Rich Media, S. 173 ff.

424 Ebenda, sowie *A. Zerdick u. a.*, Internet-Ökonomie, S. 198 f.; *O. Schaar*, Fernsehwerbung, S. 56 ff.

sich werbefinanzierte Portale zu einem nicht unwesentlichen Teil aus E-Commerce-Aktivitäten finanzieren. Auch hiervon können negative Angebotsstruktureffekte in Form einer erhöhten Konsumorientierung der Inhalte und einer fehlenden Ausgewogenheit bzw. Unabhängigkeit der die Portalinhalte bearbeitenden Redaktionen ausgehen. Schließlich sind als Besonderheiten von Portalen die von ihnen ausgehenden mittelbaren Wirkungen für nachgelagerte Dienste zu berücksichtigen. Für *entgeltfinanzierte* Portalanbieter, bei denen ein Ausschluss nicht zahlungsbereiter Nutzer qua Codierung/Decodierung bzw. Passwortsicherung vorgenommen wird, ergeben sich solche negativen Angebotsstruktureffekte nicht. Allerdings ist die Zahlungsbereitschaft vieler Internet-Nutzer, denen alternativ eine Fülle werbefinanzierter Portale zur „kostenlosen" Nutzung zur Verfügung steht, nicht groß genug, als dass sich Portale nur über Entgelte finanzieren könnten. Sofern das Angebot nicht um attraktive Zusatzdienste erweitert wird[425] (wodurch es zu einem bei unserer Betrachtung gesondert zu beurteilenden Dienstebündel wird),[426] unterbleibt es deshalb oft gänzlich.

Auch bei werbefinanzierten *Suchmaschinen* sind erhebliche negative Angebotsstruktureffekte zu vermuten, vor allem als Divergenz zwischen der vom Nutzer gewünschten Dienstleistung (der neutralen Auswahl aller zu einem Suchbegriff im Internet vorhandenen Links) und der von der Werbewirtschaft gewünschten verkaufsfördernden Präsentation der eigenen Produkte. Problematisch ist dies vor allem, wenn die Wünsche der Werbewirtschaft durch subtile und schwer nachweisbare Beeinflussungen der Suchmaschinen-Betreiber durchgesetzt werden, etwa über das Layout der Webseiten oder die Art des Such- und Sortieralgorithmus. Am Beispiel von Altavista, das im Jahr 1999 offenbar gegen Bezahlung die Reihenfolge der Suchergebnisse manipulierte, ist diese Gefahr werbefinanzierter Suchmaschinen ausführlich dargestellt und diskutiert worden.[427] Ein Ausschluss nicht zahlungsbereiter Nutzer ist, ebenso wie

---

425 So bieten die entgeltfinanzierten Diensteanbieter wie American Online (AOL) und T-Online neben den Portalseiten vor allem auch Service-Provider-Dienste und zunehmend auch attraktive Inhalte an – ein Beispiel für die in Abschnitt 6.1.2.1.2. allgemein beschriebenen Anreize zur vertikalen Integration von Medienunternehmen. Siehe hierzu *M. Bauder*, Medienkonzerne, am Beispiel der Fusion von AOL und Time-Warner.

426 Siehe oben, Abschnitt 3.1.

427 Vgl. *W. Loosen*, Suchmaschinen, Medien Journal 1999, H. 3, S. 46. Inzwischen ist dies nicht mehr der Fall, andere Anbieter behalten diese Praxis jedoch bei. Vgl. ZDNet News vom 27.07.1999: „Der Web-Suchdienst und ‚Portal'-Site-Betreiber Altavista will mit seiner umstrittenen Praxis Schluss machen, Links passend zu Suchergebnissen zu versteigern. Seit April waren die ersten Treffer („Hits") auf Anfragen an die Suchmaschine nicht immer die besten, sondern die, für die eine Firma Geld bezahlt hatte. Die bezahlten Links erschienen an prominenter Stelle über den anderen Suchergebnissen, waren aber als ‚Anzeige' gekennzeichnet." Vgl.

bei den zuvor dargestellten Online-Diensten, auch bei Suchmaschinen technisch ohne Schwierigkeiten möglich. Negative Angebotsstruktureffekte finden sich dann nicht oder allenfalls in einem wesentlich geringeren Maß als bei werbefinanzierten Suchmaschinen. Allerdings ist die Zahlungsbereitschaft für entgeltfinanzierte Suchmaschinen, auch wegen der Fülle existierender werbefinanzierter Suchmaschinen, gering. Allenfalls im professionellen Geschäftskundenbereich ist derzeit eine ausschließliche Finanzierung von Suchmaschinen über Entgelte möglich. Nur wenn die negativen Angebotsstruktureffekte werbefinanzierter Suchmaschinen den Nutzern deutlich gemacht werden können und sie diese Nachteile hoch veranschlagen, dürfte die dann höhere Zahlungsbereitschaft eine Entgeltfinanzierung ermöglichen.[428] Das ist für Themen, bei denen die Nutzer eine objektive Suche für besonders wichtig erachten (z. B. Gesundheit, Ausbildung) eher denkbar als für Themen, bei denen eine wirtschaftliche Einflussnahme toleriert wird (Unterhaltung, Freizeit, Konsumgüterkauf).

Bezüglich der Ausschließbarkeit der Nutzer von *Newsgroups* kann auf die Argumente verwiesen werden, die schon bei den anderen Online-Diensten vorgebracht wurden. Werbefinanzierte Newsgroups lassen sich danach problemlos anbieten, wobei allerdings wiederum mit negativen Angebotsstruktureffekten zu rechnen ist. Eine Entgeltfinanzierung verhindert diese Effekte zum größten Teil, dürfte wegen der geringen Zahlungsbereitschaft aber nur bei wenigen Newsgroups möglich sein.

Auch bei *Audio-/Music-on-Demand* ist ein indirekter Ausschluss über die Verkoppelung mit (Banner-)Werbung möglich und üblich. Im Vergleich zu den anderen hier betrachteten Online-Diensten dürften die negativen Angebotsstruktureffekte bei diesem Dienst aber geringer sein, weil eine enge Verknüpfung von Werbung und redaktionellen Programminhalten hier kaum möglich ist.

---

http://www.zdnet.de/news/artikel/1999/07/27013-wc.html. Die Problematik wird im Zusammenhang mit den so genannten Informationsasymmetrien zu Lasten der Suchdienste-Benutzer ausführlicher in Abschnitt 6.1.2.4.3. erörtert.

428 Viele Suchmaschinen sind mittlerweile dazu übergegangen, sich für eine schnelle Aufnahme von Einträgen (eine „Express Submission“) bezahlen zu lassen. Für einen dann in wenigen Tagen erfolgenden Eintrag (im Vergleich dazu kann der unentgeltliche „normale“ Eintrag mehrere Monate dauern) berechnet Altavista z. B. 159 DM. Fireball-Geschäftsführer Detlef Kalb glaubt, dass alle Suchmaschinen noch in diesem Jahr solche und weitere Einnahmenquellen anzapfen werden (siehe *Chr. Schulzki*, Großes Gerangel um die besten Plätze, in: Kölner Stadt-Anzeiger vom 12.7.2001). Dazu könnte auch gehören, sich für Hits bezahlen zu lassen – allerdings nicht, wie oben beschrieben, ohne die Nutzer davon in Kenntnis zu setzen, sondern in Form explizit ausgewiesener „Bezahl-Trefferlisten“. In Deutschland versteigert z. B. Qualigo, eine Tochter der Web-Positioning-Firma „Suchtreffer“, seit November 2000 Treffer. Dabei richtet sich die Platzierung auf der Trefferliste nach dem Preis, den der Anbieter dafür zu zahlen bereit ist (siehe ebenda).

Ähnliches gilt z. B. für Chat-Dienste, Online-Bibliotheken, Online-Pressedienste und elektronische Daten- und Auskunftsdienste.

6.1.2.2.4.3 Zwischenergebnis

Auch bei Online-Diensten hat der Markt mittlerweile Verfahren entwickelt, mit denen nicht Zahlungsbereite von der Nutzung ausgeschlossen werden können. Dazu gehört zum einen der direkte Ausschluss z. B. über Zugangscodes, zum anderen aber auch der indirekte Ausschluss des Kuppelprodukts Werbung. Da diese bei Online-Diensten noch leichter vermieden werden kann als beim Fernsehen, erfordert der indirekte Ausschluss eine noch engere Kopplung von Inhalten und Werbebotschaften – mit den damit verbundenen negativen Programmstruktureffekten, aufgrund derer die Angebote hinsichtlich ihrer Inhalte und ihrer Machart voneinander abweichen (fehlende Präferenzengerechtigkeit). Andererseits ermöglichen Online-Dienste eine gezieltere Adressierung der Werbebotschaften (auch unter Berücksichtigung von Nutzerdaten), was den Nutzen der Werbung für die Addressaten steigert (bzw. die Werbeaversionen verringert) und die Präferenzengerechtigkeit erhöht. Ob unter Berücksichtigung beider – gegenläufiger Faktoren – das werbefinanzierte Fernsehen oder die werbefinanzierten Online-Dienste die höheren Marktmängel aufweisen, ist eine empirische Frage, die unseres Wissens noch nicht untersucht worden ist.

6.1.2.3 Externe Effekte

6.1.2.3.1 Grundsätzliche Bemerkungen zum Marktmangel

Unter externen Effekten versteht man nicht über das Preissystem[429] vermittelte Folgen von Entscheidungen für die Wohlfahrt Dritter, d. h. von Personen, die an diesen Entscheidungen nicht beteiligt waren.[430] Dabei kann es sich um positive

---

429 Nicht über das Preissystem ausgeglichene Externalitäten werden als „technische" Externalitäten bezeichnet, die „die Erfüllung der Bedingungen für ein Pareto-Optimum sogar im vollen (nur theoretisch vorstellbaren) Gleichgewicht einer Volkswirtschaft mit vollkommener Konkurrenz auf allen Märkten verhindern würden." (*E. Sohmen*, Allokationstheorie, S. 222). Davon zu unterscheiden sind die über das Preissystem vermittelten, „pekuniären" Externalitäten, die als normale Begleiterscheinungen von Anpassungsprozessen der Wirtschaft üblich und auch erforderlich sind. Wir verwenden den Begriff der Externalitäten im Folgenden im Sinn der technischen Externalitäten.

430 Die Definition zeigt, dass externe Effekte auch als Unterform oder Folge einer fehlenden Ausschließbarkeit (durch den Verursacher) oder einer fehlenden „Zurückweisbarkeit" (durch den extern Betroffenen) verstanden werden können. Fehlende Ausschließbarkeit bezieht sich allerdings nur auf die fehlende Möglichkeit des potenziellen Bereitstellers, von den Nutzern des bereitgestellten Gutes ein Entgelt zu erzielen (und die damit verbundenen allokativen Folgen),

Externalitäten handeln, die die Wohlfahrt Dritter erhöhen, oder um negative Externalitäten, die die Wohlfahrt Dritter mindern.

Da nutzenmaximierende Personen ihr Handeln ausschließlich nach den Wirkungen ausrichten, die sich dadurch für sie selbst ergeben (den internen Effekten), führen externe Effekte dazu, dass die marktlichen Bereitstellungsentscheidungen von den gesamtwirtschaftlich optimalen abweichen: Bei positiven externen Effekten bleiben die nach internen Kalkülen gewählten Ausbringungsmengen unterhalb der gesamtwirtschaftlich wünschenswerten Mengen; und die Preise für Güter mit positiven Externalitäten sind, gemessen an ihrem gesamtwirtschaftlichen (d. h. internen plus externen) Wert zu hoch. Bei negativen externen Effekten sind die tatsächlichen Ausbringungsmengen umgekehrt höher als die gesamtwirtschaftlich optimalen; und die Preise für diese Güter sind, gemessen an ihrem gesamtwirtschaftlichen Nutzen, zu niedrig.[431]

Externe Effekte können unter bestimmten Bedingungen durch horizontale Vereinbarungen zwischen den Entscheidern (Verursachern) und den extern Betroffenen ausgeglichen werden, dadurch werden die Fehlallokationen (die gerade erwähnten Abweichungen der Mengen und Preise vom gesamtwirtschaftlichen Optimum) vermieden. Wichtigstes Instrument hierfür sind Kompensationszahlungen. Je nach Regelung der Eigentumsrechte und der Art der Externalitäten werden diese a) von den extern Betroffenen dafür entrichtet, dass der Verursacher die mit negativen Externalitäten behaftete Aktivität unterlässt, b) von den Verursachern dafür entrichtet, dass die von den negativen Externalitäten Betroffenen die Aktivität tolerieren/zulassen, c) von den extern Begünstigten dafür entrichtet, dass der Verursacher die mit positiven Externalitäten behaftete Aktivität durchführt, oder d) von den Verursachern der mit positiven Externalitäten behafteten Aktivität dafür entrichtet, dass die potenziell Begünstigten auf deren Durchführung verzichten.

Allerdings kommt es nur unter bestimmten Voraussetzungen zu einer solchen horizontalen Einigung.[432] Dazu gehört vor allem, dass die Art und das Ausmaß der Externalitäten festgestellt und quantifiziert werden können, dass die Verursacher der Externalitäten eindeutig bestimmt werden können, dass die mit der Quantifizierung der Externalitäten, der Bestimmung der Verursacher und

---

während Externalitäten auch andere nicht ausschließbare oder nicht zurückweisbare technische Wirkungen für Dritte umfassen, wie z. B. die mit der Produktion oder Konsumption von Gütern verbundene Schädigung ihrer Umwelt, ihrer Gesundheit oder sonstiger Elemente ihrer Wohlfahrt.

431 *M Fritsch u.a.*, Marktversagen und Wirtschaftspolitik, S. 54 ff.; *A. Shipman*, Market Revolution, S. 212.

432 Siehe hierzu die in Fn. 331 genannte Literatur zum so genannten Coase-Theorem, ausführlich zu den Formen, Wirkungen und Internalisierungsinstrumenten externer Effekte auch *M. Fritsch u. a.*, Marktversagen und Wirtschaftspolitik, S. 54 ff.

der Aushandlung der Ausgleichsmaßnahmen verbundenen Transaktionskosten geringer sind als der damit verbundene Nutzen und dass auch die Zahl der Verursacher und Betroffenen klein ist (andernfalls scheitern die horizontalen Verhandlungen an den hohen Transaktionskosten sowie am „Trittbrettfahrer-Verhalten" der Kollektivmitglieder).[433,434] Sind diese Voraussetzungen nicht erfüllt und können sie auch nicht dadurch hergestellt werden, dass der Staat (i. w. S.) die erforderlichen Rahmenbedingungen schafft („regulierte Selbststeuerung"), so bedarf es einer hoheitlichen Steuerung.[435] Auch diese ist aber nur möglich und sinnvoll, wenn Art und Ausmaß der Externalitäten mit vertretbaren Kosten festgestellt und quantifiziert werden können und auch die Transaktionskosten, die den Betroffenen und den hoheitlichen Instanzen durch die Internalisierung entstehen (z. B. durch die Erhebung von Steuern auf Güter mit negativen Externalitäten oder die Subventionierung von Gütern mit positiven Externalitäten), geringer sind als die allokativen und distributiven Mängel, die die Externalitäten verursachen, falls auf eine Internalisierung verzichtet wird. Vorteile gegenüber einer horizontalen Internalisierung weist eine vertikale Internalisierung möglicherweise aufgrund der geringeren Einigungs- und Durchsetzungskosten auf, dem steht allerdings das Risiko entgegen, dass der Staat die Externalitäten möglicherweise schlechter einschätzen kann als die Betroffenen selbst oder/und dass

---

433 Ein solches „Trittbrettfahrer-Verhalten" ist zu erwarten, weil die (anonymen) Mitglieder großer Kollektive auch dann von den erzielten Vereinbarungen profitieren, wenn sie selbst nicht dazu beigetragen haben, diese Einigung zu erzielen bzw. sich nicht an der Finanzierung der dafür anfallenden Kosten beteiligt haben.

434 Diese Bedingungen müssen auch für eine Sonderform der „Selbstregulierung" des Marktes, die „soziale" Regulierung, erfüllt sein. Diese basiert im Wesentlichen auf der tatsächlich vorgenommenen oder auch nur angedrohten Sanktionierung von externalitätsbehafteten Aktivitäten durch Marktteilnehmer. Die Bereitstellung von Gütern mit positiven Externalitäten (oder der Verzicht auf die Bereitstellung von Gütern mit negativen Externalitäten) wird hierbei positiv sanktioniert (belohnt), und die Bereitstellung von Gütern mit negativen Externalitäten (oder der Verzicht auf die Bereitstellung von Gütern mit positiven Externalitäten) wird negativ sanktioniert (bestraft). Als sanktionierende Marktteilnehmer können entweder andere Unternehmen auftreten (die das zu sanktionierende Unternehmen z. B. durch eine Intensivierung der Zusammenarbeit oder eine positive Öffentlichkeitsarbeit belohnen oder durch eine Reduzierung oder Einstellung der Zusammenarbeit oder eine negative Öffentlichkeitsarbeit bestrafen können) oder die Konsumenten (die das zu sanktionierende Unternehmen vor allem durch den Kauf oder Nichtkauf von Produkten belohnen und bestrafen können).

435 Dabei kann der Staat selbst aktiv werden oder er kann bestimmte hoheitliche Aufgaben an parafiskalische Institutionen delegieren. Auch dies verhindert eine klare Unterscheidung zwischen vertikaler Internalisierung und horizontaler Internalisierung (Selbstregulierung), was z. B. an Handwerkskammern, Stiftungen, Berufsverbänden u. ä. deutlich wird, die Interdependenzen der Entscheidungen ihrer Mitglieder (Externalitäten) z. T. horizontal regeln, z. T. aber auch mittels hoheitlicher Befugnisse (vertikal), die ihnen der Staat einräumt.

er bei der Verfolgung von Eigeninteressen die Externalitäten bewusst falsch bewertet.[436]

Abbildung 1: Bei der Bereitstellung von Kommunikationsdiensten auftretende Formen externer Effekte

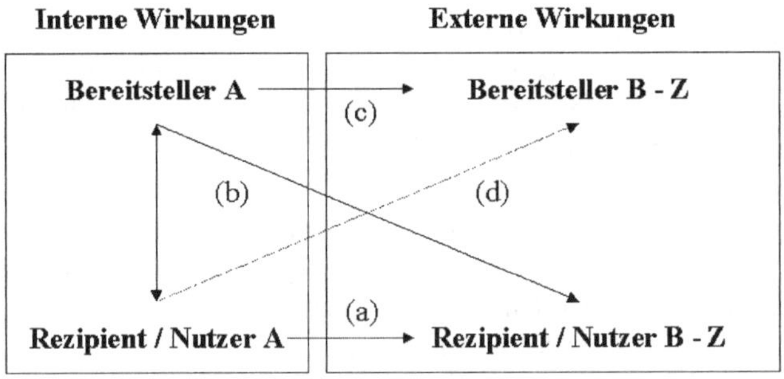

Unterscheidet man, wie in der ökonomischen Theorie externer Effekte üblich, zwischen Anbietern und Nachfragern (oder Produzenten und Konsumenten) von Gütern (oder hier: zwischen „Bereitstellern“ und „Nutzern“/„Rezipienten“ von Kommunikationsdiensten), womit zunächst vernachlässigt wird, dass sowohl an der Bereitstellung als auch an der Nutzung mehrere Akteure beteiligt sein können (s. u.), so lassen sich die folgenden, in Abbildung 1 ausgewiesenen Formen externer Effekte unterscheiden:

a. (Positive oder negative) *Externalitäten der Nutzung für andere*, nicht an der Wahl der Kommunikationsdienste und -inhalte beteiligte Nutzer. Diese entstehen dadurch, dass die Entscheidung für oder gegen die Inanspruchnahme/Rezeption eines Kommunikationsdienstes oder -inhalts die Einstellungen und Handlungsweisen der Rezipienten beeinflusst (und auch gesellschaftliche Folgen haben kann) und sich dies auf die Wohlfahrt Dritter positiv oder negativ auswirkt. Z. B. kann die Entscheidung einer Person, sich durch die regelmäßige Rezeption von entsprechenden Fernsehprogrammen fortzubilden, eine höhere Leistungsfähigkeit und verbesserte Berufschancen bewirken – und damit auch positive Externalitäten für seinen Betrieb, seine Familie oder auch die Solidargemeinschaft der Arbeitslosenversicherten. Umgekehrt kann die Entscheidung einer Person, extensiv radikale oder gewalthaltige Internet-Angebote zu rezipieren oder seiner Sucht nach Online-Spielen nachzugeben, zu einer sozialen Isolierung und Desintegration dieser

436 Siehe hierzu unten, Abschnitt 6.1.2.4.1.

Person beitragen und damit zu negativen Externalitäten für dessen Familie und soziales Umfeld.

b. (Positive oder negative) *Externalitäten der Bereitstellung für nicht an der Wahl der Kommunikationsdienste und -inhalte beteiligte Nutzer.* Hinter dieser Form von Externalitäten stehen die gerade für (a) unterstellten Annahmen über gesellschaftliche Wirkungen von Kommunikationsdiensten, wobei die Externalitäten hier aber nicht als aus den Nachfrageentscheidungen der Rezipienten, sondern aus den Bereitstellungsentscheidungen der Kommunikationsdienste-Anbieter begründet werden. Als Beispiel können wieder die radikalen oder gewalthaltigen Inhalte von Internet-Seiten dienen, die (über die unter (a) angenommenen Wirkungsmechanismen) gesellschaftliche Schäden für Dritte verursachen könnten.

c. (Positive oder negative) *Externalitäten der Bereitstellung für andere Bereitsteller.* Diese entstehen dadurch, dass sich die Entscheidung für oder gegen die Produktion/Bereitstellung eines Kommunikationsdienstes oder -inhalts auf die Reputation (und damit die Wohlfahrt) anderer Produzenten und Bereitsteller von Kommunikationsdiensten und -inhalten positiv oder negativ auswirkt. Z. B. beschädigt die Entscheidung eines Fernsehveranstalters, journalistisch schlecht recherchierte, gefälschte oder Persönlichkeitsrechte verletzende Beiträge auszustrahlen, die Reputation des Mediums insgesamt (und damit auch aller anderen Fernsehveranstalter). Umgekehrt tragen z. B. von einem einzelnen Webcasting-Veranstalter übertragene spektakuläre oder hohe Einschaltquoten erzielende Ereignisse dazu bei, dass dieser neue Dienst insgesamt aufgewertet wird (was auch den anderen Anbietern dieses Dienstes zugute kommt). Die Externalitäten dürften dabei umso stärker sein, je weniger die Nutzer in der Lage sind, die Entscheidungen bzw. die damit verbundenen Wirkungen den einzelnen Anbietern zuzuordnen.[437]

Als Spezialform externer Effekte sind außerdem (in Abbildung 1 nicht ausgewiesene) *Netzexternalitäten* oder Netzeffekte zu berücksichtigen. Diese können wiederum unterschieden werden in direkte und indirekte Effekte.[438] *Direkte Netzeffekte* ergeben sich, wenn der Nutzen, den ein Gut dem einzelnen Netzteilnehmer stiftet, mit der Zahl der Netzteilnehmer steigt (Beispiel Telefon). *Indirekte Netzeffekte* ergeben sich, wenn infolge des steigenden Marktanteiles eines Netzwerkgutes auch der Nutzen von dazu komplementären Gütern steigt, z. B.

---

[437] Von den Rezeptionsentscheidungen können auch externe Wirkungen für andere Bereitsteller ausgehen (Wirkungspfeil (d) in Abbildung 1). Diese dürften allerdings (abgesehen von den über das Preissystem vermittelten und damit nicht als technische Externalitäten einzustufenden Wirkungen) gering sein und bleiben deshalb aus der Betrachtung ausgeklammert.

[438] *C. Shapiro/H. R. Varian*: Information Rules, S. 173 ff.

von Software, die auf einem bestimmten Betriebsystem aufbaut, oder auch von einem Betriebsystem, das auf einen bestimmten Prozessor zugeschnitten ist.

6.1.2.3.2 Externe Effekte bei Fernsehvollprogrammen

6.1.2.3.2.1 Externalitäten der Nutzung für andere Rezipienten

Legen wir eine solche Unterscheidung auch für die durch Fernseh(voll)programme verursachten Externalitäten zugrunde, so sind als erste Form die sich durch die Rezeption von Fernsehprogrammen für andere Rezipienten ergebenden Wirkungen zu betrachten. Dass individuelle Entscheidungen über die *Nutzung* von Rundfunkprogrammen mit vielfältigen Wirkungen für andere Rezipienten verbunden sind, ist grundsätzlich unstrittig. Die Rezeption von Bildungs- oder Kulturprogrammen oder von Programminhalten, die bestimmte Einstellungen und Fähigkeiten der Rezipienten, wie z. B. ihre Toleranz, Dialog- und Integrationsbereitschaft, ihre soziale Kompetenz und ihre Befürwortung demokratischer und gewaltfreier Gesellschaftsordnungen fördern, kann positive Wirkungen für andere Personen und für die Gesellschaft als Ganzes haben. Umgekehrt kann die Rezeption von Programmen mit sozialfeindlichen, etwa rassistischen, Gewalt fördernden oder demokratiefeindlichen Inhalten diese Einstellungen und Fähigkeiten beeinträchtigen, mit dann entsprechend negativen gesellschaftlichen Folgen.

Zwar lassen sich solche Wirkungen nicht auf einzelne Fernsehprogramme oder Inhalte von Fernsehprogrammen zurückführen, sie sind sicher auch nicht monokausal erklärbar, sondern hängen von vielen Faktoren ab, z. B. von den jeweiligen Besonderheiten des Nutzers und der Rezeptionssituation, auch davon, ob die Inhalte von anderen Medien aufgegriffen und bestätigt bzw. ob sie durch die Medien längerfristig „kultiviert" werden.[439] Auch die Unterschiede in der Meinungsrelevanz und Suggestivkraft, die das Bundesverfassungsgericht in seiner ständigen Rechtsprechung zum Rundfunk anspricht,[440] dürften die Art

---

[439] Siehe hierzu zusammenfassend *H. D. Kübler*, Mediale Kommunikation, S. 87 ff.

[440] Diese Faktoren beeinflussen also, gemäß unseres oben beschriebenen Ansatzes, sowohl die gesellschaftliche Bedeutsamkeit der Kommunikationsdienste als auch den Umfang der Abweichungen zwischen den gesellschaftlich gewünschten und über den Markt erreichten Bereitstellungsergebnissen für den einzelnen Rezipienten. Andere Faktoren beeinflussen ausschließlich die gesellschaftliche Bedeutsamkeit (wie z. B. die Breitenwirkung, die wir deshalb bei der Bestimmung der sich für die einzelnen Rezipienten ergebenden Marktmängel außer Betracht lassen), oder ausschließlich die Mängel einer marktlichen Bereitstellung. Obwohl die Wirkungen im Einzelfall schwer voneinander zu unterscheiden sind, empfiehlt sich nach unserem Ansatz (Abschnitt 1.3.) ihre analytische Trennung. Das beinhaltet die Gefahr, dass manche Einflussgrößen der Regulierungsbedürftigkeit von Kommunikationsdiensten bei deren Quantifizierung (siehe dazu unseren Versuch im Anhang) entweder doppelt gezählt werden oder unberück-

und Intensität der externen Effekte von Fernsehprogrammen beeinflussen. Obwohl die Wirkungsmechanismen bisher nicht mit der zu wünschenden Sicherheit und Genauigkeit theoretisch abgebildet und empirisch nachgewiesen werden können, besteht doch weit gehende Einigkeit darüber, dass solche Wirkungen existieren und dass dadurch die Einstellungen und Handlungsweisen der Rezipienten maßgeblich beeinflusst werden. Nicht zuletzt aus ihnen begründen sich, wie u. a. auch vom Bundesverfassungsgericht mehrfach betont wurde, die gesellschaftlichen Aufgaben und Verantwortlichkeiten der Massenmedien im Allgemeinen und des Rundfunks, hier speziell des öffentlich-rechtlichen Rundfunks, im Besonderen.[441]

Obliegt die Entscheidung über die Rezeption von Programmen, die aus einer solchen ökonomischen Sicht mit positiven oder negativen Externalitäten behaftet sind, dem einzelnen Zuschauer, so weichen die Bereitstellungsergebnisse – unabhängig von der Art der Finanzierung (aus Werbung oder Entgelten) – vom gesellschaftlich wünschenswerten Ergebnis ab: Programme bzw. Programminhalte mit positiven Externalitäten werden in einem zu geringen Umfang rezipiert, Programme bzw. Programminhalte mit negativen Externalitäten in einem zu hohen Umfang.

Zwar können diese Fehlallokationen theoretisch durch horizontale Kompensationsleistungen zwischen den Betroffenen vermieden werden; die hierfür erforderlichen Voraussetzungen (s. o.) liegen für Externalitäten, bei denen die einzelnen Rezipienten als Verursacher angesehen werden, aber nicht vor, allein schon aufgrund ihrer hohen Anzahl und den damit verbundenen hohen Transaktionskosten und Kollektivgutproblematik. Von daher dürfte eine horizontale Internalisierung über Kompensationszahlungen oder eine „Selbstregulierung" über die Sanktionierung der Rezeption bestimmter Programmarten und -inhalte bei dieser Form von Externalitäten nicht greifen.

---

sichtigt bleiben. Auch die adäquate Verknüpfung der einzelnen Faktoren innerhalb der Konstrukte „gesellschaftlicher Bedeutsamkeit" und „marktlicher Bereitstellungsmängel" und zwischen diesen beiden Konstrukten wirft noch ungelöste Fragen auf. Die von uns gewählte Lösung (additive Verknüpfung der Faktoren innerhalb der Konstrukte und multiplikative Verknüpfung zwischen den Konstrukten) ist nur eine – einfache – Form, die in weiteren Arbeiten überprüft und ggf. modifiziert werden muss.

441 Aus diesen Überlegungen erklären sich aus ökonomischer Sicht viele Bestandteile des deutschen Rundfunksrechts, etwa die im Rundfunkstaatsvertrag und in den Satzungen der Landesrundfunkanstalten enthaltenen Gebote zur ausreichenden Berücksichtigung gesellschaftlich wichtiger Inhalte oder Gestaltungselemente und die dort enthaltenen Verbote gesellschaftlich bedenklicher Elemente (siehe hierzu ausführlicher *M. Kops,* Nachfragemängel, 1996, S. 20 f.). Ebenso lassen sich aus diesen Überlegungen grundsätzlich die den privaten Veranstaltern auferlegten Verpflichtungen rechtfertigen, etwa zum Jugend- und Verbraucherschutz und zum Umfang und den Inhalten von Werbung.

Es bleibt der Versuch, die damit verbundenen Fehlallokationen durch hoheitliche Eingriffe (Ge- und Verbote, Subventionen und Prämien oder Steuern und Strafen) oder durch eine nicht-marktliche Programmbereitstellung zu korrigieren. Zwar entstehen auch hierbei Transaktionskosten (insbesondere Informationskosten über die Art und Höhe der Externalitäten und deren Verteilung zwischen Verursachern und extern Betroffenen), andere Transaktionskosten (insbesondere die Verhandlungskosten) können bei einer vertikal-hoheitlichen Internalisierung aber geringer ausfallen als bei einer horizontalen Internalisierung.[442]

Allerdings erscheint auch eine solche vertikale Internalisierung wenig praktikabel. Zum Ersten fehlen hierfür die erforderlichen wissenschaftlichen Erkenntnisse, und zwar nicht nur für die in der öffentlichen Diskussion stehenden, in der Literatur intensiver erörterten Formen solcher Externalitäten, wie etwa die von den Medien ausgehenden Wirkungen von Gewaltdarstellung[443] oder von Werbung für Alkohol und Tabakwaren,[444] sondern auch für bisher wenig diskutierte, z. T. subtile und nur langfristig erkennbare, möglicherweise aber ebenfalls nachteilige Wirkungen, wie z. B. die Propagierung bestimmter tradierter Rollen und Verhaltensmuster[445] oder die Kommerzialisierung von Lebensberei-

---

442 Bei ihr handelt es sich im Übrigen nicht um eine Paternalisierung der Zuschauer, mit der gegen deren dezentrale (marktliche) Entscheidungen verstoßen wird, sondern im Gegenteil um die Korrektur eines Mangels des marktlichen Entscheidungsverfahrens, die dessen allokative Leistungsfähigkeit verbessert und (zumindest im Hinblick auf die durch Externalitäten bewirkten Marktmängel) die Summe der (internen) Nutzen der Zuschauer mit dem gesamtwirtschaftlichen Nutzen des Mediums in Übereinstimmung bringt.

443 Vor allem in der Frage, welche Wirkungen die Darstellung von Gewalt im Fernsehen hat, existieren in der Medienwirkungsforschung kaum gesicherte und verallgemeinerungsfähige Ergebnisse (*K. Merten*, Gewalt, S. 128). Obwohl sich die weitaus meisten Publikation innerhalb dieser Forschungsrichtung mit dieser Frage beschäftigt haben, „steht die Forschungsausbeute in einem merkwürdigen, aber symptomatischen Kontrast zu aufgeregten öffentlichen Debatte (*H.-D. Kübler*, Mediale Kommunikation, S. 89). *M. Kunczik*, Gewalt und Medien, S. 238, kommt zu folgendem Resummee: „Insgesamt gesehen zeichnet sich die Medien-und-Gewalt-Diskussion noch immer dadurch aus, dass zwei Fehlannahmen vorherrschen. Zum einen wird immer noch gern ein unzulässiger Schluss vom Inhalt der Gewaltdarstellungen auf deren Wirkung beim Zuschauer gezogen, zum anderen wird in der Öffentlichkeit und insbesondere der Politik immer noch eine generelle Aussage zur Wirkung von Gewaltdarstellungen gefordert. Diese kann und wird es auf wissenschaftlich fundierter Basis nie gegen können, denn der Wirkungszusammenhang „Rezipient-Medium“ ist so komplex, dass sich wissenschaftlich haltbare Aussagen nur für einzelne Populationen in genau umrissenen Situationen treffen lassen“.

444 Siehe *T. Kopetzsch/E. Lehmann/J. Weigand*, EU-Werbeverbot, S. 249 ff. m. w. N.

445 „Das Frauenbild im deutschen Fernsehen ist stark stereotypisiert und einseitig. Es reflektiert nicht die Vielfalt weiblicher Lebensentwürfe, sondern kolportiert eine männliche Idealvorstellung der Frau aus jung und sexuell verfügbar. Diese Einseitigkeit zieht sich durch alle Programmarten und Tageszeiten.“ *A. v. Kalckreuth*, Geschlechtsspezifische Vielfalt, S. 51.

chen, die sich hierfür nicht eignen.[446] Zudem scheidet eine der wichtigsten Formen der Internalisierung von Externalitäten, die Korrektur relativer Preise (per Besteuerung und Subventionierung), im Rundfunk aus, weil dieser in Deutschland ganz überwiegend als Free-TV betrieben wird (s. o.). Anders als z. B. in der Gesundheits-, Familien-, Bildungs- oder Umweltpolitik kommt eine über die Veränderung der relativen Preise betriebene Förderung der Nutzung von Angeboten mit positiven Externalitäten deshalb ebenso wenig in Betracht wie eine Einschränkung von Angeboten mit negativen Externalitäten.[447] Eine Zurückhaltung ist schließlich auch deshalb geboten, weil eine vertikale Internalisierung hohe Gefahren einer politischen Einflussnahme beinhalten würde – selbst wenn sie nicht dem Staat selbst, sondern intermediären Gremien (in Deutschland beispielsweise den Aufsichtsgremien der öffentlich-rechtlichen Rundfunkanstalten oder den Landesmedienanstalten) in die Hand gegeben würde. Aus all diesen Gründen erscheint eine hoheitliche Korrektur der als gesellschaftlich nachteilig erachteten Wirkungen, die von der individuellen Medienrezeption ausgehen, d. h. ökonomisch: eine Internalisierung der externen Effekte individueller Medienrezeption, weder instrumentell möglich noch ordnungspolitisch wünschenswert. Dennoch müssen sie als eine Ursache für die von den Sozialwissenschaften, etwa der Publizistik, der Soziologie, der Sozialpsychologie und der Medienforschung konstatierten Mängel kommerzieller Fernsehangebote bei der Ausgestaltung von Rundfunkordnungen, speziell bei der Austarierung der deutschen dualen Rundfunkordnung beachtet werden.

6.1.2.3.2.2 Externalitäten der Bereitstellung für andere Rezipienten

Externe Effekte der Bereitstellung von Fernsehprogrammen ergeben sich aus den gerade beschriebenen Wirkungen. Allerdings werden nun nicht mehr die Zuschauer, die die Programme mit positiven oder negativen Externalitäten rezipieren, als Verursacher betrachtet, sondern die „Bereitsteller" dieser Programme, also etwa die Rundfunkveranstalter, die einen jugendgefährdenden, gewalthaltigen oder Verbraucherinteressen schädigenden Beitrag ausstrahlen. Obwohl es im konkreten Fall schwierig sein kann, zu entscheiden, wer als „Bereitsteller" von Rundfunkprogrammen anzusehen ist,[448] sind die Voraussetzungen für eine

---

446 Siehe zum letzteren Problem *N. Luhmann,* Realität der Massenmedien, oder *D. Campbell,* The Relational Constitution of Contract and the Limits of „Economics", überzeugend auch *P. Thureau-Dangin,* Die Beine der Konkurrenz.

447 Siehe hierzu etwa *G. Schröder*, Ökonomie des Fernsehens, S. 93 f., oder *W. Seufert,* Mehr Markt in Hörfunk und Fernsehen?, S. 177.

448 Das gilt vor allem, wenn mehrere Akteure beteiligt sind, speziell beim digitalen Fernsehen, bei dem in einer längeren Wertschöpfungskette jeweils nur Teilleistungen der Bereitstellung erbracht werden (siehe oben, Abschnitt 6.1.2.1.2).

horizontale Internalisierung („Selbstregulierung") hier eher gegeben: Im Vergleich zu den zuvor diskutierten, auf das Rezipientenverhalten zurückgeführten Externalitäten ist das Verhalten der Veranstalter besser beobachtbar, die Transaktionskosten der horizontalen Einigung sind aufgrund der begrenzten Zahl der Beteiligten (Unternehmen) geringer und auch der für eine Selbstregulierung erforderliche Druck lässt sich, etwa über andere, nicht betroffene Veranstalter, über die Presse, über Verbraucherschutzorganisationen, über (für andere Zwecke ohnehin vorhandene) Verbände oder über den Staat aufbauen. Etliche Beispiele erfolgreicher Selbsthilfe- und Selbstkontrolleinrichtungen, wie z. B. der Deutsche Presserat, der Deutsche Werberat, die Freiwillige Selbstkontrolle Fernsehen (FSF), die Freiwillige Selbstkontrolle der Filmwirtschaft (FSK) oder die Freiwillige Selbstkontrolle Multimedia-Diensteanbieter (FSM),[449] zeigen, dass unter diesen Bedingungen eine Selbstregulierung funktionieren kann – letztlich, weil die damit verbundenen Einschränkungen von den beteiligten Unternehmen als weniger nachteilig beurteilt werden als die Nachteile, die zu erwarten wären, wenn man sich einer solchen Selbstregulierung versagen würde (Imageverlust, reduzierte Marktanteile und Werbeeinnahmen etc.). Für diese Vermutung spricht auch, dass sich die vorhandenen Formen der Selbstregulierung auf Bereiche beschränken, „deren Ziele – Jugendschutz – für Dritte anschaulich sind und bei denen offensichtliche Zielverfehlungen ein Potenzial der Breitenaktivierung von Unmut oder Widerstand in sich tragen."[450]

Unter weniger günstigen Bedingungen funktioniert die Selbstregulierung zwischen den Bereitstellern nicht. Davon ist z. B. auszugehen, wenn sich die negativen externen Wirkungen schwer nachweisen und quantifizieren lassen[451] und wenn deshalb (oder auch aufgrund anderer Ursachen, die das öffentliche Interesse beschränken) kein ausreichendes „Potenzial der Breitenaktivierung" existiert. Auch für den Fall, dass der Verzicht auf eine mit Externalitäten behaftete Aktivität mit hohen Einnahmenausfällen verbunden ist, die durch negative Sanktionen nicht (oder nur über einen langen Zeitraum) kompensiert werden können (z. B. wenn ein Veranstalter über ein gesellschaftlich problematisches, aber erlösträchtiges Programmformat (Big-Brother) oder Senderecht (Live-Übertragung einer Hinrichtung) verfügt, sinken die Chancen einer Selbst-

449 Siehe hierzu *W. Hoffmann-Riem*, Regulierung, S. 264, m. w. N.

450 Ebenda, S. 265.

451 Siehe oben, Abschnitt 6.1.2.3.1. So auch treffend *M. Mai*, Fremd- und Selbstregulierung, S. 336: „Zudem sind die gesellschaftlichen Folgen der Medien umstrittener als die Folgen von Immissionen, die auf relativ eindeutigen Ursache-Wirkungs-Beziehungen beruhen. Es ist z. B. keine Frage, ob ein bestimmter Schwermetallgehalt im Blut toxisch wirkt, während es über die Wirkung von Daily Soaps auf die Identitätsbildung von Jugendlichen kaum eindeutige („gerichtsfeste") Aussagen gibt."

regulierung, vor allem dann, wenn ein Veranstalter ohnehin bereits ein schlechtes Image hat, so dass Reputationsverlust für ihn keine sonderliche Drohung darstellt. Berücksichtigt man schließlich, dass „im Medienbereich keine Verbände und andere vergleichbaren Institutionen existieren, die zwischen den Interessen des Staates und denen der Wirtschaft vermitteln könnten", [452] so muss man trotz der beträchtlichen Anzahl bestehender Selbsthilfe- und Selbstkontrolleinrichtungen die Leistungsfähigkeit der Selbstregulierung der Medien insgesamt skeptisch beurteilen.[453,454]

Dazu mag auch beitragen, dass die für Fernsehveranstalter (wie auch für Zeitungs- und Zeitschriftenverleger) entwickelten Formen der unternehmensinternen Kontrolle und Selbstbindung (Redaktionsstatuten etc.)[455] im Zuge des steigenden Wettbewerbdrucks und der „Kommerzialisierung" der Medien erodieren[456] und Prinzipien journalistischen Arbeitens nur mehr um den (steigenden) Preis nicht realisierter Einkünfte eingehalten werden können, während Verstöße gegen diese Prinzipien (z. B. durch die Ausstrahlung eines spektakulären, aber schlecht recherchierten oder tendenziösen Kriegsberichtes oder einer „Intim-Talkshow", die durch Tabubrüche und die Verletzung von Persönlichkeitsrechten hohe Sehbeteiligungen erzielt) durch hohe Gewinne belohnt werden. Unter diesen Bedingungen ist eine vertikale Steuerung – oder zumindest eine

---

452 *M. Mai*, Fremd- und Selbstregulierung, S. 337. Das von Mai angesprochene Defizit sollte nach Vorstellungen der Weizsäcker-Kommission durch einen so genannten Medienrat beseitigt werden (der dann aber nicht gebildet wurde); auch die Bertelsmann-Stiftung versucht seit längerem, diese Lücke zu füllen.

453 Ebenda.

454 Das gilt aber auch für andere Bereiche, in denen die Selbstregulierung von den Unternehmen zwar i. d. R. als willkommene und leistungsfähige Alternative eines imperativen Hoheitseinsatzes begrüßt wird, in wissenschaftlichen Untersuchungen aber eher schlecht wegkommt. So leiten *B. Linscheidt/J. Ochtrup*, Effektivität, S. 11, aus einem spieltheoretischen (Grund-)Modell zum Eingehen freiwilliger Selbstverpflichtungen zum Umweltschutz beispielsweise die folgende Schlussfolgerung ab: „Insgesamt lässt sich aus dem Grundmodell ableiten, dass eine anspruchsvolle und zugleich erfolgreiche Selbstverpflichtung nur unter restriktiven Bedingungen zu erwarten ist: Erstens muss der Staat die umweltpolitische Zielsetzung insofern glaubwürdig verfolgen, als er ein auf No-Regret-Maßnahmen beschränktes Angebot mit der Einführung der Lenkungsabgabe beantwortet. Zweitens müssen die Kosten der nachträglichen Abgabeneinführung sowie die des Vereinbarungsbruchs – Imageschäden und entgangene zukünftige Einsparungspotenziale – für den Verband ausreichend hoch sein, um vor einem Vereinbarungsbruch abzuschrecken. Drittens schließlich muss der Verband in der Lage sein, kostenträchtige Maßnahmen gegenüber seinen Mitgliedern durchzusetzen. Ist nur eine dieser Bedingungen nicht erfüllt, stellen freiwillige Selbstverpflichtungen kein effektives umweltpolitisches Instrument dar."

455 *M. Stock*, Innere Medienfreiheit

456 Siehe für viele *R. W. McChesney*, Rich Media, unter anderem S. 108 ff.

Ergänzung der horizontalen Steuerung durch Elemente der vertikalen Steuerung[457] – erforderlich.[458]

6.1.2.3.2.3 Externalitäten der Bereitstellung für andere Bereitsteller

Externe Effekte der Bereitstellung von Fernsehprogrammen für andere Bereitsteller bedeutet im vorliegenden Zusammenhang, dass die Entscheidungen eines Veranstalters die Wohlfahrtsposition anderer, an diesen Entscheidungen nicht beteiligter Veranstalter beeinflussen. Solche Externalitäten entstehen z. B., wenn Zuschauer zwischen den Programmbeiträgen der einzelnen Veranstalter nicht differenzieren. Angebote eines Veranstalters, die von den Zuschauern positiv beurteilt werden, führen dadurch bei manchen Zuschauern zu einem Reputationsgewinn des Mediums Fernsehen generell (und damit auch zu einem Reputationsgewinn aller Fernsehveranstalter), und Angebote, die von den Zuschauern negativ beurteilt werden, führen zu einem generellen Reputationsverlust des Mediums (und damit auch zu einem Reputationsverlust aller Veranstalter). Ähnliche Externalitäten ergeben sich, wenn man die Beurteilung einzelner Genres des Fernsehens (Nachrichten, Musikprogramme, Kulturprogramme, Unterhaltung u. ä.) oder von Teilkompetenzen dieses Mediums (Unterhaltung, Informierung, Kommentierung etc.) betrachtet (dann allerdings in geringerem, weil auf diese Genres beschränktem Umfang).

Das Ausmaß dieser Externalitäten hängt u. a. von der Finanzierungsart der Programme ab. Für werbefinanzierte Fernsehveranstalter ergeben sich stärkere Externalitäten als für entgeltfinanzierte Veranstalter. Während die ersteren allenfalls mit Hilfe von Senderlogos, Trailern u. ä. ihre Identität und Unterscheidbarkeit stärken können, stehen Pay-per-Channel- und Pay-per-View-Anbietern mehr Möglichkeiten offen, eine enge Kundenbindung, ein Markenbewusstsein

---

[457] Der Übergang von einer horizontalen zu einer vertikalen Steuerung ist fließend. Bereits die durch den Staat vorgenommene Verbesserung der Rahmenbedingungen für eine horizontale Steuerung (etwa die Gründung oder Förderung von Institutionen, die mit der Selbstregulierung betraut werden könnten, oder die Bekanntmachung sozialschädlichen Verhaltens von Unternehmen) bildet ein Element der vertikalen Steuerung (in rechtswissenschaftlichen Arbeiten wird dies durch den Begriff der „Regulierten Selbstregulierung" zum Ausdruck gebracht, siehe *W. Hoffmann-Riem*, Regulierung, S. 260). Ein weiteres, massiveres Element der vertikalen Steuerung wäre die Androhung des Staates, imperative hoheitliche Maßnahmen für den Fall zu ergreifen, dass eine Selbstregulierung nicht zu dem gewünschten Ergebnis führt. Auch dabei variiert die Intensität der vertikalen Einflussnahme mit der Glaubhaftigkeit der Drohungen (bzw. ihrer Rechtsverbindlichkeit). Diese Abstufungen sind bisher allerdings weder in der Rechts- noch in der Wirtschaftswissenschaft präzisiert worden.

[458] Siehe unten, Abschnitt 7.2.

und Reputation aufzubauen.[459] Dies dürfte auf dem Markt für entgeltfinanziertes Fernsehen im Vergleich zum Free-TV-Markt zu mehr Wettbewerb zwischen den einzelnen Anbietern, zu geringeren Externalitäten der Programmentscheidungen der einzelnen Veranstalter und zu einer präferenzgerechteren Bereitstellung von Programmangeboten führen.

Während die gerade beschriebenen Externalitäten auf eine fehlende oder beschränkte Fähigkeit der Zuschauer zurückgehen, die Verantwortlichkeiten für Programmentscheidungen den Veranstaltern zuzuordnen, ergeben sich andere Externalitäten dadurch, dass die Entscheidungen eines Veranstalters die Wohlfahrtspositionen anderer Veranstalter verändern (ohne dass dies über das Preissystem ausgeglichen wird).[460] Wenn es z. B. einem Veranstalter gelingt, einen beliebten Showmaster, Nachrichten-„Anchor-Man" oder Quizmoderator von einem Konkurrenten abzuwerben, so hat dies nicht nur positive (und sich in dessen Erträgen niederschlagende) Folgen für den abwerbenden Veranstalter, sondern auch negative Folgen für denjenigen (an diesem Vertrag nicht mitwirkenden) Veranstalter, der sein „Zugpferd" verliert. Oft sind diese negativen Folgen des Imagetransfers für den abgebenden Veranstalter sogar höher als die positiven Folgen für den aufnehmenden Veranstalter. Möglicherweise schlägt sich dies allerdings auch in einer entsprechend höheren Gage des die Fronten wechselnden Mitarbeiters nieder, so dass die Wirkungen (teilweise) über das Preissystem internalisiert werden. In anderen Fällen, etwa wenn Formate kopiert, Urheberrechte und exklusive Übertragungsrechte anderer Veranstalter verletzt werden oder durch unwahre Behauptungen die Reputation anderer Veranstalter geschädigt wird, kommt es aber nicht zu einer solchen Internalisierung über das Preissystem; es entstehen dann (technische) externe Effekte zwischen den Veranstaltern.

Allerdings können diese Externalitäten eher horizontal internalisiert werden als die vom Verhalten der einzelnen Rezipienten ausgehenden Wirkungen (a) und die von den Programmentscheidungen der Veranstalter ausgehenden Externalitäten für die Zuschauer (b), bei den gerade genannten Beispielen z. B. durch außergerichtliche oder privatrechtlich erzielte Unterlassungsverpflichtungen

---

[459] Siehe *M. Caspar*, Informationsordnung; für den Fernsehbereich auch *D. Walter*, Preispolitik von Pay-TV-Anbietern.

[460] Allerdings verursachen solche Entscheidungen nur dann Externalitäten im ökonomischen Sinn, falls sie „technisch" sind, d. h. nicht über das Preissystem vermittelt werden. Z. B. verringert die Entscheidung eines Veranstalters, auf einem bestimmten Sendeplatz eine neue, erfolgreiche Daily-Soap auszustrahlen, die Marktanteile anderer Veranstalter (ebenso wie die Entscheidung, eine erfolglose Daily-Soap auszustrahlen die Marktanteile der anderen Veranstalter erhöht); bei diesen Wirkungen handelt es sich aber nicht um externe (technische) Effekte, weil diese Wirkungen über das Preissystem (hier die Marktanteile und Werbeerlöse der Wettbewerber) internalisiert werden.

oder Entschädigungszahlungen. Vertikale Eingriffe des Staates sind in diesem Bereich nur erforderlich, wenn horizontale Einigungen nicht zustande kommen oder sie so hohe (Transaktions-)Kosten verursachen, dass dadurch die Leistungsfähigkeit einer privatwirtschaftlichen Bereitstellung von Rundfunkprogrammen wesentlich eingeschränkt würde. Dies ist derzeit für den deutschen Rundfunksektor aber nicht erkennbar.

6.1.2.3.2.4 Netzexternalitäten

Eine weitere Form von Externalitäten, deren horizontale oder vertikale Internalisierbarkeit abschließend zu erörtern ist, sind die so genannten *Netzexternalitäten,* die entweder als direkte oder indirekte Effekte auftreten können.

Direkte positive Netzexternalitäten lassen sich für viele der modernen Kommunikationsmedien feststellen, zuvorderst für Online-Dienste, die durch die Verbindung vieler gewerblicher und privater PC-Nutzer in einem Datennetz (dem Internet) zu einem wichtigen kommerziellen und privaten Kommunikationsmedium geworden ist.[461] Aber auch bei Fernsehprogrammen bestehen positive Netzeffekte insofern, als deren Nutzen von vielen Rezipienten als höher empfunden wird, wenn sie sich im Anschluss daran mit anderen Personen über diese Programme austauschen können.[462] Die Chancen hierzu erhöhen sich mit der Zahl der Personen, die das Programm ebenfalls rezipiert haben. Programme, die von allen oder vielen Zuschauern gesehen werden, stiften aus diesem Grund ceteris paribus einen höheren Nutzen als Programme, die nur von wenigen Zuschauern gesehen werden.[463]

Positive Netzexternalitäten ergeben sich bei Fernsehprogrammen des Weiteren dadurch, dass die (Transaktions-)Kosten der Rezeption (einschließlich der Suchkosten und der Lernkosten für Bedienerführungssysteme und Benutzer-

---

461 Siehe oben, Abschnitt 6.1.2.1.3.1., sowie *Monopolkommission*, Hauptgutachten 1998/99, S. 63.

462 Siehe mit Bezug auf das Fernsehen *R. Pethig*, Perspektive, S. 184, mit Bezug auf Daily Talks und Daily Soaps *F. Krotz*, Anschlusskommunikation; mit Bezug auf Spielfilme *J. Haucap*, Spielfilme, 2001, S. 4: „Der individuelle Nutzen bzw. der subjektive Unterhaltungswert eines Filmes hängt, neben den Eigenschaften des Filmes (Genre, Qualität, etc.) und dem filmspezifischen Personalkapital, auch davon ab, wie viel andere Individuen den Film ebenfalls gesehen haben oder sehen werden, und mit wie viel anderen Individuen über diesen Film kommuniziert werden kann."

463 Allerdings hängen diese Chancen nicht nur von den absoluten Zuschauerzahlen (Reichweiten) des Programms ab, sondern auch von seinen Marktanteilen (dem Verhältnis zwischen den vom Programm erreichten Zuschauern zu allen Personen, die während dieser Zeit ferngesehen haben), und zwar differenziert nach spezifischen Bevölkerungsgruppen (peer groups). Wenn dieser „gruppenspezifische" Marktanteil hoch ist, kann auch eine Sendung, die nur eine geringe Reichweite oder gar einen in der Gesamtbevölkerung geringen Marktanteil erreicht hat, einen über die Kommunikation innerhalb der peer group vermittelten hohen (Netz-)Nutzen stiften.

oberflächen) für die Zuschauer mit zunehmender Größe eines Netzes sinken.[464] Zudem entstehen indirekte Netzeffekte, weil mit steigender Zahl der Netzteilnehmer (bzw. Pay-TV-Abonnenten) die Zahl der Anbieter von systemkompatiblen Inhalten auf derselben Plattform oder von im Zuge der Digitalisierung an Bedeutung gewinnenden Benutzeroberflächen zur Auswahl und Ablaufsteuerung der Programmrezeption (elektronischen Programmführern) und der so genannten Customer Care- und Billing-Software zunimmt. Als Folge setzt sich nicht notwendigerweise die effizienteste Marktlösung als Standard durch, sondern diejenige, die zuerst die kritische Masse an Nutzern erreicht.[465],[466]

Bei *indirekten Netzeffekten* hängt die Nutzungsmöglichkeit des Gutes von der Verfügbarkeit von Komplementärleistungen ab. Je mehr Personen sich für ein bestimmtes System entschieden und damit dem „virtuellen" Netzwerk angeschlossen haben, desto höher sind die für die Anbieter von Komplementärprodukten bestehenden Anreize, Produkte für dieses System zu entwickeln. Das System wird zum Standard, und die Komplementärprodukte müssen sich diesem Standard anpassen. Anbieter, denen es gelingt, Standards zu etablieren, können sich dadurch gegenüber anderen Anbietern behaupten, auch wenn ihre Produkte teurer oder schlechter sind als diejenigen der Konkurrenz. – Dies erklärt u. a., warum Unternehmen in ihrem Bemühen, ihre Normen bzw. Standards durchzusetzen (als einer Form so genannter „first mover advantages"), hohe Investitionen tätigen: diese zahlen sich aus, weil den Unternehmen durch die dann erzielte Marktmacht hohe Monopolgewinne zufließen.[467] Viele strategische Entscheidungen von Medienunternehmen, die auf den ersten Blick ökonomisch

---

464 Ein Beispiel sind die durch Programmplanungsschemata eingesparten Suchkosten. SAT.1 scheiterte z. B. bei seinem Versuch, seine Prime-Time-Sendungen um 20.00 Uhr zu beginnen und im Stundenrhythmus zu programmieren („volle Stunde, volles Programm"), vor allem am durch das bei der ARD eingebürgerte und von allen anderen Veranstaltern übernommene Programmschema, die Hauptsendungen der Prime Time um 20.15 Uhr zu beginnen.

465 Vgl. *C. Shapiro/H. R. Varian*, Information Rules, S. 173 ff.

466 Die Bedeutsamkeit dieses Marktmangels dürfte daher erheblich sein und ggf. eine staatliche Regulierung, hier zumindest in Form eines Diskriminierungsverbotes anderer Anbieter, begründen. Siehe hierzu ausführlicher *W. Schulz/W. Seufert/B. Holznagel*, Digitales Fernsehen, S. 69. ff.

467 Genannt seien z. B. die Entwicklung und kostenlose (bzw. nicht kostendeckende) Verteilung von Set-Top-Boxen, mit denen Rundfunkprogramme entschlüsselt werden können, die Entwicklung von elektronischen Programmführern und Navigationssystemen oder die Entwicklung und Verbreitung von Online-Diensten, „Portalen" und Communities im Internet. Vgl. hierzu ausführlicher *C. Shapiro/H. R. Varian*, Information Rules, S. 29 ff.; *A. Zerdick* u. a., Internet-Ökonomie, S. 16, *H. Dreier/A. Zerdick*, Informationsordnung, S. 45 ff., sowie *T. Vesting*, Informationsordnung, S. 275 ff.

unsinnig erscheinen,[468] werden dadurch verständlich. Und sie bilden, über die in Kap. 6.1.2.1. behandelten Unteilbarkeiten hinaus, eine weitere Ursache für die im Medienbereich auftretende starke Unternehmenskonzentration.[469] Das gilt umso mehr, als eine horizontale oder vertikale Internalisierung zwischen den von Netzeffekten behinderten Unternehmen kaum zustande kommt, weil deren Art und Umfang noch schwieriger zu bestimmen sind als die zuvor genannten Formen externer Effekte.[470]

6.1.2.3.2.5 Zwischenergebnis

Die marktliche Bereitstellung von Fernsehprogrammen verursacht eine Vielzahl externer Effekte. Als wichtigste Formen sind zu unterscheiden a) (positive oder negative) Externalitäten der Nutzung für andere, nicht an der Wahl der Kommunikationsdienste und -inhalte beteiligte Nutzer, b) (positive oder negative) Externalitäten der Bereitstellung für nicht an der Wahl der Kommunikationsdienste und -inhalte beteiligte Nutzer, c) (positive oder negative) Externalitäten der Bereitstellung für andere Bereitsteller und d) direkte und indirekte Netzeffekte. Die unter b) und c) genannten Externalitäten werden zum Teil vom Markt selbst reguliert (internalisiert); negative externe Effekte durch Programme, die das Gemeinwohl oder die Eigentums- und Persönlichkeitsrechte von einzelnen Personen massiv schädigen, werden überdies vertikal reguliert, z. B. unter Rückgriff auf das Strafrecht, das Urheberrecht, das Jugendschutzrecht und das Kartell- bzw. Wettbewerbsrecht. Hingegen fehlen für die unter a) (teilweise auch die unter d)) genannten Externalitäten sowohl die Voraussetzungen für eine horizontale als auch für eine hoheitliche Steuerung. Kommerzielles Fernsehen beinhaltet dadurch zu wenige gemeinnützige Angebote und zu viele Gemeinwohl schädigende Angebote.

---

468 In Deutschland ist der Bezahlsender Premiere der Münchner Kirch-Gruppe prominentes Beispiel solcher Anlaufverluste. Diese beliefen sich in letzter Zeit auf ca. 1 Mrd DM pro Jahr . Erst wenn Premiere ca 4 Mio. Abonnenten erreicht, gelangt der Sender in die Gewinnzone. Nachdem dies ursprünglich für Ende 2002 geplant war, geht Premiere selbst neuerdings davon aus, dass erst im Jahr 2004 schwarze Zahlen geschrieben werden können. Siehe *T. Magenbein*: Premiere sieht immer noch kein Land, in: Kölner Stadt-Anzeiger vom 21. 3. 2001.

469 *Monopolkommission*, Hauptgutachten 1998/99, S. 63

470 „... die Schwierigkeit liegt ... in der mangelnden Information über das Ausmaß der externen Effekte und das Ausmaß der dadurch verursachten Allokationsverzerrung ... Ein wichtiger wissenschaftlicher Beitrag zur Klärung dieser Kontroverse wären verlässliche Informationen darüber, wie groß empirisch das Ausmaß und die Folgen der genannten Netzexternalitäten sind und wie man die medienpolitischen Handlungsmöglichkeiten einschätzen muß." (*R. Pethig*, Perspektive, S. 184). Die Problematik wird z. Zt. am Beispiel der Unternehmenspolitik von Microsoft ausführlich diskutiert. Siehe dazu etwa *C. Shapiro/H. Varian*, Information Rules, S. 289 ff.

6.1.2.3.3 Externe Effekte bei Online-Diensten

6.1.2.3.3.1 Externalitäten der Nutzung für andere Nutzer

Bei der Diskussion der von Online-Diensten ausgehenden Externalitäten greifen wir auf die für Fernsehprogramme getroffene Formenbildung zurück. Als erste Form sind dann wiederum die mit der Nutzung von Online-Diensten verbundenen Wirkungen für andere Nutzer zu erörtern. Abgesehen von denjenigen Diensten, die sich auf die Übertragung nicht meinungsrelevanter Daten beschränken, sind solche Externalitäten auch für Online-Dienste zu erwarten. Die oben beispielhaft erwähnten positiven Externalitäten einer regelmäßigen Rezeption berufsbildender Fernsehprogramme ergeben sich beispielsweise auch (aufgrund der höheren Lerneffizienz vermutlich sogar in stärkerem Umfang) bei einer Rezeption der entsprechenden Internet-Angebote. Und für die umgekehrt auftretenden negativen Externalitäten individueller Rezeptionsentscheidungen wurde die extensive Nutzung von Online-Spielen, die zu einer sozialen Isolierung und Desintegration dieser Person und damit zu negativen Externalitäten für dessen Familie und sozialem Umfeld beitragen kann, bereits als Beispiel angeführt.

Ebenso wie beim Fernsehen hängen die Wirkungszusammenhänge allerdings von vielfältigen Besonderheiten der Rezipienten, der rezipierten Inhalte und der Rezeptionssituation ab. Gesicherte und allgemein gültige wissenschaftliche Erkenntnisse, aufgrund derer die Qualität oder gar die Quantität der internen und externen Wirkungen bestimmt werden könnten, sind hier noch weniger verfügbar als für das Fernsehen. Wie dort ist deshalb eine am individuellen Verhalten der einzelnen Rezipienten ansetzende Internalisierung der externen Wirkungen nicht möglich.

Hinzu kommt, dass der Rezeptionsakt bei Online-Diensten wesentlich komplizierter ist als bei Fernsehprogrammen (bei denen er im Zuge der Digitalisierung und der damit verbundenen Ausdifferenzierung der Wertstufen allerdings ebenfalls komplizierter wird).[471] Er zerfällt in mehrere, schon in sich komplizierte Teilprozesse, die der Rezipient nur bewältigen kann, indem er sich des Wissens und der Unterstützung von Spezialisten bedient.[472] So muss er für den Zugang zu den Online-Diensten auf die Hilfe von Experten („Intermediäre" oder „Agenten")[473] zurückgreifen, die die erforderliche Hardware und Software ent-

---

471 Siehe oben, Abschnitt 6.1.2.1.2.

472 Zur dahinter stehenden ökonomischen Logik der Nutzung so genannter Spezialisierungsvorteile siehe *M. Kops*, Prinzipien zur Gestaltung von Rundfunkordnungen, S. 16 ff., sowie auch unten, Abschnitt 6.1.2.4.

473 Siehe zu den Begriffen und der dahinter stehenden Prinzipal-Agent-Theorie ebenda.

wickeln und die dem Nutzer innerhalb des dann zugänglichen Mediums transaktionskostensparende und orientierungsstützende Verfahren zur Verfügung stellen, die Zugangswege und ggf. Zugangsplattformen bereitstellen[474] und ihm helfen, das Angebot zu erschließen.[475]

Dies hat nicht nur zur Folge, dass es für den Nutzer dieser Dienste zunehmend schwerer wird, die von ihm gewünschten Inhalte (weil der Rezipient diese nicht präzisieren kann, müsste man besser sagen: die seinen Nutzen maximierenden Inhalte) zu rezipieren, sondern es führt auch dazu, dass die tatsächlich rezipierten Inhalte nicht mehr nur durch den Rezipienten selbst (den so genannten Prinzipalen), sondern auch durch die in den Rezeptionsakt einbezogenen Intermediäre (Agenten) bestimmt werden. Sofern diese andere Interessen verfolgen als der Rezipient und sie auch besser informiert sind als dieser (etwa was die für die Nutzung am besten geeignete Geräteausstattung und Netzanbindung, das Betriebsystem, den Browser oder den Suchalgorithmus betrifft), führt diese Verkomplizierung des Rezeptionsaktes dazu, dass die den Rezipientennutzen maximierenden Inhalte von den tatsächlich nachgefragten Inhalten abweichen. Neben der dadurch fehlenden Präferenzengerechtigkeit des (faktisch zugänglichen) Angebotes für den Nutzer[476] hat das im vorliegenden Zusammenhang auch zur Folge, dass Externalitäten der Nutzung nicht mehr ausschließlich (oder auch nur vorrangig) dem Rezipienten zugerechnet werden können, sondern auch (oder sogar vorrangig) den beteiligten Agenten zugerechnet werden müssen. Auch dies trägt zu der fehlenden Identifizierbarkeit von „Verursachern" bei, die eine Internalisierung auf der individuellen Ebene verhindert.

Davon abgesehen ist der Nutzer von Online-Diensten anonym. Er braucht seine Identität nach deutschem Recht auch nicht preiszugeben. Im Gegenteil ist diese Anonymität eine zentrale Bedingung für eine freie öffentliche Kommunikation im Internet. Maßnahmen, die diese Anonymität aufheben würden (z. B. die Verpflichtung von Internet-Providern, Daten der Dienstenutzer zu speichern und unter bestimmten Bedingungen staatlichen Behörden zu übermitteln)[477] sind deshalb möglicherweise zwar technisch realisierbar, sie beinhalten aber die Gefahr, dass dadurch die Ziele des Gemeinwesens – insbesondere eben auch die freie öffentliche Kommunikation – stärker beeinträchtigt werden als dann, wenn

---

474 Der in der juristischen Literatur verwendete Begriff der „Inhaltsmittler" erweist sich bereits für das klassische Fernsehen als zu grob. Siehe zu den Problemen der juristischen Auslegung des Begriffs *A. v. Bonin*, Kommunikationsinhalte, S. 45 ff.

475 Siehe hierzu die auf den verschiedenen Stufen der Wertschöpfungsketten tätigen Akteure, wie sie z. B. von *A. Zerdick u. a.*, Die Internet-Ökonomie, für die verschiedenen Online-Dienste beschrieben werden (insbes. S. 62 ff. und S. 136 ff.).

476 Siehe ebenda.

477 Siehe z. B. entsprechende Überlegungen der *Europäischen Kommission*, Inhalte, S. 14 f.

der Staat auf diese Eingriffe – und damit auch auf die hoheitliche Internalisierung der Externalitäten – verzichtet.[478]

Bei den über Werbung finanzierten Online-Diensten verbietet sich eine über die relativen Preise der rezipierten Inhalte vorgenommene Internalisierung (per Subventionierung und Besteuerung) schließlich auch wegen der bereits beim werbefinanzierten Fernsehen beschriebenen fehlenden Steuerungsfunktion des Preises.

Auch bei den von Online-Diensten ausgehenden Externalitäten fehlen deshalb aus mehreren Gründen die Voraussetzungen für eine horizontale (Selbst-)Regulierung, und auch ihre vertikale, hoheitliche Korrektur ist im Allgemeinen weder instrumentell möglich noch ordnungspolitisch wünschenswert.

Allerdings bedarf dieser generelle Befund einer differenzierten, die Besonderheiten der verschiedenen, im Detail doch sehr unterschiedlichen Online-Dienste beachtenden Betrachtung. Diese ist zum Ersten geboten, weil die Stärke der (externen) Wirkungen der Online-Dienste für Dritte, an den Nutzungsentscheidungen nicht Beteiligte, zum Teil von den gleichen Faktoren beeinflusst wird, die oben (Abschnitt 5) als Determinanten ihrer gesellschaftlichen Bedeutsamkeit herausgearbeitet wurden, etwa von der Suggestivkraft, der fehlenden Interaktivität und den durch nachgelagerte Dienste vermittelten Wirkungen. Deshalb dürften die von Webcasting-Diensten ausgehenden Externalitäten für die (allerdings noch geringe Zahl von) Rezipienten, die diese Dienste nutzen, ähnlich hoch sein wie diejenigen von Fernsehprogrammen. Dagegen dürften sie bei Diensten, die eine geringe Suggestivkraft aufweisen (wie z. B. Newsletter, Einzelnachrichten zum Abruf, elektronische Zeitungen und elektronische Daten- und Auskunftsdienste) c. p. geringer sein. Unterschiede im Ausmaß der sich für die Nutzer ergebenden Externalitäten ergeben sich außerdem aus der unterschiedlichen Meinungsrelevanz der Dienste. Auch hier sind für Webcasting-Programme höhere Externalitäten anzunehmen als z. B. für elektronische Datendienste, Online-Bibliotheken, Online-Shopping oder Audio/Music-on-Demand, aber auch für Dienste, die (wie Newsletter, Newsgroups, Chat-Dienste oder elektronische Zeitungen) zwar eine vergleichsweise geringe Suggestivkraft aufweisen, für die Nutzer dieser Dienste aber eine hohe Meinungsrelevanz besitzen können.[479]

---

478 „Insgesamt würde durch ein Anonymitätsverbot ein zweifelhafter Zuwachs an Strafverfolgungsmöglichkeiten mit dem hohen Preis der Aufgabe wirksamer Privatheitsgarantien durch Anonymität bezahlt." *A. v. Bonin*, Kommunikationsinhalte, S. 194.

479 Bei Jugendlichen ist z. B. das Online-Angebot von NBC GIGA (www.giga.de) sehr erfolgreich (nach der IVW erreichte es im April 2001 mit 30 Mio. Page Impressions innerhalb der General-Interest-Angebote für alle Altersgruppen den 10. Platz; bei einer nach Altersgruppen aufgesplitteten Betrachtung wäre für die Gruppe der Jugendlichen eine Platzierung ganz vorn zu erwar-

Unterschiede im Ausmaß des hier betrachteten Typs von Externalitäten ergeben sich zum Zweiten aus den unterschiedlichen Möglichkeiten, solche Externalitäten durch technische oder gesetzliche Maßnahmen zu verhindern. Obwohl diese Möglichkeiten oben für Online-Dienste generell als gering eingestuft wurden, bestehen hier zwischen den einzelnen Diensten doch Unterschiede. So kann z. B. die Anonymität der Nutzer bei einzelnen Online-Diensten (etwa bei geschlossenen Chat-Diensten oder bei elektronischen Auskunftsdiensten) mit Einverständnis der Nutzer aufgehoben werden, wodurch sich größere Möglichkeiten ergeben, sich vor ungewünschten Wirkungen zu schützen (Selbstregulierung, etwa durch die Verweigerung der Annahme von E-Mails oder Dateien bestimmter Personen oder durch die damit verbundenen Möglichkeiten einer hoheitlichen Durchsetzung und Sanktionierung bestimmter Straftatbestände).

6.1.2.3.3.2 Externalitäten der Bereitstellung für andere Nutzer

Folgt man der oben für Fernsehprogramme getroffenen Unterscheidung, so sind auch bei Online-Diensten die von der Rezeption/Nutzung ausgehenden Externalitäten von den mit der Bereitstellung dieser Dienste verbundenen Externalitäten zu unterscheiden. „Verursacher" sind hier also z. B. die Betreiber gewalthaltiger und gewaltverherrlichender „Hate-Sides", die Anbieter von Newslettern, die Persönlichkeitsrechte verletzen, die Online-Anbieter aggressiver Computer-Spiele, die aggressives Verhalten erzeugen,[480] oder die Bereitsteller von Audio-on-Demand-Diensten, von Datendiensten oder von elektronischen Zeitungen, die Urheberrechte missachten.

Auf den ersten Blick könnte man hier wegen der im Vergleich zu den Nutzern geringeren Zahl der Akteure vermuten, dass solche Externalitäten eher festgestellt und – horizontal oder vertikal – internalisiert werden können. Eine genauere Betrachtung zeigt aber, dass dem einige Besonderheiten von Online-Diensten entgegenstehen.

---

ten). Die bei Giga möglichen Chats zwischen den Teilnehmern und zwischen den Teilnehmern und Redakteuren dürften innerhalb dieser Altersgruppe eine hohe Meinungsrelevanz besitzen. Im Übrigen ist das Angebot von NBC GIGA ein gutes Beispiel für (von uns aus der Betrachtung ausgeklammerte, siehe Abschnitt 3.1.) Dienste*bündel* (Chats, emails, webcasting, Audio-/Video-on-demand, Teleshopping etc.), die in ihrer Kombination sowohl eine (im Einzelnen allerdings noch kaum untersuchte) besonders hohe Meinungsrelevanz und Suggestivkraft aufweisen und damit auch überdurchschnittliche externe Wirkungen der Nutzung für andere Rezipienten besitzen.

480 Ob aggressive Computer-Spiele Gewalttätigkeit verursachen, ist allerdings ähnlich schwer messbar, wie dies für die Zusammenhänge zwischen gewalthaltigen Fernsehprogrammen und dem Verhalten der Rezipienten solcher Programme oben (Abschnitt 6.1.2.3.2.1.) dargestellt wurde. Siehe hierzu *H. Gieselmann*, c't 4/2000, S. 132 ff., m. w. N.

- So zeigt sich auch bei der Bereitstellung von Online-Diensten die gerade für die Nachfrageseite beschriebene *Ausdifferenzierung der Teilleistungen* der an der Bereitstellung Beteiligten, wodurch diese schwer isoliert und als „Verursacher" von Externalitäten kaum identifiziert werden können.[481]
- Selbst wenn die Aufgaben der an der Bereitstellung Beteiligten sauber voneinander getrennt werden könnten, wären die damit verbundenen Externalitäten kaum zu bestimmen, weil die hierfür erforderlichen *wissenschaftlichen Erkenntnisse* bei den Online-Diensten, die sich erst in den letzten Jahren entwickelt haben und die sich im Zuge einer sich noch schnell ändernden Technik und eines sich verändernden Nutzungsverhaltens fortentwickeln, noch geringer sind als bei den klassischen Massenmedien, etwa beim oben als Referenzdienst betrachteten Fernsehen.
- Selbst wenn die vorgenannten Voraussetzungen erfüllt wären, fehlen aufgrund der Geschwindigkeit, mit der sich diese Dienste entwickelt haben und fortentwickeln, (noch) die *gesetzlichen Grundlagen* für eine Internalisierung der durch Online-Dienste verursachten Externalitäten, und die für die klassischen Medien, zuvorderst für das Rundfunk- und Presserecht, bestehenden Gesetze lassen sich aus verschiedenen Gründen kaum auf Online-Dienste anwenden.[482]
- Schließlich können sich die Verursacher externer Effekte von Online-Diensten selbst für den Fall, dass geeignete Gesetze existieren, *einer Sanktionierung entziehen*, indem sie ihren Firmen- bzw. Wohnsitz (und den Standort ihres Servers) ins Ausland verlagern und sie damit verhindern, dass die (nationalen) Gesetze durch (nationale) Behörden vollzogen werden können.[483]

Auch eine Internalisierung der mit der Bereitstellung von Online-Diensten verbundenen Externalitäten ist deshalb derzeit weder durch eine *horizontale Internalisierung* zwischen den Betroffenen möglich, weil hierfür die erforderlichen Voraussetzungen schon wegen der großen Zahl der Bereitsteller solcher Dienste nicht erfüllt sind, noch durch eine *vertikale Internalisierung* mit hoheitlichen Eingriffen, für die die erforderlichen Gesetze entweder ganz fehlen oder zumindest nicht durchsetzbar sind. Dazu tragen auch die Schwierigkeiten bei, die bei der für eine vertikale Regulierung erforderlichen Bestimmung und Sank-

481 Als Akteure lassen sich hier z. B., wiederum unter Verzicht auf weiter unten zu erörternde Besonderheiten der einzelnen Dienstearten, Produzenten der Dienste-Inhalte, mit der Strukturierung und Bündelung befasste Veranstalter und mit der Verbreitung befasste Netz- und Plattformbetreiber unterscheiden.

482 *A. v. Bonin*, Kommunikationskontrolle, S. 66 ff.

483 *Ebenda*, S. 147 ff.

tionierung der „Verursacher" auftreten; insofern ist der (nationale) Staat bei der Regulierung dieser Form von Externalitäten in der Tat „ohnmächtig".[484]

Da die privatwirtschaftlichen Anstrengungen zur Durchsetzung von Eigentumsrechten erfahrungsgemäß in dem Maß zunehmen, in dem die dem Staat hierzu verfügbaren Mittel (oder Neigungen) fehlen, ist mittelfristig allerdings davon auszugehen, dass stärkere privatwirtschaftliche Anstrengungen einer Internalisierung von Externalitäten unternommen werden; so sind beispielsweise neue Techniken entwickelt worden, um die Ausschließbarkeit, vor allem in der Unterform der so genannten „Zurückweisbarkeit" von im Internet kommunizierten Inhalten zu verbessern – z. B. durch „Fire-Walls", mit denen Daten vor einem Zugriff oder einer Zerstörung durch Unbefugte geschützt werden können, durch Filter, mit denen bestimmte Inhalte (etwa Werbung oder Pornografie) erkannt und zurückgewiesen werden können,[485] durch Ratingsysteme, mit denen die Angebote durch die Anbieter, durch die Nutzer sowie vor allem durch dafür einzusetzende unabhängige Organisationen bewertet werden, und durch zentrale Einrichtungen, die Meldungen über Verstöße gegen gesetzliche Vorgaben oder auch gegen gesetzlich nicht geregelte, aber sozial unerwünschte Verhaltensweisen entgegennehmen und (ggf. nach einer Überprüfung) publik machen.[486] Auch neue Verfahren zur Verschlüsselung digitaler Daten, z. B. von Audio-Dateien, sind Beispiele für die Ersetzung (nicht mehr wirksamer) Verfahren des hoheitlichen Schutzes von Eigentumsrechten durch Verfahren des privaten Schutzes dieser Rechte. Hierzu finden sich sowohl in der rechtswissenschaftlichen[487] als auch in der ökonomischen[488] Literatur eine Vielzahl von Vorschlägen; allerdings fehlt noch deren Verknüpfung, etwa auf der Basis der hier zugrunde gelegten Theorie ökonomischer Externalitäten.

Das gilt auch für die Verfahren, die unter dem Stichwort der „Regulierung der Selbstregulierung" einzuordnen sind. Diesen kommt für die Online-Dienste

---

484 *A. Rossnagel*, ZRP 1997, S. 26; *O. Depenheuer*, AfP 1997, S. 671.

485 Siehe hierzu vor allem die vom „World Wide Web-Konsortium" entwickelte „Platform for Interent Content Selection (PICS)" unter http://www.w3.org; Filter zum Schutz von Kindern finden sich unter http://www.getnetwise.org/americalinksup/parentstips/browsers.html. 20.07.2001. Ähnliche Filter werden für die Zurückweisung von Werbebotschaften angeboten. Der Deutsche Multimedia Verband (dmmv) hat vorgeschlagen, dass Werbemails kuenftig nur noch zugesandt werden dürfen, wenn der Empfänger dies vorher explizit erlaubt hat. Siehe hierzu www.media.nrw.de/news/location/2001/07/ 20/1878/. Vgl. auch http://www.icra.org.

486 Der Verband der deutschen Internet-Wirtschaft (eco) hat z. B. eine öffentliche Hotline für Beschwerden rund um illegale oder bedenkliche Inhalte im Usenet eingerichtet. Siehe hierzu http://www.media. nrw.de/news/location/2001/07/24/1884/

487 *A. v. Bonin*, Kommunikationsinhalte, S. 201 ff.; *U. Sieber*, Verantwortlichkeit im Internet, S. 100; mit Schwergewicht auf den Jugendschutz *J. Waltermann/M. Machill*, Verantwortung im Internet.

488 *S. Choi/D. O. Stahl, A. B. Whinston*, Eletronic Commerce, S. 175 ff., S. 407 ff.

im Vergleich zum Rundfunk und anderen Medien eine noch größere Bedeutung zu, weil hier aus den dargestellten Gründen weder eine „nicht regulierte" (man könnte hier auch sagen: eine staatlich nicht unterstützte) Selbstregulierung Erfolg versprechend ist noch eine klassische hoheitliche Regulierung. Vielmehr bedarf es hier der Zwischenform der „kooperativen" Steuerung, bei der der Staat diejenigen Vor- oder Teilleistungen erbringt, die der Markt nicht oder weniger gut bereitstellen kann,[489] er dem Markt auf der anderen Seite diejenigen Teilleistungen überlässt, bei denen – auf der Basis der vom Staat geschaffenen Rahmenbedingungen – die Selbststeuerungskräfte des Marktes funktionieren.

Auch hier bedürfen die generellen Ergebnisse einer die Besonderheiten der einzelnen Online-Dienste berücksichtigenden Differenzierung. Diese ergeben sich zum Ersten daraus, dass die Stärke der (externen) Wirkungen, die die Online-Dienste auf Dritte, an den Nutzungsentscheidungen nicht Beteiligte ausüben, zum Teil von den gleichen Faktoren beeinflusst wird, die oben (Abschnitt 5) als Determinanten ihrer gesellschaftlichen Bedeutsamkeit herausgearbeitet wurden, etwa von der Suggestivkraft, der fehlenden Interaktivität und den durch nachgelagerte Dienste vermittelten Wirkungen. Deshalb dürften die von Webcasting-Diensten ausgehenden Externalitäten für die (allerdings noch geringe Zahl von) Rezipienten, die diese Dienste nutzen, ähnlich hoch sein wie diejenigen von Fernsehprogrammen. Dagegen dürften sie bei Diensten, die eine geringe Suggestivkraft aufweisen (wie z. B. Newsletter, Einzelnachrichten zum Abruf, elektronische Zeitungen und elektronische Daten- und Auskunftsdienste) c. p. geringer sein. Unterschiede im Ausmaß der sich für die Nutzer ergebenden Externalitäten rühren außerdem aus der unterschiedlichen Meinungsrelevanz der Dienste. Auch hier sind für Webcasting-Programme höhere Externalitäten anzunehmen als z. B. für elektronische Datendienste, Online-Bibliotheken, Online-Shopping oder Audio/Music-on-Demand, aber auch für Dienste, die zwar eine vergleichsweise geringe Suggestivkraft aufweisen, für die Nutzer dieser Dienste aber eine hohe Meinungsrelevanz besitzen können, wie Newsletter, Newsgroups, Chat-Dienste oder elektronische Zeitungen.

Unterschiede im Ausmaß des hier betrachteten Typs von Externalitäten ergeben sich zum Zweiten aus den unterschiedlichen Möglichkeiten, solche Externalitäten durch technische oder gesetzliche Maßnahmen zu verhindern. Obwohl diese Möglichkeiten oben für Online-Dienste generell als gering eingestuft

---

[489] Etwa aufgrund der Bereitstellungsproblematik öffentlicher Güter (Trittbrettfahrer-Problematik), der Existenz so genannter Gefangenen-Dilemmata (die z. B. die Einführung von Standards erschwert) oder infolge von Unteilbarkeiten (hohen Skalenerträge, Nichtrivalität). Dabei sind auf einer höheren Ebene ähnliche Überlegungen zur (fehlenden) Steuerungsfähigkeit von Wirtschafts- und Gesellschaftsordnungen durch horizontale Marktentscheidungen anzustellen, wie sie hier für eine spezielle Gruppe von Gütern, Kommunikationsdienste, angestellt werden.

wurden, bestehen hier zwischen den einzelnen Diensten doch Unterschiede. So kann z. B. die Anonymität der Nutzer bei einzelnen Online-Diensten (etwa bei geschlossenen Chat-Diensten oder bei elektronischen Auskunftsdiensten) mit Einverständnis der Nutzer aufgehoben werden, wodurch sich für die Teilnehmer an diesen Diensten größere Möglichkeiten ergeben, sich vor ungewünschten Wirkungen zu schützen (Selbstregulierung, etwa durch die Verweigerung der Annahme von E-Mails oder Dateien bestimmter Personen) oder durch die damit verbundenen Möglichkeiten einer hoheitlichen Vermeidung oder Sanktionierung bestimmter Straftatbestände.

6.1.2.3.3.3 Externalitäten der Bereitstellung für andere Bereitsteller

Auch bei Online-Diensten ergeben sich Externalitäten der Bereitstellung nicht nur für die Nutzer, sondern möglicherweise auch für andere Bereitsteller. Offensichtlich wird dies z. B., wenn Inhalte bereitgestellt werden, die die Eigentumsrechte, insbesondere die Urheberrechte, anderer Bereitsteller verletzen, wie z. B. bei den so genannten Musiktauschbörsen. Auch das schon bei Fernsehveranstaltern erwähnte Beispiel, dass Leistungen, die von den Nutzern nicht exakt den einzelnen Bereitstellern zugerechnet werden können, die Reputation (und Erträge) aller Betreiber des Dienstes, möglicherweise sogar des „Internet" insgesamt (hier als Oberbegriff für alle über das Internet verbreiteten Online-Dienste) beeinflussen, verursacht Externalitäten des hier betrachteten Typs; sie ergeben sich auch, wenn Betreiber z. B. den Markennamen oder sonstige Bestandteile der Reputation anderer Bereitsteller für eigene Zwecke verwenden und dadurch deren Reputation schädigen.

Prinzipiell erscheint eine horizontale Regulierung zwischen den betroffenen Unternehmen in diesem Fall eher möglich als bei den bisher erörterten, die Nutzer von Online-Diensten betreffenden Externalitäten. Allerdings ist die Zahl der Betreiber bei Online-Diensten (vor allem wenn man diese weit abgrenzt und z. B. auch „Homepages" als solche einbezieht) doch ungleich höher als beim Rundfunk oder auch bei der Presse. Dabei ist auch zu berücksichtigen, dass die Betreiber von Online-Diensten, anders als die klassischen Kommunikationsdienste, nicht auf räumlich begrenzten Märkten, sondern weltweit miteinander konkurrieren. Damit geht die Zahl der mit den Aktivitäten von Online-Dienste-Betreibern verbundenen potenziellen und auch tatsächlichen Externalitäten weit über das hinaus, was durch direkte Verhandlungen zwischen den Betroffenen geregelt werden kann.

Auch einer vertikalen, hoheitlichen Regulierung sind aufgrund der Faktoren, die bereits für Dienste-Nutzer betreffende Externalitäten beschrieben wurden, enge Grenzen gesetzt. Auch hier bestehen deshalb derzeit, etwa im Hinblick auf Datenschutz, Urheberschutz und Markenschutz, hohe Regelungsdefizite. Mittelfristig ist aber auch hier davon auszugehen, dass die Dienste-Betreiber private Verfahren zur Vermeidung von Externalitäten entwickeln werden. Es bedarf hier aber ebenfalls, wie für die Selbstregulierung der die Dienste-Nutzer betreffenden Externalitäten schon beschrieben, einer Kooperation zwischen Privatwirtschaft und Staat (bzw. durch die Einsetzung von mit hoheitlichen Rechten ausgestatteten Organisationen, auch auf der internationalen Ebene).

Die Möglichkeiten zu einer solchen Regulierung sind bei den einzelnen Online-Diensten unterschiedlich. Bei Diensten, die strengeren Vorschriften zur Offenlegung der Identität der Betreiber unterliegen (oder unterworfen werden könnten), wie z. B. bei Webcasting-Programmen, bei elektronischen Zeitungen (Impressum-Pflicht), bei Online-Pressediensten oder Online-Bibliotheken, sind sie höher als bei Diensten, bei denen dies, wie z. B. bei Homepages, wegen der Vielzahl solcher Angebote und der fehlenden Überprüfbarkeit (und ggf. der fehlenden Sanktionierung von Verstößen gegen Offenlegungspflichten) ausscheidet.

Unterschiede zwischen den Diensten ergeben sich außerdem aus der unterschiedlichen Bedeutsamkeit, den Reputation für die Erreichbarkeit der mit den betriebenen Diensten verfolgten Zwecke hat (und damit aus der unterschiedlichen Anfälligkeit für Reputationsverluste, die von Aktivitäten anderer ausgehen können). Aus dieser Sicht sind zum einen solche Dienste von Externalitäten besonders betroffen, die kommerzielle Zwecke verfolgen (und hierzu i. a. Reputation benötigen), also z. B. entgelt- und werbefinanzierte Portale, Suchmaschinen und elektronische Zeitungen, zum anderen aber auch nicht erlösorientierte Dienste, die publizistische Ziele verfolgen, die sie ebenfalls nur mit vorhandener Reputation erreichen können, wie z. B. von gemeinnützigen Organisationen oder engagierten Einzelpersonen betriebene Newsletter und Newsgroups oder Special-Interest-Homepages. Weniger betroffen sind demgegenüber unter diesem Gesichtspunkt Betreiber von Diensten mit fiktionalen Angeboten (entsprechende Special-Interest-Homepages, Online-Spiele oder Audio-on-Demand-Dienste), die von den Nutzern einfach inspiziert werden können (so dass Reputation nicht benötigt wird).

Schließlich hängt die Regulierbarkeit der Externalitäten bei den einzelnen Online-Diensten auch davon ab, welche und wie viele Akteure an der Bereitstellung beteiligt sind. Die oben allgemein beschriebene Vielzahl von Akteuren und damit c. p. auch die Schwierigkeiten einer Identifizierung der Verursacher von Externalitäten und der juristisch adäquaten Auslegung der auf solche Verursacher bezogenen Bestimmungen ist zwar ein generelles Merkmal aller Online-Dienste, gleichwohl bestehen auch hier zwischen den Diensten Unterschiede. Bei den so genannten Peer-to-Peer-Tauschbörsen, über die vor allem Audio-Dateien zwischen Internet-Nutzern getauscht werden, erfolgt die Bereitstellung

z. B. mittels eines mehrstufigen Verfahrens und unter Einbeziehung mehrerer Akteure, deren Verantwortlichkeiten schwer bestimmbar und auf die rechtliche (hier urheberrechtliche) Bestimmungen schwer anwendbar sind.[490] Bei Portalen, Newslettern, Einzelnachrichten zum Abruf (und „Pull-Diensten generell) und Chat-Diensten bestehen ähnliche, aus den Schwierigkeiten der Verantwortlichkeitstrennung resultierende Probleme. Im Vergleich dazu sind die Akteure und Verantwortlichkeiten bei anderen Online-Diensten, etwa beim Webcasting, bei elektronischen Daten- und Auskunftsdiensten, bei Nachrichten-Push-Diensten und Info-Push-Diensten (und bei „Push-Diensten“ generell) geringer.

6.1.2.3.3.4 Netzwerkexternalitäten

Überträgt man die Definition von (positiven) Netzeffekten auf Online-Dienste, so ergeben sich diese allgemein dann, wenn eine Person durch ihre Teilnahme an einem Online-Dienst den Nutzen für andere Diensteteilnehmer steigert. Hiervon ist bei Online-Diensten erstens dann auszugehen, wenn die Diensteinhalte zu einer nutzenstiftenden Kommunikation zwischen den Teilnehmern führen. Es gelten dann die gleichen Überlegungen wie bei Fernsehprogrammen, deren Wert auch mit der Zahl der Rezipienten steigt, mit denen man sich im Nachhinein über die Programme austauschen kann (bzw. mit der dadurch bestimmten Wahrscheinlichkeit, dass man hierfür einen Kommunikationspartner findet).[491] Solche Netzexternalitäten sind auch bereits bei Diensten von Bedeutung, die noch keine hohen absoluten Teilnehmerzahlen aufweisen, die aber (wie z. B. manche Chat-Dienste oder Newsgroups) innerhalb kleinerer Bevölkerungsgruppen (peer groups) bereits in einem ausreichenden, die „kritische Masse“ übersteigenden Maß verbreitet sind.[492]

Zweitens ergeben sich Netzexternalitäten auch dadurch, dass innerhalb eines Netzes Informationen mit geringeren (Transaktions-)Kosten übertragen werden können als zwischen verschiedenen Netzen, z. B. aufgrund der dann einheitlichen Bedienerführung und Benutzeroberflächen und der nicht benötigten Netz-Schnittstellen. Bei den innerhalb der Netze übertragenen Informationen kann es sich um schriftliche Kommunikation handeln, z. B. um informelle Meinungsäußerungen (wie in den gerade genannten Chat-Diensten oder Newsgroups) oder auch um Kommunikation, die bestimmte journalistisch-professionelle Kriterien beachtet (wie z. B. Newsletter); es können aber auch nichtsprachliche

---

490 Siehe hierzu *D. Frey*, ZUM 2001, S. 466 ff.

491 Darauf wurde bereits bei den Netzexternalitäten des Fernsehens hingewiesen, siehe oben, Abschnitt 6.1.2.3.2.4.

492 Vgl. ebenda.

Informationen ausgetauscht werden, wie z. B. Audio- oder Video-Dateien (wie dies etwa in den so genannten Tauschbörsen geschieht).

Weil derjenige Anbieter, der die größte Teilnehmerzahl aufweist, den höchsten Netznutzen vermittelt und weil die Nutzer im Bestreben, Transaktionskosten zu sparen, auch nicht bereit sind, sich auf die Besonderheiten mehrerer Netzdienste-Anbieter einzustellen (unterschiedliche Bedieneroberflächen, Hardware- und Software-Ausstattung etc.), ist davon auszugehen, dass sich bei allen Online-Diensten, die homogene Leistungen mit Netzeffekten anbieten, langfristig nur wenige Anbieter am Markt behaupten können, speziell wenn die konzentrationsbedingten Nachteile für die Dienstenutzer (verminderte Produktqualität, überhöhte Preise, nachlassende Innovationskraft) durch die gleichzeitig steigenden positiven Netzeffekte (über)kompensiert werden[493] und wenn der Wechsel zu einem anderen Netz mit hohen Kosten verbunden ist.[494] Deshalb dürften sich z. B. langfristig nur wenige (nicht quersubventionierte) Suchmaschinen, elektronische Programmführer und Audio-on-Demand-Dienste am Markt behaupten; bei anderen Online-Diensten, die ebenfalls positive Netzeffekte aufweisen, wie z. B. Webcasting-Programme, Chat-Dienste, Portale, Linksammlungen und Online-Spiele, wird sich aufgrund heterogener Präferenzen vermutlich eine größere Zahl von Diensteanbietern halten können.

Neue Anbieter von Gütern mit Netzeffekten haben es schwer, in den Markt einzutreten. Weil die etablierten Anbieter ihre Teilnehmer durch positive Netzexternalitäten umso leichter bei der Stange halten können, je größer die Zahl der Teilnehmer ist (s. o.), können neue Anbieter kaum die für ausreichend hohe Netzexternalitäten erforderliche Zahl (die „kritische Masse") von Teilnehmern erreichen. Die Unternehmen, die die Dienste als Erste anbieten, besitzen deshalb first mover advantages, die nachhinkende Unternehmen nur schwer aufholen können.

Aus diesem Grund bieten Unternehmen Netzeffekte beinhaltende Dienste auch bereits dann an, wenn sich diese aufgrund noch fehlender Nachfrage oder noch nicht vorhandener Komplementärgüter und -dienste wirtschaftlich noch nicht rechnen, sie sich langfristig aber voraussichtlich auszahlen, weil durch den frühen Markteintritt eine Monopolstellung begründet werden kann, die langfristig über die Anfangsverluste hinausgehende Erträge ermöglicht („Winner-take-all-battle").[495] Obwohl somit auch in der New Economy die Grundregeln der

---

493 Das von Microsoft bereitgestellte Betriebsystem DOS wie auch die darauf aufsetzende Bedieneroberfläche Windows sind Beispiele für solche Netzgüter, die eine Monopolstellung erlangt haben.

494 Siehe zu solchen. Switching-Costs für Online-Dienste z. B. *C. Shapiro/H. R. Varian*, Information Rules, S. 103 ff.

495 *C. Shapiro/H. R. Varian*, Information Rules, S. 261 ff.

Ökonomie nicht außer Kraft gesetzt sind – langfristig können sich Unternehmen nur behaupten, wenn ihre Erlöse höher sind als ihre Kosten –, müssen die Unternehmen in der New Economy gleichwohl andere kurz- und mittelfristige Strategien verfolgen,[496] z. B. indem sie – als Extremform der so genannten Penetrations-Preisstrategie – ihre Leistungen zunächst kostenlos anbieten („Follow-the-Free").[497] Dies erhöht ihre Anlaufsverluste, und es führt dazu, dass die oben bereits beschriebenen, für Kommunikationsdienste generell hohen Konzentrationstendenzen noch verstärkt werden. Zudem mindert es die Bedeutung des Qualitätswettbewerbs, weil neue Anbieter nicht die für den Markteintritt erforderliche „kritische Masse" erreichen können, auch wenn ihre Produkte denjenigen der etablierten Unternehmen qualitativ überlegen sind.

6.1.2.3.3.5 Zwischenergebnis

Als Zwischenergebnis kann festgehalten werden, dass auch die Nutzung und Bereitstellung von Online-Diensten mit externen Effekten für Dritte, an den Rezeptions- und Bereitstellungsentscheidungen nicht Beteiligte, verbunden ist. Allerdings sind die die Nutzer betreffenden Externalitäten bei Online-Diensten geringer als beim Fernsehen, weil (abgesehen von der hier nicht interessierenden geringeren Breitenwirkung) die auch bei der Beurteilung der Bedeutsamkeit unterstellten Wirkungsvermutungen (etwa eine geringere Suggestivkraft) hier für ein geringeres Einflusspotenzial sprechen. Auf der anderen Seite sind die von Online-Diensten ausgehenden Externalitäten (z. B. aufgrund der hier längeren Werteketten der Bereitstellung, der Anonymität der Akteure und der noch fehlenden publizistischen Organisation) schwerer erkennbar und die Verursacher schwerer identifizierbar als beim Rundfunk (und auch bei der Presse). Sie können daher noch schwerer als dort durch Formen der Selbstregulierung oder durch hoheitliche Eingriffe internalisiert werden – selbst wenn sie das Gemeinwohl oder die Eigentums- und Persönlichkeitsrechte von einzelnen Personen massiv schädigen. Das gilt auch für *zwischen den Anbietern von Online-Diensten auftretende Externalitäten*. Auch hier ist eine horizontale Internalisierung, schon wegen der Vielzahl der (weltweiten) Online-Dienst-Betreiber, nicht möglich, und auch einer hoheitlichen Regulierung sind enge Grenzen gesetzt. Auch hier sind allerdings kooperative Lösungen vorstellbar (und zu erwarten), mit denen ein Teil der Externalitäten durch (ggf. staatlich unterstützte) Maßnahmen der Online-Dienste-Betreiber selbst verhindert werden kann. Schließlich spielen bei Online-Diensten auch die so genannten *Netzexternalitäten* eine wichtige Rolle. Sie stärken die Stellung von Unternehmen, die mit solchen Ex-

---

496 *K. Kelly*, New Rules; *A. Zerdick u. a.*, Internet-Ökonomie, S. 180 ff.

497 Ebenda, S. 192 f.; *S.-Y. Choi/D. O. Stahl, A. B. Whinston*, Electronic Commerce, S. 148 ff.

ternalitäten behaftete Kommunikationsdienste frühzeitig anbieten, sie erschweren damit Nachzüglern den späteren Marktzutritt, und sie schwächen die Bedeutung von Qualitätswettbewerb. Das verstärkt die für Kommunikationsdienste ohnehin hohen, aus Unteilbarkeiten resultierenden Konzentrationstendenzen.

6.1.2.4 Informationsasymmetrien

6.1.2.4.1 Grundsätzliche Bemerkungen zum Marktmangel

Informationsasymmetrien liegen vor, wenn eine Marktseite über die Eigenschaften (die Qualität, den Nutzen oder den Preis) eines Gutes besser informiert ist als die andere Marktseite. Bei den Gütern der mikroökonomischen Lehrbücher, den „neoklassisch-homogenen Gütern", ist dies nicht der Fall, hier sind Anbieter und Nachfrager über die Qualität, den Nutzen und die Preise vollständig informiert. Allerdings stellt dieser Gutstyp in der Realität die Ausnahme dar (bestimmte Rohstoffe und Industrieprodukte erfüllen möglicherweise diese Bedingung). Häufiger sind Güter, bei denen die Nachfrager über die Gutseigenschaften schlechter informiert sind als die Anbieter. Dabei lassen sich die Güter, je nach dem Umfang der Informationsasymmetrien, in unterschiedliche Kategorie einteilen: Bei den so genannten *Such- oder Inspektionsgütern* sind die Informationsasymmetrien vergleichsweise gering, hier können sich die Nachfrager ohne großen Aufwand (per „Inspektion") über die Produkteigenschaften und die Güterpreise informieren (z. B. bei auf Wochenmärkten angebotenen Schnittblumen). Höher sind sie bei den so genannten *Erfahrungsgütern*, bei denen die Qualität bzw. die nutzenrelevanten Gutseigenschaften den Nachfragern erst durch den Ge- oder Verbrauch der Güter erkennbar wird (Kriminalromane wären ein denkbares Beispiel). Und bei den so genannten *Glaubens- oder Vertrauensgütern* sind die Informationen der Nachfrager selbst nach dem Ge- oder Verbrauch der Güter schlechter bzw. geringer als diejenigen der Anbieter (ärztliche Behandlungsleistungen oder juristischer Beistand werden häufig als Beispiele für diese Kategorie genannt).[498]

Bei hohen Informationsasymmetrien können die Nachfrager nicht sicher sein, dass Güter mit höheren Preisen auch eine entsprechend höhere Qualität

---

[498] An Stelle einer solchen diskreten Einteilung in Klassen von Gütern unterschiedlich hoher Informationsasymmetrie könnte auch eine stetige Kennzeichnung vorgenommen werden. Dabei könnte der Grad der Informationsasymmetrie gemessen werden als Wahrscheinlichkeit, dass die Marktgegenseite Abweichungen zwischen den zugesicherten und den tatsächlich vorhandenen Merkmalen eines Gutes innerhalb eines bestimmten Zeitraums entdeckt. Auf dem dadurch entstehenden Kontinuum wären die neoklassisch-homogenen Güter (mit einer Entdeckungswahrscheinlichkeit von 1) am oberen Ende und die bei (reinen) Glaubensgüter (mit einer Entdeckungswahrscheinlichkeit von Null) am anderen Ende anzusiedeln.

aufweisen. Die bei neoklassischen Gütern bestehende Korrespondenz zwischen Qualität und Preis fehlt – und damit auch die Möglichkeit, über den Markt eine den unterschiedlichen Präferenzen entsprechende Qualitätsabstufung vorzunehmen. Dadurch ist die Zahlungsbereitschaft (und der von den Anbietern erzielbare Preis) für höherwertige Produkte (mit entsprechend höheren Herstellungskosten) nicht höher als für geringwertigere Produkte (mit entsprechend geringeren Herstellungskosten). Der Markt für höherwertige Produkte ist damit in Gefahr, angeboten werden primär qualitativ geringwertigere Produkte. Schlechte Qualität verdrängt gute (adverse Selektion), obwohl der Bedarf nach qualitativ hochwertigen Gütern gegeben ist.[499]

Allerdings ist auch bei Gütern, die Informationsasymmetrien aufweisen, in vielen Fällen ein marktlicher Austausch dennoch möglich, weil die Marktpartner selbst daran interessiert und dazu in der Lage sind, die Informationsasymmetrien auf das für einen Markttausch erforderliche Maß zu reduzieren. Dies kann entweder dadurch geschehen, dass sich die Nachfrager zusätzliche Informationen über die Qualität, den Nutzen oder den Preis der Güter verschaffen (so genanntes Screening), oder dadurch, dass die Anbieter den Nachfragern zusätzliche Informationen zur Verfügung stellen (so genanntes Signaling), entweder über das Produkt selbst oder auch über das angewandte Produktionsverfahren und über Eigenschaften des Produzenten (wodurch die Nachfrager auf die Produkteigenschaften rückschließen können).[500]

Eine wichtige Form des *Screening* besteht darin, Informationen über ein Gut bei anderen Personen einzuholen, die dieses Gut bereits genutzt haben. Auch können Informationen über die Produzenten/Anbieter (Qualifikationen, Zahlungsgebaren, „Reputation") eingeholt werden, über die auf die Produkteigenschaften geschlossen werden kann. Schließlich können Dritte (Agenten) beauftragt werden, Informationen über die Güter einzuholen und damit die Asymmetrien zu beseitigen oder zu verringern. Beispiele für solche Agenten, die für einzelne Nachfrager tätig werden, sind Makler (für Immobilien) oder Fachgutachter

---

499 Siehe *M. Fritsch u. a.*, Marktversagen und Wirtschaftspolitik, S. 186 ff. Dort wird auch auf das (hier nicht betrachtete) „moralische Risiko" als weiterer möglicher Folge von Informationsasymmetrien eingegangen. Beispielsweise werden in Restaurants, die hauptsächlich (und einmalig) von Touristen besucht werden, Gerichte guter Qualität (und mit höheren Herstellungskosten) durch Gerichte schlechterer Qualität (und niedrigeren Herstellungskosten) verdrängt, weil die Touristen die Qualität dieser Gerichte erst nach der Bestellung erkennen können (es sich dabei also um so genannte Erfahrungsgüter handelt) und die Restaurants aufgrund des nur einmaligen Besuchs ihrer Gäste auch nicht in der Lage sind, Reputation aufzubauen.

500 Siehe hierzu grundsätzlich *B. Klein/K. Leffler*, Market Forces; *C. Shapiro*, Premiums for High Quality Products; zusammenfassend *M. Fritsch u. a.*, Marktversagen und Wirtschaftspolitik, S. 185 ff.; bezogen auf Medien *J. Heinrich*, Medienökonomie, Bd. 2, S. 38 ff.; *M. L. Kiefer*, Medienökonomik, S. 332 ff.

(etwa für Kunstgegenstände oder Antiquitäten); Beispiele für Agenten, die für viele Nachfrager tätig sind (und dann auch von diesen gemeinschaftlich entgolten werden), wären etwa Verbraucherschutzverbände und Fachinformationsdienste. Falls für solche Agenten, die für Gruppen tätig sind, die gemeinschaftliche Finanzierung scheitert, weil nicht zahlungsbereite Gruppenmitglieder nicht von der Information ausgeschlossen werden können, kommt auch eine hoheitliche Bereitstellung (mit dann hoheitlich garantierter Finanzierung) in Betracht. Beispielsweise könnten staatliche Prüf- und Normierungseinrichtungen (mit dann hohen Größenvorteilen) versteckte Produkteigenschaften von Gütern offen legen, um die Informationsasymmetrien zu beseitigen und einen Marktaustausch solcher Produkte zu ermöglichen.

Die wohl wichtigste Form des *Signaling* ist der Aufbau von Reputation. Diese bildet bei Gütern mit asymmetrischer Information zulasten der Nachfrager ein wichtiges Kaufkriterium (siehe oben). Anbieter können deshalb ihre Umsätze und Erträge steigern, wenn sie bezüglich der Qualität der in der Vergangenheit angebotenen Produkte oder auch bezüglich von Merkmalen, die indirekt auf eine hohe Güterqualität hindeuten (Qualifikationsmerkmale, Geschäftsgebaren u. ä.) Reputation aufbauen, wobei diese Anreize umso höher sind, je größer die Entdeckungswahrscheinlichkeit von Produktmängeln ist, je häufiger die Marktpartner Güter austauschen und je länger die Anbieter sich im Markt betätigen wollen. Damit sind zugleich die Grenzen dieser Form des Signaling angedeutet: Bei (reinen) Vertrauensgütern, bei Transaktionen mit dauernd wechselnden Marktpartnern, die auch untereinander keine Informationen austauschen, und bei Anbietern, die nur kurz im Markt bleiben, können bzw. wollen die Anbieter keine Reputation aufbauen.

Da Screening und Signaling Transaktionskosten verursachen, geht es aus ökonomischer Sicht aber auch nicht darum, Informationsasymmetrien vollständig zu beseitigen. Vielmehr ist ihr Abbau nur in dem Maß geboten, in dem die damit verbundenen Vorteile die gleichzeitig auftretenden Kosten übersteigen. Es hängt deshalb von den Eigenschaften der Güter und den institutionellen Rahmenbedingungen ab, in welchem Maß Informationsasymmetrien von den Marktteilnehmern beseitigt werden können und in welchem Maß sie bestehen bleiben (und dann eine marktliche Bereitstellung beeinträchtigen oder verhindern).[501]

---

[501] „None of these devices can offer complete confidence in a product. Some may even give perverse signals ("the best needn´t advertice") and some may push the costs to buyer or seller above those that allow them to agree a mutually beneficial price. The mere fact that someone is trying to sell a product may sometimes generate adverse assumptions about its quality, and so dissuade prospective buyers. Buyers´ suspicion that only substandard products are more likely to be sold displaces their estimate of the quality distribution below its true level, so that the

Mit der ökonomischen *Prinzipal-Agent-Theorie* kann dieses Optimum formal bestimmt werden.[502] Diese Theorie basiert auf der Erkenntnis, dass sich die am Wirtschaftsgeschehen Beteiligten auf diejenigen Tätigkeiten spezialisieren, zu denen sie besonders befähigt sind und bei denen sie daher komparative Kostenvorteile erzielen können. Zu diesem Zweck muss der über die Eigentums- bzw. Entscheidungsrechte Verfügende (der Prinzipal) einen Teil der Entscheidungsbefugnisse einer anderen Person, der gegenüber er weisungsberechtigt ist (dem Agenten), überlassen, um dessen spezifische Fähigkeiten und Kenntnisse und damit die Vorteile der Spezialisierung und Arbeitsteilung für sich nutzen. In komplexeren Wirtschaftsabläufen befindet sich der Agent seinerseits ebenfalls in einer Prinzipal-Agent-Beziehung, innerhalb derer er - nunmehr selbst als Prinzipal - die Befugnisse des ihm untergeordneten Weisungsempfängers (Agenten) zu regeln hat. D. h. es entstehen mehrstufige Prinzipal-Agent-Beziehungen, durch die die Entscheidungsbefugnisse über mehrere, hierarchisch nachgeordnete Ebenen verteilt werden.

Der Umfang der Entscheidungsrechte, die der Prinzipal an den Agenten abtritt, wird vom Prinzipalen aus dem Vergleich des Nutzens und der Kosten der Delegation bestimmt. Der *Nutzen* ist dabei umso höher, je mehr Entscheidungsbefugnisse der Prinzipal dem Agenten überlässt und je weniger Entscheidungen er selbst trifft. Der Grenznutzen der Delegation nimmt dabei allerdings ab, d. h. die erste „Einheit" von Tätigkeiten, die der Prinzipal delegiert (und durch die er Zeit für Tätigkeiten gewinnt, in denen er die höchsten Spezialisierungsvorteile aufweist), stiftet ihm einen höheren Nutzen als die folgenden Einheiten, deren Delegation ihm nurmehr Zeit für Tätigkeiten verschafft, in denen er weniger große Spezialisierungsvorteile besitzt.

Den mit dem Delegationsgrad ansteigenden Vorteilen der Delegation sind die dem Prinzipalen mit einer Delegation entstehenden *Kosten* gegenüberzustellen. Diese beinhalten zum einen die so genannten Kontrollkosten, die dem Prinzipalen dadurch entstehen, dass er das Handeln des Agenten überprüfen muss. Eine solche Überprüfung ist erforderlich, weil der Agent nicht die Ziele des Prinzipalen verfolgt, sondern die ihm übertragenen Verfügungsrechte zur eigenen Nutzenmaximierung einzusetzen versucht. Der Prinzipal muss dem Agenten

---

maximum they are prepared to pay for a product will often exceed what the seller knows it is worth. The expectation is fulfilled as better products are withdrawn from the market, and transactions are missed which would have been mutually beneficial had quality been known to both sides ... The same barrier to mutually beneficial trade can arise if it is sellers who are unsure of a product's quality: they assume that expert buyers will pitch their offers unrealistically low, and so reject even a fairly priced offer." (*A. Shipman*, Market Revolution, S. 210 f.)

502 Siehe z. B. *R. Rees*, Principal and Agent; *J. Stiglitz*, Principal and Agent; *H.-Laux/F. Liermann*, Organisation; *Ch. Blankart*, Club Governments; für eine zusammenfassende Darstellung siehe z. B. *A. Karmann*, Principal-Agent-Modelle.

deshalb explizite oder implizite Verhaltensnormen[503] vorgeben und kontrollieren, ob der Agent sie befolgt. Tut er dies nicht, muss der Prinzipal Sanktionsmaßnahmen ergreifen, die das Verhalten des Agenten in der vom Prinzipalen gewünschten Weise verändern.[504] Allerdings sind dem Prinzipalen bei der Durchsetzung von Verhaltensnormen durch Kontrolle und Sanktion Grenzen gesetzt, weil sich der Prinzipal für die Vorgabe eindeutiger und erschöpfender Verhaltensnormen so detailliert mit den vom Agenten zu erfüllenden Aufgaben befassen müsste, dass er diese Aufgaben auch gleich selbst erledigen könnte, d. h. keine Spezialisierungsgewinne mehr erzielte. Er wird sich deshalb auf die Vorgabe wenig genauer und oft nur impliziter Verhaltensnormen beschränken.

Weil der Prinzipal auf eine perfekte Kontrolle verzichtet, muss er neben den Kontrollkosten als zweite Form der Delegationskosten so genannte Frustrationskosten in Kauf nehmen. Darunter versteht man die Abweichungen zwischen den vom Prinzipalen gewünschten und den vom Agenten tatsächlich vorgenommenen Handlungen (bzw. den Ergebnissen dieser Handlungen).[505] Solche Abweichungen ergeben sich zum einen daraus, dass dem Agenten die Zielsetzungen des Prinzipalen mit abnehmender Präzision der vorgegebenen Verhaltensnormen (mit zunehmendem Delegationsgrad) weniger klar wird, zum anderen und in erster Linie aber dadurch, dass die dem Agenten eingeräumten Entscheidungsspielräume, innerhalb derer er seine eigenen, von den Interessen des Prinzipalen abweichenden Ziele wahrnehmen kann, mit zunehmender Delegation wachsen. Das Ausmaß dieser Frustrationskosten steigt somit nicht nur in Abhängigkeit vom Kontrollgrad, sondern es steigt auch bei einem konstanten (oder hier als konstant betrachteten) Kontrollgrad in dem Umfang, in dem der Prinzipal die Entscheidungen stärker an den Agenten delegiert.

Saldiert man die für unterschiedliche Delegationsgrade entstehenden Gesamtkosten (als Summe von Kontroll- und Frustrationskosten) und Nutzen der Delegation, erhält man den Funktionsverlauf des *Nettonutzens der Delegation*; dessen Maximum markiert den optimalen Delegationsgrad. Wählt der Prinzipal einen geringeren Delegationsgrad, verzichtet er damit auf einen Delegationsnut-

---

503 Zur Unterscheidung zwischen expliziten und impliziten Verhaltensnormen siehe *H. Hax*, Koordination; oder *D. Kreps*, Corporate Culture, S. 117 ff, dessen „Corporate Culture" als Form impliziter Verhaltensnormen interpretiert werden kann.

504 Siehe hierzu ausführlich z. B. *H. Laux*, Grundfragen der Organisation. Spieltheoretisch betrachtet werden durch solche Sanktionen die Auszahlungsmatritzen so verändert, dass auch für den Agenten kooperatives, den Interessen des Prinzipalen dienendes Verhalten lohnenswert wird (d. h. dem Agenten einen höheren Nutzen stiftet als nicht-kooperatives, dem Prinzipalen schadendes Verhalten). Zur spieltheoretischen Darstellung der Prinzipal-Agent-Relationen siehe bspw. *D. Kreps*, Corporat Culture.

505 Der Begriff der Frustrationskosten geht zurück auf *R. J. Pennock*, Government,. *J. Buchanan/G. Tullock*, Consent, verwenden stattdessen den Begriff der „expected external costs".

zen, der höher wäre als die eingesparten Delegationskosten; wählt er einen über das Optimum hinausgehenden Delegationsgrad, entstehen ihm Kontroll- und Frustrationskosten, die den zusätzlichen Nutzen der Delegation übersteigen.[506] Diese Optimierungsaufgabe ist als permanenter Prozess zu verstehen, weil sich die Delegationskosten und der Delegationsnutzen infolge technischer, rechtlicher, ökonomischer, politischer, sozialer etc. Einflüsse dauernd verändern. Der Einzelne hat diese Aufgabe auch nicht nur in seiner Rolle als Konsument zu lösen, sondern auch in seiner Rolle als Staatsbürger. Anhand der Prinzipal-Agent-Theorie kann somit auch die Frage beantwortet werden, ob Informations-Asymmetrien durch Vereinbarungen zwischen den als Prinzipalen und Agenten auftretenden Marktteilnehmern (horizontal) auf das für eine marktliche Bereitstellbarkeit von Gütern erforderliche Maß reduziert werden können, oder ob hierfür mit hoheitlichen Kompetenzen ausgestattete Akteure erforderlich sind (vertikale Steuerung).[507] In vielen Fällen werden Informationsasymmetrien weder durch rein horizontal (über den Markt) beseitigt werden können noch rein vertikal (über das politische System). Vielmehr dürften, wie bei der Internalisierung externer Effekte, Mischlösungen anzustreben sein, bei denen sich die hoheitlichen Eingriffe darauf beschränken, die Rahmenbedingungen für einen horizontalen Abbau der Informationsasymmetrien herzustellen, z. B. durch Auszeichnungspflichten, Normen, staatliche Zertifikate und stichprobenweise staatliche Qualitätskontrollen. In vielen Fällen können die Informationsasymmetrien dann auf ein Ausmaß verringert werden, das eine marktliche Bereitstellbarkeit ermöglicht; in manchen Fällen ist aber eine intensive hoheitliche Steuerung

---

506 In der Praxis stellt sich für den Prinzipalen die Aufgabe, die Höhe und den Verlauf des Delegationsnutzens und der Delegationskosten (und damit auch des Nettonutzens der Delegation) in Abhängigkeit vom Delegationsgrad abzuschätzen und zusammen mit dem Agenten in Organisationsstrukturen umzusetzen, die das Optimum annähernd erreichen. Dabei können die vom Prinzipalen eingesetzten intermediären Entscheidungsträger nicht nur in vertikalen Weisungsverhältnissen (Prinzipal-Agent-Verhältnissen) zueinander stehen, sondern der Prinzipal kann Entscheidungen auch auf mehrere, einander hierarchisch gleichgestellte Agenten delegieren. Dadurch ergeben sich unterschiedlich „tiefe" bzw. „flache" Organisationsstrukturen.

507 Im letzteren Fall ist der Konsument ebenfalls Prinzipal, er steuert die Agenten (Parlamentarier, Regierungsmitglieder, Bürokraten) dann aber nicht über private Eigentumsrechte, sondern über seine politischen Rechte, vor allem über seine Rechte als Wahlbürger. Dadurch ergeben sich ähnliche Fragen der Optimierung der Entscheidungsstrukturen für den hoheitlichen bzw. politischen Bereich, wie sie oben für den privatwirtschaftlichen Bereich erörtert wurden. Auch hier müssen die Kompetenzen, die der Prinzipal (hier als (Wahl-)Bürger an Agenten abtritt, um die Vorteile der Arbeitsteilung zu nutzen, aus der Abwägung des damit verbundenen Nutzens (Spezialisierungsvorteile) und der damit verbundenen Kosten (Kontroll- und Frustrationskosten) sowie die sich hieraus ergebenden Organisationsstrukturen (des politischen Systems) bestimmt werden.

erforderlich (Beispiel Lebensmittel, Grundlagenforschung, Ausbildung), die im Extremfall auch die staatliche Bereitstellung einschließen kann.

6.1.2.4.2 Informationsasymmetrien bei Fernsehvollprogrammen

Die Frage der aus Informationsasymmetrien rührenden Mängel einer marktlichen Bereitstellung ist auch für Fernsehprogramme bedeutsam. Die Eigenschaften von Rundfunkprogrammen sind für die Nachfrager zwar zum Teil erkennbar, etwa für Fiction-Programme (Unterhaltungsprogramme, Musiksendungen oder auch Sportübertragungen), bei denen die Programmqualität und die Nutzenstiftung überwiegend von inspizierbaren Merkmalen abhängt. Auch diese stellen aber keine neoklassisch-homogenen Güter dar, sondern ihre Qualität und ihre Fähigkeit zur Nutzenstiftung werden erst mit der Rezeption der Programme deutlich. Ob es sich z. B. gelohnt hat, ein Fußballspiel anzuschauen, weiß der Zuschauer immer erst nach dem Spiel; Ähnliches gilt für eine Opernaufführung oder einen Krimi.

Dabei sind die Informationsmängel für den Zuschauer aber oft nicht so groß, dass sie einen marktlichen Austausch verhindern würden; schließlich bestehen bei den meisten der am Markt gehandelten Güter – begrenzte – Qualitäts-, Nutzen- und Preisunsicherheiten. Hinzu kommt, dass die Unsicherheiten durch den Markt selbst (horizontal) reduziert werden können. So können die Fernsehzuschauer häufig bereits durch einfaches und transaktionskostenarmes Screening die Unsicherheiten verringern, etwa indem sie sich über die Qualität eines im Fernsehen gezeigten Films bei anderen Personen erkundigen, die diesen Film bereits gesehen haben, oder indem sie auf eine in den Fernsehzeitschriften oder in anderen Diensten angebotene Filmkritik zurückgreifen. Auch die Anbieter solcher Fernsehprogramme können dazu beitragen, die Informationsasymmetrien auf das für Markttransaktionen erforderliche Ausmaß zu reduzieren, z. B. durch Trailer oder längere Programmvorschauen, bei neuen Fernsehserien häufig auch durch „Pilotsendungen“. Solches Signaling dürfte dabei entgeltfinanzierten Fernsehveranstaltern aufgrund der Möglichkeit, den Preismechanismus zu nutzen, leichter fallen bzw. geringere Transaktionskosten verursachen als werbefinanzierten Veranstaltern.

Bei anderen Fernsehprogrammen sind die Informationsasymmetrien größer, weil bestimmte Merkmale der Sendung, die für ihre Qualität und den durch sie gestifteten Nutzen maßgeblich sind, auch nach der Rezeption der Sendung nicht beurteilt werden können. Z. B. bleiben dem Zuschauer bei Nachrichtensendungen wesentliche für eine Beurteilung relevante Qualitätsmerkmale verborgen, wie z. B. die Sorgfalt der Recherche, die Aktualität, Neutralität und Ausgewogenheit. Gleiches gilt z. B. für Wissenschaftsjournale oder Verbraucherberatungsmagazine.[508] Es besteht in diesen Fällen die Gefahr, dass die qualitativ schlechteren Programme (etwa: die schlecht recherchierten und schneller produzierbaren Nachrichten, die sich auf Sekundärquellen stützen), die besseren (sorgfältig und mit eigenen Redakteuren bzw. Korrespondenten recherchierten) verdrängen. Ebenso besteht die Gefahr, dass bestimmte Qualitätsstandards, Regeln und Grenzen journalistischer Arbeit einhaltende (und damit eventuell weniger spektakuläre und publikumswirksame) Programme durch Programme verdrängt werden, die sich nicht an diese Regeln halten (und die dadurch spektakulärer, sensationeller, affektiver, publikumswirksamer und gewinnbringender sind), vor allem, wenn die privatwirtschaftliche Bereitstellung dafür hohe finanzielle Anreize bietet und wenn die Fernsehveranstalter die Programme nicht selbst herstellen, sondern fremd produzieren lassen.[509]

Zwar können infolge von Indiskretionen innerhalb der Branche oder von Recherchen anderer Anbieter oder auch anderer Medien bisweilen auch einige dieser Produktmängel offenkundig werden (etwa unwahre Darstellungen oder finanzielle Abhängigkeiten der die Beiträge verfassenden Redakteure).[510] Verstöße gegen andere, schwerer operationalisierbare und überprüfbare Qualitätsmerkmale (Ausgewogenheit, Unparteilichkeit, Fairness) dürften den Zuschauern dagegen auch langfristig verborgen bleiben (z. B. weil diese nur in begrenztem Umfang bereit sind, die mit dem Abbau von Informationsasymmetrien verbundenen Transaktionskosten zu tragen).

Inwieweit solche dann auch langfristig beständigen und durch Reputation nicht zu beseitigenden Informationsasymmetrien eine privatwirtschaftliche Bereitstellung von Fernsehprogrammen beeinträchtigen, ist strittig. Bei Programmen, bei denen nur kleinere Unterschiede zwischen den tatsächlichen und den vom Rezipienten gewünschten Produkteigenschaften verborgen bleiben oder/und nur weniger wichtige Gutseigenschaften nicht inspiziert werden kön-

---

508 Siehe etwa *J. Heinrich,* Medienökonomie, Bd. 1, S. 101 ff., *M. Kops,* Nachfragemängel, *G. Schröder,* Ökonomie des Fersehens, S. 18 ff., oder *H. Gundlach*, Rundfunkunternehmen, S. 68 ff.

509 Fremdproduktion erhöht, in der oben beschriebenen Reputationstheorie ausgedrückt, das Risiko, dass Programme nach den Kalkülen von Akteuren erstellt werden, die nur kurzfristig im Markt befindlich sind und die weniger gut befähigt und auch weniger stark daran interessiert sind als die (langfristig tätigen und besser inspizierbaren) Programmveranstalter selbst, Reputation aufzubauen. Solche Akteure sind eher gewillt (und infolge der fehlenden redaktionsinternen Kontrolle auch eher in der Lage), die zu Lasten ihrer Programmabnehmer bestehenden Informationsasymmetrien aus finanziellen Gründen auszunutzen. Der freie Redakteur Born, der für Stern TV „gefakte“ Beiträge erstellt hat, ist das in der Öffentlichkeit bekannt gewordene Beispiel hierfür.

510 In der vorgeschlagenen stochastischen Sichtweise formuliert liegt die Entdeckungswahrscheinlichkeit somit nennenswert über Null und die Programme sind nicht als Vertrauens-, sondern als Erfahrungsgut einzustufen.

nen, dürften die damit verbundenen Marktmängel nicht über das Ausmaß hinausgehen, das bei vielen am Markt gehandelten Gütern besteht. Eine hoheitliche Regulierung privater Rundfunkangebote oder gar eine nicht-marktliche Bereitstellung[511] dürfte sich bei ihnen daher aus diesem Gesichtspunkt nicht rechtfertigen. Hingegen sind die Marktmängel bei Programmen, bei denen dem Rezipienten auch große Abweichungen zwischen den tatsächlichen und den gewünschten Programmeigenschaften dauerhaft verborgen bleiben und/oder zentrale Gutsmerkmale nicht erkennbar sind (wie bei den bereits genannten Nachrichten oder politischen Kommentaren), möglicherweise so gravierend, dass sie eine hoheitliche Regulierung nahe legen, insbesondere dann, wenn damit kurzzeitig auftretende bzw. irreversible gesellschaftliche Folgen verbunden sind, und wenn diese Marktdefizite die freie öffentliche und individuelle Meinungsbildung oder andere Voraussetzungen für eine funktionsfähige öffentliche Kommunikation beeinträchtigen.

Als *Zwischenergebnis* lässt sich festhalten, dass bei Fernsehprogrammen – je nach Programmart und -inhalten unterschiedlich hohe – Informationsasymmetrien zulasten der Rezipienten bestehen. Diese können allerdings, in einem von den Inhalten und den Rahmenbedingungen abhängigen Umfang verringert werden, indem die Nachfrager und/oder Anbieter der jeweils anderen Marktseite zusätzliche Informationen zur Verfügung stellen. In der Terminologie der Prinzipal-Agent-Theorie ausgedrückt, entspricht dies einer Optimierung der Delegationsverhältnisse zwischen dem Zuschauer und verschiedenen Spezialisten, die als dessen Agenten (Intermediäre) fungieren, aber auch um die Optimierung der Delegationsverhältnisse innerhalb der mehrstufigen Prinzipal-Agent-Kette, d. h. zwischen der Vielzahl der Intermediäre, die in den Bereitstellungsprozess von Fernsehprogrammen involviert sind. Hierbei spielen die bei der Erörterung der gesellschaftlichen Bedeutsamkeit von Kommunikationsdiensten beschriebenen entscheidungsbezogenen, journalistischen Kriterien eine wichtige Rolle, etwa

[511] Informationsasymmetrien sind auch für die Wahl zwischen einer hoheitlich regulierten marktlichen Bereitstellung und einer direkten hoheitlichen Bereitstellung von Bedeutung. Güter, deren Produkteigenschaften für die Konsumenten/Rezipienten schwer erkennbar sind und die von daher einer Regulierung bedürfen, sind nämlich in der Regel auch für Intermediäre (etwa für die Rundfunkveranstalter oder für Regulierungsbehörden) schwer erkennbar. Die Prüfung der Frage, ob durch eine Regulierung der marktlichen Bereitstellung die Güter in der gewünschten Weise verändert werden, verursacht deshalb möglicherweise Transaktionskosten, die über die Ineffizienzen (höheren Produktionskosten) hinausgehen, die bei einer direkten hoheitlichen Bereitstellung im Vergleich zu einer marktlichen Bereitstellung in Kauf genommen werden müssen. In der Terminologie von *O. E. Williamson,* Die ökonomischen Institutionen des Kapitalismus: Die vertikale Integration (per öffentlich-rechtlicher Bereitstellung) ist unter Berücksichtigung der Summe aller (Produktions- und Transaktions-) Kosten leistungsfähiger als die horizontale Kooperation (per Regulierung der marktlichen Bereitstellung).

die Frage, inwieweit sich die Produktion an journalistisch-professionellen Kriterien ausrichtet und inwieweit die Produktionsstrukturen, etwa die Verantwortlichkeiten, die Organisationsstrukturen und die Statuten einer Redaktion, die Kontrolle solcher Kriterien ermöglichen. Im Fernsehen, auch in den Printmedien, haben sich im Lauf der Jahre ausdifferenzierte Strukturen entwickelt, die diese Zielsetzung unterstützen. Auf der anderen Seite erfährt auch das Fernsehen zurzeit erhebliche technische und damit verbundene organisatorische Veränderungen (Stichworte Digitalisierung, technische Konvergenz, Ausdifferenzierung der Wertschöpfungsketten etc.), die eine Neujustierung der Produktions- und Nutzungsstrukturen und der dahinter stehenden Prinzipal-Agent-Verhältnisse erforderlich macht.

6.1.2.4.3 Informationsasymmetrien bei Online-Diensten

Auch bei Onlinediensten hängt das Ausmaß der Informationsasymmetrien zum Ersten davon ab, inwieweit deren Inhalte für den Nachfrager inspizierbar sind. Bei Diensten, in denen fiktive Inhalte angeboten werden, wie z. B. fiktionale Webcasting- und Video-on-Demand-Dienste, Online-Learning, Online-Spiele, elektronische Datenbanken und Datendienste, elektronische Nachschlagewerke, Audio-/Music-on-Demand und fictionale Special-Interest-Homepages, deren Wert vom Nutzer nach erfolgter Rezeption weitgehend beurteilt werden kann (Erfahrungsgüter), sind die Asymmetrien gering. Bei Online-Diensten mit nonfiktionalen Inhalten, wie z. B. bei Webcasting-Nachrichten, nonfiktionalen Video-on-Demand-Diensten, Nachrichten-Diensten, elektronischen Auskunftsdiensten, nonfiktionalen Special Interest-Homepages, Newsgroups, Nachrichten-Push-Diensten und Portalen, kann der Nutzer auch nach der Rezeption bestimmte für den Nutzen relevante Merkmale nicht beurteilen. Für über solche Dienste verbreitete Nachrichten oder Verbraucherinformationen z. B. kann er die Inhalte im Hinblick auf ihre Aktualität, ihren Wahrheitsgehalt und ihre Ausgewogenheit ebenso wenig beurteilen wie beim Fernsehen; bei anderen Diensten, wie z. B. bei Suchmaschinen und Portalen, können zwar möglicherweise die angebotenen Inhalte beurteilt werden, aber es ist kaum zu erkennen, ob diese Angebote wirklich diejenigen sind, die bei der Fülle der im Internet vorhandenen Informationen seinen Präferenzen am besten entsprechen. Hier bestehen also z. T. erhebliche Informationsasymmetrien.

Auch bei den meisten Online-Diensten können diese aber durch Verfahren des Screening und Signaling abgebaut werden. Hierzu kann teilweise auf die für das Fernsehen und andere Kommunikationsdienste üblichen Verfahren zurückgegriffen werden, wie z. B. auf Selbsthilfeeinrichtungen und Selbstkontrolleinrichtungen. Beispielsweise ist die Freiwillige Selbstkontrolle Multimedia-Diensteanbieter (FSM) nach dem Vorbild der Freiwilligen Selbstkontrolle Fernsehen

(FSF) und der Freiwilligen Selbstkontrolle Filmwirtschaft (FSK) entstanden, die allerdings auf Fragen des Jugendschutzes konzentriert sind. Andere Online-Dienste entwickeln neue, mit geringen Transaktionskosten verbundene Formen des Screening und Signaling. So bieten z. B. die Betreiber von Online-Shopping den Nutzern die Möglichkeit, die bezogenen Produkte, ggf. auch die beteiligten Marktpartner (Online-Auktionen) zu bewerten und damit deren Reputation zu beeinflussen; ähnliche Möglichkeiten finden sich bei Newsgroups, Chat-Diensten, Online-Spielen und Audio- und Video-on-Demand.

Während bei bestimmten Online-Diensten und -inhalten die Transaktionskostenarmut der Informationsübermittlung im Internet also durchaus genutzt werden kann, um Informationsasymmetrien abzubauen, die marktliche Bereitstellung über das Internet möglicherweise sogar leistungsfähiger sein kann als diejenige über klassische Vertriebswege, ist es anderen Online-Diensten (noch) nicht gelungen, solche spontanen Verfahren zu entwickeln. So bleibt z. B. das Online-Shopping nicht zuletzt deshalb hinter den hohen Erwartungen zurück, weil die Nachfrager hierbei trotz erheblicher Bemühungen, mit zum Teil innovativen Formen des Signaling die zu ihren Lasten bestehenden Informationsasymmetrien zu verringern,[512] weniger Möglichkeiten zur Inspektion der Güter haben als beim traditionellen Handel, und sie die damit verbundenen Risiken, auch angesichts der noch bestehenden Probleme des elektronischen Zahlungsverkehrs und der (transaktionskostenreichen) Inanspruchnahme von Umtausch- und Garantierechten, höher bewerten als die Vorteile des transaktionskostenärmeren Einkaufs. Bei wiederum anderen Diensten, etwa bei Special Interest-Homepages, scheitert der Aufbau von Reputation daran, dass die – häufig privaten – Betreiber nicht über die für solche Verfahren erforderlichen Ressourcen bzw. Kenntnisse verfügen. Auch bei diesen Diensten ist mittelfristig allerdings zu erwarten, dass sich hier Formen der spontanen Selbstregulierung entwickeln.

Längerfristig dürfte dies auch für Online-Dienste zu erwarten sein, bei denen publizistische Inhalte im Vordergrund stehen, wie z. B. bei Webcasting-Nachrichtenprogrammen, bei bestimmten Newsgroups und Newslettern, bei Online-Nachrichtensendungen, bei Online-Pressediensten, bei elektronischen Zeitungen und bei bestimmten nonfiktionalen Special Interest-Homepages. Obwohl bei solchen Diensten, wie dies auch schon für Fernsehprogramme hervorgehoben wurde, entscheidungsbezogene, journalistische Kriterien für die Beurteilung der Anbieter eine zentrale Rolle spielen, werden den Nutzern bisher nur von wenigen Anbietern entsprechende Informationen zur Verfügung gestellt. Inwieweit

---

512 Siehe hierzu etwa die ausführliche Darstellung der von e-commerce-Unternehmen praktizierten Formen des Signalling bei *S.-Y. Soon/D. O. Stahl/A. B. Whinston*, Electronic Commerce, S. 155 ff.

sich z. B. Newsletter, Online-Nachrichtenprogramme oder Online-Pressedienste an journalistisch-professionellen Kriterien ausrichten und inwieweit ihre Produktionsstrukturen (etwa die Verantwortlichkeiten, die redaktionellen Organisationsstrukturen einschließlich der eventuell vorhandenen Statuten einer Online-Redaktion) die Kontrolle solcher Kriterien ermöglichen, kann der Nutzer dieser Dienste in den meisten Fällen nicht abschätzen. Das macht nochmals deutlich, dass das Internet und die dieses Netz nutzenden Online-Dienste doch noch vergleichsweise jung sind und sich die für den Rundfunk und auch die Presse evolutorisch herausgebildeten Produktions- und Organisationsstrukturen, wie z. B. die für den Rundfunk entwickelten Redakteursstatute, noch nicht entwickelt haben.

Aus Sicht der oben ausführlich referierten Prinzipal-Agent-Theorie geht es dabei um die Abwägung der mit der Delegation von Zuständigkeiten verbundenen Nutzen und Kosten, wobei aufgrund der komplizierter werdenden Bereitstellungs- und Nutzungsprozesse grundsätzlich eine verstärkte Delegation und auch eine erhöhte Zahl zunehmend spezialisierter Intermediäre geboten ist. Was bei vielen Online-Diensten noch aussteht, ist die Austarierung der vielfältigen Prinzipal-Agent-Beziehungen innerhalb der längeren und tieferen Wertschöpfungsketten. Selbst bei den oben für die Bereitstellung und Nutzung von Online-Diensten beschriebenen Wertschöpfungsketten, bei denen Besonderheiten der einzelnen Formen von Online-Diensten außer Acht gelassen wurden, wird deutlich, dass der marktliche Austausch zwischen dem Nachfrager (als dem Prinzipalen) und dem Bereitsteller (als dem Agenten) durch eine Vielzahl von Intermediären beeinflusst wird. Das eröffnet einerseits Möglichkeiten, neue, auch transaktionskostenärmere Verfahren des Screening und Signaling zu entwickeln, die an die Besonderheiten der einzelnen Dienste angepasst sind;[513] es beinhaltet andererseits auch die Gefahr, dass der Nutzer (und auch die ihm nachgelagerten Prinzipale) auf allen Stufen der Wertschöpfungskette von den besser informierten und eigene Interessen verfolgenden Agenten übervorteilt wird, angefangen von den Intermediären, die ihm den technischen Zugang zum Netz ermöglichen, über Intermediäre, die ihn bei der Sichtung und Bewertung der Dienstearten und -inhalte unterstützen, bis hin zu den Intermediären, die ihn bei der Nutzung der abgerufenen Informationen unterstützen. Diese Gefahr ist bei den neuen, z. T. noch im Wandel befindlichen Online-Diensten größer als beim Fernsehen und bei der Presse, bei denen sich die Organisationsstrukturen im Lauf der Zeit ausdifferenziert haben und die Delegationsgrade für die in diesen Organisationsstrukturen bestehenden Prinzipal-Agent-Beziehungen im Zeitablauf optimiert worden sind.

---

513 *S.-Y. Choi/D. O. Stahl/A. B. Whinston*, Electronic Commerce, S. 156 ff.

Der Transfer einer „Marke", die den Nutzern bekannt ist und von deren Qualität sie überzeugt sind, bzw. allgemeiner, der Transfer von Reputation, den sich Anbieter von Online-Diensten in anderen Geschäftsfeldern (z. B. im Fernsehen oder den Pressemedien, aber auch als Service- oder Content-Provider im Internet) erworben haben, bildet deshalb eine der wenigen, allerdings auch besonders wirksamen Möglichkeiten, Informationsasymmetrien abzubauen.[514] Die Gewährleistungssicherheit (fehlende Informationsasymmetrie) leitet sich hier indirekt aus der begründeten Vermutung der Nutzer von Online-Diensten ab, dass solche Anbieter keine Inhalte mit versteckten Produktmängeln bereitstellen werden, um nicht ihre Reputation in den angestammten Geschäftsfeldern zu gefährden. Auch die Möglichkeit solcher Anbieter, die für andere Kommunikationsdienste aufgebauten qualitätssichernden Produktions- und Organisationsstrukturen für Online-Dienste mitnutzen zu können (als eine Form von Fühlungsvorteilen), begründet das höhere Vertrauen der Nutzer in solche Anbieter. Besonders wertvoll ist ein solcher Reputationstransfer bei Netzwerkgütern, bei denen sich langfristig nur wenige Anbieter im Markt halten können und für die Konsumenten deshalb nicht (nur) die Qualität der Marke wichtig ist, sondern auch die Wahrscheinlichkeit, dass diese langfristig zu den Winnern gehört und ihnen die mit einem Markenwechsel verbundenen Transaktionskosten (switching costs) erspart bleiben.[515]

Allerdings verstärkt ein solcher Reputations- oder Markentransfer die wegen anderer Faktoren ohnehin hohe Tendenz zur vertikalen und diagonalen Konzentration. Das bestätigten bereits die in Abschnitt 6.1.2.1.3. referierten empirischen Daten, die sowohl für die USA als auch für Deutschland eine hohe Konzentration der Seitenabrufe auf einige wenige Online-Anbieter zeigen: Bei einem Großteil dieser Anbieter handelt es sich um (weltweit tätige) Unternehmen, die auch in anderen Geschäftsfeldern tätig sind, in denen sie Reputation aufgebaut haben, die sie auf ihre Online-Aktivitäten transferieren konnten. Auch in Deutschland werden die Top-Ten-Domains überwiegend von Unternehmen betrieben, die in anderen Geschäftsbereichen Reputation aufgebaut haben, wie z. B. von der Deutschen Telekom und von Microsoft.[516] Bei den General-Interest-Angeboten fanden sich in Deutschland im April 2001 unter den Top 20

---

[514] Siehe hierzu allgemein *S. Shapiro*, Premiums for High Quality Products, siehe auch *M. Caspar*, Cross-Channel-Markentransferstrategien, der die Möglichkeiten und Gefahren eines Markentransfers am Beispiel von Presseunternehmen erörtert.

[515] „It is not enough to have the best product; you have to convince customers that you will win. Previous victories and a recognized name count for a lot in this battle. Microsoft, HP, Intel, Sony, and Sun each have powerful reputations in their respective domains, giving them instant credibility." (*C. Shapiro/H. R. Varian*, Information Rules, S. 272).

[516] Siehe http://de.jupitermmxi.com/data/thetop.jsp.

vier Fernsehveranstalter (RTL-World – RTL.de, Sat 1 Online, Pro Sieben Online, NBC GIGA, wobei das Angebot von RTL mit 180 Mio. Page Impression einsam an der Spitze lag) und vierzehn Zeitungs- und Zeitschriften-Marken (an der Spitze Coupe mit 72 Mio. Page Impressions, Bild online, Praline interaktiv, Focus online, Spiegel online, Tomorrow, TV Spielfilm, Max, Stern, Coup-Blitz-Illu, Brigitte und Brigitte Young Miss, TV Total online, TV Movie.de, RP-Online); hinzu kamen die AOL Homepage (auf Platz drei) und WetterOnline (auf Platz elf).[517]

Diese für Online-Dienste allgemein geltenden Befunde bedürfen wiederum einer Ergänzung, indem die zwischen den einzelnen Online-Diensten bestehenden Unterschiede berücksichtigt werden. Bei der Beurteilung des Ausmaßes von Informationsasymmetrien sind als solche Besonderheiten vor allem Unterschiede bezüglich der Inspizierbarkeit der Inhalte, der Verfolgung publizistischer Zielsetzungen und der Existenz und Qualität bereits eingeführter Screening- und Signaling-Verfahren zu berücksichtigen.

Bei *Webcasting-Programmen* ist vor allem die Unterscheidung zwischen schwerer inspizierbaren *Non-fiction-* und einfacher inspizierbaren *Fiction-*Inhalten zu berücksichtigen. In Webcasting-Vollprogrammen sind beide Formen vertreten, so dass bei der dann (ebenso wie bei Fernsehvollprogrammen) erforderlichen aggregierten Betrachtung die relativen Anteile beider Formen berücksichtigt werden müssen; bei Webcasting-Spartenanbietern ergibt sich diese Unterscheidung schon aus der Art der angebotenen Sparten: Nachrichten-, Informations- und Dokumentationskanäle z. B. unterbreiten schwer inspizierbare nonfiktionale Angebote; Spielfilm-, Commedy- und Sportkanäle z. B. unterbreiten leichter inspizierbare fiktionale Angebote. Bei Webcasting-Programmen sind zudem die redaktionellen Organisations- und Arbeitsstrukturen zu beachten. Bei etablierten Anbietern, die ihre Inhalte anhand journalistischer Kriterien erstellen (hiervon ist mittlerweile z. B. bei den länger existierenden Webcasting-Nachrichten-Diensten auszugehen), kann über die Art des Produktionsverfahrens Vertrauen für die produzierten Inhalte (Reputation) aufgebaut werden. Bei jungen Anbietern, die Webcasting-Dienste mit fiktionalen Inhalten anbieten, etwa bei Sportkanälen, die einer hohen (auch technischen) Dynamik und einem hohen Wettbewerbsdruck ausgesetzt sind und überdurchschnittlich auf Fremdproduktionen zugreifen, ist dies schwerer möglich.

---

517 *J. Zimmer*, Werbeträger Internet, S. 302. Die dort ausgewiesenen Sites beschränken sich auf die 627 am standardisierten Messverfahren der IVW für Werbekontakte teilnehmenden Websides. Aus technischen Gründen werden dabei nicht alle Angebote berücksichtigt, u. a. auch nicht die am meisten frequentierten Portalangebote, z. B. von Yahoo oder T-Online (siehe hierzu die oben ausgewiesenen Zahlen von Jupiter MMXI).

Dagegen enthalten *Newsarchive* gemäß der für diesen Dienstetypus zugrunde gelegten Definition durchweg Inhalte, deren nutzenbestimmenden Eigenschaften, insbesondere ihr Wahrheitsgehalt, ihre Aktualität und ihre Ausgewogenheit, auch nach der Nutzung nicht vollständig beurteilt werden kann. Qualitätssichernde Maßnahmen, wie z. B. die in den Printmedien üblichen Regelungen zur Sicherung der inneren Medienfreiheit, finden sich hier nur begrenzt, und für den Nutzer ist es auch schwer, Informationen über die Produktionsstrukturen und über bestimmte Eigenschaften der Bereitsteller dieser Dienste zu informieren (und damit indirekt auf die Produktqualität zu schließen). Das gilt vor allem für die Frage, nach welchen Kriterien entschieden wird, ob eine Nachricht in das Archiv aufgenommen wird und inwieweit das Archiv als „repräsentativ" oder tendenziös anzusehen ist. Da auch die von den Anbietern unternommenen Versuche beschränkt sind, die der Auswahl der Nachrichten zugrunde gelegten Kriterien offen zu legen,[518] sind die Informationsasymmetrien bei Newsarchiven als hoch anzusehen, wenngleich sie im Zuge der für Online-Dienste generell zu erwartenden Verbesserung von Verfahren der (Selbst-)Regulierung an Bedeutung verlieren werden.

Für Portale ist eine differenzierte Beurteilung erforderlich. Auf den ersten Blick handelt es sich bei den von ihnen angebotenen redaktionellen Beiträgen und Verweislisten (Hyperlink-Listen) um ein Gut, dessen Qualität nach der Sichtung beurteilt werden kann, d. h. um ein Erfahrungsgut. Die bezüglich dieser (Teil-)Leistung von Portalen bestehenden Informationsasymmetrien dürften mithin nicht größer sein als bei vielen anderen Gütern, und sie können durch die erwähnten Verfahren des Screening und Signaling auf das für Markttransaktionen erforderliche Maß beschränkt werden. Eine zweite, für viele Nutzer wichtigere (Teil-)Leistung von Portalen dürfte aber darin bestehen, aus der Fülle der mittlerweile im World Wide Web verfügbaren Informationen die aussagefähigsten und die Informationsbedürfnisse am besten befriedigenden Angebote herauszufiltern und in übersichtlicher Form zusammenzustellen. Mit Bezug auf diese (Teil-)Leistung stellt sich die gerade bei Newsarchiven aufgeworfene Frage, ob die Auswahl ausgewogen, fair und aktuell erfolgt bzw. die dahinter stehende Frage nach den Kriterien, die die Selektion und Zusammenstellung der Portal-Inhalte geleitet haben. In dieser Frage bestehen ähnlich hohe Informati-

---

518 Bei Archiven, die die zu übernehmenden Nachrichten ohne redaktionelle Selektionskriterien auswählen, dürfte dies einfacher sein (indem sie alle Nachrichtendienste oder Printmedien offen legen, von denen (keine) Nachrichten ins Archiv übernommen werden). Bei Archiven, die anhand journalistischer Kriterien, etwa der einer Nachricht beigemessenen Bedeutsamkeit, selektieren, dürften die Möglichkeiten des Signaling geringer sein.

onsasymmetrien wie bei Newsarchiven und anderen Diensten, bei denen die Selektion einen wichtigen Bestandteil der erbrachten Leistung ausmacht.[519]

Für *Suchmaschinen* gelten ähnliche Überlegungen. Die von ihnen ausgewiesenen Suchergebnisse können von den Nutzern vergleichsweise einfach überprüft werden. Dagegen ist es ihnen kaum möglich, zu beurteilen, ob der Dienst aus der Fülle der mittlerweile im World Wide Web enthaltenen Inhalte wirklich diejenigen herausgefiltert hat, die seine Informationsbedürfnisse am besten befriedigen. Selbst Spezialisten, etwa den Redaktionen von Internet-Zeitschriften, die die Leistungsfähigkeit von Suchmaschinen miteinander vergleichen, fällt ein solches Urteil schwer, weil die Algorithmen, mit denen die Suchanfragen bearbeitet und die Ergebnisse ausgewiesen werden, und der Gesamtbestand und die Rekrutierung der Webseiten, die anhand dieses Algorithmus durchsucht werden, nicht bekannt sind. Aber selbst wenn diese Informationen von den Suchmaschinen-Betreibern offen gelegt werden, verbleiben hohe Informationsasymmetrien zu Lasten der Nutzer, die zum überwiegenden Teil nicht das Fachwissen besitzen, um diese Informationen nachzuvollziehen oder gar überprüfen zu können,[520] zumal es dabei häufig um subtile Formen der Selektion gehen dürfte. So trägt z. B. bereits die Position, die ein Hyperlink innerhalb der Ergebnisliste zu einer Suchfrage einnimmt, ganz erheblich dazu bei, ob er vom Nutzer überhaupt zur Kenntnis genommen und ggf. aufgerufen wird.

Auch bei *Newsgroups,* in denen die Mitglieder Berichte und Kommentare anderer Mitglieder lesen und eigene Berichte und Kommentare verfassen können, ist eine nach Teilleistungen differenzierende Betrachtung erforderlich. Zum einen stellen hierbei die Betreiber administrative und technische Leistungen bereit, die für die Kommunikation erforderlich sind, zum anderen stellen die Mitglieder Inhalte bereit. Die Qualität der ersteren Teilleistung (Layout, Zugriffszeiten, Funktionsumfang, Komfort und Intuitivität der Benutzerführung u. ä.) kann von den Nutzern dieses Dienstes vergleichsweise einfach beurteilt werden; eventuell bestehende Informationsasymmetrien können meist schnell und transaktionskostenarm beseitigt werden (wobei die hierzu erforderliche Kommunikation zwischen den Nutzern bzw. zwischen Nutzern und Betreibern über den Dienst selbst erfolgen kann). Die von den *Nutzern* eingebrachten Inhalte

---

519 „Portale empfehlen zwar aus der unüberschaubaren Fülle von Angeboten einige und machen das Klicken darauf besonders einfach. Aber nach welchen Kriterien wird diese Auswahl getroffen? Geht es in erster Linie um Qualität, und was heißt das in diesem Zusammenhang? Welchen Einfluss haben Werbe- und Sponsorengelder auf die Auswahl der Anbieter? Kann man Werbung von Empfehlungen deutlich trennen?“ *H. Kubicek/S. Welling,* Informationsordnung, S. 230.

520 Bei nicht redaktionell bearbeiteten Suchmaschinen ist die Gefahr diskretionärer Eingriffe zwar geringer, dafür dürften ggf. im Suchalgorithmus angelegte Verzerrungen (biases) noch schwerer erkennbar und nachweisbar sein.

sind demgegenüber bezüglich ihrer Qualität (Wahrheit, Ernsthaftigkeit, Aktualität etc.) schwer einschätzbar, aufgrund der fehlenden Professionalität der meisten Nutzer dürften die Informationsasymmetrien hier noch höher sein als z. B. bei Newsarchiven. Screening und Signaling sind hier auch wenig leistungsfähig, weil hierbei die Mitglieder der Newsgroups mitwirken müssen, sie hierzu aber, anders als die Betreiber, keine finanziellen Anreize haben. Häufig sind sie auch daran interessiert, anonym zu bleiben, was ihnen technisch leicht möglich ist (weil für die Mitgliedschaft i. a. lediglich eine – leicht zu besorgende und zu verändernde – E-Mail-Adresse angegeben werden muss). Schließlich würden mit einer Aufhebung der Anonymität auch kommunikative Ziele des Dienstes gefährdet. Bezüglich dieser Teilleistung bestehen bei Newsgroups deshalb (wie im Übrigen auch bei Chat-Diensten, die ähnliche Ziele verfolgen und ähnlich organisiert sind) hohe Informationsasymmetrien.

Bei *Audio-/Music-on-Demand* sind die Informationsasymmetrien im Vergleich dazu gering: Die Qualität des Dienstes ist sowohl bezüglich der technischen und administrativen Leistungen der Bereitsteller als auch bezüglich der Inhalte einfach erkennbar. Die Anbieter können daher vergleichsweise einfach Reputation aufbauen (und verlieren). Auch trennbare Teilleistungen (Komposition, Text, Darbietung) können mit eigenen Marken versehen werden, so dass auch hierfür differenzierte Reputation aufgebaut werden kann.[521] Informationsasymmetrien stellen deshalb bei Audio-/Music-on-Demand und bei vergleichbaren Diensten (Online-Spielen) keinen erheblichen Marktmangel dar.

Als *Zwischenergebnis* lässt sich festhalten, dass Informationsasymmetrien zulasten der Nutzer bei Online-Diensten einen erheblichen Marktmangel darstellen. Viele Merkmale, die für die Wert des Online-Angebotes wichtig sind, können von den Nutzern nicht eingeschätzt werden. Das gilt vor allem für diejenigen Dienste (wie Suchmaschinen und Portale), die dem Nutzer die Auswahl aus dem sprichwörtlich unüberschaubaren Internet-Angebot erleichtern sollen. Selbst wenn der Nutzer den Wert der für ihn selektierten Angebote möglicherweise noch einigermaßen beurteilen kann, so fehlt ihm diese Möglichkeit naturgemäß bei denjenigen Angeboten, die ihm von den Selektoren vorenthalten worden sind. Diese Unsicherheit führt im übrigen dazu, dass mit Selektionsleistun-

---

[521] Das erklärt auch die Bereitschaft einiger Künstler, Musikverlage und Rechteinhaber, Musiktitel oder Teile davon für einen kostenlosen Download ins Internet zu stellen oder dagegen zumindest nicht (straf-)rechtlich vorzugehen. Ebenso erklärt sich ihre Bereitschaft, den Radio- und Fernsehsendern neue Musiktitel kostenlos oder nicht kostendeckend zur Verfügung zu stellen. Dadurch fördern sie den Aufbau von Reputation, die eine anschließende entgeltpflichtige Verwertung (Plattenverkäufe, Rechteeinkünfte aus dem Abspielen der Musikstücke im Rundfunk, ggf. auch Merchandising) ermöglichen soll, mit der die getätigten Investitionen gedeckt werden können und möglichst auch Gewinne erzielt werden.

gen beauftragte Intermediäre einen hohen Informationsvorsprung besitzen, den sie zur Verfolgung eigener, den Prizipalen widersprechender Interessen missbrauchen können. Dadurch können die Nutzer eine zentrale Leistung solcher Online-Dienste nicht beurteilen. Dieser Mangel schmälert die Akzeptanz und Nützlichkeit des Mediums Internet insgesamt, und er dürfte sich mit dem explosionsartigen Wachstum der Inhalte dieses Mediums noch erhöhen.[522]

Allerdings wird ein Teil dieser Informationsasymmetrien im Zeitablauf durch Verfahren der Selbststeuerung abgebaut werden können; dazu wird auch die zu erwartende Optimierung der Delegationsgrade innerhalb der komplizierten, zum Teil noch im Aufbau befindlichen Prinzipal-Agent-Ketten zwischen den Nutzern, Intermediären und Anbietern von Online-Diensten beitragen. Allerdings weisen Online-Dienste gegenüber anderen Kommunikationsdiensten, wie etwa dem Fernsehen oder auch der Presse, einige strukturelle Besonderheiten auf (höhere Zahl und Anonymität der Beteiligten, überwiegend fehlende Übertragbarkeit der für andere Kommunikationsdienste entwickelten hoheitlichen Steuerungsinstrumente und deren fehlende Durchsetzbarkeit durch – nationalstaatliche – Behörden u. a.), die dazu führen, dass Informationsasymmetrien bei Online-Diensten auch langfristig über das für andere Kommunikationsdienste geltende Maß hinaus bestehen bleiben werden.

Der Transfer von Reputation, den sich Anbieter von Online-Diensten in anderen Geschäftsfeldern (z. B. im Fernsehen oder den Pressemedien, aber auch als Service- oder Content-Provider im Internet) erworben haben, bildet deshalb eine der wenigen, allerdings auch besonders wirksamen Möglichkeiten, Informationsasymmetrien abzubauen. Die Gewährleistungssicherheit (fehlende Informationsasymmetrie) leitet sich hier indirekt aus der begründeten Vermutung der Nutzer von Online-Diensten ab, dass solche Anbieter keine Inhalte mit versteckten Produktmängeln bereitstellen werden, um nicht ihre Reputation in den angestammten Geschäftsfeldern zu gefährden. Auch die Möglichkeit solcher Anbieter, die für andere Kommunikationsdienste aufgebauten qualitätssichernden Produktions- und Organisationsstrukturen für Online-Dienste mitnutzen zu können (als eine Form von Fühlungsvorteilen), begründet das höhere Vertrauen der Nutzer in solche Anbieter. Allerdings verstärkt ein solcher Reputations- oder Markentransfer die wegen anderer Faktoren ohnehin hohe Tendenz zur vertikalen und diagonalen Konzentration.

---

522 „Generell wird befürchtet, dass die Überfülle an verfügbaren Daten und Informationen derzeit und erst recht künftig bei vielen eher zur Desorientierung führt und sie deshalb mehr oder weniger einfache, übersichtliche, aber letztlich irreführende Erklärungsmuster gleich welcher Herkunft bevorzugen." (*H.-D. Kübler*, Mediale Kommunikation, S. 29).

6.1.2.5 Intransitive Präferenzen

6.1.2.5.1 Grundsätzliche Bemerkungen zum Marktmangel

Während bisher Mängel der Angebotseite oder der Koordination von Angebot und Nachfrage erörtert wurden, betrachten wir abschließend mögliche Nachfragemängel.[523] Diese werden in der Ökonomie auch unter dem Begriff der „verzerrten Präferenzen" diskutiert, die der amerikanische Finanzwissenschaftler Richard Musgrave in seiner Theorie der „Meritorik" eingeführt hat.[524] Nach dieser Lehre unterschätzen die Konsumenten den Nutzen bestimmter, „meritorischer" (= „verdienstvoller") Güter; und sie überschätzen den Nutzen anderer, „demeritorischer" Güter.[525] Nach Musgrave sind staatliche Eingriffe gerechtfertigt, mit denen der Konsum meritorischer Güter gefördert („meritorisiert") und der Konsum demeritorischer Güter gehemmt oder verhindert („demeritorisiert") wird (z. B. durch Subventionen oder Gebote einerseits und durch Steuern oder Verbote andererseits).

Solche, auf die Fehleinschätzung des Nutzens von Gütern zurückzuführende Mängel, sind innerhalb der Wirtschaftswissenschaften allerdings umstritten. Viele Ökonomen lehnen Musgraves Vorstellungen ab, insbesondere weil diese dem einzelnen die Fähigkeit absprechen, seine Bedürfnisse und die zu ihrer Befriedigung benötigten Güter selbst am besten erkennen und artikulieren zu können, und wegen der Gefahr, dass der Staat mit dem Argument der „(De-)

---

523 Die hier in Anlehnung an die finanzwissenschaftlichen Lehrbücher (z. B. *K. Mackscheidt/J. Steinhausen*, Grundfragen versorgungspolitischer Eingriffe, *M. Fritsch u.a.*, Marktversagen und Wirtschaftspolitik) vorgenommene Unterteilung in angebots- und nachfragebedingte Marktmängel ist insofern problematisch, weil sie sich nur daran orientieren kann, welche Seite für die Mängel hauptsächlich verantwortlich ist. Im Einzelfall können aber durchaus die der Nachfrageseite zugeordneten Mängel (z. B. Externalitäten und asymmetrisch verteilte Informationen) auch das Angebot beeinträchtigen, so wie umgekehrt die aufgrund ihrer hauptsächlichen Wirkungen als Angebotsmängel eingeordnete Nichtrivalität und Nichtausschließbarkeit auch die Nachfrage beeinflussen. Diese Überlappungen werden im Interesse der didaktischen Vereinfachung hier in Kauf genommen.

524 Siehe *R. A. Musgrave*, The Theory of Public Finance, und *R. A. Musgrave*, Fiscal System, sowie die daran anknüpfenden Arbeiten von *J. G. Head*, On Merit Goods, *ders.* On Merit Wants; *K. Schmidt*, Kollektivbedürfnisse und Staatstätigkeit, *ders.*, Mehr zur Meritorik; *N. Andel*, Zum Konzept der meritorischen Güter; *K. Mackscheidt*, Meritorische Güter.

525 Als Beispiele für meritorische Güter werden z. B. Bildungsmaßnahmen oder gesundheitserhaltende und -fördernde Nahrungsmittel (wie Obst und Lebertran) und Aktivitäten (wie Sport und Gesundheitsvorsorgeuntersuchungen) genannt; als Beispiele für demeritorische Güter z. B. gesundheitsschädigende Nahrungs- und Genussmittel (wie Zucker, Zigaretten oder Drogen) und Aktivitäten (wie Motorradfahren ohne Helm oder Autofahren ohne Gurt). Zur Vervollständigung der Terminologie wären als dritte Kategorie die nicht meritorischen Güter zu nennen, bei denen die individuellen und gesellschaftlichen Wertschätzungen übereinstimmen.

Meritorisierungsbedürftigkeit" in immer mehr Entscheidungen der Bürger eingreift.[526] Überwiegend anerkannt werden sie lediglich bezüglich der Entscheidungen bestimmter Personengruppen, bei denen eine „Konsumentensouveränität" erfahrungsgemäß nicht gegeben ist, wie z. B. bei Kindern, bei geistig behinderten oder senilen Menschen oder bei Personen, die suchtkrank sind.[527]

Auf der anderen Seite finden sich in der neueren ökonomischen Theorie mehrere Denkrichtungen, die Musgraves Vorstellungen stützen. Dazu gehören insbesondere die in Abschnitt 6.1.2.4 bereits dargestellte Prinzipal-Agent-Theorie, die in Abschnitt 6.1.2.3 dargestellte Theorie externer Effekte und die Theorie der individuellen Wahlentscheidungen.

- Die *Prinzipal-Agent-Theorie* zeigt, dass die Wohlfahrt entscheidungsbefugter Prinzipale erhöht wird, wenn diese einen Teil ihrer Entscheidungsbefugnisse an Agenten delegieren (weil sie dadurch Vorteile der Spezialisierung und Arbeitsteilung erzielen). Allerdings müssen die Prinzipale dafür auch gewillt sein, ihren (Konsum-)Entscheidungen nicht die eigenen Präferenzen zugrunde zu legen, sondern sich nach den – davon möglicherweise abweichenden – Präferenzen der spezialisierten, besser informierten Agenten zu richten. Dies gilt auch für die als Agenten der Bürger fungierenden Politiker und Bürokraten, die sich auf die Entscheidung über bestimmte, für den einzelnen Bürger kaum mehr entscheidbare Aufgaben spezialisiert haben. Hieraus rechtfertigen sich von den Präferenzen der Bürger abweichende Entscheidungen – allerdings nur für diejenigen Bereiche und in dem Umfang, in dem die (Wahl-)Bürger den Staat bzw. die Politiker und Bürokraten hierzu legitimiert haben.[528] Ceteris paribus sind diese Abweichungen umso größer, je schwieriger die Qualität eines Gutes durch den einzelnen beurteilt werden kann, je höhere Spezialisierungsvorteile daher durch die Delegation der Bereitstellungsentscheidungen an spezialisierte Agenten erzielt werden können und je größere Entscheidungsbefugnisse diesen dadurch eingeräumt werden (müssen).
- Die *Theorie externer Effekte* zeigt, dass bei Gütern, deren Produktion oder/ und Konsum die Wohlfahrt von Personen beeinflusst, die an den Produkti-

---

526 Zur neueren Diskussion siehe etwa *B. Priddat*, Zur Ökonomik der Gemeinschaftsbedürfnisse; *M. Erlei*, Meritorische Güter, *E. Streissler*, Internalisierung.

527 Zu letzterem siehe *M Erlei*, Meritorische Güter.

528 Solche (de-)meritorische Entscheidungen werden von der Mehrheit der Bürger auch als legitim erachtet. In einer im Jahr 1985 durchgeführten Umfrage stimmten z. B. 79 % aller Befragten der Behauptung zu: „Ein Politiker soll nach seiner Überzeugung handeln und das tun, was er für richtig hält..."; und nur 9 % befürworteten die Behauptung: „Wenn ein Politiker merkt, daß er mit seiner Überzeugung klar in der Minderheit ist, dann sollte er sie aufgeben..." Siehe Allensbacher Berichte Nr. 15/1986.

ons-/Konsumentscheidungen nicht beteiligt sind, die Bereitstellungsergebnisse aus Sicht der insgesamt Betroffenen (aus gesamtwirtschaftlicher Sicht) suboptimal ausfallen: Ursache dafür ist allerdings nicht, dass die Produzenten/Konsumenten die Qualität bzw. den Nutzen der Güter nicht richtig einschätzen, sondern dass für ihre Entscheidungen nur derjenige („interne") Teil der Entscheidungsfolgen relevant ist, der sie selbst betrifft.

- Die *ökonomische Theorie der individuellen Willensbildung* zeigt, dass die geäußerten Präferenzen u. a. von den Rahmenbedingungen abhängen, innerhalb derer die Konsumentscheidungen getroffen werden. Unter anderen Rahmenbedingungen fallen die Entscheidungen anders aus, d. h. die Entscheidungen sind „intransitiv". Die Entscheidenden selbst bewerten die in einer Situation A getroffenen Entscheidungen, die auf den dort wirksamen (Markt-)Präferenzen („M-Präferenzen") basieren, als verzerrt im Vergleich zu den Entscheidungen, die sie auf der Basis anderer, einer rationalen Wahl förderlicher „reflexiver" Präferenzen („R-Präferenzen") treffen.[529] Sie sind deshalb auch bereit, sich einer Selbstbindung zu unterwerfen, um den Vollzug der unter „günstigen" Rahmenbedingungen getroffenen Entscheidungen zu gewährleisten bzw. den Vollzug der unter „ungünstigen" Rahmenbedingungen getroffenen Entscheidungen zu verhindern.[530] Sofern eine solche Selbstbindung nicht durch geeignete Arrangements erreicht werden kann oder mit zu hohen (Transaktions-)Kosten verbunden ist, ist eine freiwillige Fremdbindung angebracht, bei der ein Treuhändler sicherstellt, dass die Entscheidungen nicht anhand der Markt-Präferenzen, sondern anhand der reflexiven Präferenzen getroffen werden. Für bestimmte Entscheidungen kann auch der Staat i. w. S. diese treuhänderische Aufgabe wahrnehmen.

Im Lichte solcher neuerer ökonomischer Erklärungsansätze sind staatliche Eingriffe keine mit besserer Informiertheit des Staates begründete Missachtung des Konsumentenwillens, d. h. letztlich: eine Form des Paternalismus, sondern sie begründen sich aus gutsspezifischen Besonderheiten und fehlerhaften Entscheidungsverfahren, die eine präferenzengerechte marktliche Willensbildung verhindern und die es rechtfertigen, dass der Staat oder andere Hoheiten als Agenten des Bürgers die marktlichen Bereitstellungsentscheidungen korrigieren.

---

529 Gründe und Formen nicht transitiver Präferenzordnungen in unterschiedlichen Entscheidungssituationen behandelt allgemein *M. Erlei*, Meritorische Güter, S. 35 ff., der mit Bezug auf *G. Brennan/L. Lomansky*, Merit Goods, R-Präferenzen (reflexive Präferenzen) von M-Präferenzen (Marktpräferenzen) unterscheidet. Siehe hierzu auch *M.-L. Kiefer*, Wettbewerb, S. 433.

530 Zur Verdeutlichung dieses Gedankens bedient sich die Vertragstheorie gern des Beispiels von Odysseus (siehe *J. Elster*, Ulysses and the Syrens,), der sich einer - im wahren Sinn des Wortes - „Selbstbindung" unterwarf, weil er wusste, dass seine Präferenzen durch den lockenden Ruf der Sirenen gegenüber den vor Antritt der Schiffsreise bestehenden Präferenzen „verzerrt" würden.

Allerdings sind die beiden ersten Begründungen als Mängel der Angebotsseite bzw. der Koordination von Angebot und Nachfrage einzuordnen, und als solche sind sie in den Abschnitten 6.1.2.3.und 6.1.2.4 bereits als eigenständige Formen von Marktmängeln auf ihre grundsätzliche Berechtigung und Anwendbarkeit auf Kommunikationsdienste erörtert worden. Deshalb muss hier nurmehr die Frage geprüft werden, inwieweit intransitive Nachfragepräferenzen bei Kommunikationsdiensten einen nachfrageseitigen Marktmangel darstellen. Dabei sollte deutlich geworden sein, dass es sich auch bei dieser Variante „verzerrter" Nachfrage nicht um eine Form des Paternalismus handelt, wie er von den Befürwortern einer Meritorisierung bestimmter, etwa „kulturell wertvoller" Güter, befürwortet wird, sondern um eine möglicherweise erforderliche Korrektur von Wahlentscheidungen, die die Nachfrager selbst wünschen. Zudem möchten wir betonen, dass innerhalb unseres Ansatzes zur Beurteilung allokativer Marktmängel eine solche „Restvariante" nachfragebedingter Marktmängel im Vergleich zu den zuvor behandelten Formen von (angebots- und koordinationsbedingten) Mängeln einen vergleichsweise geringen Stellenwert hat.[531] Andererseits empfiehlt sich seine Einbeziehung, weil damit die Verbindung zu Argumenten hergestellt werden kann, die in anderen Disziplinen, die sich mit der zweckmässigen Erbringung und Ausgestaltung von Kommunikationsdiensten befassen, vorgetragen werden.

6.1.2.5.2 Intransitive Präferenzen bei Fernsehvollprogrammen

Versucht man, die Theorie der intransitiven Präferenzen auf Fernsehprogramme zu übertragen, so müssen unterschiedliche Determinanten für die Art und dem Umfang solcher Intransitäten unterschieden werden. Berücksichtigt man psychologische, sozialpsychologische und kommunikationswissenschaftliche Arbeiten zu dieser Frage, so sind drei Merkmalsbündel zu unterscheiden: a) Merkmale der Entscheidungssituation, d. h. hier: der Bedingungen, unter denen Fernsehprogramme rezipiert werden, b) Merkmale der rezipierten Kommunikationsinhalte und c) Merkmale der Rezipienten (siehe Abbildung 2).

In welchem Ausmaß die reflexiven und die marktlichen Präferenzen bei der Rezeption von Fernsehprogrammen infolge solcher Faktoren voneinander divergieren, ist empirisch schwer zu ermitteln. Gesicherte Daten hierzu liegen nicht vor; auch ein Instrumentarium, mit dem beide Formen von Präferenzen eindeutig voneinander getrennt erfasst werden können, fehlt noch weitgehend. Das hängt auch damit zusammen, dass die Frage, welche Rahmenbedingungen für eine Auswahl von Fernsehprogrammen „günstig" sind, schwer entscheidbar ist. Deshalb besteht auch die Gefahr einer tautologischen Argumentation: Die

---

531 Siehe die entsprechend geringe Gewichtung in der im Anhang enthaltenen Nutzwertanalyse.

aus einer bestimmten, etwa kultur-elitären Sicht wünschenswerten Programme werden dann als Folge reflexiver Präferenzen bezeichnet; und die aus dieser Sicht unerwünschten Programme werden als Folge marktlicher Präferenzen bezeichnet.

Abbildung 2: Definition und Bestimmungsgründe der Intransität von Präferenzen

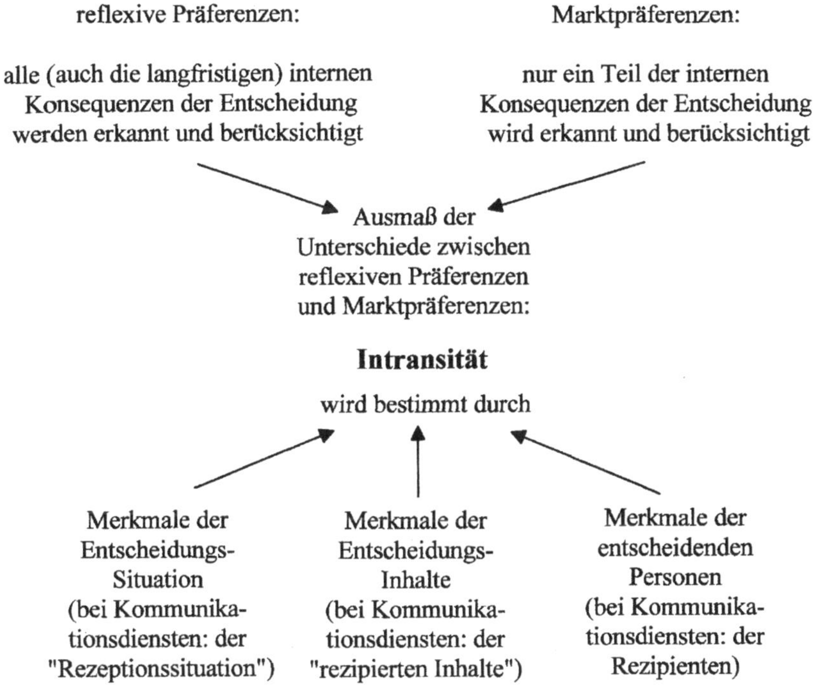

Gleichwohl gibt es gewichtige Anzeichen dafür, dass aufgrund der *Rahmenbedingungen* der Nutzung von Kommunikationsdiensten (im Folgenden kurz als „Rezeptionssituation“ bezeichnet) beim Fernsehen und bei anderen Medien, bei denen eine passive, rezeptive Haltung dominiert (so genannte „lean backward Medien”) zwischen reflexiven und Marktpräferenzen größere Abweichungen bestehen als bei Medien, bei denen die Rezeptionssituation eine stärker zweckgerichtete und aktive Nutzung erfordert bzw. fördert (so genannte „lean forward Medien”):

> „Eine Reihe situativer Faktoren bewirkt, dass die Entscheidung, die tatsächlich am Fernseher getroffen wird, von der grundsätzlich idealen (wie sie in allgemeinen Einstellungen und Erwartungen an bestimmte Medien oder Inhalte zum Ausdruck kommt) abweicht. So kann die Stimmung, in der sich der Zuschauer gerade befindet, zum Beispiel Niedergeschlagenheit oder Müdigkeit, ein ansonsten für ihn weniger wichtiges Motiv, zum Beispiel Alltagsflucht, in den Vordergrund rücken. Extreme Stimmungen, die mit sehr hoher oder sehr niedriger physischer Aktivierung einhergehen, können mit Hilfe des Fernsehens nivelliert werden, bis ein mittleres Aktivierungsniveau hergestellt ist, das der Mensch als angenehm empfindet. Ein gelangweilter Zuschauer würde demnach eher aktivierende Inhalte bevorzugen, ein gestresster Zuschauer wenig aktivierende."[532]

Die Ergebnisse verschiedener Umfragen, nach denen das Fernsehen als so genanntes „lean back" Medium einem Großteil der Befragten vorwiegend dazu dient, „abzuschalten", d. h. Abstand von privaten und beruflichen Belastungen zu gewinnen, unterstützen diese Einschätzung.[533]

Außer von Merkmalen der Nutzungssituation wird das Ausmaß von Präferenzintransitäten auch von den *Inhalten* und der technischen, redaktionellen, künstlerischen etc. *Gestaltung der Programme* beeinflusst. Bei Programmen mit besonders aktuellen, affektiven oder provokativen Inhalten oder/und bestimmten Gestaltungsmerkmalen, die hohe Aufmerksamkeit erzielen, dürften sie z. B. größer sein als bei Programmen, die sich mit komplizierten und schwer vermittelbaren Themen befassen oder/und bei denen auf solche Aufmerksamkeit erzielende Gestaltungsmerkmale verzichtet wird. Die von der Medienforschung nachgewiesene Ausweitung bestimmter Formate und Gestaltungsmittel (Stichworte „Affektfernsehen",[534] „Boulevardfernsehen",[535] „öffentliche Intimität und Tabubrüche"[536] etc.) kann aus dieser Sicht auch Folge einer (im Zuge der Kom-

---

532 *H. Bilandzic*, Formale Merkmale, S. 744.

533 Nach einer Umfrage der Zeitschrift TV-Movie (Nr. 24/1996) wurde die Vorgabe: „Ich schaue in erster Linie fern, um abzuschalten", von 78 % der Befragten bejaht. In die gleiche Richtung weisen die Ergebnisse einer Umfrage, die vom Institut für Demoskopie, Allensbach, im Rahmen des Kabelpilotprojektes Ludwigshafen/Vorderpfalz im Winter 1984/85 durchgeführt wurde (siehe *E. Noelle-Neumann/R. Köcher*, Allensbacher Jahrbuch, S. 358). Dort wurden die Befragten unter Verwendung von Bildtafeln gebeten, anzugeben, wie die dargestellten Situationen am besten beschrieben werden könnten. Besonders hohe Prozentzahlen zeigten sich dabei für das Medium Fernsehen (im Vergleich zu den vorgegebenen Alternativen „Bücher lesen", „Kinobesuch" und „Radio hören") für die folgenden vorgegebenen Aussagen: „Was bin ich faul", „Wieder einen Abend totgeschlagen", „Ich sollte wirklich etwas anderes tun" und „Ich habe eigentlich ein schlechtes Gewissen, daß ich mit so was meine Zeit verschwende."

534 *G. Bente/B Fromm*, Affektfernsehen.

535 *U. M. Krüger/T. Zapf-Schramm*, Die Boulevardisierungskluft im deutschen Fernsehen.

536 *Niedersächsische Landesmedienanstalt für privaten Rundfunk*, Die Tyrannei.

merzialisierung der Medien möglicherweise intensivierten und aufgrund verfeinerter Gestaltungstechniken auch erfolgreicheren) Strategie interpretiert werden, vor allem solche Programme anzubieten, die die *Marktpräferenzen* der Zuschauer befriedigen, nicht aber notwendigerweise ihre reflexiven Präferenzen.[537]

In dem Zusammenhang sind auch Fernsehprogramme zu berücksichtigen, die unabhängig davon, wie stark sie genutzt werden, einen Wert besitzen (so genannte *Optionsgüter*). So werden bestimmte Kommunikationsdienste, die in besonderem Maß gesellschaftliche Aufgaben erfüllen, etwa weil sie, auf unsere Fragestellung bezogen, die freie öffentliche Kommunikation gewährleisten (wie z. B. politische Berichte, politische Diskussionen oder auch politische Magazine, die mit „investigativen" Beiträgen zur Funktionsfähigkeit der Demokratie beitragen), auch von Bürgern als nutzenstiftend angesehen, die solche Programme selbst nicht rezipieren, weil sie davon ausgehen können, dass diese Sendungen von anderen (möglicherweise nur wenigen, aber professionell damit befassten) Personen rezipiert werden (z. B. von Journalisten, die die Sendungen in andere Medien transportieren, oder von Anwälten, die aufgrund der Sendungen strafrechtliche Untersuchungen einleiten). Ein ähnlicher Optionsnutzen wird bestimmten Minderheitenprogrammen, z. B. „hochkultureller", experimenteller oder lokaler Art, beigemessen.[538] Die reflexiven Präferenzen sind dann möglicherweise wesentlich höher als die per Fernbedienung bekundeten Marktpräferenzen.

Die Ergebnisse der Zuschauerforschung deuten darauf hin, dass das Ausmaß der Präferenzintensitäten drittens auch mit bestimmten *Eigenschaften der Zuschauer* variiert. Der von der Zuschauerforschung als „Sensation-Seeker" bezeichnete Typus beispielsweise ist für affektive Inhalte besonders empfänglich[539] und, folgt man psychologischen Untersuchungen, auch in seiner Entscheidungsfreiheit beeinflusst, d. h. er ist in der konkreten Rezeptionssituation

---

537 Als Sonderform der Gestaltungsmerkmale dürfte auch die Finanzierungsart der Programme das Ausmaß der Intransitäten beeinflussen. Während beim werbefinanzierten Fernsehen das ziellose Zappen oder das „Abschweifen" von einer vorab – etwa anhand von Programmzeitschriften – festgelegten Präferenzordnung ohne finanzielle Konsequenzen bleibt, ist es beim entgeltfinanzierten Fernsehen (stärker in der Form des Pay-per-View, schwächer in der Form des Pay-per-Channel) mit variierenden Kosten verbunden. Das dürfte ein rationales, planvolles und damit auch eher den reflexiven Präferenzen entsprechendes Nutzungsverhalten fördern.

538 Umfragen bestätigen, dass solchen Programmen trotz zum Teil verschwindend geringer Einschaltquoten von den Fernsehzuschauern ein hoher Wert beigemessen wird, vgl. *U. Hasebrink*, Die Zuschauer als Fernsehkritiker ?, in Hartmut Weßler, Opladen 1997, S. 213.

539 „Bevorzugt nutzen Sensation-Seeker solche Angebote, die aufgrund ihres Inhalts und/oder ihrer formalen Angebotsweise und Dramaturgie einen hohen Anregungscharakter haben, beispielsweise Action, Horror, Erotik oder Musikdarbietungen im „MTV"-Format. Informationsbetonte Angebote und „leichte" Unterhaltung werden dagegen nicht bevorzugt rezipiert." (*U. Gleich u. a.*: Sensation Seeking, S. 682).

weniger als andere Zuschauer in der Lage, einem seinen reflexiven Präferenzen entsprechenden Programmablauf zu folgen.[540] Auch Befunde der Medienwirkungsforschung lassen trotz ihrer bereits erwähnten Vorläufigkeit und teilweisen Widersprüchlichkeit den Schluss zu, dass „ähnlich wie bei anderen physiologischen Anpassungsprozessen ... eine Gewöhnung an mediale Gewaltanreize möglich (ist), so daß es als Folge zu einer Abstumpfung kommen kann, die ein Bedürfnis nach stärkeren Reizen entstehen lässt, um ein optimales Erregungsniveau wieder herzustellen."[541]

Einen ähnlichen Erklärungsansatz bietet die soziologische Rollentheorie. Sie kann die Existenz unterschiedlicher, voneinander abweichender Präferenzordnungen aus der jeweils eingenommenen sozialen Rolle erklären. In der Rolle als Arbeitnehmer wird eine Person dann möglicherweise zur Auswahl stehende steuerpolitische Maßnahmen anders beurteilen als in der Rolle als Hausbesitzer, als Familienmitglied oder als dem Gemeinwohl verpflichteter Staatsbürger. Und für welche der verschiedenen Präferenzordnungen sich eine Person letztlich entscheidet, mag dann davon abhängen, welche Rolle sie in dieser Entscheidungssituation einnimmt bzw. welche Rolle dabei dominiert. Bezogen auf das Rezeptionsverhalten könnten Präferenzintransitäten entsprechend als Folge der unterschiedlichen Rollen interpretiert werden, die der Fernsehzuschauer seinen Programmentscheidungen zugrunde legt. Hinzu mag kommen, dass die Bedeutsamkeit der verschiedenen Programminhalte als *Optionsgüter* in den verschiedenen Rollen unterschiedlich relevant ist.[542]

Um solche mögliche Abweichungen zwischen reflexiven und Marktpräferenzen empirisch nachzuweisen, reichen Einschaltquoten, in Deutschland etwa

---

540 „Sensation Seeker sind zwar aktiv und selektiv bei der Auswahl der Reizkonstallationen, denen sie sich zur Befriedigung ihres Reizsuchebedürfnisses aussetzen. Sie können je nach Situation entscheiden, ob und was sie fernsehen oder ob sie reale Erlebnisse bevorzugen. Bei der Frage, ob und in welchem Ausmaß Personen überhaupt nach neuen Reizen suchen, scheint jedoch nach Zuckerman die Entscheidungsfreiheit und kognitive Kontrolle eingeschränkt, das Verhalten und – damit auch das Fernsehverhalten – letztlich zu Teil sogar biologisch determiniert." (*U. Gleich u. a.*, Sensation Seeking, S. 683, mit Bezug auf *M. Zuckerman*, z. B. Behavioral expressions.)

541 Siehe *P. Müller*. Gewalt im Fernsehen, S. 53.

542 Dass die Nutzer in verschiedenen „Rollen" verschiedene Präferenzen haben, deutet sich auch in Umfragen zur Bindungsstärke der Medien an. Während die Nutzerzahlen der öffentlich-rechtlichen und privaten Programme „Das Erste", ZDF, RTL und SAT.1 nicht weit auseinanderliegen, bejahten 1998 bei einer Umfrage 83 % eine starke bzw. sehr starke Bindung an das öffentlich-rechtliche Fernsehen (gefolgt von Tageszeitungen mit 78 %) und 73 % eine starke bzw. sehr starke Bindung an das private Fernsehen. Noch größer ist der Unterschied beim Hörfunk: 72 % (öffentlich-rechtlicher Hörfunk) im Vergleich zu 53 % (privater Hörfunk); *Bundesverband Deutscher Zeitungsverleger e. V.*, Zeitungen '99, S. 410. Vgl. auch *Bundesverband Deutscher Zeitungsverleger e. V.*, Zeitungen '98, S. 424.

auf den Erhebungen der GfK basierende Daten,[543] nicht aus. Diese messen definitionsgemäß die „bekundeten" Präferenzen („revealed preferences"), d. h. die per Fernbedienung zum Ausdruck gebrachten Marktpräferenzen. Für die Messung davon ggf. abweichender reflexiver Präferenzen bedarf es anderer Methoden, die in der Lage sind, auch Unterschiede in der Intensität der Nutzenstiftung zu erfassen, die bei einer Messung der Einschaltquoten von Programmen, letztlich einer „Ja-Nein"-Entscheidung, nicht zum Ausdruck kommen. Diese müssten auch in der Lage sein, den Nutzen von Optionsgütern zu messen (etwa durch Befragungen oder experimentelle Untersuchungen der Zahlungsbereitschaft für solche Güter).

6.1.2.5.3 Intransitive Präferenzen bei Online-Diensten

6.1.2.5.3.1 Allgemein geltende Befunde

Auch für Online-Dienste sind intransitive Präferenzen zu vermuten. Ebenso wie beim Fernsehen sind deren Art und Ausmaß allerdings theoretisch und empirisch bisher kaum untersucht worden. Spekulationen hierzu haben zum einen zu berücksichtigen, dass die Besonderheiten der Nutzungssituation bei Online-Diensten grundsätzlich eine geringe Bedeutsamkeit von Präferenzintransitäten vermuten lassen: Der PC als Nutzungsgerät bewirkt eine „lead forward"-Nutzung, die eher die aktive und bewusste Nutzung von Online-Angeboten fördert; hinzu kommen die bei Online-Diensten entstehenden zeitabhängigen Kosten (für die Provider und die Telefonleitung), die ebenfalls gegen ein „Abdriften" vom reflexiv geplanten Nutzungspfad sprechen.[544]

Andererseits wird die Wahrscheinlichkeit eines solchen „Abdriftens" durch die für die neuen Kommunikations-Dienste bestehenden Möglichkeiten, schnell und einfach zu anderen Anbietern und Angeboten zu wechseln („just one click away"), aber auch höher. Dadurch können Bedürfnisse nach Neuem, Unerwartetem und Andersartigem erzeugt werden, bzw. – formuliert in der Terminologie der hier eingenommenen Sichtweise – es können von den reflexiven Präferenzen abweichende Marktpräferenzen generiert (und befriedigt) werden. K. Young[545] hat dies mit dem Begriff der „Zeitverzerrung" zu beschreiben versucht, denen die Nutzer von Online-Diensten unterworfen seien, weil sich die Informationssuche im WWW sehr kompliziert und aufwändig gestalte und sich dabei immer wieder „Nebenpfade" mit ebenfalls interessanten, von den ursprünglichen Informationsbedürfnissen wegführenden Inhalten auftäten. Vor allem in-

---

543 Siehe *M. Buß*, GfK-Fernsehforschung.
544 http://www.psychcentral.com/netaddiction/.
545 *K. S. Young*, Caught in the Web.

teraktive Dienste wie Chats oder Newsgroups seien deshalb „endlose" Angebote, die einen Spannungsbogen aufbauten, der zu immer längerem Verweilen einlade. Im Extrem könne die damit verbundene „Zeitverzerrung" zur Vernachlässigung anderer Tätigkeiten führen, so dass sich die Internetnutzung negativ auf den Beruf, die Familie und andere Lebensbereiche auswirken könne. Dies werde auch dadurch gefördert, dass in bestimmten Online-Diensten die Cyberbeziehungen (Cybersettings) oft so gewählt würden, dass Probleme der realen Welt umgangen und kompensiert werden könnten, was zu einem Eskapismus ins Netz führe.

Unter dem Schlagwort der *„Internet-Sucht"* oder „Internet Addiction Disorder" (IAD) wird diese im Extrem pathologische Form des Nutzerverhaltens in der Literatur seit längerem – kontrovers – diskutiert.[546] Einigkeit herrscht allerdings darüber, dass hierbei, ähnlich wie beim Fernsehen, sowohl die Besonderheiten der Rezeptionssituation und der rezipierten Inhalte als auch Merkmale der Rezipienten eine Rolle spielen. Für einen bestimmten, möglicherweise nur relativ kleinen Anteil aller Nutzer von Online-Diensten, die gemessen an diesen Merkmalen besonders „anfällig" sind, dürfte die Internet-Sucht ein gravierendes Problem darstellen, angesichts dessen es zynisch wäre, von einer „Konsumentensouveränität" zu sprechen. Für diesen Personenkreis bestätigen die vorliegenden Studien[547] auch das „Schuldgefühl", das die Nutzer selbst in Erkenntnis der zwischen reflexiven und Marktpräferenzen bestehenden Divergenzen empfinden. Dies trifft aber wie gesagt nur auf Minderheiten zu.

6.1.2.5.3.2 Dienstespezifische Besonderheiten

Die Diskussion um Existenz und Ausmaß einer „Internet-Sucht" hat auch verdeutlicht, dass eine nach Dienstearten differenzierende Betrachtung erforderlich ist: Nicht das Internet generell - als Oberbegriff der über dieses Netz verbreiteten Online-Dienste - macht abhängig, sondern allenfalls einzelne Internet-Dienste, die spezifische Merkmale aufweisen.[548] Nach den traditionellen Erkenntnissen der Medienforschung ist als ein solches Merkmal vor allem die Suggestivkraft der Dienste anzusehen. Diese ist bei Diensten, die Bewegtbilder und Ton kombinieren, möglicherweise auch interaktiv sind, oder die sich bestimmter Gestaltungsmerkmale bedienen, um eine hohe Aufmerksamkeit zu erzielen, höher als bei rein textbasierten Diensten, wie z. B. den *Online-*

---

546 Einen Überblick über die Diskussion vermittelt http://www.medicine-worldwide.de/krankheiten/psychische_krankheiten/internetsucht.html. Ausführliche Informationen mit weiterführenden Links enthält auch die Homepage von Dr. Kimberly S. Young (http://www.netaddiction.com/).

547 http://www.medicine-worldwide.de/krankheiten/psychische_krankheiten/internetsucht.html.

548 *R. Lengler*, Psychologie.

Nachrichten oder den *Newslettern*. Andererseits zeigt sich am Beispiel der ebenfalls textbasierten *Chat-Dienste*, für die nach der oben referierten Literatur eine überdurchschnittliche Gefahr der Abhängigkeit besteht, dass neben solchen herkömmlichen Merkmalen der Suggestivkraft eines Dienstes weitere, im Einzelnen zum Teil noch nicht bestimmte Faktoren maßgeblich sind, etwa die Möglichkeit, (anonyme und unverbindliche) soziale Kontakte zu schließen.

Neben solchen Gestaltungsmerkmalen wird das Ausmaß von Präferenzintransitäten auch von den Inhalten der Online-Dienste beeinflusst. Für Dienste, bei denen instrumentell genutzte Informationen im Vordergrund stehen, wie z. B. *News-Archive, Online-Bibliotheken, Online-Nachrichtensendungen, elektronische Datenbanken, elektronische Auskunftsdienste* oder *elektronische Nachschlagewerke*, sind deshalb geringere Intransitäten anzunehmen als für Dienste, deren Inhalte und Gestaltungsformen eine stärkere emotionale Bindung und ein stärkeres „Abdriften" von geplanten Nutzungspfaden verursachen, wie z. B. *fictionelle Webcasting-Dienste, Linksammlungen, Portale, Online-Shopping, elektronische Zeitungen* (speziell mit multimedialen Elementen) und vor allem *Chat-Dienste* und *Online-Spiele*.

6.1.2.5.3.3 Zwischenergebnis

„Verzerrte" Präferenzen werden in der Ökonomie als (nachfragebedingter) Marktmangel überwiegend nicht anerkannt. Sie werden auch von uns nur in der Variante der sogenannten intransitiven Präferenzen berücksichtigt, denen wir nur eine vergleichsweise geringe Bedeutsamkeit beimessen, die aber eine Verbindung herstellen zu Argumenten, die andere Disziplinen für dir Ausgestaltung von Kommunikationsdiensten als relevant erachten. Intransitive Präferenzen liegen vor, wenn die Konsum- bzw. Rezeptionsentscheidungen mit den Rahmenbedingungen variieren, unter denen diese Entscheidungen getroffen werden. Das Ausmaß der Intransitäten hängt dabei sowohl von den (Unterschieden in den) Rahmenbedingungen ab als auch von den rezipierten Inhalten und von Merkmalen der Rezipienten. Die Rezipienten selbst erkennen dabei, dass die unter bestimmten Bedingungen wirksamen reflexiven Präferenzen Entscheidungen ermöglichen, die ihnen einen höheren Nutzen stiften als die Entscheidungen, die auf den unter anderen, „ungünstigeren" Bedingungen wirksamen Marktpräferenzen basieren. Per Selbstbindung oder auch per freiwilliger Fremdbindung getroffene Maßnahmen, die sicherstellen, dass die auf den reflexiven Präferenzen basierenden Entscheidungen getroffen werden, stellen deshalb keine Form des Paternalismus dar, sondern sichern im Gegenteil, dass die von den Rezipienten selbst gewünschten Entscheidungen zustande kommen.

In welchem Umfang und bei welchen Kommunikationsdiensten Präferenzintransitäten vorliegen, ist empirisch bisher kaum erforscht worden; auch das hierfür erforderliche Instrumentarium fehlt noch weitgehend. Allerdings deuten für das Fernsehen vorliegende Untersuchungen und Umfragen darauf hin, dass sich das reflexive, gewollte Zuschauerverhalten für einzelne Programminhalte und -gestaltungsformen und für bestimmte Personengruppen erheblich vom manifestierten Verhalten unterscheidet. Personale Merkmale, wie sie von der Zuschauerforschung für den Typus des „Vielsehers" oder von der Medienpsychologie für den Typus des „sensation seekers" bestimmt wurden, könnten auch das Ausmaß solcher Präferenzintransitäten beeinflussen. Als weiterer Faktor könnte eine Rolle spielen, dass das manifestierte Verhalten den Teil des Nutzens von Fernsehprogrammen, der auf ihre Eigenschaft als „Optionsgut" zurückgeht, nicht zum Ausdruck bringt. Danach wären für Fernsehprogramme, die einen hohen Optionsnutzen stiften (z. B. politische Sendungen, die zur Funktionsfähigkeit des demokratischen Systems beitragen oder vielfaltsteigernde Minderheitenprogramme), größere Präferenzintransitäten zu erwarten als für Programme ohne Optionsnutzen (bestimmte Unterhaltungssendungen, „Mainstream-Programme").

Für Online-Dienste sind ähnliche Überlegungen anzustellen. Auch hier dürfte das Ausmaß von Präferenzintransitäten grundsätzlich begrenzt, für bestimmte Personengruppen und Inhalte und Gestaltungsformen möglicherweise aber durchaus bedeutsam sein. Als Extrembeispiel sind die „Internet-Süchtigen" zu nennen, die bestimmte Online-Dienste, insbesondere Chats, Newsgroups und Online-Spiele extensiv nutzen. Hier treffen vermutlich die Besonderheiten dieser Dienste (hohe Suggestivkraft, Interaktivität, Möglichkeit zur schnellen Herstellung unverbindlicher und anonymer sozialer Kontakte) mit spezifischen Persönlichkeitsmerkmalen solcher Nutzer zusammen. Die empirische Erforschung dieser Zusammenhänge steht aber erst am Anfang, ebenso wie die Diskussion darüber, ob die damit verbundenen Defizite einer unregulierten marktlichen Bereitstellung auf die Neuartigkeit solcher Dienste zurückzuführen (und damit vorübergehend) sind und inwieweit sie durch Formen der Selbstregulierung behoben werden können.

6.2 Distributive Mängel einer marktlichen Bereitstellung von Kommunikationsdiensten

6.2.1 Grundsätzliche Bemerkungen zum Marktmangel

Der Markt ist nicht nur ein Allokationsverfahren, das die Art und die Mengen der zu produzierenden Güter gemäß den Wünschen (Präferenzen) der Nachfrager steuert, sondern er regelt auch die Verteilung der produzierten bzw. angebotenen Güter, indem er diese nach Maßgabe der Zahlungsbereitschaft (und damit auch: der Zahlungsfähigkeit und Einkommenskraft) zwischen den Nachfragern verteilt: Diejenigen Nachfrager, die die höchste Zahlungsfähigkeit besitzen, werden zunächst bedient, erst danach kommen Nachfrager mit einer geringeren Zahlungsfähigkeit zum Zuge. Nachfrager, die nicht zahlungsfähig sind, gehen leer aus.

Sofern die Unterschiede in der Zahlungsfähigkeit und die dahinter stehenden Unterschiede in der Einkommens- und Vermögensverteilung gerecht sind, ist auch dieses Prinzip der Güterverteilung des Marktes gerecht: Personen, die aufgrund einer höheren Leistungsfähigkeit und -bereitschaft ein höheres Einkommen erzielen, können am Markt auch entsprechend mehr Güter erwerben. Damit ist der Markt zugleich anreizkompatibel, weil er besonders wertvolle und stark nachgefragte Fähigkeiten und große Anstrengungen durch eine hohe Ausstattung mit Gütern belohnt, weniger wertvolle und weniger nachgefragte Fähigkeiten und geringe Anstrengungen umgekehrt durch eine geringe Ausstattung mit Gütern bestraft (und er damit in der dynamischen Betrachtung auch die Knappheit von Fähigkeiten ausgleicht). Der dadurch erreichte Einklang von Ansporn und Gerechtigkeit erklärt einen Großteil der Leistungsfähigkeit und des Erfolgs der Marktwirtschaft.[523]

Unterschiede im Einkommen sollten sich in der Zivilgesellschaft allerdings nicht in ebenso starken Unterschieden in der Ausstattung mit allen Gütern niederschlagen, sofern der Grenznutzen des Einkommens mit dessen Höhe unterproportional steigt und sofern Güter, die der Deckung bestimmter essenzieller Bedürfnisse dienen, allen Menschen unabhängig von ihrer persönlichen Einkommenskraft zum Verfügung stehen sollten.[524]

---

523 Siehe hierzu etwa *G. Gutmann*, Marktwirtschaft.

524 Aufgrund der gesellschaftspolitischen Auffassungen in den leistungsfähigen sozialen Marktwirtschaften Europas werden dazu z. B. der Wohnraum, Lebensmittel und bestimmte Gesundheits- und Bildungsgüter gezählt, aber auch Güter, die der Teilhabe am politischen und gesellschaftlichen Leben dienen.

Die vom Markt nach Maßgabe der individuellen Einkommen vorgenommene Güterverteilung bedarf aber auch aus einem weiteren Grund einer kritischen Prüfung, weil sie nicht notwendigerweise die oben behauptete Gerechtigkeit und Anreizkompatibilität besitzt. Sofern die Unterschiede in der individuellen Leistungsfähigkeit nicht Folge der in früheren Perioden unternommenen individueller Anstrengungen (z. B. überdurchschnittlicher Lehr- und Qualifikationsbemühungen) sind, sondern auf bereits früher bestehende Unterschiede in der Einkommens- und Vermögensverteilung (und damit ggf. verbundene Unterschiede in den Bildungs- und Berufschancen) zurückgehen, fehlt die behauptete und die Gerechtigkeit der Marktverteilung begründende Korrespondenz zwischen Anstrengung und Höhe des erzielten Markteinkommens. Die Verteilung ist dann möglicherweise auch nicht anreizkompatibel, d. h. sie trägt nicht zur (allokativen) Leistungsfähigkeit bei. Im Gegenteil kann sie langfristig die Unterschiede in der Verteilung der Einkommen und Vermögen festschreiben oder sogar verstärken und damit Fehlanreize schaffen. Außerdem gefährdet sie die Stabilität und Kohäsion der Gesellschaft, was deren Leistungsfähigkeit zusätzlich mindern und hohe gesellschaftliche, u. U. aber auch pekuniäre Kosten (für die Sicherung oder Wiederherstellung der Stabilität und Kohäsion der Gesellschaft) verursachen kann.

Aus diesen Gründen wird die originäre marktliche Einkommensverteilung in allen sozialen Marktwirtschaften mehr oder weniger stark korrigiert.[525] Zum einen werden die Einkommen progressiv besteuert, weil unterstellt wird, dass der Grenznutzen niedriger Einkommen höher ist als derjenige hoher Einkommen (und folglich die Besteuerung hoher Grenzeinkommen eine geringere Traglast verursacht als diejenige niedriger Grenzeinkommen). Zum anderen werden Personen ohne oder mit sehr geringen Einkommen mit den oben erwähnten Gütern des Grundbedarfs (oder des „täglichen Bedarfs“) ausgestattet, indem ihnen die für den Erwerb erforderlichen Geldmittel gewährt werden (monetäre Transfers, etwa im Rahmen von Sozialhilfeleistungen) oder indem ihnen die Güter und Leistungen vom Staat unentgeltlich zur Verfügung gestellt werden (reale Transfers).

Eine besondere Rolle wird dabei den Bildungsgütern beigemessen, deren Verteilung die zukünftige Leistungsfähigkeit und Einkommenskraft maßgeblich mitbestimmt. Der Besuch von Grundschulen und weiterführenden Schulen wird aus diesem Grund in fast allen sozialen Marktwirtschaften vom Staat finanziert, in den meisten Ländern gilt dies auch für berufsbildende Schulen und Hochschulen. Erforderliche Lernmittel werden dabei vom Staat entweder ebenfalls unentgeltlich zur Verfügung gestellt, oder deren Kauf wird durch monetäre

---

525 Siehe hierzu etwa *R. Blum*, Marktwirtschaft oder *W. Albers*, Einkommensverteilung II.

Transfers ermöglicht. Dahinter steht die gesellschaftspolitische Auffassung, dass die Qualität der schulischen und beruflichen Ausbildung weitgehend unabhängig sein sollte vom eigenen Einkommen (bzw. dem Einkommen der Eltern), oder umgekehrt: dass Ungleichheiten der Einkommensverteilung nicht ungleiche Bildungs- und Berufschancen nach sich ziehen sollten.

6.2.2 Distributive Mängel einer marktlichen Bereitstellung von Fernsehprogrammen

6.2.2.1 Vorüberlegungen

Zu den Gütern, die nicht oder zumindest nicht ausschließlich nach Maßgabe der individuellen Kaufkraft verteilt werden, gehört in vielen sozialen Marktwirtschaften auch der Rundfunk. Würde dieser ausschließlich über den Markt bereitgestellt, wären erhebliche distributive Mängel zu erwarten.

Rundfunk erfüllt die oben dargestellten gesellschaftlich bedeutsamen Funktionen,[526] in die auch und gerade einkommensschwache Bevölkerungsgruppen einbezogen werden sollten. In Deutschland muss deshalb auch von Verfassungs wegen sichergestellt werden, dass *alle* in die basalen Kommunikationsprozesse inkludiert sind. Die Frage, ob sich dies an einzelnen Diensten oder eher an spezifischen Inhalten fest macht, ist nicht einfach zu beantworten, so dass die Frage der distributiven Mängel in diesem – nach Diensten differenzierenden – Gutachten auch nur kursorisch behandelt wird, zumal diese in die im Anhang ausgewiesene quantitative Betrachtung aus bereits erläuterten Gründen nicht einbezogen werden.

Die Forderung, alle Gesellschaftsmitglieder in die basalen Kommunikationsprozesse einzubeziehen, könnte von einem entgeltfinanzierten Rundfunk, der wegen des mehrstufigen Nutzungsprozesses von Rundfunkprogrammen mehrere kaum überwindbare finanzielle Zugangsbarrieren schafft, kaum erfüllt werden, weil hierfür:

1. die für alle Bürger erforderlichen Empfangsgeräte fehlen,
2. (bei netzgebundener Übertragung der Rundfunkprogramme) manchen Bürgern das Einkommen zur Entrichtung der Kabelnetzgebühren fehlt,
3. manchen Bürgern das Einkommen zur Bezahlung der Programmentgelte fehlt,
4. für Einkommensschwache möglicherweise keine geeigneten Programme angeboten werden und
5. Einkommensschwachen möglicherweise die Fähigkeit oder/und Bereitschaft fehlt, für sie geeignete Programmangebote nachzufragen.

---

[526] Siehe Kapitel 5.

Damit durch das Zusammenwirken dieser verschiedenen, einander nachgelagerten Zugangsbarrieren die Nutzung des Mediums Rundfunk einkommensschwachen Bürgern nicht verschlossen bleibt, sind in Deutschland verschiedene Vorkehrungen getroffen worden. Zum Ersten wird für die von den öffentlich-rechtlichen Rundfunkanstalten bereitgestellten Programme eine Gebühr erhoben, die grundsätzlich von jedem über ein Rundfunkgerät verfügenden Haushalt unabhängig von der Zahl der Haushaltsmitglieder und unabhängig von der Menge der empfangenen Sendungen zu entrichten ist, von der aber einkommensschwache Haushalte befreit sind. Dadurch reduziert sich für diese Programmangebote die Bedeutung der dritten Zugangsbarriere. Zudem haben Sozialhilfeempfänger ein Anrecht darauf, dass ihnen das Sozialamt ein Farbfernsehgerät und ein Radiogerät zur Verfügung stellt (damit wird die erste Zugangsbarriere beseitigt oder zumindest in ihrer Wirkung abgeschwächt). Die zweite Zugangsbarriere entfällt in Bezug auf diejenigen Programme, die auch terrestrisch übertragen werden. Schließlich wird sichergestellt, dass bestimmte Programme im Free-TV angeboten werden (Zugangsbarriere 4), indem a) die öffentlich-rechtlichen Rundfunkanstalten einen bestimmten Programmauftrag besitzen, b) jedem in Europa zugelassenen Fernsehveranstalter zu eigenen Sendezwecken ein Recht auf unentgeltliche Kurzberichterstattung über Veranstaltungen und Ereignisse eingeräumt wird, die „öffentlich zugänglich und von allgemeinem Informationsinteresse" sind,[527] und c) so genannte Schutzlisten erlassen wurden für bestimmte „Ereignisse von erheblicher gesellschaftlicher Bedeutung" („Großereignisse"), die nicht ausschließlich im entgeltfinanzierten Fernsehen übertragen werden dürfen, sondern auch im frei empfangbaren Fernsehen übertragen werden müssen.[528] Dadurch wird insgesamt eine den verfassungsrechtlichen Anforderungen genügende Versorgung mit Fernsehprogrammen für alle Bürger gewährleistet.

---

[527] § 5 RStV. Siehe hierzu etwa *P. Selmer*, Kurzberichterstattung, S. 49 ff.

[528] Siehe ebenda. Mit der 4. Novelle des Rundfunkstaatsvertrages (RStV) ist zum 1. 4. 2000 der Kreis dieser Großereignisse definiert worden: „„Großereignisse" i. S. des § 5a II S. 1 RStV sind: Olympische Sommer- und Winterspiele; bei Fußball-Europa- und -Weltmeisterschaften alle Spiele mit deutscher Beteiligung sowie unabhängig von einer deutschen Beteiligung das Eröffnungsspiel, die Halbfinalspiele und das Endspiel; die Halbfinalspiele und das Endspiel um den Vereinspokal des Deutschen Fußball-Bundes; Heim- und Auswärtsspiele des deutschen Fußballnationalmannschaft; Endspiele der europäischen Vereinsmeisterschaften im Fußball (Champions League, UEFA-Cup) bei deutscher Beteiligung. Bei Großereignissen, die aus mehreren Einzelereignissen bestehen, gilt jedes Einzelereignis als Großereignis." (§ 5a II S. 2 RStV).

6.2.2.2 Distributive Mängel einer marktlichen Bereitstellung werbefinanzierter Fernsehvollprogramme

Für die Zuschauer ist die Nutzung werbefinanzierter Programme kostenfrei (Free-TV), sie brauchen für die Rezeption des Programms kein Entgelt zu entrichten. In dem Umfang, in dem sie Produkte der werbetreibenden Wirtschaft kaufen, tragen sie zwar die in deren Preisen überwälzten Werbekosten,[529] es besteht aber kein Zusammenhang zwischen der Höhe dieser Belastungen und dem Umfang der empfangenen werbefinanzierten Programme. Mit Blick auf die oben aufgeführte dritte Zugangsschranke ist das werbefinanzierte Fernsehen mithin noch positiver zu beurteilen als das gebührenfinanzierte Fernsehen, weil bei ihm ein fehlendes bzw. geringes Einkommen die Nutzung dieses Mediums in keiner Weise beeinträchtigt.

Auch die erste Zugangsbarriere ist bei der in Deutschland getroffenen Regelung (der kostenfreien Überlassung eines Empfangsgerätes, mit dem sowohl öffentlich-rechtliche als auch private Programme empfangen werden können, durch die Sozialämter) für werbefinanzierte Rundfunkprogramme ohne größere Bedeutung.

Bedeutsam bleibt die Barriere des Zugangs zu den Übertragungswegen, weil die Kabelnetzbetreiber zum Teil erhebliche, über die Höhe der Rundfunkgebühr hinausgehende Entgelte fordern und diese auch für Sozialhilfeempfänger nicht vom Sozialamt übernommen werden.[530] Bei Satellitenempfang treten die Kosten für das Empfangsgerät hinzu. Damit beschränkt sich das Angebot an werbefinanzierten Rundfunkprogrammen auf die vergleichsweise wenigen (etwa drei bis vier) terrestrisch empfangbaren Sender dieser Art.

---

529 „You pay when you wash, not when you watch." Die damit verbundene effektive Inzidenz hängt ab von den Warenkörben der verschiedenen Einkommensgruppen und von der Höhe der Werbekosten, die auf die Güter dieser Warenkörbe überwälzt werden. Verteilungspolitisch dürfte sie negativ zu beurteilen sein, weil Verbraucher mit geringem Einkommen und mit Einkommen, die überproportional für Waren des täglichen Gebrauchs verausgabt werden (für die überproportional geworben wird), prozentual höher belastet werden als Personen mit hohem Einkommen und mit Einkommen, die für selten beworbene (Luxus-)Güter verausgabt werden. D. h. die Belastungswirkungen sind, ähnlich wie bei der Rundfunkgebühr, regressiv.

530 Das ist die grundsätzliche Regelung für Einzelverträge. Lediglich im Ausnahmefall, in dem der Vermieter eines Mehrparteienhauses sich weigert, die Wohnung des sozialhilfeberechtigten Haushaltes vom Kabelnetz abzutrennen, erstattet das Sozialamt die dann fälligen Kabelnetzentgelte. Vgl. Urteil des Oberverwaltungsgerichts Lüneburg vom 25. 2. 1998. Aktenzeichen 4 L 4259/96 sowie 4 L 4261/96.

6.2.2.3 *Distributive Mängel einer marktmäßigen Bereitstellung entgeltfinanzierter Fernsehvollprogramme*

Beim Entgeltfernsehen zahlt der Zuschauer für jede einzelne Sendung (Pay-per-view), wobei der Preis für die Sendung oder die Sendeminute in Abhängigkeit von der Attraktivität und Zahlungsbereitschaft variiert, oder er zahlt für einen bestimmten Zeitraum (i. a. für einen Monat) ein festes, von der Zahl und Art der in Anspruch genommenen Sendungen unabhängiges Entgelt (Pay-per-channel). Das Entgeltfernsehen unterscheidet sich vom werbefinanzierten Fernsehen bezüglich mehrerer der oben unterschiedenen einkommensbedingten Zugangsbarrieren:

Zum Ersten wird für den Empfang entgeltfinanzierter Rundfunkprogramme neben dem Empfangsgerät eine so genannte Set-Top-Box benötigt, die der Zuschauer entgeltfinanzierter Programme entweder kaufen oder über einen monatlichen Mietpreis (ggf. im Paket mit dem Pay-Per-Channel-Entgelt) aufbringen muss.[531] Außerdem fallen für die Nutzung des im Kabelnetz verbreiteten Bezahlfernsehens wiederum Entgelte für die Kabelnetzbetreiber an. Entgeltfernsehen verursacht deshalb bereits durch die technische Ausstattung und die erforderliche Kabelnetzanbindung beträchtliche Kosten, die von vielen einkommensschwachen Haushalten kaum aufgebracht werden können (und auch nicht vom Sozialamt übernommen werden).

Die höchsten finanziellen Zugangsbarrieren ergeben sich allerdings durch die Nutzungsentgelte für die Programme. Die Summe monatlicher Nutzungsentgelte übersteigt pro Haushalt und Monat leicht die Einhundertmarkgrenze,[532] zusammen mit der Set-Top-box-Miete, den Kabelgebühren und der Abschreibung des Fernsehempfängers belaufen sich die monatlichen Kosten dann auch schnell auf mehr als 150 DM, Beträge, die für einkommensschwache Haushalte sicherlich eine erhebliche Zugangsbarriere darstellen.

Insgesamt verursacht das Bezahlfernsehen somit erhebliche Zugangsbarrieren. Die damit verbundene Gefährdung der kommunikativen Chancengleichheit und damit auch der öffentlichen und individuellen Meinungsbildung hängt allerdings auch davon ab, in welchem Umfang die anderen (Finanzierungs)-Formen des Fernsehens die dem des Rundfunk als „Gesamtveranstaltung“ obliegenden Aufgaben erfüllen. Das bedeutet, dass die distributiven Mängel des Bezahlfernsehens stärker zu Buche schlagen würden – und gesellschaftspoli-

---

531 Der deutsche Bezahlfernsehanbieter Premiere World berechnet z. B. für seine d-box einen monatlichen Mietpreis von 14,90 DM.

532 Bei Premiere World sind z. B. für die einzelnen Pakete 19,90 DM fällig, für alle vier abonnierbaren Pakete zusammen werden 54,90 DM pro Monat erhoben. Dazu kommen noch Pay-per-view-Angebote. Beispielsweise kann man Sportübertragungen mit einem „Einzelticket“ (für 12 DM) oder einem „Spieltagticket“ (für 25 DM) sehen.

tisch dann möglicherweise auch nicht mehr zu tolerieren wären –, wenn auch in Deutschland große Teile des werbefinanzierten Fernsehangebots, und hier insbesondere die für die Zuschauer attraktivsten Programminhalte (für die die höchste Zahlungsbereitschaft besteht, wie z. B. Sportübertragungen), ins Entgeltfernsehen verlagert würden.

6.2.3 Distributive Mängel einer marktmäßigen Bereitstellung von Online-Diensten

6.2.3.1 Vorüberlegungen

Auch die Nutzung von Online-Diensten kann durch mehrere einkommensbedingte Zugangsbarrieren erschwert oder verhindert werden. In Anlehnung an die für Fernsehprogramme angestellten Überlegungen ergeben sich für Online-Dienste Zugangsbarrieren, wenn:

1. die für die Nutzung dieser Dienste erforderliche Hardware (PC, Modem oder ISDN-Zugang) und Software (Betriebsystem, Browser) fehlt,
2. die mengenabhängigen oder auch mengenunabhängigen („flat rate") Kosten des Datentransfers zwischen dem PC und den Internet-Servern (in der Regel über Telefonleitungen) die Zahlungsfähigkeit der Nutzer übersteigen,
3. die Kosten für entgeltpflichtige Online-Dienste/-inhalte die Zahlungsfähigkeit der Nutzer übersteigen,
4. für einkommensschwache Nutzergruppen im Internet keine geeigneten Inhalte angeboten werden und
5. Einkommensschwache nicht die technischen oder auch kognitiven Fertigkeiten besitzen, die für die Nutzung der im Internet enthaltenen Inhalte erforderlich sind.[533]

Auch hier wirken die einzelnen Zusatzschranken wiederum kumulativ: Weil die gesamte Wertschöpfungskette durchlaufen werden muss, um Kommunikations-Dienste nutzen zu können, scheitert die Nutzung bereits, wenn nur auf einer Stufe die erforderlichen (finanziellen oder immateriellen) Ressourcen fehlen.

Vergegenwärtigt man sich, dass die für eine Nutzung von Online-Diensten erforderlichen Netz-PCs eine bestimmte Leistungsfähigkeit benötigen (z. B. im

---

[533] *H. Kubicek/S. Welling*, Informationsordnung, S. 237, unterscheiden als Teilkompetenzen eine „Differenzierungs- und Selektionskompetenz, um zwischen den verschiedenen Informationsgattungen zu unterscheiden und zu entscheiden, welche Informationsquelle zu welchem Zweck ausgewählt wird, eine Orientierungskompetenz zur medienadäquaten Nutzung verschiedener Informationsgattungen unter Beachtung ihrer Gebrauchsvorgaben, eine Evaluationskompetenz (bestehend aus Urteils- und Kritikfähigkeit) zur Bewertung einzelner Inhalte; und eine Produktions- und Gestaltungskompetenz, um selber Inhalte erstellen und in eine medienadäquate Form bringen zu können."

Hinblick auf die Prozessorgeschwindigkeit, die Größe des Monitors und die Schnelligkeit der Datenübertragung), so addieren sich die Kosten für die entsprechende Hard- und Software schnell auf für Einkommensschwache schwer erschwingliche Summen. Auch die von den Mengen und Nutzungszeiten abhängigen Kosten des Datentransfers erreichen selbst bei einer durchschnittlichen Nutzungsintensität des Internets leicht die Hundertmarkgrenze. Der Anteil der über einen Internetzugang verfügenden Haushalte ist deshalb (noch) vergleichsweise gering (wobei Deutschland im internationalen Vergleich im Mittelfeld liegt),[534] und er korreliert stark mit dem Haushaltseinkommen.[535] Vor diesem Hintergrund sind die Bemühungen staatlicher und gemeinwohlverpflichteter Einrichtungen zu begrüßen, vom Einkommen unabhängige Zugänge zu öffentlichen Netz-PCs zu bieten, etwa in Bildungseinrichtungen (Schulen ans Netz) oder kommunalen Internet-Cafés.[536]

6.2.3.2 Distributive Mängel einer marktmäßigen Bereitstellung werbefinanzierter Online-Dienste

Kosten durch die Nutzung der Online-Dienste bzw. -inhalte entstehen dem Nutzer bei werbefinanzierten Diensten nicht. Vielmehr werden, wie beim werbefinanzierten Fernsehen, auch bei den werbefinanzierten Online-Diensten die Inhalte über die Werbe- und Sponsorengelder finanziert, und die Werbetreibenden und Sponsoren bringen diese Gelder ihrerseits auf, indem sie die Preise der beworbenen Güter entsprechend anheben. Weil damit wiederum der Konsument dieser Güter die Kosten der werbefinanzierten Dienste trägt, ist die Höhe der Traglast unabhängig vom Ausmaß, in dem der User die werbefinanzierten Kommunikations-Dienste und -inhalte in Anspruch nimmt. Eine einkommensabhängige Zugangsbarriere besteht für diese Stufe der Nutzung deshalb nicht. Zu beachten ist aber der bereits bei den allokativen Mängeln erwähnte Umstand, dass nur für die Werbewirtschaft interessante Zielgruppen bedient werden und dass negative Programmstruktureffekte der Werbung auftreten.

---

534 Vgl. *H. Kubicek/S. Welling.*, Informationsordnung, S. 220.

535 Während rund 20 Prozent der Bevölkerung mit einem monatlichen Haushaltseinkommen von unter 3.000 DM zu den Internetnutzern zählten, waren es bei den über 5.000 DM verdienenden bereits 56 Prozent, vgl. GfK Online-Monitor, 5. Untersuchungswelle, zitiert nach *H. Kubicek/S. Welling*, Informationsordnung, S. 221.

536 Siehe hierzu *H. Kubicek/S. Welling*, Informationsordnung, S. 236 ff.

6.2.3.3 Distributive Mängel einer marktmäßigen Bereitstellung entgeltfinanzierter Online-Dienste

Bei dieser Finanzierungsform besteht die Zugangsbarriere der Kosten für entgeltpflichtige Online-Dienste (z. B. Archive, Video- und Audio-on-Demand, Online-Spiele, elektronische Datenbanken und Auskunftsdienste oder elektronische Nachschlagewerke, aber auch bestimmte („Premium-")Dienste/Inhalte von Portalen und Online-Auktionären, die mit der Menge und Art dieser Dienste und Inhalte variieren). Für Webcasting-Programme werden mit den verbesserten Streaming-Technologien und dem Ausbau der Datennetze für Exklusivübertragungen (auch hier wohl in erster Linie wieder für Sportübertragungen) ähnliche Entgelte zu erzielen sein wie mit entgeltfinanziertem Fernsehen – mit damit ebenfalls verbundenen Beeinträchtigungen der kommunikativen Chancengleichheit.[537]

Analog zu den für das Bezahlfernsehen angestellten Überlegungen können auch solche von einer Entgeltfinanzierung von Online-Diensten ausgehenden Beeinträchtigungen der kommunikativen Chancengleichheit nur im Zusammenhang mit der Ausgestaltung der anderen Kommunikationsdienste bewertet werden, die an der freien öffentlichen und individuellen Meinungsbildung mitwirken. Insofern sind in einer intramedialen, auf das Internet beschränkten Betrachtung entgeltfinanzierte Online-Dienste eher tolerierbar, wenn durch werbefinanzierte Internetangebote und vor allem auch durch nicht-marktliche Angebote, etwa von Stiftungen, öffentlichen Bibliotheken und anderen gemeinnützigen Einrichtungen[538] oder öffentlich-rechtlichen Rundfunkanstalten, ein breites und vielfältiges Angebot gewährleistet ist, das von der Zahlungsfähigkeit der Nutzer unabhängig ist. Und in einer intermedialen Betrachtung sind die mit einer Entgeltfinanzierung von Online-Diensten verbundenen Beeinträchtigung der kommunikativen Chancengleichheit eher tolerierbar, wenn – wie derzeit noch der Fall – andere Medien, wie der Rundfunk und die Printmedien, aufgrund ihrer noch größeren Breitenwirkung zu einem wesentlich höheren Anteil zur Gewährleistung freier öffentlicher und individueller Kommunikation beitragen als das Internet.

Das heißt im Umkehrschluss aber auch, dass die Entgeltfinanzierung von Online-Diensten die kommunikative Chancengleichheit stärker bedroht, wenn (in der intramedialen Betrachtung) der Anteil entgeltfinanzierter Online-Dienste im Vergleich zu werbefinanzierten und nichtkommerziellen Angeboten steigt

---

537 „Von einer informierten Gesellschaft kann man nicht sprechen, wenn nur das ohnehin schon besser informierte Drittel der Bevölkerung dieses Medium nutzt und seinen Informationsvorsprung dadurch sogar noch ausbaut." *H. Kubicek/S. Welling,* Informationsordnung, S. 219.

538 Siehe ebenda.

und wenn (in der intermedialen Betrachtung) die Bedeutung von Internet-Diensten für die öffentliche und individuelle Kommunikation im Vergleich zu den anderen Medien, vor allem im Vergleich zum traditionellen Rundfunk, zunimmt. Zu Recht werden deshalb mit Blick auf die absehbare Entwicklung von Internet-Diensten zu neuen, gesellschaftlich bedeutsamen (Massen-)Medien bereits Forderungen erhoben, die Berichterstattung über bestimmte gesellschaftlich bedeutsame Ereignisse nicht auf entgeltfinanzierte Internetanbieter zu beschränken,[539] selbst wenn eine solche Exklusivverwertung wegen der noch bestehenden technischen Beschränkungen und noch nicht ausreichenden Nutzerzahlen zurzeit aus wirtschaftlichen Gründen noch kaum in Betracht käme.

539 „Zudem gibt es Informationen, die nicht hinter den Mauern des Bezahlfernsehens verschwinden dürfen – Kanzler, deren Interviews nur gegen Gebühr gelesen oder gehört werden können, machen die Demokratie zum Geschäft. Es bedarf folglich einer Institution, die solche Inhalte auch im Internet für jeden erhältlich macht, jedenfalls, solange man politische Interviews zentraler gesellschaftlicher Figuren dem Informationsbereich zuordnet." *F. Krotz*, Informationsordnung, S. 36.

7. Optionen zur Bereitstellung und Regulierung von Kommunikations-Diensten

7.1 Pflicht des Gesetzgebers zur Evaluation der Funktionsfähigkeit öffentlicher Kommunikation

Vor allem der Stand der Forschung im Hinblick auf die Nutzung von Online-Medien lässt derzeit noch keinen festen Schluss darüber zu, welche Dienste von ihrer Bedeutung her und im Hinblick auf strukturelle Marktmängel es verfassungsrechtlich notwendig erscheinen lassen, Maßnahmen zum Ausgleich von Defiziten vorzusehen. Die Untersuchung hat allerdings so massive Veränderungen im Gefüge öffentlicher Kommunikation diagnostiziert, dass zumindest eine Prüfung durch den Gesetzgeber verfassungsrechtlich geboten erscheint.

Es ist verfassungsrechtlich anerkannt, dass der Gesetzgeber, wenn er verfassungsrechtliche Positionen zum Ausgleich zu bringen versucht, es nicht dabei bewenden lassen kann, dies einmal gesetzlich festzuschreiben. Abhängig von der Art des Regelungsfeldes und der Evidenz von Veränderungen obliegt ihm eine Prüfung, ob die gesetzlichen Vorkehrungen noch die gewünschten Wirkungen entfalten.[540] Dies gilt auch und gerade für die Ausgestaltung im ebenso sensiblen wie dynamischen Feld der öffentlichen Kommunikation.[541] Die Aufgabe kann in Feldern, die eine für den Gesetzgeber schwer überschaubare Entwicklung aufweisen, auch die vorgelagerte Obliegenheit beinhalten, gesetzliche Vorkehrungen regelmäßig zu evaluieren.[542]

Dabei kann es nicht nur um die Erfassung und ggf. regulierende Beeinflussung des Status quo gehen; das Bundesverfassungsgericht hat schon für den Bereich der traditionellen Medien deutlich gemacht, dass nachträgliche Maßnahmen kaum geeignet sind, steuernde Wirkung zu entfalten, so dass eine proaktive Regulierung durch den Gesetzgeber erforderlich ist.[543] Für die Beurteilung von Internet-Kommunikation reicht daher nicht der Verweis auf derzeit noch – im Vergleich zu traditionellem Rundfunk – geringere Breitenwirkung und damit (noch) geringe Bedeutung; unter Umständen ist der Rückgriff auf Prognosen und Modellrechnungen erforderlich.

---

540 Vgl. allgemein zur „Nachbesserungspflicht" BVerfGE 73, 118, 169; vgl. dazu auch *W. Hoffmann-Riem,* Regulierung, S. 114 ff.

541 Vgl. *W. Hoffmann-Riem*, Regulierung, S. 35 ff.

542 Vgl. dazu vor allem *H. D. Horn*, Experimentelle Gesetzgebung, der darüber hinaus sogar für den Bereich der Medien von einer verfassungsrechtlichen Verpflichtung ausgeht, wegen des Entwicklungstempos der Experimentierklauseln zu arbeiten.

543 Vgl. BVerfGE 57, 295, 322.

Bezugspunkt der Beurteilung des Gesetzgebers, ob Defizite im Hinblick auf die Ziele von Art. 5 Abs. 1 GG zu beobachten sind und auch wie diese ggf. ausgeglichen werden können, ist der Bereich öffentlicher Kommunikation insgesamt. Der Gesetzgeber muss also mit berücksichtigen, inwieweit Dienste komplementär genutzt werden, welche Rückwirkungen mögliche Regulierungen auf andere Dienste haben können usw. Da eine derartige „Umgestaltung" einer Kommunikationsordnung immer an vorhandenen Organisationsstrukturen ansetzen wird, sind auch Rückwirkungen auf die Akteure zu berücksichtigen, etwa auf die Möglichkeit öffentlich-rechtlicher Rundfunkanstalten, ihren Auftrag weiterhin erfüllen zu können. Die folgende Darstellung kann dieses Vorgehen in seiner Komplexität natürlich nicht annähernd einfangen. Es sollen vielmehr mögliche Optionen skizziert werden, die in Frage kommen, wenn der Gesetzgeber zu dem Schluss gelangt, dass Defizite bei bestimmten Diensten zu beobachten sind, die zur Optimierung der Gesamtordnung eines Ausgleichs bedürfen. Für weitere konkrete Vorschläge wäre eine ausführliche Prüfung erforderlich, die die Grundrechtsposition der beteiligten Akteure, auch jenseits von Art. 5 Abs. 1 GG, mit einbezieht. Die folgende Übersicht über Handlungsoptionen des Gesetzgebers und die exemplarische Untersuchung von drei Optionen erfolgt vor diesem Hintergrund.

7.2 Übersicht über mögliche Instrumente: Bereitstellungs- und Regulierungsverfahren

Für die Kategorisierung staatlicher Instrumente der Regulierung hat sich noch kein einheitliches Schema durchgesetzt; es existieren ökonomische, rechtswissenschaftliche und politikwissenschaftliche Klassifizierungen.[544] Im Folgenden wird ein ökonomischer Ansatz dargestellt, der in seiner Begrifflichkeit (etwa was die Selbstregulierung angeht) von rechtswissenschaftlichen Ansätzen abweichen kann.

Bestimmte Marktmängel können von den Marktteilnehmern durch positive oder negative Sanktionen, d. h. ohne hoheitliche Eingriffe („horizontal") korrigiert werden. Voraussetzung hierfür ist, dass das Marktverhalten auch von sozialen Kontakten bzw. den damit verbundenen Anreizen abhängt. Dies ist der Normalfall (der „sozial regulierten marktlichen Bereitstellung, Typ 1 in der nachstehenden Abbildung 3). Er unterscheidet sich vom idealtypischen („unregulierten") Marktmodell der ökonomischen Lehrbücher (Typ 0), das anonyme Angebots-/Nachfrage-Beziehungen unterstellt und damit für eine Verhaltenssteuerung per sozialer Sanktionierung keinen Raum hat (und insofern realtypisch kaum anzutreffen ist).

[544] Vgl. *O. Jarren, P. Donges*, Medienregulierung, m.w.N.

Eine Alternative zum „sozial regulierten Markt" bildet der „hoheitlich regulierte Markt" (Typ 2 in Abbildung 3). Hier werden bestimmte Handlungsanreize bzw. Folgen von Marktmängeln „vertikal", d. h. durch hoheitliche Eingriffe, korrigiert. Das Spektrum dieser Eingriffe reicht dabei von „sanften" Eingriffen (etwa: der staatlichen „Seelenmassage", Typ 21) über budgetintensive Anreize und Hemmnisse (Typ 22) bis hin zu Ge- und Verboten (Typ 23).

Dem (nicht regulierten, sozial regulierten oder hoheitlich regulierten) Markt steht die hoheitliche Bereitstellung gegenüber (Typ 3 in Abbildung 3). Bei ihr wird die Produktion, Verteilung und Finanzierung hoheitlich geregelt. Die hoheitliche Bereitstellung bietet sich bei Gütern an, bei denen die Ergebnisse der marktlichen Bereitstellung gesellschaftlich unerwünscht sind (etwa bei den oben genannten Gütern, bei denen eine von der individuellen Kaufkraft unabhängige Verteilung angestrebt wird), und sie eignet sich für die Bereitstellung von Gütern, die große Marktmängel aufweisen oder bei denen eine Bereitstellung durch den Markt nicht zustande kommt. Insofern steht aus der ordnungstheoretischen Sicht der sozialen Marktwirtschaft die hoheitliche Bereitstellung in einem subsidiären Verhältnis zur marktlichen Bereitstellung: Sie ist nur dann angeraten, wenn eine marktliche Bereitstellung nicht zustande kommt oder wenn die Bereitstellungsergebnisse des Marktes schlechter sind als die Ergebnisse der hoheitlichen Bereitstellung.

Abbildung 3: Formen der Güterbereitstellung

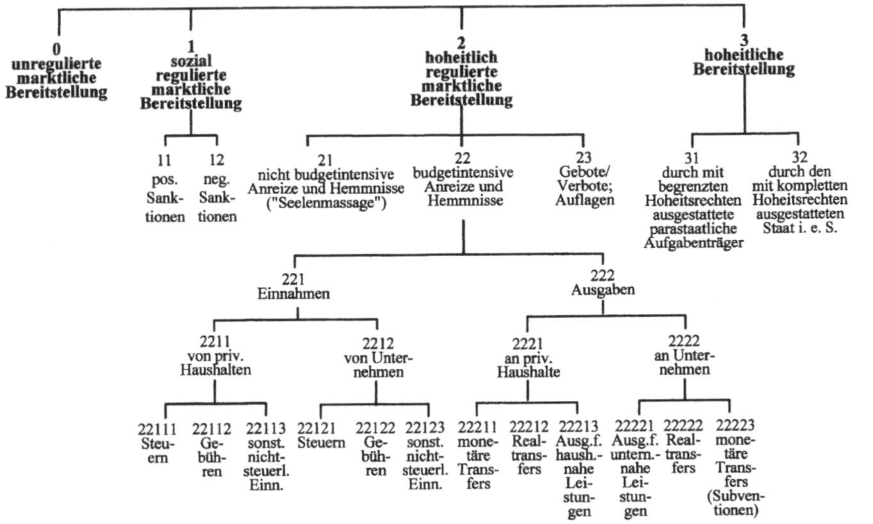

Innerhalb der hoheitlichen Bereitstellung lässt sich die staatliche Bereitstellung (Typ 32) von der parastaatlichen Bereitstellung (Typ 31) unterscheiden. Bei ersterer gibt der Staat i. e. S. (die zentralen und ggf. dezentralen Gebietskörperschaften) qua hoheitlicher Aufgaben- und Einnahmenkompetenzen vor, welche Güter wie hergestellt, verteilt und (zwangs-)finanziert werden. Bei letzterer bestimmen mit (begrenzten) Hoheitsrechten ausgestattete (parastaatliche) Aufgabenträger (Glaubensgemeinschaften, öffentliche Unternehmen, Verbände u. ä.) über die Herstellung, Verteilung und (hoheitlich garantierte) Finanzierung.

7.3 Geeignetheit der Instrumente für unterschiedliche Dienste

Für die verschiedenen Güter(-gruppen) ist (im ordnungspolitischen Modell der Ökonomie, zu den verfassungsrechtlich begründeten Besonderheiten in diesem Feld s. u. 7.4) unter Berücksichtigung ihrer spezifischen Eigenschaften das jeweils geeignetste Bereitstellungsverfahren auszuwählen, indem die Vorzüge und Schwächen der verschiedenen Verfahren einander gegenübergestellt werden und die sich daraus insgesamt ergebende relative Leistungsfähigkeit bestimmt wird. Bei der Abwägung der relativen Leistungsfähigkeit marktlicher und nicht-marktlicher Bereitstellungsverfahren ist zu beachten, dass auch die Funktionsfähigkeit letzterer an bestimmte Bedingungen geknüpft ist. Insofern ist die Analyse der Marktfähigkeit von Gütern und die Identifikation von Marktmängeln bzw. Marktversagen durch eine Analyse der Fähigkeiten der nicht-marktlichen Bereitstellung zu ergänzen, und die Wahl einer marktlichen oder nicht-marktlichen Bereitstellung ist unter Abwägung der in beiden Fällen zu erwartenden (allerdings je nach Art der Güter unterschiedlich hohen) Mängel vorzunehmen.

Für die Bereitstellung (Produktion, Verteilung und Finanzierung) von Gütern kommen unterschiedliche Verfahren in Betracht. Diese unterscheiden sich durch mehrere Gestaltungsmerkmale voneinander, z. B. durch die für die Verteilung der Güter maßgeblichen Kriterien (Bedürftigkeit versus individuelle Kaufkraft), durch die für die Finanzierung der Güter maßgeblichen Kriterien (Kosten- oder Nutzenäquivalenz versus individuelle Leistungsfähigkeit) und durch die Art und Weise, in der die Verteilungs- und Finanzierungskriterien definiert und kontrolliert werden (Steuerung durch soziale Kontrolle und Sanktionen versus Steuerung per Gesetz).[545]

Diese Bereitstellungsverfahren unterscheiden sich in ihrer Leistungsfähigkeit, vor allem hinsichtlich ihrer „Paretooptimalität" (als fehlender Möglichkeit, die Bereitstellungsergebnisse zugunsten einer Person zu verbessern, ohne sie

---

545 Blümel (*W. Blümel*, Allokation öffentlicher Güter, S. 18 ff.) nennt z. B. neun Kriterien, anhand derer er dreizehn denkbare Bereitstellungsverfahren unterscheidet. Dabei weist er darauf hin, dass eine stärkere Differenzierung möglich und zur Beantwortung bestimmter Fragen erforderlich ist.

gleichzeitig zu Lasten anderer Personen zu verschlechtern), ihrer „Anreizkompatibilität" (als Fähigkeit, die Beteiligten zur Offenlegung ihrer wahren Präferenzen zu veranlassen) und ihrer „informationsmäßigen Durchführbarkeit" (als Fähigkeit, die für die Bereitstellung erforderlichen Informationen mit vertretbaren Kosten zu beschaffen). Dabei variiert diese Leistungsfähigkeit auch mit den Eigenschaften der bereitzustellenden Güter: Das für die Bereitstellung eines Gutes A am besten geeignete Verfahren ist für die Bereitstellung eines Gutes B möglicherweise völlig ungeeignet.

Für Volkswirtschaften, die ihre Mitglieder mit einer Vielzahl unterschiedlich gearteter Güter zu versorgen haben, ist folglich eine „gemischte Wirtschaftsordnung" sinnvoll, in der mehrere Bereitstellungsverfahren nebeneinander eingesetzt werden. Dabei variiert die Bedeutung der einzelnen Verfahren bzw. der Anteil der Güter, die mit den einzelnen Verfahren bereitgestellt werden, mit den Verbrauchsstrukturen der Volkswirtschaften, aber auch mit der unterschiedlichen Einschätzung ihrer Leistungsfähigkeit durch die Bürger.

7.4 Steuerung und Begrenzung der Wahl der Instrumente durch (verfassungs-)rechtliche Rahmenbedingungen

Auch die vom Gesetzgeber zum Ausgleich bestehender Defizite im Gefüge öffentlicher Kommunikation gewählten Optionen müssen einer verfassungsrechtlichen Überprüfung standhalten. Zum einen kommt eine Option nur dann in Frage, wenn sie geeignet ist, die Erfüllung der verfassungsrechtlichen Vorgaben aus Art. 5 Abs. 1 GG zu unterstützen. Zum anderen begrenzt die Verfassung aber auch die Wahl geeigneter Instrumente, so etwa durch den Grundsatz der Staatsfreiheit des Rundfunks in Art. 5 Abs. 1 S. 2 GG oder Grundrechte Dritter.

Angesichts der Vielfalt unterschiedlicher Handlungsoptionen des Staates kann man die möglichen verfassungsrechtlichen Regeln und Prinzipien, die die Wahl und Ausgestaltung der Mittel steuern, nicht abstrakt „vor die Klammer ziehen". Erinnert werden soll an die Vorgaben, die typischerweise bei den Optionen zu beachten sind; sie werden im Folgenden etwas ausführlicher dargestellt.

7.4.1 Optimierung der Rundfunkordnung als Vorgabe aus Art. 5 Abs. 1 GG für die Optionenwahl

Bei der Ausgestaltung der Kommunikationsordnung hat sich der Gesetzgeber an den oben heraus gearbeiteten Zielen aus Art. 5 Abs. 1 GG zu orientieren. Das Grundrecht enthält insoweit ein „Optimierungsgebot".[546] Der Gesetzgeber soll daher die Ordnung so modellieren, dass ein verfassungsrechtliches Optimum

---

[546] Vgl. etwa *S. Engels,* Recht der Fernsehwerbung für Kinder, S. 155.

erreicht wird; dies hat aber nicht etwa zur Folge, dass jede suboptimale Lösung verfassungswidrig wäre. Der Gesetzgeber besitzt einen Wertungsspielraum, den er medienpolitisch nutzen kann.

Dieses Gebot bezieht sich auf die Ausgestaltung im Ganzen, nicht etwa auf ein für ein bestimmtes Regelungsziel und einen bestimmten Dienst gewähltes Instrument. Die Wahl eines im Einzelfall ordnungspolitisch betrachtet inadäquaten Mittels (s.o.) führt also ebenfalls nicht per se zu der Wertung, dass der Gesetzgeber sich nicht an die verfassungsrechtlichen Vorgaben hält. Sein Bezugspunkt ist – wie oben dargelegt – der Bereich öffentlicher Kommunikation insgesamt und seine Funktion für die freie öffentliche und individuelle Meinungsbildung.

7.4.2 Grenzen für den Einsatz von Instrumenten zum Ausgleich von Marktdefiziten

7.4.2.1 Staatsfreiheit

Im Bereich der Kommunikationsfreiheiten gebietet schon die abwehrrechtliche Komponente der Grundrechtsverbürgungen, dass der Staat sich auf inhaltsneutrale Maßnahmen zu beschränken hat. Es ist ihm versagt, auf die „publizistische Tätigkeit" eines Massenmediums Einfluss zu nehmen.[547] Dies betrifft auch indirekte, strukturelle Einflussnahmen, wenn sie die Möglichkeit inhaltlicher Einflussnahme begründen. Die Dogmatik knüpft bei der Begründung (und damit auch der Begrenzung) des Grundsatzes der Staatsfreiheit also wiederum an den publizistischen Prozess an. Lässt man einmal außer Acht, dass der Grundsatz der Staatsfreiheit in seiner traditionellen Begründung von einer fast naiven Trennung von Staat und gesellschaftlicher Willensbildung ausgeht, die schon Habermas kritisiert hat,[548] erscheint der Grundsatz in seiner Ableitung auch zukünftig fundiert.

Soweit also publizistische Dienste vorliegen, gilt der Grundsatz der Staatsfreiheit in der für den Rundfunk und die Presse herausgearbeiteten Weise. Für Dienste, die publizistische Funktionen substituieren oder auf andere Weise für die öffentliche Kommunikation bedeutsam sind, bedürfte es einer Prüfung, ob und inwieweit der Grundsatz der Staatsfreiheit hier Grenzen setzt. Der Gesetzgeber scheint davon auszugehen, dass dieser Grundsatz etwa für Mediendienste

---

[547] BVerfGE 80, 124 (133f.); 12, 205 (260f.); vgl. ausführlich *H. Gersdorf*, Staatsfreiheit.
[548] *J. Habermas*, Merkur 1989, S. 476.

nur eingeschränkt gilt, da er in § 18 MDStV eine staatliche Inhaltsaufsicht vorsieht. Dies ist kritisch zu beurteilen, kann hier aber nicht ausgeführt werden.[549]

Die Staatsfreiheit wird nicht nur durch Optionen gefährdet, bei denen durch Gesetz oder auf gesetzlicher Grundlage die publizistische Produktion eines Anbieters reguliert wird. Auch die Förderung privater Akteure ist stets mit einer Gefahr für die Staatsfreiheit der Massenkommunikation verbunden; es muss sichergestellt werden, dass die staatlichen Zuwendungen nicht von konkreten Inhalten oder von der Tendenz des Anbieters abhängig gemacht werden.[550] Bisher ist diese Möglichkeit einer Förderung etwa im Bereich der Presse genutzt worden. Dies hat zu einer juristischen Auseinandersetzung darüber geführt, ob Pressesubventionen gegen die grundgesetzliche Garantie der freien Presse verstoßen. Das Bundesverfassungsgericht hat 1989 hierzu festgestellt, dass staatliche Förderungsmaßnahmen nur dann mit Art. 5 Abs. 1 S. 2 GG vereinbar sind, „wenn eine Einflussnahme auf Inhalt und Gestaltung einzelner Presseerzeugnisse sowie Verzerrungen des publizistischen Wettbewerbs insgesamt vermieden werden.“[551] Umstritten ist auch die Frage, ob solche Subventionen nur aufgrund eines Gesetzes vergeben werden dürfen.[552] Schließlich stellt sich die Frage, ob bei der Vergabe der Subventionen nach dem Beitrag der Zeitung für die öffentliche und private Meinungsbildung differenziert werden darf.[553]

Die größtmögliche Gefahr für die Staatsfreiheit besteht, wenn der Staat selbst der Massenkommunikation zuzurechnende Dienste anbietet. Andererseits liegt es auf der Hand, dass es dem Staat nicht verwehrt werden kann, moderne

---

549 Vgl. dazu etwa *T. Vesting* in Roßnagel (Hrsg.), Recht der Multimediadienste, § 18 Rn. 7 ff m. w. N.

550 Das Bundesverfassungsgericht hat 1989 festgestellt, dass staatliche Förderungsmaßnahmen nur dann mit Art. 5 Abs. 1 Satz 2 GG vereinbar sind, „wenn eine Einflussnahme auf Inhalt und Gestaltung einzelner Presseerzeugnisse sowie Verzerrungen des publizistischen Wettbewerbs insgesamt vermieden werden.“; BVerfGE 80, 124, 135. Vgl. hierzu *W. Hoffmann-Riem*, JZ 1989, S. 842 ff.

551 BVerfGE 80, 124, 135. Das Gericht führte weiterhin aus: „Ein Verstoß gegen die aus Art. 5 Abs. 1 Satz 2 GG folgende Neutralitätspflicht liegt freilich nicht schon dann vor, wenn der Staat Förderungsmaßnahmen nicht unterschiedslos auf sämtliche unter die Pressefreiheit fallenden Druckerzeugnisse erstreckt. Der Staat genießt im Bereich der Grundrechtsförderung vielmehr einen weiteren Handlungsspielraum als im Bereich der Grundrechtseinschränkung. Art. 5 Abs. 1 Satz 2 GG verbietet ihm nur, dass er den Inhalt der Meinungen oder die Tendenz ... zum Förderungskriterium macht ...“, vgl. hierzu *W. Hoffmann-Riem*, JZ 1989, S. 842 ff.

552 Das OVG Berlin kam 1975 zu dem Ergebnis, Pressesubventionen seien nur auf der Grundlage eines Gesetzes zulässig, welches durch präzise Tatbestände die Voraussetzungen und Bedingungen der Hilfsmaßnahmen eindeutig festlegt; OVG Berlin, JZ 1976, S. 402 (vgl. hierzu *W. Hoffmann-Riem*, JZ 1976, S. 402 ff., JZ 1976, S. 405 ff.).

553 Zustimmend etwa *W. Hoffmann-Riem*, JZ 1976, S. 402 ff., JZ 1976, S. 405; ablehnend etwa *C. Degenhart*, AfP 1987, S. 649 ff.

Kommunikationsformen zu nutzen. Hier ist nach den Grenzen zulässiger massenmedialer Kommunikation des Staates zu fragen. Soweit ein unmittelbarer Bezug der verbreiteten Informationen zu den amtlichen Aufgaben der staatlichen Institution besteht, wird dies allgemein als unkritisch angesehen.[554] Für den Bereich der Presse wurde bereits die Frage erörtert, in welchem Umfang nicht unmittelbar aufgaben- bzw. funktionsbezogene Informationen über staatliche Publikationen verbreitet werden dürfen (so etwa in Bezug auf die Herausgabe von kommunalen Stadtzeitungen bzw. Amtsblättern),[555] und auch für den Online-Bereich wurde dieser Frage bereits nachgegangen.[556]

Den Bindungen kann der Staat auch nicht durch Ausweichen auf andere Rechtsformen entgehen; hier sind die Grundsätze der Grundrechtsbindung von privaten Organisationen zu beachten, auf die der Staat Einfluss ausübt (etwa öffentliche Unternehmen).[557] Die Grenzen zulässiger Massenkommunikation seitens des Staates sind schließlich auch bei Verbindungen mit privaten Anbietern in so genannten Public-Private-Partnerships zu beachten.[558]

7.4.2.2 Grundrechte anderer Anbieter

Bei einigen der diskutierten Handlungsoptionen werden bestimmte Anbietertypen bzw. Anbieter, die bestimmte Strukturen etablieren, gemeinwirtschaftlich finanziert. Dies führt dazu, dass andere Anbieter, die nicht in gleicher Weise gefördert werden, im Wettbewerb relativ benachteiligt werden. An dieser Stelle kann nicht auf die Einzelheiten von Konkurrenzverhältnissen im Rahmen von Art. 5 Abs. 1 S. 2 GG eingegangen werden; ein paar Eckpunkte sollen aber skizziert werden.

Hierbei ist zu beachten, dass Konkurrenten, soweit sie die hier behandelten Dienste anbieten, selbst von der Rundfunkfreiheit geschützt sind. Ihre Interessen sind also bei der Ausgestaltung der Informationsordnung mit zu berücksichtigen. Da der Gesetzgeber bei der Ausgestaltung einen weiteren Spielraum besitzt als bei Eingriffen in Grundrechte, liegt erst bei einer untermäßigen Berücksich-

---

554 *F. Schürmann,* AfP 1993, S. 435 ff..; *R. Hofsähs*, Staatliche Informationstätigkeit, in: *Schiwy/ Schütz (Hrsg.):* Medienrecht, S. 395 ff.

555 Vgl. *F. Schürmann* AfP 1993, S. 435 ff. Vgl. auch die wettbewerbsrechtlichen Entscheidungen BGHZ 116, 47 ZUM 1992, S. 503 ff.; OLG Frankfurt ZUM 1994, S. 118 ff.; OLG Sachsen-Anhalt vom 14. 07. 1994 (Az: 3 U 54/94).

556 *F. Schoch*, AfP 1998, S. 260; *H. Schulze-Fielitz*, AfP 1998, S. 451, *M. Rath-Glawatz*, AfP 1998, S. 263 ff.

557 Vgl. dazu *R. Schmidt*, § 11 in ders. (Hg.): Öffentliches Wirtschaftsrecht, AT, S. 503 f.

558 Vgl. allgemein zu Public-Private-Partnerships: *D. Budäus* (Hrsg.), Public Private Partnership: *B. Holznagel/U. Temme*, Kommunen im Internet, Teil 26; *C. Baron,* Public-Private-Partnership-Konzepte für den IT-Markt.

tigung der Interessen der Konkurrenten eine Verletzung von Art. 5 Abs. 1 S. 2 GG vor. Dies kann der Fall sein, wenn Konkurrenten die Existenzgrundlage entzogen wird, etwa weil es zu einem erheblichen Verlust an Werbeeinnahmen führt.[559]

Im nächsten Schritt ist zu klären, ob weitere Grundrechte wie die Berufsfreiheit (Art. 12 Abs. 1 GG), das Recht am eingerichteten und ausgeübten Gewerbebetriebs (Art. 14 GG), die Wettbewerbsfreiheit (Art. 2 Abs. 1 GG) und der Gleichheitsgrundsatz (Art. 3 Abs. 1 GG) verletzt sind. Ob diese Verfassungsnormen neben Art. 5 Abs. 1 S. 2 GG überhaupt zur Anwendung kommen, ist umstritten. Jedenfalls sind im Bereich der Ausgestaltung bei ihrer Prüfung die besonderen Wertungen des Art. 5 Abs. 1 S. 2 GG zu beachten.[560] Art. 5 Abs. 1 S. 2 GG überformt sozusagen diese Verfassungsnormen, so dass der dem Gesetzgeber im Rahmen der Ausgestaltung eröffnete Spielraum nicht wieder durch die anderen Grundrechte eingeschränkt wird. Aber auch bei einer Anwendung von Art. 12, 14 und 2 GG liegt eine Verletzung Dritter nur im Fall eines Verdrängungswettbewerbs vor. Das Grundgesetz schreibt keinesfalls die marktwirtschaftliche Erbringung von Leistungen und Gütern vor, verlangt aber im Falle der Eröffnung eines Wettbewerbs, dass der Staat keinem Wettbewerber die Existenzgrundlage entzieht. Bei Art. 3 Abs. 1 GG ist schließlich zu beachten, dass die Verfolgung kommunikationsbezogener Ziele in der Regel auch einen sachlichen Grund für die Ungleichbehandlung verschiedener Marktteilnehmer darstellen wird.

Ob Grundrechte Anderer verletzt sind, lässt sich nur anhand einer konkreten Umgestaltungsmaßnahme prüfen. Die vorangegangenen Anmerkungen sollen nur das Problemfeld abstecken.

7.4.3 Europarechtliche Vorgaben

Neben verfassungsrechtlichen Begrenzungen sind bei der Wahl der Optionen auch europarechtliche Vorgaben zu beachten. Anders als das deutsche Verfassungsrecht liegt dem Vertrag der Eurpäischen Gemeinschaft – die als Wirtschaftsgemeinschaft gegründet wurde – die Prämisse eines ungehinderten pri-

---

559 Laut BVerfGE 83, 238, 311 liegen die Grenzen der Gestaltungsfreiheit des Gesetzgebers im dualen System bezüglich der Rundfunkfinanzierung erst dort, „wo entweder der öffentlich-rechtliche Rundfunk an der Erfüllung seiner Grundversorgungsaufgabe gehindert oder der private Rundfunk Bedingungen unterworfen wäre, die ihn erheblich erschwerten oder gar unmöglich machten."

560 Vor allem *W. Hoffmann-Riem,* Öffentliches Wirtschaftsrecht der Kommunikation und der Medien, § 6, Rn. 27; vgl. zum Kokurrenzverhältnis auch *Jarass* in *Jarass/Pieroth,* Art. 5 GG, Rn. 24 m.w.N.; *Degenhart,* in: Kommentar zum Bonner Grundgesetz, Drittbearbeitung, Rn. 940.

vaten Wettbewerbs zugrunde (Art. 4 Abs. 1 EGV: „offene Marktordnung“). Dementsprechend müssen sich staatliche Interventionen in den Markt stets legitimieren. Die staatliche Finanzierung von Anbietern, wie sie bei den unten näher behandelten Optionen der Fall ist, wird grundsätzlich als unzulässig angesehen; so genannte Beihilfen sind nur in Ausnahmefällen nach dem EG-Vertrag erlaubt (Art. 87 EGV). Einen solchen Ausnahmefall regelt Art. 86 Abs. 2 EGV.[561]

Die Kommission hat als einen Anwendungsfall dieser Norm die Gebührenfinanzierung öffentlich-rechtlichen Rundfunks angesehen.[562] Die Zulässigkeit der Gebührenfinanzierung ist auch Gegenstand der so genannten Amsterdamer Protokollerklärung der Regierungschefs. Hiernach lassen die Bestimmungen des EG-Vertrages die Befugnis der Mitgliedstaaten unberührt, den öffentlich-rechtlichen Rundfunk zu finanzieren, sofern die Finanzierung der Rundfunkanstalten dem öffentlich-rechtlichen Auftrag dient, wie er von den Mitgliedstaaten den Anstalten übertragen, festgelegt und ausgestaltet wird, und sofern die Handels- und Wettbewerbsbedingungen in der Gemeinschaft nicht in einem Ausmaß beeinträchtigt werden, das dem gemeinsamen Interesse zuwiderläuft, wobei den Erfordernissen der Erfüllung der öffentlich-rechtlichen Aufgaben Rechnung zu tragen ist.[563]

Wird die gemeinwirtschaftliche Finanzierung von Anbietern oder Strukturen als von Art. 86 Abs. 2 EGV gedeckt angesehen, sind die besonderen Vorgaben der so genannten Transparenzrichtlinie[564] zu beachten, wonach Unternehmen,

---

561 „Für Unternehmen, die mit Dienstleistungen von allgemeinem wirtschaftlichem Interesse betraut sind oder den Charakter eines Finanzmonopols haben, gelten die Vorschriften dieses Vertrags, insbesondere die Wettbewerbsregeln, soweit die Anwendung dieser Vorschriften nicht die Erfüllung der ihnen übertragenen besonderen Aufgabe rechtlich oder tatsächlich verhindert. Die Entwicklung des Handelsverkehrs darf nicht in einem Ausmaß beeinträchtigt werden, das dem Interesse der Gemeinschaft zuwiderläuft.“

562 In der Entscheidung zu den öffentlich-rechtlichen Kanälen Phoenix und Kinderkanal im Februar 1999 hat die Europäische Kommission die Gebührenfinanzierung zunächst tatbestandlich als Beihilfe eingestuft, eine Billigung der Finanzierung aber aufgrund der Ausnahmevorschrift des Art. 86 Abs. 2 EGV angenommen. Vgl. http://europa.eu.int/abc/doc/off/bull/de/9901/p103103.htm. Vgl. hierzu *D. Dörr/J. Eckl*, NJW 1999, S. 1925, 1929. Im März 1999 wies die Kommission eine Beschwerde gegen Phoenix und Kinderkanal zurück, die sich auf die Verletzung wettbewerbsrechtlicher Vorschriften stützte; vgl. http://europa.eu.int/abc/doc/off/bull/de/9903/p103028.htm.

563 Vgl. *D. Dörr*, Europäische Medienordnung und -politik. In: Hans-Bredow-Institut (Hrsg.): Internationales Handbuch für Hörfunk und Fernsehen 2000/2001, S. 65 ff.; S. 72 f.

564 Transparenzrichtlinie, RL 2000/52/EG der Kommission vom 26. Juli 2000 zur Änderung der Richtlinie 80/723/EWG über die Transparenz der finanziellen Beziehungen zwischen den Mitgliedstaaten und den öffentlichen Unternehmen, Abl. EG Nr. L 193 v. 29.07.2000, S. 75 ff.

die staatliche Beihilfen erhalten und außerdem Aufgaben außerhalb des staatlichen Auftrages erfüllen, zu getrennter Buchführung verpflichtet sind.[565]

Für Optionen, die die Regulierung privater Anbieter betreffen, sind weitere Vorgaben zu beachten, etwa die Zulassungsfreiheit von „Diensten der Informationsgesellschaft" nach der so genannten E-Commerce-Richtlinie. Da die Regulierung privater Anbieter über Zulassungsvorbehalte o. ä. nicht näher untersucht werden soll,[566] bleiben auch die entsprechenden europarechtlichen Aspekte hier außer Betracht.

Auch für die europarechtlichen Grenzen möglicher Optionen zum Ausgleich von Marktdefiziten gilt, dass an dieser Stelle mögliche Probleme nur „angetippt" werden können. Eine vertiefte Analyse ist erst möglich, wenn erkennbar ist, dass sich im politischen Raum Präferenzen für bestimmte Optionen herauskristallisieren.

7.5 Beispielhafte Untersuchung dreier Optionen

Im Folgenden sollen drei Optionen einer näheren Untersuchung unterzogen werden. Angesichts der Vielzahl möglicher Instrumente ist die Beschränkung auf diese natürlich erfoderlich, die Auswahl kann angesichts der Komplexität der bevorstehenden Umgestaltungsaufgabe nur plausibel gemacht, nicht begründet werden. Nicht weiter in den Blick genommen werden hier Formen einer hoheitlichen Regulierung, die mit Instrumenten imperativer Steuerung (Gebote/Verbote) operieren. Ihre Möglichkeiten und Grenzen sind aber bereits Gegenstand zahlreicher Publikationen,[567] so dass auch diese hier nicht näher beleuchtet werden sollen, zumal sie wenig im Hinblick auf die hier untersuchten Regelungsziele beitragen werden.

Die zentrale Fragestellung der Untersuchung lautete: Wie ist zukünftig in einer ausdifferenzierten Dienstelandschaft eine Steuerung der Erbringung von Diensten öffentlicher Kommunikation in dem Spektrum zwischen (verfassungsrechtlich unzulässiger) staatlicher Leistungserbringung und rein marktlicher Bereitstellung der Dienstleistungen sinnvoll? Die ersten beiden Optionen zielen daher auf alternative Bereitstellungsformen neben dem Markt. Im Sinne der im Rundfunkrecht praktizierten „strukturellen Diversifizierung" wird zunächst nach der Leistungsfähigkeit einer neuen Form (Stiftungen und andere gemeinnützige Organisationen sogleich 7.5.1) und ihren Rahmenbedingungen gefragt und dann

---

565 *C. Trzaskalik*, Transparenzpflichten, *A. Bartosch*, EuZW 2000, S. 333 ff.

566 *W. Schulz/U. Jürgens*, Die Regulierung privater Inhaltedienste in Zeiten der Konvergenz, (im Erscheinen).

567 Vgl. die Darstellung der verschiedenen Positionen bei *W. Hoffmann-Riem/W. Schulz/Th. Held*: Konvergenz und Regulierung.

die Frage aufgeworfen, was eine etablierte Form – die öffentlich–rechtlichen Rundfunkanstalten – beitragen kann (7.5.2). Abschließend wird auf eine spezifische Form der Regulierung der marktförmigen Bereitstellung eingegangen, da dies im Hinblick auf bestimmte, bei den untersuchten Diensten erkennbare Marktmängel besonders geeignet erscheint, um die Zielvorgaben zu erreichen (7.5.3.).

7.5.1 Angebote von Stiftungen und anderen gemeinnützigen Organisationen

7.5.1.1 Beschreibung der Option

Für den deutschen Leser mag der Vorschlag fern liegend erscheinen, mögliche Defizite marktlicher Erbringung bestimmter Kommunikationsdienste dadurch auszugleichen, dass nicht-kommerzielle Akteure, wie etwa Stiftungen, motiviert werden, eine Rolle bei der Erbringung dieser Dienste zu spielen. Die Plausibilität eines solchen Ansatzes kann aus zwei Richtungen heraus entwickelt werden. Zum einen zeigt der Blick ins Ausland – vor allen Dingen in die USA – dass gemeinnützige Stiftungen faktisch eine wichtige Funktion zur Erreichung bestimmter Ziele bei der Internet-Kommunikation erlangen können. Derartige Institutionen können eine Rolle spielen, wenn es darum geht, relevante Inhalte für unterrepräsentierte Gruppen im Netz verfügbar zu machen. Insgesamt sind sie als Partner in Netzwerken von Bedeutung. Dies gilt etwa für die *Benton-Foundation*,[568] diese versucht im Rahmen ihres Communication Policy Program die Nutzung moderner Kommunikationstechnologien wie dem Internet im öffentlichen Interesse zu fördern. Sie drängt darauf, eine Kommunikationsumgebung zu kreieren, die pädagogischen, staatsbürgerlichen und sozialen Ansprüchen gerecht wird.[569] Sie fügt sich damit – und dies führt auf den zweiten, theoretischen Argumentationsstrang – in ein Konzept ein, in dem gemeinnützigen Stiftungen eine besondere Rolle für die demokratische Gesellschaft zugeschrieben wird. Dies wiederum verweist zurück auf Überlegungen, die oben im Zusammenhang mit der Bedeutung bestimmter Kommunikationsformen für den individuellen und öffentlichen Meinungsprozess angesprochen wurden. Dies kann hier nur skizziert werden, um die Relevanz der Überlegung zu plausibilisieren.

Geht man davon aus, dass der oben dargestellte Willensbildungsprozess in der Gruppendemokratie in einem Wechselspiel zwischen intermediären Grup-

---

568 Vgl. dazu Benton-Foundation, About the Foundation – Defining and Promoting Public Policies, Washington, D.C. 1999.

569 So *H. Kubicek/S. Welling*, Informationsordnung, S. 242.

pen (Gewerkschaften, Interessenverbänden etc.), den publizistischen Massenmedien, den Parteien und schließlich dem Staat im engeren Sinne verläuft, so erfasst der gesellschaftliche Transformationsprozess, der in seiner medialen Ausprägung den Anlass auch für die vorliegende Untersuchung liefert, dazu, dass dieser Prozess zumindest nicht mehr für alle Politikbereiche, alle Themenstellungen usw. zu Lösungen führt, die normativ als eine Überführung von Partikularinteressen in Allgemeinwohl beschrieben werden kann. Unterstellt man dies,[570] so liegt es nahe, zur Aufrechterhaltung der vom Grundgesetz geforderten freien individuellen und öffentlichen Meinungsbildung alternative Strukturen zu etablieren. Aktuelle wissenssoziologische Untersuchungen legen nahe, dass die Veränderung im Umgang mit Wissen und Wissenschaft dazu führen kann, dass hier Instanzen entstehen, die im Prozess der Wissensvermittlung eine neue, wichtige Rolle übernehmen können.[571] Es ist sicher kein Zufall, dass gerade der als Förderer der Online-Kommunikation bekannte Ex-US-Vizepräsident Al Gore auf politischer Seite die Erkenntnis formuliert hat, dass der heutige Wissenschaftsbetrieb ein hoch komplexes Beziehungsgeflecht geworden ist, das mit dem klassischen Bild der „Wissensproduktion" und „Speicherung" zunehmend weniger beschrieben werden kann. Gerade in diesem Netzwerk aber sind Knoten erforderlich, die diesem Geflecht eine Organisationsstruktur verleihen, also etwa gemeinnützige Stiftungen.

Auch in Deutschland könnte eine Förderung von Non-profit-Organisationen wie Stiftungen an Traditionen des Rundfunkrechts anknüpfen. Im Bereich des klassischen Rundfunks stellen nicht-kommerzielle Anbieter einen wichtigen Beitrag zur strukturellen Diversifizierung dar; zum Teil werden sie sogar als dritte Säule neben kommerziellen und öffentlich-rechtlichen Anbietern bezeichnet.[572] Die meisten Bundesländer haben von der durch den Rundfunkstaatsvertrag eröffneten Möglichkeit Gebrauch gemacht, einen Teil der Rundfunkgebühr für die Förderung nicht-kommerziellen Rundfunks zu verwenden.[573]

Darüber hinaus existieren bereits Projekte, bei denen nicht-kommerzielle Anbieter im Internet gefördert werden, wie etwa spezielle Portale für Frauen[574] und Senioren.[575]

570 Damit wird von der tradtionellen, politikorientierten Sicht abgerückt, die der Studie zu Grunde liegt, um die Ergebnisse auch bei „konservativen Annahmen" stützen zu können.

571 Vgl. dazu etwa *H. Nowotny*, Es ist so. Es könnte auch anders sein, S. 87 ff.

572 Vgl. *M. Stock*: Rundfunkfreiheit nach dem Grundgesetz, S. 45.

573 Vgl. *T. Held/W. Schulz*, RuF 1999, S. 89.

574 Etwa das Portal www.lizzynet.de, das sich an junge Frauen ab 14 Jahren richtet und diese motivieren will, sich aktiv an der Gestaltung des Internet zu beteiligen. Auch die Initiative Informationsgesellschaft Schleswig-Holstein unterstützt den Aufbau von Portalen für Frauen, vgl. *H. Kubicek/S. Welling*, Informationsordnung, S. 238 f.

7.5.1.2 Geeignetheit zur Erbringung von Online-Diensten

Die Besonderheit dieser Form der Leistungserbringung durch Non-Profit-Organisationen wie etwa Stiftungen ist darin zu erblicken, dass deren Handeln von intrinsischen, nicht gewinnorientierten Motiven geleitet wird. Die nicht-kommerzielle Ausrichtung führt dazu, dass die Beeinflussung der Publikationsentscheidungen durch wirtschaftliche Faktoren abnimmt. Die Ausbildung von professionellen Leistungsrollen (anders etwa als im publizistischen Bereich) wird dadurch allerdings nicht unterstützt, was deutlich macht, warum diese Form der Leistungserbringung gerade dort als Ergänzung in Betracht gezogen werden kann, wo das Abstellen auf publizistische Handlungslogik die verfassungsrechtlichen Zielvorstellungen nur unzureichend befördert. Neben der bereits angesprochenen Möglichkeit, auch Informationen „öffentlich" werden zu lassen, die etwa bei publizistischer Informationsvermittlung unberücksichtigt bleiben, kann auch die Möglichkeit, die Innovationsoffenheit der Publizistik zu befördern, eine Stärke dieser Variante sein. Dass Journalisten in der Beobachtung der nicht-professionellen Konkurrenz erkennen, „dass man es auch anders machen kann", kann Bestandteil eines Reflexionsprozesses sein, der publizistische Produktion offen hält für Veränderungen des eigenen Entscheidungsprogrammes. Dass dies ein verfassungsrechtlich gestütztes Ziel darstellt, wurde oben dargelegt.

Auch die Schwäche derartiger Formen kann an den bekannten Beispielen wie Offenen Kanälen und nicht-kommerziellem Rundfunk exemplifiziert werden. Da es weder – wie im rein kommerziellen Rundfunk – ein Feedback über signalisierte Zahlungsbereitschaft (der Rezipienten oder der Werbekunden) gibt, noch – wie bei öffentlich-rechtlichem Rundfunk – spezifische Legitimationsanforderungen (etwa dem Rundfunkrat gegenüber), besteht das Risiko, dass sich die Produktion gar nicht an der Herstellung von Öffentlichkeit orientiert und so auch faktisch kaum Aufmerksamkeit hervorruft.[576]

7.5.1.3 Verfassungsrechtlicher Rahmen

Der Grundsatz struktureller Diversifizierung knüpft an das bereits bestehende Ausgestaltungskonzept an, in dem unterschiedliche Produktionslogiken nebeneinander und im Wechselspiel (Stichworte: publizistischer Wettbewerb; nicht-kommerzielle und offene Kanäle als Innovationskerne für neue Darstellungs-

---

575 Etwa das Portal www.senioren-online-net, das von nordrhein-westfälischen Ministerium für Frauen, Jugend, Familie und Gesundheit unterstützt wird, vgl. *H. Kubicek/S. Welling*, Informationsordnung, S. 238 f.

576 Ein Überblick zum Bereich offener Kanäle und nicht-kommerziellen Rundfunks bietet *W. Gellner*, Informationsordnung, S. 249 ff.

formen etc.) vom Gesetzgeber vorgesehen werden. Dies scheint grundsätzlich ein geeigneter Weg, um Defizite rein marktlicher Erbringung auszugleichen. Das Austarieren der unterschiedlichen „Säulen" des Angebots von Diensten ist schon im dualen Modell voraussetzungsreich; der Gesetzgeber handelt hier nur optimierend, wenn er mögliche negative Rückwirkungen – etwa eine Schwächung der marktlichen Angebote oder der des öffentlich-rechtlichen Rundfunks – mit einbezieht. Wo diese auszuschließen sind oder gegenüber den Vorteilen nachrangig erscheinen, wäre der Weg in eine weitere dienstespezifisch orientierte, strukturelle Diversifizierung vorgezeichnet.

Allerdings ist – wie bei jeder Förderung im Bereich öffentlicher Kommunikation – ein Risiko für die Staatsfreiheit gegeben, das bei der Einrichtung eines solchen Regulierungskonzeptes zu beachten wäre. Im klassischen Rundfunk wird der staatliche Einfluss dadurch abgemildert, dass die nicht in den Verwaltungsaufbau eingegliederten Landesmedienanstalten die Förderungsmaßnahmen durchführen. Auch bei der Förderung von Stiftungen, die massenmediale Kommunikate verbreiten, wäre durch besondere Verfahren zu gewährleisten, dass ein staatlicher Einfluss auf die Inhalte unterbleibt. Vergleichbar der Filmförderung[577] wäre etwa in Erwägung zu ziehen, die Förderung durch autonome nichtstaatliche Instanzen vornehmen zu lassen oder die Auswahlentscheidung auf ein pluralistisch besetztes Gremium bei ansonsten staatlichem Förderungsverfahren zu verlagern.

7.5.1.4 Zwischenergebnis

Das aus dem Rundfunkrecht bekannte Konzept struktureller Diversifizierung könnte einhergehend mit einer Ausdifferenzierung unterschiedlicher Dienstetypen auch weiter variiert werden. Vorgeschlagen wird hier die Prüfung der Option, nicht-kommerzielle Institutionen wie etwa Stiftungen etwa durch Förderung zu motivieren, sich stärker bei der Erbringung von Online-Diensten zu engagieren. In den Vereinigten Staaten wird dies – in Verbünden mit staatlichen Stellen einerseits und privaten Institutionen andererseits – bereits praktiziert. Der verfassungsrechtliche Rahmen ermöglicht prinzipiell eine solche weiter gehende strukturelle Diversifizierung im Bereich elektronisch vermittelter Kommunikation. Bei der Ausgestaltung sind allerdings die Grenzen, die etwa durch die Staatsfreiheit im Bereich öffentlicher Kommunikation gesetzt werden, zu beachten.

Summarische Überlegungen zu den Stärken und Schwächen einer derartigen Erbringung von Diensten lassen sie vor allem dort als plausible Option erscheinen, wo etwa publizistisch nicht hinreichend abdeckbare Minderheiteninteressen

---

[577] Vgl. *P. Bär*, Filmfreiheit, S. 303 ff.; *H. Berghoff*, Die kulturelle Filmförderung, S. 11 ff.

befriedigt werden oder aber wo es um die Sammlung und Strukturierung von Wissen geht; dass Institutionen wie etwa Stiftungen hier eine zunehmende Bedeutung erlangen können, darauf weisen auch aktuelle Befunde der Wissenssoziologie hin. Weniger geeignet erscheint diese Option dort, wo auch weiterhin publizistisch-professionelle Leistungen am ehesten zur Beförderung der verfassungsrechtlichen Ziele beitragen.

7.5.2 Ausweitung des Spielraums öffentlich-rechtlicher Rundfunkanstalten

7.5.2.1 Beschreibung der Option

Eine weitere Option stellt die Ausweitung der Aktivitäten öffentlich-rechtlicher Rundfunkanstalten dar. Nach der geltenden Rechtslage ist es ihnen erlaubt, so genannte Mediendienste mit vorwiegend programmbezogenem Inhalt anzubieten (§ 4 Abs. 3 ARD-/ZDF-/DR-StV). Es stellt sich die Frage, ob ihnen auch die Möglichkeit eröffnet werden sollte, darüber hinausgehend eigenständige Dienste im Internet anzubieten – oder ob diese Möglichkeit in richtiger Auslegung der Grundlagen schon besteht.[578]

Bereits im Bereich des klassischen Rundfunks erfüllen die öffentlich-rechtlichen Rundfunkanstalten von Art. 5 Abs. 1 S. 2 GG vorgegebene Aufgaben, so dass strukturelle Defizite privaten Rundfunks hingenommen werden können.[579]

7.5.2.2 Geeignetheit zur Erbringung von Online-Diensten

Bei öffentlich-rechtlichen Rundfunkanstalten handelt es sich um einen bereits etablierten Organisationstyp, der vom Gesetzgeber bereits so ausgestaltet wurde, dass möglichst nach publizistisch-professionellen Kriterien Veröffentlichungsentscheidungen getroffen werden können. Sowohl die Finanzierung über Gebühren, die zumindest einen Ausgleich der durch Werbung auftretenden Marktmängel ermöglichen soll, als auch der Versuch, durch spezifische Mechanismen „Public Service“ zu sichern (etwa die Rundfunkräte), dienen – zumindest auch – dieser Funktion.

Bei der Erörterung der Stärken und Schwächen dieser Option – die verfassungsrechtlichen Rahmenbedingungen werden im Folgenden geschildert – treten zudem die Synergieeffekte in den Blick, die entstehen, wenn auf geschultes Personal, vorhandene Produktionsstätten usw. zurückgegriffen wird. Hier ist auf

[578] Diese Frage soll hier nicht beantwortet werden, vgl. dazu *W. Schulz/T. Held*, Kommentierung zu § 4 ARD-/ZDF-/DR-StV, in: *T. Vesting/W. Hahn*, Hamburger Kommentar zum Rundfunkstaatsvertrag, (im Erscheinen).

[579] Vgl. BVerfGE 73, 118, 155 ff.

der anderen Seite zu beachten, dass die Produktion der Online-Inhalte durch – sei es öffentlich-rechtliche, sei es private – Rundfunkveranstalter möglicherweise die Potenziale dieser Dienstetypen insofern nicht voll ausreizt, als versucht wird, Ausdrucksformen traditionellen Rundfunks auf die anderen Diensteformen zu übertragen. Das Ausmaß der Synergien dürfte also davon abhängen, wie ähnlich die Handlungsformen denen traditioneller Rundfunkproduktion sind.

Nach dem Gesagten erscheint es zumindest plausibel, öffentlich-rechtliche Rundfunkanstalten in einem Ausgestaltungskonzept dort eine eigenständige Rolle zuzuweisen, wo es um Dienste geht, die publizistisch-professionelle Arbeitsweise erfordern und wo der Markt Defizite erkennen lässt, die solchen bei traditionellem Rundfunk gleichen oder aber noch über sie hinausgehen, wenn etwa die Informationsasymmetrien (Zuverlässigkeit der Quellen und die Kriterien ihrer Selektion sind etwa bei Portalen unklar) erkennbar sind. Öffentlich-rechtliche Rundfunkanstalten sind allerdings nicht die einzigen Akteure, die in Betracht kommen; auch Angebote rein entgeltfinanzierter, etablierter Medien, die Reputation aufgebaut haben, kommen hier in Betracht; allerdings sind hier Markentransferprobleme zu beachten, auf die hier nicht näher eingegangen werden kann.[580]

Der Gesetzgeber ist bei dieser Frage in besonderer Weise verfassungsrechtlich gebunden und kann öffentlich-rechtlichen Anstalten Aufgaben nicht nach ordnungspolitischem Belieben zuteilen oder entziehen.

7.5.2.3 Verfassungsrechtlicher Rahmen

Die Notwendigkeit, bei der Ausgestaltung von bestehenden Strukturen auszugehen und insbesondere auch rechtlich geschützte Interessen angemessen zu berücksichtigen, tritt besonders in den Blick, wenn Möglichkeiten und Notwendigkeiten geprüft werden, die Aufgaben öffentlich-rechtlicher Rundfunkanstalten im Bereich elektronisch-vermittelter öffentlicher Kommunikation zu lokalisieren. Öffentlich-rechtliche Rundfunkanstalten haben durch die Rechtsprechung des Bundesverfassungsgerichts eine besondere Position erhalten, die einerseits Ausgestaltungsmöglichkeiten des Gesetzgebers begrenzt, andererseits auch gebietet, bei der Umgestaltung die Funktion dieser Anstalten zu berücksichtigen.

Bei der konkreten Justierung der Aufgaben innerhalb einer zukünftigen Kommunikationsordnung wird der Gesetzgeber also auch zu beachten haben, dass öffentlich-rechtliche Rundfunkanstalten in ihrer spezifischen Organisationsform handlungsfähig bleiben. Dies kann etwa bedeuten, dass ihnen die Möglichkeit eingeräumt werden kann oder sogar muss, bestimmte Dienste an-

---

[580] Vgl. dazu etwa *M. Caspar*, Informationsordnung, S. 153 ff.

zubieten, bei denen eigentlich die oben diagnostizierten Marktmängel nicht erkennbar sind (oder deren Bedeutung nicht groß genug ist, dass ein „Gegenregulieren" geboten erscheint), deren Angebot die Organisation aber in den Stand setzt, bei der Erbringung anderer Dienste auch perspektivisch aktionsfähig zu bleiben. Dies ist etwa dann der Fall, wenn sich Online-Angebote als Experimentierfeld für Darstellungsformen entwickeln, die dann auch in anderen – etwa traditionellen, rundfunkartigen – Dienstetypen Anwendung finden. Würde man öffentlich-rechtliche Rundfunkanstalten darauf beschränken, diese Kompetenz zu erwerben, wenn entsprechende Formate im traditionellen Rundfunk angeboten werden, gerieten sie im publizistischen Wettbewerb ins Hintertreffen. Diese Benachteiligung öffentlich-rechtlichen Rundfunks wäre mit dem Grundsatz gleichberechtigter publizistischer Konkurrenz zwischen den beiden Säulen nicht vereinbar.[581]

Die Notwendigkeit der Anpassung und Fortschreibung der Aufgaben öffentlich-rechtlichen Rundfunks ist unter dem Schlagwort der „Bestands- und Entwicklungsgarantie" Gegenstand der verfassungsrechtlichen Diskussion.[582] Dies bedeutet, dass die Möglichkeiten der Rundfunkanstalten zur Mitwirkung an der Sicherung einer funktionsfähigen Kommunikationsordnung nicht durch neue programmliche und technologische Optionen eingeschränkt, sondern mindestens erhalten werden müssen.[583] Die Rundfunkanstalten müssen in die Lage versetzt werden, auf veränderte Rahmenbedingungen – wie vor allem den Wandel der Nutzungsgewohnheiten bei den Rezipienten – zu reagieren. Die Frage, wieweit die Rolle öffentlich-rechtlicher Rundfunkanstalten gerade auch mit Blick auf die Entfaltung im Bereich neuer Medien verfassungsrechtlich prädisponiert ist, war Gegenstand ausführlicher wissenschaftlicher Debatten, die hier nicht referiert werden können.[584] Es dürfte mittlerweile klar sein, dass der Begriff der „Grundversorgung" ungeeignet ist, um Grenzmarkierungen für Betätigungsspielräume vorzunehmen.[585] Im hier diskutierten Kontext wird der Begriff allerdings wieder relevant.

Im Bereich des klassischen Rundfunks geht das Bundesverfassungsgericht in ständiger Rechtsprechung davon aus, dass der öffentlich-rechtliche Rundfunk in

---

581 Vgl. zu dieser Gleichbehandlung BVerfGE 74, 297, 336.

582 Vgl. dazu *A. Hesse,* Rundfunkrecht, S. 123 ff.; *W. Hoffmann- Riem*, Regulierung, S. 210 ff. Das Bundesverfassungsgericht hat dies herausgearbeitet in: BVerfGE 83, 238, 299 f.

583 Vgl. *W. Hoffmann-Riem*, Regulierung, S. 194.

584 Vgl. ebd. sowie *M. Bullinger*, Die Aufgaben des öffentlichen Rundfunks, *B. Holznagel*, Funktionsauftrag; *H. D. Jarass,* Online-Dienste; *Ch. Degenhart*, Online- Angebote; *ders*., Der Funktionsauftrag des öffentlich-rechtlichen Rundfunks in der „Digitalen Welt", *B. Holznagel/T. Vesting*, Sparten- und Zielgruppenprogramme im öffentlich-rechtlichen Rundfunk, vgl. auch *K. H. Ladeur,* M&K 2000, Heft 1, S. 93 ff.; *M. Eifert*, epd medien Nr. 11 vom 12.02.2000, S. 3 ff.

585 Vgl. *W. Hoffmann-Riem*, Regulierung, S. 209.

der dualen Rundfunkordnung zu gewährleisten hat, dass die Grundversorgung (später „klassischer Auftrag des Rundfunks“ [586]) erfüllt wird. Nur wenn ihm dies gelinge, sei das duale System in seiner gegenwärtigen Form, in der die überwiegend werbefinanzierten privaten Programme weniger strengen Anforderungen unterliegen als die öffentlich-rechtlichen, mit Art. 5 Abs. 1 S. 2 GG vereinbar.[587] Die Defizite im privaten Rundfunk sind also nach Ansicht des Bundesverfassungsgerichts nur deshalb hinzunehmen, weil der öffentlich-rechtliche Rundfunk den genannten Auftrag erfüllt.[588]

Geht man in der Tat davon aus, dass sich die Kommunikationslandschaft so verändert, dass Essenzialia der Kommunikation nicht mehr allein über traditionelle Rundfunkdienste gesichert werden können, so kann die Grundversorgung nur als gewährleistet gelten, wenn auch außerhalb des traditionellen Rundfunks Institutionen an der Leistungserbringung beteiligt sind, die – wie die öffentlich-rechtlichen Rundfunkanstalten – strukturell Gewähr dafür bieten, dass diese basalen Kommunikationsprozesse funktionieren. Insoweit ist es sogar verfassungsrechtlich geboten – sofern nicht andere Optionen der Gewährleistung die Zielerfüllung sichern – die Aufgaben über etwaige Annexdienste hinaus auf den Online-Bereich zu übertragen. Die Grundversorgung taugt zwar nicht als Begrenzung des Aufgabenbereichs öffentlich-rechtlicher Anstalten, wohl aber zur Bestimmung der Untergrenze.

Zur Beschreibung des Aufgabenbereiches hat sich der Begriff des „Funktionsauftrages“ eingebürgert.[589] Dies gibt die Möglichkeit, die Aufgabe öffentlich-rechtlichen Rundfunks dynamisch zu bestimmen, wobei über die Art und Weise der Bestimmungen, die Möglichkeit, explizit an Inhalt und Zahl von Angeboten anzuknüpfen, Art und Notwendigkeit struktureller Sicherungen usw. wissenschaftlich noch Uneinigkeit besteht.[590]

Welche Aufgaben dem öffentlich-rechtlichen Rundfunk angesichts aktueller technischer und gesellschaftlicher Veränderungen zukommen und wie die Erfüllung dieser Aufgaben abgesichert werden kann, darüber wird seit längerer

---

586 Vgl. etwa BVerfGE 73, 118, 158; 90, 60, 90; Zur Diskussion um den Funktionsauftrag des öffentlich-rechtlichen Rundfunks vgl. *M Bullinger,* Die Aufgaben des öffentlich-rechtlichen Rundfunks, *B. Holznagel,* Funktionsauftrag des ZDF*; B. Holznagel/T. Vesting*, Sparten- und Zielgruppenprogramme im öffentlich-rechtlichen Rundfunk; *W. Hoffmann-Riem,* Regulierung, S. 183 ff.

587 Vgl. BVerfGE 74, 297, 325; 83, 238, 297.

588 Vgl. BVerfGE 73, 118, 155 ff.

589 Vgl. etwa *M. Bullinger*, Die Aufgaben des öffentlich-rechtlichen Rundfunks.

590 Vgl. *M Bullinger,* Die Aufgaben des öffentlich-rechtlichen Rundfunks, *B. Holznagel,* Der spezifische Funktionsauftrag des ZDF*; B. Holznagel/T. Vesting*, Sparten- und Zielgruppenprogramme im öffentlich- rechtlichen Rundfunk; *W. Hoffmann-Riem,* Regulierung, S. 183 ff; *M. Eifert*, ZUM 1999, S. 595 ff.

Zeit kontrovers diskutiert. Es wird vor allem der Frage nachgegangen, wem die Definition der Aufgaben der Rundfunkanstalten obliegt. Während einige Autoren für gesetzliche Vorgaben votieren, setzen andere primär auf eine regulierte Selbstregulierung[591] der Rundfunkanstalten.

Im Rahmen dieser Diskussion spielen Online-Angebote eine wichtige Rolle. Im Wesentlichen beschränkte sich die bisherige Auseinandersetzung um die Zulässigkeit von Online-Aktivitäten der Rundfunkanstalten aber auf die Fragen, wie weit der verfassungsrechtliche Rundfunkbegriff reicht und ob für diese Dienste eine spezielle gesetzliche Ermächtigung erforderlich ist.[592]

Die Frage, welche Funktion die Rundfunkanstalten im Internet erfüllen können, wurde nur am Rande thematisiert.[593]

In diesem Gutachten wurden Defizite der rein marktmäßigen Erbringung von Online-Diensten in Bezug auf die Ziele von Art. 5 Abs. 1 S. 2 GG ausgemacht. Die Bedeutung des Internet und der einzelnen Dienstetypen für die freie öffentliche und individuelle Meinungsbildung ist zwar bereits jetzt erkennbar, hier sind aber weitere – vor allem sozialwissenschaftliche – Untersuchungen notwendig. Es lässt sich noch nicht in vollem Umfang absehen, welche Funktionen Online-Kommunikation in Zukunft übernehmen wird. Ebenso wie der Gesetzgeber aber zukünftige Entwicklungen im Rahmen seiner Ausgestaltung im Blick haben muss, ist es auch für die Rundfunkanstalten erforderlich, den Anschluss an diese Entwicklungen sicherzustellen. Die vom Bundesverfassungsgericht mehrfach betonte Entwicklungsgarantie des Rundfunks geht davon aus, dass der öffentlich-rechtliche Rundfunk seine besondere Funktion nur erfüllen kann, wenn er in die Lage versetzt wird, auf die Veränderungen der technischen und gesellschaftlichen Bedingungen zu reagieren.

7.5.2.4 Zwischenergebnis

Die „Option“ des Gesetzgebers, öffentlich-rechtlichen Rundfunkanstalten im Online-Bereich noch eine stärkere Rolle zuzuweisen, ist also aus verfassungs-

---

591 Selbstregulierung ist hier im Sinne der Steuerungstheorie zu verstehen.

592 Vgl. etwa *H. D. Jarass*, Online-Dienste; *Ch. Degenhart*, Online-Angebote; *F. Schoch*, AfP 1998, S. 253 ff.; *E. Michel*, ZUM 1998, S. 333 ff.; *A. Hesse*, Rundfunkrecht, S. 131 f.

593 Auf die Erörterung damit verbundener Finanzierungsfolgen wurde – dem Auftrag entsprechend – vollständig verzichtet. Die Kommission zur Ermittlung des Finanzbedarfs der öffentlich-rechtlichen Rundfunkanstalten (KEF) hat der ARD für den Zeitraum von 2001 bis 2004 88 Mio DM bewilligt; dem ZDF 17,6 Mio DM (Quelle: FAZ vom 19.6 2001: „Auch die ARD schließt Online-Partnerschaften nicht aus“). Die ARD hält diesen Betrag für unzureichend. Sie schätzt ihren für diesen Zeitraum erforderlichen Finanzbedarf für Online-Aktivitäten auf 350 Mio DM (ebenda). Davon sollen auf das Portal ARD.de 76 Mio. DM entfallen und die restlichen 274 Mio DM auf die einzelnen Länderanstalten aufgeteilt werden (Quelle: Wirtschaftswoche vom 21.6.2001, Zoff um Gebühren).

rechtlichen Gründen stark vorgeprägt, so dass ordnungspolitische Überlegungen zu den Stärken und Schwächen dieser Form der Bereitstellung von Diensten tendenziell zurücktreten. Die vorliegende Untersuchung öffnet allerdings den Blick dafür, dass Grundversorgung als das vom öffentlich-rechtlichen Auftrag in jedem Fall Umfasste, es für die Anstalt erforderlich machen kann, ihre Tätigkeit weiter in den Online-Bereich zu erstrecken, nämlich dann, wenn das, was zur Sicherung der von Art. 5 Abs. 1 GG geschützten Prozesse erforderlich ist, nicht mehr durch traditionellen Rundfunk allein sichergestellt werden kann. In der Untersuchung wurden Indizien dafür aufgezeigt, dass dies der Fall ist. Im Übrigen hat der Gesetzgeber bei seiner Ausgestaltung – auch im Hinblick auf den Auftrag öffentlich-rechtlicher Rundfunkanstalten zu berücksichtigen, welche Defizite marktlicher Erbringung bei unterschiedlichen Diensten zu beobachten sind und inwieweit öffentlich-rechtliche Anstalten eine Option zum Ausgleich der Defizite darstellen. Nach dem Gesagten kommt dies insbesondere dort in Betracht, wo sich für Angebote eine publizistisch-professionelle Produktion anbietet bzw. eine solche Produktion Defizite der marktlichen Erbringung vermindern kann. Dies ist etwa zu beobachten für Webcasting, Newsarchive, Portale und redaktionell bearbeitete Suchmaschinen. Die etwa hier zu beobachtenden Informationsasymmetrien (der Nutzer kann die Zuverlässigkeit der Quellen und die Kriterien ihrer Selektion nur schwer oder gar nicht erkennen) können vermindert werden, wenn das Angebot von als zuverlässig erkennbaren Institutionen erbracht wird. Auch dort, wo es um die Berücksichtigung von kommunikativen Interessen geht, die bei marktlicher Erbringung nicht hinreichend Berücksichtigung finden, können öffentlich-rechtliche Rundfunkanstalten – genauso wie beim klassischen Rundfunk – Ausgleichsfunktionen wahrnehmen.

7.5.3 Andere Formen hoheitlich regulierter marktlicher Bereitstellung

7.5.3.1 Beschreibung der Option

Als drittes Beispiel regulativer Reaktion auf mögliche Schwächen rein marktlicher Erbringung bestimmter Dienste kommt die hoheitliche Regulierung der marktlichen Bereitstellung in Betracht, um deren Defizite auszugleichen oder zumindest zu vermindern. Damit öffnet sich der gesamte Bereich der spezifischen Verhaltensregulierung im Bereich der Medien, die bekanntermaßen für den Rundfunk vergleichsweise intensiv erscheint, während sie für Mediendienste oder auch die Presse eher schwach ausgeprägt ist.[594]

---

[594] Vgl. im Überblick *W. Hoffmann-Riem/W. Schulz*, Hamburgisches Medienrecht, S. 97 ff. m. w. N.

Das System der Verhaltensregulierung im Bereich des Rundfunks jenseits staatlicher Ge- und Verbote und monetärer Einwirkungen ist bereits fein ausdifferenziert. Die vorhandenen Regelungskonzepte lassen sich vor dem Hintergrund rechtlicher[595] und steuerungstheoretischer[596] Konzepte systematisieren. Dies kann hier nicht entfaltet werden. Es sollen allerdings aktuelle Tendenzen in diesem Bereich nicht unerwähnt bleiben, da das System staatlicher Regulierung hier besonders komplex geworden ist, um angesichts der vielschichtigen und z. T. auch gegenläufigen rechtlichen Anforderungen Regelungsziele durchsetzen zu können. Die für den Bereich Rundfunk herausgearbeiteten Restriktionen politischer Steuerung[597] werden in einer sich dienstespezifisch ausdifferenzierenden Medienlandschaft möglicherweise verändert. Es gibt aber keinen Anlass zu vermuten, dass die Restriktionen für den steuernden Gesetzgeber insgesamt geringer werden.

Dies lenkt den Blick auf aktuelle, im Bereich des Rundfunks entwickelte Instrumente staatlicher Regulierung, die jenseits imperativer Steuerung über Ge- und Verbote oder staatliche Leistungs- und Förderprogramme in Betracht gezogen werden können. Häufig werden sie allerdings mit derartigen, traditionellen Steuerungsinstrumenten verbunden, wie überhaupt die Rundfunkregulierung schon seit langem indirekt über das Instrument der Lizenzierung im Hintergrund wirkende, „weichere“ Formen der Regulierung bis hin zu rein informellem Aufsichtshandeln zu etablieren versucht.[598]

Ein aus steuerungstheoretischer Sicht besonders anspruchsvoller Versuch der Regulierung bestünde darin, Anreize zur Veränderung von Arbeitsabläufen und Organisationsformen zu schaffen, die bestimmte Wirkungen (etwa Transparenz) hervorrufen. Bei öffentlich-rechtlichen Rundfunkanstalten können – bis zu einem gewissen Grade – interne Organisationsstrukturen imperativ gesetzlich festgelegt werden. Aber auch im privaten Bereich bleiben die staatlichen Handlungsmöglichkeiten nicht darauf beschränkt, die Förderung an bereits bestehende Organisationsstrukturen oder Produkte anzuknüpfen. Beispielsweise könnte die Förderung an den Anschluss an bestimmte „Qualitätssicherungssysteme“ oder die Einhaltung bestimmter Qualitätsstandards gekoppelt sein. Das direkte Anknüpfen der Förderung an die Einhaltung solcher Qualitätsstandards hat in Deutschland jedoch keine Tradition. Anregungen könnte der derzeitige Rechts-

---

595 Vgl. hierzu vor allem *W. Hoffmann*-Riem, Regulierung.

596 Vgl. etwa *O. Jarren/P. Donges*., Medienregulierung.

597 Vgl. dazu *T. Grothe*, Steuerung des Rundfunks.

598 Zur besonderen Rolle der Zulassung als Anknüpfungspunkt für weitere Aufsichtsmaßnahmen vgl. *W. Hoffmann-Riem*, Zeitschrift für Staatswissenschaft und Staatspraxis 1991, S. 405 ff. *W. Schulz/U. Jürgens*, Die Regulierung privater Inhaltedienste in Zeiten der Konvergenz, (im Erscheinen).

setzungsprozess in der Schweiz liefern. Hier ist geplant, dem „Service public"-Anbieter SRG einen unabhängigen Beirat zur Seite zu stellen, der „die Gesellschaft in der permanenten Diskussion um die Definition des Service-public-Auftrages und bei der Frage nach dessen Erfüllung" repräsentieren soll.[599] Es könnte erwogen werden, die Einrichtung eines solchen qualitätssichernden Beirats zur Voraussetzung für (erhöhte) Zuwendungen zu machen – unabhängig von der sonstigen Organisationsform des jeweiligen Veranstalters.

Ebenfalls aus der Schweiz stammt ein Qualitätssicherungssystem, das in Zusammenarbeit zwischen Unternehmen, Gewerkschaften, anderen Interessengruppen und der Wissenschaft entwickelt wurde. Mit einer Art Gütesiegel soll auch unabhängig von traditionellen Redaktionsstrukturen sichergestellt werden, dass publizistische Qualitätsstandards eingehalten und weiterentwickelt werden.[600]

7.5.3.2 Geeignetheit zur Regulierung bei Online-Diensten

Bei der Defizitanalyse hatten sich – etwa bei Suchmaschinen – Probleme gezeigt, die auch ohne Etablierung alternativer Angebote von marktferneren Akteuren korrigiert werden könnten, nämlich in dem Informationsassymmetrien etwa durch mehr Transparenz ausgeglichen werden. Diese Internalisierung erfolgt aber – offenbar – nicht allein durch den Markt, so dass eine Regulierung dieser Selbstregulierung angezeigt erscheint, um das Marktdefizit zu beheben. Die ökonomische Analyse hat Schwierigkeiten gezeigt, dies ohne regulatorische Abstützung (etwa durch Signaling, Screening) auszugleichen. Dies trifft insbesondere auf Dienste zu, die noch nicht lange genug existieren, um Reputation aufzubauen.

Es könnte also Ziel ausgestaltender Regulierung sein, Anbieter dazu zu motivieren, etwa Kriterien für das Zustandekommen von Suchergebnislisten bei Suchmaschinen dem Nutzer offen zu legen. Dies könnte in diesem Bereich ausreichen, um erkannte Marktdefizite zu verkleinern oder sogar aufzuheben.

Aufgabe von Regulierung könnte es sein, die Position des Rezipienten zu stärken, damit dieser souverän zwischen den Anbietern wählen kann. Eine solche Regulierung kann als Unterstützung der Selbststeuerung des Marktes angesehen werden. In Betracht kommt etwa eine Förderung von Anbietern, die ihre Suchkriterien in hohem Maße transparent machen. Dabei ist aber zu beachten, dass Nutzer unter Umständen nicht das Fachwissen besitzen, um diese Informa-

---

599 Vgl. das Aussprachepapier des Bundesrates zur Revision des Radio- und Fernsehgesetzes (RTVG) vom 19. Januar 2000, S. 17; abrufbar unter http://www.bakom.ch/ger/subsubpage/ document/248/1134.

600 *V. Wyss*, Medien Journal 1999, Nr. 4, S. 37 ff. Vgl. *W. Schulz/B. Korte*, KritV 2001, S. 113 ff.

tionen nachzuvollziehen oder gar überprüfen zu können. Hier kann es sinnvoll sein, dass die Anbieter ihre Suchkriterien gegenüber unabhängigen Experten offen legen.

Förderungswürdig wären außerdem Online-Kataloge, die bei der Auswahl der Angebote bestimmte publizistische Standards einhalten. Staatliche Förderung muss nicht zwangsläufig eine finanzielle sein; denkbar wäre zum Beispiel auch eine „Auszeichnung“ – vergleichbar dem Umweltengel oder dem Datenschutzaudit – die den Nutzern Orientierung bei den Orientierungshilfen bietet. Damit könnten zudem Anbieter erreicht werden, die ansonsten der deutschen Hoheitsgewalt entzogen sind. Auch ausländische Suchmaschinen könnten ein Interesse an einem positiven Image in Deutschland haben.

7.5.3.3 Verfassungsrechtlicher Rahmen

Im Bereich der Ausgestaltung im Rahmen des Art. 5 Abs. 1 Satz 2 GG, in dem wir uns typischerweise bei Maßnahmen der beschriebenen Art bewegen, gilt – legt man die Auffassung des Bundesverfassungsgerichts und der herrschenden Lehre zugrunde – der Verhältnismäßigkeitsgrundsatz nur in eingeschränktem Maße. Der Gesetzgeber ist nicht verpflichtet, Regelungsinstrumente zu wählen, die die Betreffenden in ihren rechtlich geschützten Interessen möglichst wenig belasten.[601] Dennoch kann es für derartige Lösungen auch verfassungsrechtlich ein Prä geben, da sich andere Optionen, wie imperative Durchsetzung von Regelungszielen oder auch eine marktfernere, alternative Erbringung von Leistungen, als weniger effizient erweisen können, wenn es um die Regelungsziele aus Art. 5 Abs. 1 S. 2 geht. Erkennt man an, dass die Herstellung von Öffentlichkeit in modernen Gesellschaften vorwiegend durch spezialisierte Institutionen in komplexen Produktionsprozessen geleistet wird, so kann eine imperative Steuerung, die etwa bestimmte Kommunikationsinhalte gebietet oder verbietet, Fehlentscheidungen nur – wenn überhaupt – punktuell korrigieren. Will man erreichen, dass sich die Kommunikate kontinuierlich an bestimmten Prinzipien ausrichten oder bestimmte Regeln einhalten, so verspricht eine Veränderung von Organisationsstrukturen und Entscheidungsabläufen größeren Erfolg. Es ist daher nicht überraschend, dass die Rundfunkregulierung und die Rundfunkaufsicht derartige Formen herausgebildet haben,[602] wobei die rechtliche Einordnung unterschiedlicher Instrumente immer noch schwer fällt.[603] Der Gesetzgeber wird

[601] Vgl. etwa *W. Hoffmann-Riem*, Regulierung, S. 107 f.

[602] Vgl. etwa *S. Holgersson*, Fernsehen ohne Kontrolle?; *W. Hoffmann-Riem*, Regulating Media.

[603] Vgl. die Analyse von *W. Baars*, Kooperation und Kommunikation durch Landesmedienanstalten.

sich also in diesem Bereich typischerweise nicht aus dem Ausgestaltungskorridor herausbewegen, wenn er auf derartige prozedurale Programme zurückgreift.

Bei der verfassungsrechtlichen Beurteilung derartiger „weicher" Steuerungsinstrumente ist zu beachten, dass es für die verfassungsrechtliche Bewertung nicht darauf ankommt, ob etwa bestimmte Formen des Verwaltungshandelns bei der Aufsicht gewählt werden. Wie die Diskussion um öffentliche Warnungen von Behörden zeigt, können auch informelle Mittel der Aufsicht durchaus grundrechtsrelevant sein.[604] Dies wäre je nach Ausgestaltung der konkreten Option zu prüfen.

7.5.2.4 Zwischenergebnis

Neben weitere strukturelle Diversifizierung im Bereich elektronisch vermittelter öffentlicher Kommunikation können auch Formen hoheitlich regulierter marktlicher Bereitstellung von Diensten treten. Damit öffnet sich das weite Feld unterschiedlicher Möglichkeiten, regulativ auf das Handeln der Marktakteure einzuwirken. Die vorliegende Untersuchung hat hierzu nur einen Aspekt beispielhaft beleuchtet, der zeigen soll, wie verhältnismäßig anspruchsvolle, indirekte Formen staatlicher Regulierung zum Ausgleich von Marktdefiziten eingesetzt werden können. Überall dort, wo es bei der Diensteerbringung zu Informationsasymmetrien kommt (weil etwa für den Nutzer nicht transparent ist, wie Suchmaschinen ihre Quellen selektieren und gewichten), kann der Gesetzgeber diese Option erwägen. Im Prinzip sind die Marktakteure in der Lage, durch geeignete Verfahren (Screening, Signaling) für entsprechende Transparenz zu sorgen; rechtliche Regulierung kann diese Prozesse unterstützen. Überlegungen dieser Art fügen sich daher in Konzeptionen ein, die – in juristischer Terminologie – regulierte Selbstregulierung gerade in einer sich ausdifferenzierenden Diensteordnung für einen Erfolg versprechenden Weg halten.

---

[604] Vgl. etwa zum Thema öffentliche Warnungen s. v. *D. Mursieck*, DVBl 1997, 1021 ff.; *U. Di Fabio,* JuS 1997, S. 1 ff; *C. Gramm*, Der Staat 1991, S. 51 ff.; G. *Robbers,* AfP 1990, S. 84 ff.; BVerwGE 71, 183, 189ff.; 82, 76, 79; 87, 37, 41 ff.; 90, 112, 118.ff.

8. Ausblick

Die Untersuchung hat Indizien dafür herausgearbeitet, dass bei einer dem aktuellen Entwicklungsstand des Realbereiches „öffentliche Kommunikation" angepassten Interpretation der verfassungsrechtlichen Vorgaben eine gründliche und differenzierte Analyse des Ordnungsrahmens jetzt notwendig erscheint. Führt man sich die Grundfrage der Untersuchung vor Augen (siehe oben Einführung Kapitel 1), so kann festgehalten werden, dass eine solche Neuorientierung zumindest den gesamten Bereich elektronisch vermittelter Dienste erfassen muss, die eine gewisse Bedeutsamkeit für die verfassungsrechtlichen Ziele besitzen. Ob dies auch zu dienstespezifisch ausgeformten regulativen Antworten auf mögliche Probleme marktlicher Erbringung führen muss, kann auf der Grundlage dieser Untersuchung noch nicht entschieden werden. Bei der Frage, wie die Gewährleistung zu erfolgen hat, besitzt der Gesetzgeber einen großen Gestaltungsspielraum, der u. a. auch dadurch begründet ist, dass die Art und Weise der Erbringung einzelner Dienste Rückwirkungen auf andere Dienste haben kann, so dass nur eine Gesamtschau angemessen sein kann, die alle Interdependenzen zu berücksichten sucht. Dies kann nicht durch theoretische Ausführungen in einem Gutachten simuliert werden. Eine derartige Gesamtschau hat allerdings die hier heraus gearbeiteten verfassungsrechtlichen Prinzipien zu berücksichtigen und die zu den einzelnen Diensten erarbeiteten Bewertungen in der Gesamtbeurteilung zu berücksichtigen.

8.1 Keine Fokussierung auf die Sonderstellung des Rundfunks

Betrachtet man die Regulierung der Rundfunkordnung als eine kontinuierliche Entwicklungslinie, eine Trajetorie, so hat die Untersuchung keine Argumente dafür zu Tage gefördert, etwa in einem Entwicklungssprung auf eine andere Trajektorie überzuwechseln, bspw. die rein marktliche Erbringung aller Kommunikationsdienste zum leitenden Prinzip zu erheben. Auch spricht nach unserer Auffassung wenig dafür, verfassungsrechtliche Prinzipien wie etwa Zugangschancengerechtigkeit zu Gunsten einer beispielsweise vorwiegend an Netzeffekten orientierten Betrachtungsweise aufzugeben. Vielmehr lassen sich die Prinzipien so transformieren, dass sie auch angesichts der aktuellen Entwicklung hinreichend Prägekraft für die gesetzliche Ausgestaltung entwickeln. Diese Ausgestaltung allerdings befindet sich an einem „Bifukationspunkt", um im Bild der Entwicklungslinien komplexer Strukturen zu bleiben. Dabei kann es eine Option sein, die Rundfunkordnung so weiter zu modellieren, dass ein bestimmter Dienstetypus, nämlich Rundfunk, als in seiner Bedeutsamkeit weiterhin so singulär fingiert wird, dass die spezifische Regulierung allein bei ihm ansetzt. Dies setzte allerdings voraus, dass er weiterhin anwendungssicher von anderen Formen abgegrenzt werden kann; schon dies erscheint angesichts der technischen Konvergenzentwicklung fraglich. Zudem hat die Untersuchung zahlreiche Hinweise dafür ergeben, dass andere Dienste im Hinblick auf die verfassungsrechtlichen Ziele zukünftig ähnliche Bedeutsamkeit erlangen können, so dass eine Ungleichbehandlung zunehmend weniger gerechtfertigt erscheint. Das Gutachten plädiert daher zur Steuerung des Entwicklungspfades in eine andere Richtung, nämlich eine dienstespezifische Differenzierung. Dienste sollten vom Gesetzgeber im Hinblick auf ihre Bedeutsamkeit und ihre Behaftetheit mit Marktmängeln beurteilt werden, und zwar unabhängig davon, welche technischen Charakteristika etwa die Übertragung steuern. Dies gilt sowohl – dies war der zentrale Gegenstand dieser Untersuchung – für die Frage, inwieweit alternative, nicht-rein marktliche Formen der Diensteerbringung sinnvoll sind und welche in Betracht kommen, als auch für Fragen der Regulierung der marktlichen Erbringung im Hinblick auf unterschiedliche gesetzliche Ziele.

Fragen der praktischen Durchsetzbarkeit und der mit einer solchen Regulierung verbundenen Kosten (sowohl für den Gesetzgeber und die vollziehenden Behörden als auch für die von der Regulierung Betroffenen) konnten dabei, dem begrenzten Untersuchungsauftrag folgend, nur kursorisch angesprochen werden. Uns ist deshalb klar, dass die bestehenden, hier zum Teil als beispielhafte Optionen beschriebenen Möglichkeiten zur Korrektur der Mängel einer marktlichen Bereitstellung von Online-Diensten vor ihrer abschließenden Bewertbarkeit durch entsprechende, auch z. B. organisationssoziologische und verwaltungswissenschaftliche Studien ergänzt werden müssen.

Wissenschaftlich kann von diesem Punkt aus in unterschiedliche Richtungen weitergearbeitet werden. Eine zu klärende Fragestellung ist vor allem die der Regulierung der marktlich erbrachten Dienste im Hinblick auf unterschiedliche Regulierungsziele. Hier kann die Untersuchung für die Frage, inwieweit der durch Rundfunkstaatsvertrag und Mediendienstestaatsvertrag gesetzte rechtliche Rahmen adäquat erscheint, oder einer dienstespezifischen Diversifizierung bedarf, eine Grundlage bieten. Entsprechende Untersuchungen können auf dem hier Dargestellten aufbauen.

8.2 Methodische Nachbemerkung

Das in mehrfacher Hinsicht ungewöhnliche und daher riskante methodische Vorgehen bedarf einer abschließenden Reflexion. So kann zunächst festgestellt werden, dass die in der Tradition des Bundesverfassungsgerichts stehende verfassungsrechtliche Betrachtungsweise mit einer Theorie der Marktmängel Gewinn bringend kompatibilisiert werden kann. Die Untersuchung unterstellt nicht, dass – wie die ökonomische Theorie es tut – eine marktliche Erbringung aller Dienste den normativen Normalfall darstellt, so dass sich Abweichungen davon (etwa Erbringung von Rundfunkdiensten durch öffentlich-rechtliche Rundfunkanstalten) zu legitimieren hätten. Vielmehr wird das Grundgesetz überwiegend und zutreffend als wettbewerbspolitisch neutral angesehen; Art. 5 Abs. 1 Satz 2 kann für bestimmte Dienstetypen sogar dazu führen, dass eine nicht-marktliche Bereitstellung als „Normalfall" anzusehen ist, wie etwa die Überlegungen des Bundesverfassungsgerichts in der Niedersachsenentscheidung (Zulässigkeit privater, nicht vollständig auf Vielfaltsgesichtspunkte verpflichteter Rundfunkveranstaltung nur dann, wenn öffentlich-rechtliche Rundfunkveranstalter die Grundversorgung mit klassischen Rundfunkangeboten sicherstellen) zeigen. Wird aber im Prinzip eine marktliche Erbringung der Dienste vorgesehen, so ergeben sich auch aus der Konstruktion des Bundesverfassungsgerichts die Bedeutsamkeit des Dienstetyps und die Behaftetheit mit Marktmängeln als die beiden Gesichtspunkte, die die Notwendigkeit und Form staatlichen Gegensteuerns begründen.

Die Untersuchung hat ferner gezeigt, dass die gewählte Konzeption offen ist für empirische Erkenntnisse über den Gegenstandsbereich öffentliche Kommunikation, dieser Informationen aber auch bedarf. Hier sind an vielen Stellen noch Wissensdefizite zu beobachten, die in gemeinsamen Forschungsanstrengungen zwischen Ökonomie, Kommunikations- und Rechtswissenschaft zu schließen wären. Dazu gehört eine – zumindest auch die normativen Vorgaben berücksichtigende – kontinuierliche Nutzungsforschung, die etwa vergleichende Daten zur Verfügung stellt, um die Anteile unterschiedlicher Dienste am „Aufmerksamkeitsmarkt" beurteilen zu können. Auch für ganz basale Fragen nach den Kriterien zur Identifizierung unterschiedlicher Dienstetypen werden bislang in der empirischen Forschung wenig und auch unterschiedliche Lösungen angeboten. Die Frage der Typenabgrenzung verweist auf unterschiedliche kommunikationswissenschaftliche Paradigmen, etwa die Frage, inwieweit das Angebot quasi inhaltsanalytisch definiert und damit vom Anbieter determiniert wird bzw. inwieweit der Rezipient bestimmt, ob er etwas als Dienstetyp A oder B wahrnimmt.

Im Anhang dieser Untersuchung findet sich eine Quantifizierung unterschiedlicher Kriterien im Hinblick auf die verschiedenen Dienstetypen. Diese hat einen stark „experimentellen" Charakter. Angesichts der sehr lückenhaften und z. T. kaum vergleichbaren Datengrundlage, aber auch Problemen der analytischen Abgrenzung der Kriterien war es sehr schwierig und in vielen Fällen auch willkürlich, welcher Wert für welchen Dienst gewählt wurde. Die Quantifizierungen selbst verstehen sich daher als Diskussionsvorschlag. Die analytische Leistung der Untersuchung liegt in der Erarbeitung des Schemas, mit dem diese Prüfungen möglich erscheinen. Die Einstufung der unterschiedlichen Dienste – und ihre Relationierung im Hinblick auf unterschiedliche Kriterien –

wird dadurch konkret fassbar und transparent, aber auch entsprechend angreifbar. Für die vergleichsweise hohe Einstufung einiger Dienste, die derzeit hauptsächlich im Internet angeboten werden, lassen sich aber hinreichend viele Belege finden, so dass dies als ein zentrales Ergebnis dargestellt werden kann.

9. Literaturverzeichnis

(Hinweis: Alle Internetadressen beziehen sich auf den Stand Juni 2001)

Akthar, Shahid/Malla, Mahesh/Gregson, John: Transparency, Accountability and Good Governance – Role of New Information and Communication Technologies and the Mass Media. In: The International Journal on Media Management, Vol. 2, No. 3/4, 2000, S. 124 ff.

Albers, Willi: *Einkommensverteilung II*: Verteilungspolitik, in: Handwörterbuch der Wirtschaftswissenschaft, Band 2, Stuttgart u. a. 1980, S. 285 ff.

Albert, Reinhold u. a.: Die *Tyrannei* der öffentlichen Intimität und Tabubrüche im Fernsehen: Boulevardmagazine, Talkshows und Comedy, Berlin 1999

Altenhain, Karsten, Kommentierung zu *§ 8 MDStV*, in: Alexander Roßnagel (Hrsg.), *Recht der Multimediadienste, Kommentar* zum IuKDG und zum MDStV. Loseblattsammlung, Stand 1999, München

Altmeppen, Klaus-Dieter: Märkte der *Medienkommunikation*. Publizistische und ökonomische Aspekte von Medienmärkten und Markthandeln, in: ders. (Hrsg.): Ökonomie der Medien und des Mediensystems, Opladen 1996, S. 251 ff.

Altmeppen, Klaus-Dieter/Donges, Patrick/Engels, Kerstin: *Transformationen im Journalismus*, Berlin 1999

Andel, Norbert: *Zum Konzept der meritorischen Güter*. In: Finanzarchiv, Nr. 41/1984, S. 630 ff.

Anschlag, Dieter: *Der zweite Weg*. Print goes TV: Ein ökonomisches und publizistisches Risiko, in Funkkorrespondenz, Nr. 34/1999, S. 3 ff.

Arbeitsgruppe Werbung: *Frankfurter Thesen zur Werbung* im Rundfunk, Frankfurt/Main 1998

Arnim, Hans H. v.: *Alternativen* wirtschaftspolitischer Steuerung: Anreize oder Gebote, in: Karl-Heinrich Hansmeyer (Hrsg.): *Staatsfinanzierung* im Wandel, Berlin 1983, S. 725 ff.

Baars, Wiebke: *Kooperation und Kommunikation* durch Landesmedienanstalten: Eine Analyse ihres Aufgaben- und Funktionsbereiches, Baden-Baden 1999

Bachmeier, Ben: *Fernsehkultur*: Subjektivität in einer Welt bewegter Bilder, Opladen 1996

Baldauf, Monika/Müller, Steffen: *Fernsehforschung* aus Sicht einer Media-Agentur, in: Klingler, Walter/Roters Gunnar/Zöllner, Oliver (Hrsg.): Fernsehforschung in Deutschland. Themen – Akteure – Methoden, Teilband 2, Baden-Baden 1998, S. 853 ff.

Banse, Christian: *Fernsehsucht – Suchtfernsehen*. In: Ästhetik & Kommunikation, Nr. 109/2000, S. 43 ff., abrufbar unter http://www.prkolleg.com/aesthetik/109_05.html

Bär, Peter: Die verfassungsrechtliche *Filmfreiheit* und ihre Grenzen: Filmzensur und Filmförderung, Frankfurt 1984

Baron, Christoph: Public-Private-Partnership-Konzepte für den IT-Markt, Wiesbaden 1999

Bartosch, Andreas: Neue Transparenzpflichten – eine kritische Analyse des Kommissionsentwurfs einer neuen Transparenzrichtlinie. In Europäische Zeitschrift für Wirtschaftsrecht (EuZW) 2000, S. 333 ff.

Bauder, Marc: Die *Medienkonzerne* Time Warner und News Corporation. Ein Vergleich ihrer Anpassungsfähigkeit an technologische Entwicklungen und veränderte Marktbedingungen, Arbeitspapiere des IRÖ, Heft 120, Köln 2000

Beck, Hanno/Prinz, Aloys: Die *Zukunft des Fernsehens*. In: Jahrbuch für Wirtschaftswissenschaften, Bd. 50/1999, S. 66 ff.

Beck, Klaus/Glotz, Peter/Vogelsang, Gregor: *Die Zukunft des Internet*: Internationale Delphi-Befragung zur Entwicklung der Online-Kommunikation, Konstanz 2000

Beckert, Bernd/Kubicek, Herbert: *Multimedia* möglich machen: Vom Pilotprojekt zur Markteinführung. In: Media Perspektiven, Heft 3/1999; S. 128 ff.

Bender, Gunnar: *Cross-Media-Ownership*, Heidelberg 1999

Bente, Gary/Fromm, Bettina: Tabubruch als Programm? Angebotsweisen, Nutzungsmuster und Wirkungen des Affektfernsehens, in: Klingler, Walter/Roters Gunnar/Zöllner, Oliver (Hrsg.): Fernsehforschung in Deutschland. Themen – Akteure – Methoden, Teilband 2, Baden-Baden 1998, S. 613 ff.

Bente, Gary/Fromm, Bettina: *Affektfernsehen*. Motive, Angebotsweisen und Wirkungen, Opladen 1997

Benton-Foundation: About the Foundation – Defining and Promoting Public Policies, Washington, D.C. 1999

Berghaus, Margot: *Wohlgefallen am Fernsehen*. Eine Theorie des Gefallens in Anlehnung an Immanuel Kant, in: Publizistik, Heft 2/1994, S. 141 ff.

Berghoff, Horst: Die kulturelle *Filmförderung*, Bochum 1990

Bermanseder, Markus: Wann sind Mediendienste dem Rundfunk zuzuordnen? In: Zeitschrift für Rechtspolitik (ZRP) 1997, S. 330 ff.

Bethge, Herbert: Kommentierung zu Artikel 5 Grundgesetz, in: Michael Sachs, Kommentar zum Grundgesetz, München 1999

Biermann, Kai: *Onlinesucht*: Warum die Studie der Humboldt-Uni die Bessere ist, abrufbar unter http://psilab.educat.hu-berlin.de/ssi/presse/20010301.html

Bilandzic, Helena: *Formale Merkmale* individueller Fernsehnutzung, in: Klingler, Walter/Roters Gunnar/Zöllner, Oliver (Hrsg.): Fernsehforschung in Deutschland. Themen – Akteure – Methoden, Teilband 2, Baden-Baden 1998, S. 743 ff.

Blankart, Charles Beat: *Club Governments* versus Representative Governments. In: Constitutional Political Economy, Vol. 5, No. 3/1994, S. 273 ff.

Blankart, Charles Beat: *Öffentliche Finanzen* in der Demokratie, 3. Aufl., München 1998

Blind, Sofia: „*Wieviel Werbung* sollte es im öffentlich-rechtlichen Fernsehen geben?" Ein Diskussionsprotokoll aus ökonomischer Sicht, in: Rüdiger Pethig/Sofia Blind (Hrsg.): Fernsehfinanzierung. Ökonomische, rechtliche und ästhetische Perspektiven, Opladen 1998, S. 209 ff.

Blöbaum, Bernd: *Jounalismus als soziales System*: Geschichte, Ausdifferenzierung und Verselbständigung, Opladen 1994

Blum, Reinhard: *Marktwirtschaft*, soziale, in: Handwörterbuch der Wirtschaftswissenschaft, Band 5, Stuttgart u. a. 1980, S. 153 ff.

Blümel, Wolfgang: Die *Allokation öffentlicher Güter* in unterschiedlichen Allokationsverfahren, Berlin 1987

Blumers, Marianne: Qualitätskontrolle im SWR: Ein theoretisches Modell auf dem Weg in den Redaktionsalltag. In: Media Perspektiven (MP) 2000, S. 201 ff.

Bonin, Andreas v.: Die Kontrolle digitaler *Kommunikationsinhalte*; Baden-Baden 2000

Bremer, Eckhard/Esser, Michael/Hoffmann, Martin: Der *Rundfunk* in der Verfassungs- und Wirtschaftsordnung in Deutschland, Baden-Baden 1992

Brennan, Geoffrey/Lomasky, Loren: Institutional Aspects of „Merit Goods" Analysis. In: Finanzarchiv, NF Bd. 41/1983, S. 183 ff.

Breunig, Christian: *Programmbouquets* im digitalen Fernsehen. In: Media Perspektiven (MP), Nr. 9/2000, S. 378 ff.

Brinkmann, Tomas: *Probleme der Marktregulierung* des Rundfunks in der dualen Ordnung, in: Heinz-Dieter Assmann u. a. (Hrsg.): Wirtschafts- und Medienrecht in der offenen Demokratie, Heidelberg 1997, S. 153 ff.

Brosius, Hans-Bernd: *Visualisierung von Fernsehnachrichten*: Text-Bild-Beziehungen und ihre Bedeutung für die Informationsleistung, in: Klaus Kamps, *Fernsehnachrichten*: Prozesse, Strukturen, Funktionen, Opladen 1998, S. 213 ff.

Bruhn, Manfred: *Multimedia-Kommunikation*: Systematische Planung und Umsetzung eines interaktiven Marketinginstrumentes, München 1997

Brummel, Sabine: Zur *Konzentration* im deutschen Fernsehsektor. Eine problemorientierte Analyse, Baden-Baden 1999

Bryan, Lowell/Farrell, Diana: Der entfesselte *Markt*. Die Befreiung des globalen Kapitalismus, Wien/Frankfurt 1997 (im Original: Market Unbound, New York 1996)

Buchanan, James M./Tullock, Gordon: The Calculus of *Consent*, Ann Arbor 1962

Budäus, Dietrich u. a. (Hrsg.): *Public Private Partnership*: Neue Formen öffentlicher Aufgabenerfüllung, Baden Baden 1997

Bullinger, Martin: Die Aufgaben des öffentlichen Rundfunks, Gütersloh 1999

Bullinger, Martin: Neue Medien: Aufgabe des Rechts? In: Archiv für Presserecht (AfP) 1982, S. 69 ff.

Bullinger, Martin: *Regulierung unter Viel-Kanal-Bedingungen*, in: Jarren, Otfried/Krotz, Friedrich (Hrsg.): Öffentlichkeit unter Viel-Kanal-Bedingungen, Baden-Baden 1998, S. 184 ff.

Bullinger, Martin/Mestmäcker, Ernst-Joachim: *Multimediadienste*, Baden-Baden 1997

Bundesrat: Aussprachepapier des Bundesrates zur Revision des Radio- und Fernsehgesetzes (RTVG) vom 19. Januar 2000, abrufbar unter http://www.bakom.ch/ger/subsubpage/document/248/1134

Burger, Christina, Marktversagen bei *Gesundheitsgütern*, in: Jahrbuch für Wirtschaftswissenschaften, 48/1997, S. 89 ff.

Buß, Michael/Erk Simon, Fernsehnutzung auf die Spitze getrieben: Die *Vielseher*, in: Klingler, Walter/Roters Gunnar/Zöllner, Oliver (Hrsg.): Fernsehforschung in Deutschland. Themen – Akteure – Methoden, Teilband 1, Baden-Baden 1998, S. 125 ff.

Buß, Michael, Das System der *GfK-Fernsehforschung*: Entwicklung und Nutzen der Forschungsmethode, in: Klingler, Walter/Roters Gunnar/Zöllner, Oliver (Hrsg.): Fernsehforschung in Deutschland. Themen – Akteure – Methoden, Teilband 2, Baden-Baden 1998, S. 787 ff.

Campbell, David: *The Relational Constitution of Contract and the Limits of „Economics“*: Kenneth Arrow on the Social Background of Markets, in: Deakin, Simon/Michie, Jonathan (Hrsg.): Contracts, co-operation, and competition: studies in economics, management, and law, Oxford 1997, S. 307 ff.

Caspar, Mirko: Die Bedeutung von Cross-Channel-Markentransferstrategien vor dem Hintergrund aktueller Umbrüche in der Medienindustrie, in: Kops, Manfred/Schulz, Wolfgang/Held, Thorsten (Hrsg.): Von der dualen Rundfunkordnung zur dienstespezifisch diversifizierten *Informationsordnung*? Baden-Baden/Hamburg 2001, S. 153 ff.

Choi, Soon-Yong/Stahl, Dale O./Whinston, Andrew B.: The Economis of *Electronic Commerce*, Indianapolis 1997

Chyi, Hsinag Iris/Sylvie, George: Online Newspapers in the U.S. – Perceptions of Markets, Products, Revenue, and Competition. In: The International Journal on Media Management, Vol. 2, No. 2, 2000, S. 69 ff.

Clausen-Muradian, Elisabeth: Konzentrationskontrolle im privaten Rundfunk – Der neue Rundfunkstaatsvertrag (RfStV) 1997. In: Zeitschrift für Urheber- und Medienrecht (ZUM) 1997, S. 934 ff.

Coase, Ronald: The Problem of Social Cost. In: Journal of Law and Economics, Nr. 3/1960, S. 1 ff.

ComCultResearch: Die Interessen der Internetanwender - Zielgruppen im Netz 2000, 3. Untersuchungswelle, abrufbar unter http://www.comcult.de/ccstudie/zgmotiv2000.html

Cornes, Richard/Sandler, Todd: The *Theory* of Externalities, Public Goods, and Club Goods, Cambridge 1986

Cox, Patrick: Rennen um Raten. Blick zurück und nach vorn: *Europas Fernsehmarkt*. In: epd medien, Nr. 2/1999, S. 18 ff.

Czygan, Marco: *Wettbewerb* bei der Distribution des Fernsehens und Auswirkungen der Digitalisierung, Institut für Volkswirtschaftslehre der TU Ilmenau, Diskussionspapier Nr. 13, Ilmenau 1997

Dahrendorf, Ralf: *Der moderne soziale Konflikt*, Stuttgart 1992

Dans, Enrique: *Internet Newspapers*: Are Some More Equal than Others? In: The International Journal on Media Management, Vol. 2, No. 1, 2000, S. 4 ff.

Degenhart, Christoph: Bestandsschutz für die Presse. In: Archiv für Presserecht (AfP) 1987, S. 649 ff.

Degenhart, Christoph: *Online-Angebote* öffentlich-rechtlicher Rundfunkanstalten, Frankfurt a. M. 1998

Degenhart, Christoph: Programmauftrag Internet: öffentlich-rechtliche Rundfunkanstalten und Online-Dienste. In: Multimedia und Recht (MMR) 1998, S. 137 ff.

Degenhart, Christoph: Kommentierung zu Art. 5 Abs. 1 und 2, in: Dotzer, Rudolf/Vogel, Klaus (Hrsg.): *Bonner Kommentar zum Grundgesetz*, Loseblattsammlung, Stand 90 Lfg. 1999, Heidelberg

Degenhart, Christoph: *Der Funktionsauftrag des öffentlich-rechtlichen Rundfunks in der „Digitalen Welt“* – zu Internet-Angeboten des öffentlich-rechtlichen Rundfunks, insbesondere zu einer „Dritten Programmsäule“ des WDR, Heidelberg 2001.

Depenheuer, Otto: Informationsordnung durch Informationsmarkt – Rechtliche Rahmenbedingungen einer Informationsordnung, in: Archiv für Presserecht (AfP) 1997, S. 669 ff.

Di Fabio, Udo: Informationen als hoheitliches Gestaltungsmittel. In: Juristische Schulung (JuS) 1997, S. 1 ff.

Di Fabio, Udo: Der Schutz der *Menschenwürde* durch allgemeine Programmgrundsätze, München 2000

Diekmann, Bernd/Kistler, Herbert: Zuschauer über 50 unerwünscht! In: TV Hören & Sehen, Nr. 16/1998

DLM (Direktorenkonferenz der Landesmedienanstalten): Vorkehrungen zur Sicherung des chancengleichen Zugangs gegenüber technischen und Programmplattformen, vom 17. 6. 1997, abrufbar unter http://www.alm.de/positio8.htm

DLM (Direktorenkonferenz der Landesmedienanstalten): Weiterentwicklung der Vorkehrungen ..., vom 16. 12. 1997, abrufbar unter http://www.alm.de/DLMDVB2. htm

DLM (Direktorenkonferenz der Landesmedienanstalten): Stellungnahme zum Grünbuch der EU-Kommission vom 15. 5. 1998, abrufbar unter http://www.alm.de/convgb.htm.

DLM (Direktorenkonferenz der Landesmedienanstalten): Strukturpapier zur Unterscheidung von Rundfunk und Mediendiensten, Zweite Fassung vom Dezember 1998; abrufbar unter http:// www.alm.de/aktuelles/presse/struktur2.htm

DLM (Direktorenkonferenz der Landesmedienanstalten): Medienrechtliche Einordnung von „Kunden-TV“, gemeinsame Vorlage für die 129. Sitzung der DLM am 14./15.11.2000 in Düsseldorf, abrufbar unter http://www.alm.de/aktuelles/presse/kundtv.doc

Donges, Patrick/Jarren, Otfried: Redaktionelle Strukturen und publizitische Qualität. In: Media Perspektiven (MP) 1997, S. 198 ff.

Donges, Patrick/Jarren, Otfried: Politische *Öffentlichkeit durch Netzkommunikation*? In: Kamps, Klaus (Hrsg.): Elektronische Demokratie: Perspektiven politischer Partizipation, Opladen 1999, S. 85 ff.

Dörr, Dieter/Eckl, Joachim: Die Entwicklung des Medienrechtes. In: Neue Juristische Wochenschrift (NJW) 1999, S. 1925 ff.

Dörr, Dieter: *„Multimedia“ und der Rundfunkbegriff*, in: Dittmann, Armin/Fechner, Frank/Sander, Gerald G. (Hrsg.): Der Rundfunkbegriff im Wandel, Berlin 1997, S. 121 ff.

Dörr, Dieter: *Big Brother* und die Menschenwürde: die Menschenwürde und die *Programmfreiheit* am Beispiel eines neuen Sendeformates, Frankfurt 2000

Dörr, Dieter: Europäische Medienordnung und -politik, in: Hans-Bredow-Institut (Hrsg.): Internationales Handbuch für Hörfunk und Fernsehen 2000/2001, Baden-Baden 2000, S. 65 ff.

Dörr, Dieter: Möglichkeiten und Grenzen supranationaler *Deregulierung* von Rundfunkveranstaltern, Arbeitspapiere des Instituts für Rundfunkökonomie, Heft 148, Köln 2001

Dose, Christian: Kosten Infos aus dem Web bald Geld? In: Welt am Sonntag vom 28. 1. 2001, S. 54

Dreier, Hardy/Zerdick, Axel: Strategien für die digitale Wirtschaft, in: Kops, Manfred/Schulz, Wolfgang /Held, Thorsten: Von der dualen Rundfunkordnung zur dienstespezifisch diversifizierten *Informationsordnung*? Baden-Baden/Hamburg 2001, S. 45 ff.

Eberle, Ute: Das Grundrecht auf Demütigung. Wie Fernsehsender in den USA Sterbende filmen und sich dabei auf die Pressefreiheit berufen. In: Süddeutsche Zeitung (SZ) vom 19. 9. 1997

Edison Media Research/Arbitron, Internet IV: The Buying Power of Streamies, 2000; abrufbar unter http://www.edisonresearch.com/Internet4NABgraphs.htm

Eibl, Thomas: Informationsaustausch statt Erzählen: die Interaktivität und ihre Kommunikationsformen. In: Medien + Erziehung Nr. 5/1999, S. 295 ff.

Eickhof, Norbert/Never, Henning: *Rundfunkfreiheit* ohne traditionellen Anstaltsschutz? Anmerkungen zur deutschen Rundfunkordnung aus ökonomischer Sicht. In: Hamburger Jahrbuch für Wirtschafts- und Gesellschaftspolitik, 2000, S. 293 ff.
Eifert, Martin: Die Zuordnung der Säulen des dualen Rundfunkssystems. In: Zeitschrift für Urheber- und Medienrecht (ZUM) 1999, S. 595 ff.
Eifert, Martin: Primatslehre. Funktionsauftrag: Funktionserfüllung als Auftrag und Aufgabe. In: epd medien Nr. 11 vom 12.02.2000, S. 3 ff.
Eimeren, Birgit van/Gerhard, Heinz: *Talkshows* – Formate und Zuschauerstrukturen. In: Media Perspektiven (MP) 1998, S. 600 ff.
Eimeren, Birgit van/Gerhard, Heinz: ARD/ZDF-Online-Studie 2000: Gebrauchswert entscheidet über Internetnutzung. In: Media Perspektiven (MP) 2000, S. 337 ff.
Eisenstein, Cornelia: *Meinungsbildung* in der Mediengesellschaft, Opladen 1994
Elster, Jon: *Ulysses and the Sirens*, rev. Aufl., Cambridge 1984 (1. Aufl. 1979)
Engel, Christoph: Rundfunk in Freiheit. In: Archiv für Presserecht (AfP) 1994, S. 185 ff.
Engel, Christoph: Inhaltskontrolle im Internet. In: Archiv für Presserecht (AfP) 1996, S. 220 ff.
Engel, Christoph: *Medienordnungsrecht*, Baden-Baden 1996
Engel-Flechsig, Stefan/Maennel, Frithjiof A./Tettenborn, Alexander: Das neue IuKDG. In: Neue Juristische Wochenschrift (NJW) 1997, S. 2981 ff.
Engelhardt, Alexander von: *Werbewirkungsmessung*. Hintergründe, Methoden, Möglichkeiten und Grenzen, München 1999
Engels, Stephan: Das *Recht der Fernsehwerbung für Kinder*, Baden-Baden 1997
Engels, Stephan/Schulz, Wolfgang: Das neue Recht der *Kommunikation* und der Medien, Hamburg 1998
Engels, Stephan/Schulz, Wolfgang: Das Bildnis aus dem Bereich der Zeitgeschichte: Anmerkungen zur Dogmatik des Bildnisschutzes. In: Archiv für Presserecht (AfP) 1998, S. 574 ff.
Erlei, Mathias: *Meritorische Güter*. Die theoretische Konzeption und ihre Anwendung auf Rauschgifte als demeritorische Güter, Münster/Hamburg 1992
Erlei, Mathias/Leschke, Martin/Sauerland, Dirk: *Neue Institutionenökonomik*, Stuttgart 1999
Europäische Kommission: Illegale und schädigende *Inhalte* im Internet, KOM (96) 487, S. 14 f.
Fittkau & Maaß: Die 11. W3B-Umfrage, abrufbar unter htttp://www.w3b.org/ergebnisse/w3b11/ergebnisse.html, Zusammenfassung abrufbar unter http://www.wuv-studien.de/wuv/studien/112000/158/summary.htm
Flechsig, Norbert P./Gabel, Detlev: Strafrechtliche Verantwortlichkeit im Netz durch Einrichten und Vorhalten von Hyperlinks. In: Computer und Recht (CR) 1998, S. 351 ff.
Forrester, Chris: Cable's biggest *Challenge*. In: Television Europe Broadcasting & Cable, March 1998, S. 26 ff.
Franck, Georg: *Ökonomie der Aufmerksamkeit*, München 1999
Frauenhofer Institut für Systemtechnik und Innovationsforschung (Hrsg.): Mediennutzung der Zukunft im privaten Sektor, Expertenumfrage des Frauenhofer-Instituts für Systemtechnik und Innovationsforschung im Auftrag des Medienpädagogischen Forschungsverbundes Südwest, Karlsruhe 1998
Frey, Dieter: Peer-To-Peer-Sharing, das Urheberrecht und die Verantwortlichkeit von Diensteanbietern am Beispiel Napster, Inc. Im Lichte des US-amerikanischen und des EG-Rechts, in: Zeitschrift für Urheber- und Medienrecht (ZUM) 2001, S. 466 ff.
Friedmann, Annette: Das erste digitale *Fernsehen* in Deutschland. Voraussetzungen und Programmpotentiale des digitalen Pay-TV's anhand der Markterfahrungen von DF1, Verlag für Wirtschaftskommunikation, o. O., o. J. (2000)
Frisch, Michael u. a.: *Marktversagen und Wirtschaftspolitik*, Mikroökonomische Grundlagen staatlichen Handelns, München 1993
G+J Electronic Media Services: Internet-Nutzung in Deutschland, Hamburg 2000
Gangloff, T. P.: Schlimmer als zuvor. In: Journalist, Nr. 7/1999, S. 52 ff.
Gellner, Winand: Nicht institutionell verfestigte Akteure und ihre Potenziale in einer dienstespezifisch diversifizierten Informationsordnung, in: Kops, Manfred/Schulz, Wolfgang/Held, Thorsten

(Hrsg.): Von der dualen Rundfunkordnung zur dienstespezifisch diversifizierten *Informationsordnung*? Baden-Baden/Hamburg 2001, S. 249 ff.

Gerbner, George/Gross, Larry/Morgan, Michael/Signorielli, Nancy, *Growing up with television*: the cultivitation perspective, in: Bryant, Jennings/Zillmann, Dolf (Hrsg.), Media effects: advances in theory and research, Hillsdale, New Jersey 1994, S. 17 ff.

Gerhards, Maria/Grajczyk, Andreas/Klingler, Walter: Programmangebote und Spartennutzung im Fernsehen 1999. In: Media Perspektiven (MP) 2000, S. 459 ff.

Gerpott, Torsten/Schlegel, Maik: Online-Zeitungen: Charakteristika und Anwendungspotenziale eines neuen Medienangebotes. In: Medien & Kommunikationswissenschaft (M&K) 2000, 335 ff.

Gersdorf, Hubertus: *Der verfassungsrechtliche Rundfunkbegriff* im Lichte der Digitalisierung der Telekommunikation, Berlin 1995

Gersdorf, Hubertus: *Chancengleicher Zugang* zum digitalen Fernsehen: eine Untersuchung des verfassungsrechtlichen Regulierungsrahmens am Beispiel des Entwurfs zum vierten Rundfunkänderungsstaatsvertrag vom 27. Februar 1998: Rechtsgutachten Arbeitsgemeinschaft der Landesmedienanstalten, Berlin 1998

Gersdorf, Hubertus: Einige Überlegungen zu Online-Diensten öffentlich-rechtlichen Rundfunks. In: Neue Juristische Wochenschrift für Computerrecht (NJW-CoR) 1998, S. 238 ff.

GfK (Gesellschaft für Konsumforschung) Medienforschung: GFK-Online-Monitor, 6. Untersuchungswelle, August 2000, abrufbar unter http://194.175.173.244/gfk/gfk_studien/eigen/OMO_W6.pdf

Gieselmann, Hartmut: Die Gewalt in der Maschine. Überlegungen zu den Wirkungen von aggressiven Computer-Spielen. In: c't, Heft 4/2000, S. 132 ff.

Girsch, Herbert: *Allgemeine Wirtschaftspolitik* – Grundlagen, Wiesbaden 1960

Gleich, Uli/Kreisel, Eva/Thiele, Lars/Vierling, Matthias/Walther, Stephan: Sensation Seeking, Fernsehverhalten und Fernsehaktivitäten, in: Klingler, Walter/Roters Gunnar/Zöllner, Oliver (Hrsg.): Fernsehforschung in Deutschland. Themen – Akteure – Methoden, Teilband 2, Baden-Baden 1998, S. 661 ff.

Goldhammer, Klaus: *Formatradio in Deutschland*: Konzepte, Techniken und Hintergründe der Programmgestaltung von Hörfunkstationen, Berlin 1995

Goldhammer, Klaus/Zerdick, Axel: *Rundfunk Online*. Entwicklung und Perspektiven des Internets für Hörfunk- und Fernsehanbieter, Berlin 2000

Goodman, Tim: Read It and Sweep. Are *Internet Ratings Services* Heralding an Internet Version of Televisions Sweep Weeks? Let's Hope Not. In: Business 2.0, June 27, 2000, S.162 ff.

Görtz, Lutz: Wie interaktiv sind Medien? Auf dem Weg zu einer Definition von Interaktivität. In: Rundfunk und Fernsehen (RuF) 1995, S. 477 ff.

Göttlich, Udo/Nieland, Jörg-Uwe: *Inszenierungsstrategien in deutschen Daily Soaps*. Theatralität und Kult-Marketing am Vorabend, in: Fischer-Lichte, Erika/Pflug, Irene (Hrsg.): Inszenierung von Authentizität, Tübingen 2000, S. 143 ff.

Gournalakis, Georgios/Rhode, Lars: Elektronische Kommunikationsangebote zwischen Telediensten, Mediendiensten und Rundfunk. In: Computer und Recht (CR) 1998, S. 487 ff.

Gournalakis, Georgios/Rhode, Lars: Informations- und Kommunikationsdienste-Gesetz. In: Kommunikation & Recht (K&R) 1998, S. 321 ff.

Graf, Christine/Litzenroth, Heinrich: Bringt mehr *Werbung* mehr Umsatz? Ökonomische Werbewirkungsmessung mit GfK-BehaviorScan. In: Media Perspektiven (MP) 1993, S. 549 ff.

Gramm, Christoph: Aufklärung durch staatliche Publikumsinformation: Der Staat 1991, S. 51 ff.

Grimm, Dieter: Die wirtschaftliche Betätigung der öffentlich-rechtlichen Rundfunkanstalten – Verfassungsrechtliche Fragen. In: Zeitschrift für Urheber- und Medienrecht (ZUM) 1992, S. 581 ff.

Grimm, Dieter/Steiner, Udo: *Kulturauftrag* im staatlichen Gemeinwesen, Berlin 1984

Grimm, Jürgen: *Fernsehgewalt*. Zuwendungsattraktivität, Erregungsverläufe, Sozialer Effekt, Opladen 1999

Grossekettler, Heinz: *Options- und Grenzkostenpreise* für Kollektivgüter unterschiedlicher Art und Ordnung. Ein Beitrag zu den Bereitstellungs- und Finanzierungsregeln für öffentliche Leistungen. In: Finanzarchiv, N.F. Bd. 43/1985, S. 211 ff.

Grossman, Dave/DeGaetona, Gloria: *Stop Teaching Our Kids to Kill*, New York et al 1999

Groth, Otto: *Die unerkannte Kulturmacht*: Grundlegung der Zeitungswissenschaft, Teil 1: Das Wesen des Werkes, Berlin 1960

Grothe, Thorsten: Restriktionen politischer *Steuerung des Rundfunks*, Wiesbaden 2000

Grothe, Thorsten: Marktnahe Selbstregulierung statt marktferner Überformung, in: Kops, Manfred/Schulz, Wolfgang/Held, Thorsten (Hrsg.): Von der dualen Rundfunkordnung zur dienstespezifisch diversifizierten *Informationsordnung*? Baden-Baden/Hamburg 2001, S. 181 ff.

Grothe, Thorsten/Schulz, Wolfgang: *Politik und Medien* in systemtheoretischer Perspektive, oder: Was sieht die Wissenschaft, wenn die Politik sieht, wie die Medien die Gesellschaft sehen? In: Rundfunk und Fernsehen (RUF) 1993, S. 563 ff.

Gundlach, Hardy: Die öffentlich-rechtlichen *Rundfunkunternehmen* zwischen öffentlichem Auftrag und marktwirtschaftlichem Wettbewerb, Berlin 1998

Gutmann, Gernot: Marktwirtschaft. In: Handwörterbuch der Wirtschaftswissenschaft, Band 5, Stuttgart u. a. 1980, S. 140 ff.

Gutsch, Stefan: *Strategien* für Beteiligungen im privaten Fernsehmarkt, Baden-Baden 1996

Haberer, Johanna: *Freiheit* braucht Grenzen, in: Landesanstalt für Rundfunk Nordrhein-Westfalen (Hrsg.): Die Mühen der Ebene, Festschrift für N. Schneider zum 60. Geburtstag, Opladen 2000, S. 47 ff.

Habermas, Jürgen: Volkssouveränität und Verfahren. In: Merkur 1989, S. 465 ff.

Hachmeister, Lutz/Rager, Günter (Hrsg.): *Wer beherrscht die Medien*? Die 50 größten Medienkonzerne der Welt, Jahrbuch 2000, München 2000

Hacker, Tobias: *Vernetzung* und Modularisierung – (Re-)Organisation von Medienunternehmen, in: Schumann, Matthias/Hess, Thomas (Hrsg.): Medienunternehmen im digitalen Zeitalter, Wiesbaden 1999, S. 155 ff.

Hamilton, James T.: *Channeling Violence*. The Economic Market for Violent Television Programming, Princeton 1998

Hamm, Ingrid (Hrsg.): *Bericht zur Lage des Fernsehens* für den Bundespräsidenten der Bundesrepublik Deutschland, Gütersloh 1995

Hamm, Ingrid/Hart, Thomas (Hrsg.): Kommunikationsordnung 2010, Gütersloh 2001.

Hansmeyer, Karl-Heinrich/Kops, Manfred: Rundfunkprogramme als *Klubgüter*, Arbeitspapiere des IRÖ, Heft 91, Köln 1998, in geringfügig veränderter Form auch veröffentlicht in: Matschke, Manfred Jürgen/Schildbach, Thomas (Hrsg.): Unternehmensberatung und Wirtschaftsprüfung, Stuttgart 1998, S. 201 ff.

Hardin, Russell: The *Tragedy of the Commons*. In: Science, Nr. 162/S. 1243 ff.

Hartwig, Karl-Hans/Schröder, Guido: *Das deutsche Mediensystem zwischen Markt- und Politikversagen* – Wege zu einer rationalen Medienpolitik. In: Hamburger Jahrbuch für Wirtschafts- und Gesellschaftspolitik, 44. Jg./1999, S. 275 ff.

Hasebrink, Uwe: *Politikvermittlung im Zeichen individualisierter Mediennutzung*. Zur Informations- und Unterhaltungsorientierung des Publikums, in: Sarcinelli, Ullrich (Hrsg.), *Politikvermittlung* und Demokratie in der Mediengesellschaft. Beiträge zur politischen Kommunikationskultur, Opladen/Wiesbaden 1998, S. 345 ff.

Hasebrink, Uwe: Fernsehen in neuen Medienumgebungen: Befunde und Prognosen zur *Zukunft der Fernsehnutzung*, Berlin 2000

Hasebrink, Uwe/Rössler, Patrick: *Publikumsbindungen*, München 1999

Hasebrink, Uwe: *Die Zuschauer als Fernsehkritiker*?, in: Weßler, Hartmut/Hasebrink, Uwe/Matzen, Christiane, Perspektiven der Fernsehkritik, Opladen 1997, S. 213 ff.

Haucap, Justus: Warum manche *Spielfilme* erfolgreich sind, andere aber nicht. Einige ökonomische Überlegungen, Arbeitspapiere des IRÖ, Heft 128, Köln 2001

Hax, Herbert: Die *Koordination* von Entscheidungen, Köln u. a. 1965

Hayek, Friedrich A. von: *The Road to Selfdom*, London 1944

Head, John G.: *On Merit Goods*. In: Finanzarchiv, NF Bd. 25/1966, S. 13 ff.

Head, John G.: *On Merit Wants*. Reflections on the Evolution, Normative Status, and Policy Relevance of a Controversial Public Finance Concept. In: Finanzarchiv, NF, Bd. 46, Heft 1/1988, S. 1 ff.

Heinrich, Jürgen: *Medienökonomie, Bd. 1*: Mediensystem, Zeitung, Zeitschrift, Anzeigenblatt, Opladen 1994

Heinrich, Jürgen: *Medienökonomie, Bd. 2*: Hörfunk und Fernsehen, Opladen 1999

Held, Thorsten/Schulz, Wolfgang: Überblick über die Gesetzgebung für elektronische Medien von 1994 bis 1998: Aufbau auf bestehenden Regelungsstrukturen. In: Rundfunk und Fernsehen 1999, S. 78 ff.

Hellermann, Johannes: *Örtliche Daseinsvorsorge* und gemeindliche Selbstverwaltung, Tübingen 2000

Herrmann, Günther: Achten und schützen. In epd medien, Nr. 17/2000, S. 967 ff.

Hesse, Albrecht: *Rundfunkrecht*, München 1999

Hesse, Konrad: *Grundzüge des Verfassungsrechts* der Bundesrepublik Deutschland, Heidelberg 1995

Heyl, Cornelius von: Teledienste und Mediendienste nach Teledienstegesetz und Mediendienste-Staatsvertrag. In: Zeitschrift für Urheber- und Medienrecht (ZUM) 1998, S. 115 ff.

Hickethier, Knuth: Fernsehen als dispositiv. In: montage/AV 1995, S. 63 ff.

Hill, Herrmann: *Bürgermitwirkung unter neuen Perspektiven* im multimedialen Zeitalter, in: Kubicek, Herbert/Braczyk, Hans-Joachim/Klumpp, Dieter/Müller, Günther/Neu, Werner/, Raubold, Eckart/Rossnagel, Alexander (Hrsg.): *Multimedia@Verwaltung*, Jahrbuch Telekommunikation und Gesellschaft 1999, S. 234 ff.

Hinrichs, Ulrike: „Big Brother" und die Menschenwürde. In: Neue Juristische Wochenschrift (NJW) 2000, S. 2173 ff.

Hochstein, Reiner: Teledienste, Mediendienste und Rundfunkbegriff – Anmerkungen zur Abgrenzung multimedialer Erscheinungsformen. In: Neue Juristische Wochenschrift (NJW) 1997, S. 2977 ff.

Hoff, Dieter: Derzeitige und zukünftige *rundfunktechnische Entwicklungen*, Arbeitspapiere des IRÖ, Nr. 141, Köln 2000

Hoff, Dieter: *Technische Konvergenz* – Fakten und Perspektiven, Arbeitspapiere des IRÖ, Nr. 149, Köln 2001

Hoffmann, Jochen/Sarcinelli, Ulrich: *Politische Wirkungen der Medien*, in: Wilke, Jürgen (Hrsg.), Mediengeschichte der Bundesrepublik Deutschland, Freiburg 1989, S. 720 ff.

Hoffmann-Riem, Wolfgang: Anmerkung zu OVG Berlin, Juristenzeitung 1976, S. 402 ff. In: Juristenzeitung (JZ) 1976, S. 405 ff.

Hoffmann-Riem, Wolfgang: Anmerkung zu BVerfGE 80, 124. In: Juristenzeitung (JZ) 1989, S. 842 ff.

Hoffmann-Riem, Wolfgang: Kommentierung zu Art. 5 Abs. 1 und 2, in: Wassermann, Rudolf (Hrsg.); Alternativkommentar zum Grundgesetz, Band 1, Art. 1-37, 2. Auflage, Neuwied 1989 (zitiert: *AK-GG*)

Hoffmann-Riem, Wolfgang: *Erosionen des Rundfunkrechts*, München 1990

Hoffmann-Riem, Wolfgang: Schutz der Kommunikationsordnung durch Rundfunkaufsicht: Ziele, Erfahrungen, Instrumente. In: Zeitschrift für Staatswissenschaft und Staatspraxis 1991, S. 405 ff.

Hoffmann-Riem, Wolfgang: *Kommunikations- und Medienfreiheit*, in: Benda, Ernst/Maihofer, Werner/Vogel, Hans Joachim (Hrsg.): Handbuch des Verfassungsrechts, 2., neubearbeitete Auflage, Berlin/New York 1994

Hoffmann-Riem, Wolfgang: Multimedia-Politik vor neuen Herausforderungen. In: Rundfunk und Fernsehen (RuF) 1995, S. 125 ff.

Hoffmann-Riem, Wolfgang: *Pay-TV* im öffentlich-rechtlichen Rundfunk, Baden-Baden 1996

Hoffmann-Riem, Wolfgang: *Regulating Media*, New York 1996

Hoffmann-Riem, Wolfgang: Kommunikationsfreiheit für Werbung – Zugleich Anmerkung zu den Benetton-Entscheidungen des BGH. In: Zeitschrift für Urheber- und Medienrecht (ZUM) 1996, S. 1 ff.

Hoffmann-Riem, Wolfgang: Der Rundfunkbegriff in der Differenzierung kommunikativer Dienste. In: Archiv für Presserecht (AfP) 1996, S. 9 ff.

Hoffmann-Riem, Wolfgang: *Der strategische Stellenwert der Programmproduktion* für die Rundfunkveranstaltung, In: Schröder, Hermann-Dieter (Hrsg.): Entwicklung und Perspektiven der Programmindustrie, Baden-Baden 1999, S. 13 ff.

Hoffmann-Riem, Wolfgang: *Stadien des Rundfunkrichterrechts*, in: Jarren, Ottfried (Hrsg.), Medienwandel - Gesellschaftswandel, 10 Jahre dualer Rundfunk in Deutschland, Berlin 1999, S. 17 ff.

Hoffmann-Riem, Wolfgang: Thesen zur Regulierung der dualen Rundfunkordnung. In: Medien & Kommunikationswissenschaft (M&K), Heft 1/2000, S. 7 ff.

Hoffmann-Riem, Wolfgang: *Regulierung* der dualen Rundfunkordnung, Baden-Baden 2000

Hoffmann-Riem, Wolfgang: Von der dualen Rundfunkordnung zur dienstespezifisch diversifizierten Informationsordnung. Eine Einführung, in: Kops, Manfred/Schulz, Wolfgang/Held, Thorsten (Hrsg.): Von der dualen Rundfunkordnung zur dienstespezifisch diversifizierten *Informationsordnung*? Baden-Baden/Hamburg 2001, S. 9 ff.

Hoffmann-Riem, Wolfgang/Engels, Stefan/Schulz, Wolfgang: Handlungsoptionen, in: Charlton, Michael/Neumann-Braun, Klaus/Aufenanger, Stefan/Hoffmann-Riem, Wolfgang (Hrsg.): *Fernsehwerbung und Kinder*. Das Werbeangebot in der Bundesrepublik Deutschland und seine Verarbeitung durch Kinder, Band 2, Opladen 1995, S. 417 ff.

Hoffmann-Riem, Wolfgang/Engels, Stefan/Schulz, Wolfgang: Verfassungsrechtliche Problemstellung, in: Charlton, Michael/Neumann-Braun, Klaus/Aufenanger, Stefan/Hoffmann-Riem, Wolfgang (Hrsg.): *Fernsehwerbung und Kinder*. Das Werbeangebot in der Bundesrepublik Deutschland und seine Verarbeitung durch Kinder, Band 2, Opladen 1995, S. 311 ff.

Hoffmann-Riem, Wolfgang/Schulz, Wolfgang: *Hamburgisches Medienrecht*, Berlin 1997

Hoffmann-Riem, Wolfgang/Schulz, Wolfgang: *Politische Kommunikation – Rechtswissenschaftliche Perspektiven*, in: Jarren, Otfried/Sarcinelli, Ulrich/Saxer, Ulrich (Hrsg.): Politische Kommunikation, Opladen/Wiesbaden 1998, S. 159 ff.

Hoffmann-Riem, Wolfgang/Schulz, Wolfgang/Held, Thorsten: *Konvergenz und Regulierung*, Baden-Baden 2000

Hofsähs, Rudolf: Staatliche Informationstätigkeit, in: Schiwy, Peter/Schütz, Walter J. (Hrsg.): Medienrecht, 3. Auflage. Neuwied 1994, S. 395 ff.

Holgersson, Silke: *Fernsehen ohne Kontrolle*? Opladen 1995

Hölscher, Frank: Das *Internet* als Herausforderung für die Interpretation der Rundfunkfreiheit, in: Albers, Marion u. a. (Hrsg.): Beobachten – Entscheiden – Gestalten: Symposion zum Ausscheiden von Dieter Grimm aus dem Bundesverfassungsgericht, Berlin 2000, S. 195 ff.

Holznagel, Bernd: Der spezifische *Funktionsauftrag* des Zweiten Deutschen Fernsehens, Gütersloh 1999

Holznagel, Bernd/Ulrich, Temme: *Kommunen im Internet*, in: Hoeren, Thomas/Sieber, Ulrich (Hrsg.): Handbuch Multimedia-Recht, München 2000, Teil 26

Holznagel, Bernd/Verhulst, Stefan/Grünwald, Andreas/Hahne, Kathrin: Removing E-Barriers. In Multimedia und Recht (MMR) 2000 (7. 4. 2000); abrufbar unter http://www.beck.de/MMR/Materialien/barriers.htm

Holznagel, Bernd/Vesting, Thomas: *Sparten- und Zielgruppenprogramme* im öffentlich-rechtlichen Rundfunk, insbesondere im Hörfunk, Baden-Baden 1999

Homann, Karl/Blome-Drees, F.: *Wirtschafts- und Unternehmensethik*, Göttingen 1992

Homann, Karl/Suchanek, Andreas: *Ökonomik*. Eine Einführung, Tübingen 2000

Horn, Hans-Dieter: *Experimentelle Gesetzgebung*, Berlin 1989

Hutter, Manfred: *Ökonomische Eigenheiten* des E-Commerce. In: Archiv für Presserecht (AfP) 2000, S. 30 ff.

IVW (Informationsgemeinschaft zur Feststellung der Verbreitung von Werbeträgern e. V): Online-Nutzungsdaten im Dezember 2000, abrufbar unter http://www.ivw.de/data/inhalt.html?screen=alpha

Jäckel, Michael: Interaktion: Soziologische Anmerkungen zu einem Begriff. In: Rundfunk und Fernsehen (RuF) 1995, S. 463 ff.

Janik, Viktor: Der deutsche Rundfunkbegriff im Spiegel technischer Entwicklungen. In: Archiv für Presserecht (AfP) 2000, S. 7 ff.

Jarass, Hans Dieter: *Online-Dienste* und Funktionsbereich des Zweiten Deutschen Fernsehens, Mainz 1997

Jarass, Hans Dieter: Rundfunkbegriffe im Zeitalter des Internet. In: Archiv für Presserecht (AfP) 1998, S. 133 ff.

Jarass, Hans Dieter/Pieroth, Bodo: *Kommentar zum Grundgesetz*, 5., neu bearbeitete Auflage, München 2000

Jarren, Otfried: *Demokratie durch Internet?*, in: Eisel, Stephan (Hrsg.): *Internet und Politik*, Sankt Augustin 1998, S. 27 ff.

Jarren, Otfried: Medienregulierung in der Informationsgesellschaft. Über die Möglichkeiten zur Ausgestaltung der künftigen Medienordnung. In: Publizistik 1999, S. 149 ff.

Jarren, Otfried: Gesellschaftliche Integration durch Medien? Zur Begründung normativer Anforderungen an Medien. In: Medien & Kommunikation (M&K) 2000, S. 21 ff.

Jarren, Otfried/Donges, Patrick: *Medienregulierung durch die Gesellschaft?*, Wiesbaden 2000

Johns, Dirk Max: *Wirtschaftsmacht Fernsehen*: Märkte und Mythen der Medienindustrie, Frankfurt/M. 1998

Kalckreuth, Annette von: *Geschlechtsspezifische Vielfalt* im Rundfunk. Ansätze zur Regulierung von Geschlechtsrollenklischees, Baden-Baden 2000

Kammann, Uwe: Dekonzertierte Aktion. Öffentlichkeit: was ist das? Ein Berliner Symposion. In: epd medien Nr. 81 vom 11. Oktober 2000, S. 8 ff.

Karmann, Alexander: *Principal-Agent-Modelle* und Risikoallokation. Einige Grundprinzipien. In: WiSt 1992, S. 557 ff.

Keinath, Annette: *Fernsehempfang* und PC/Online-Ausstattung in Europa. Ergebnisse des SES/ASTRA Satellite Monitors 2000. In: Media Perspektiven, Heft 10/2000, S. 451 ff.

Kellermeier, Jürgen: Die notwendige *Steuerung* von Qualität und Effizienz nach nichtmarktlichen Kriterien und Verfahren, in: Kops, Manfred (Hrsg.): Produktionssteuerung im öffentlich-rechtlichen Rundfunk, Arbeitspapiere des Instituts für Rundfunkökonomie, Heft 142, Köln 2001, S. 77 ff.

Kelm, Hartmut: Vielfalt der Einnahmequellen als Schutz vor Abhängigkeiten. In: Media Perspektiven (MP), Heft 1/1990, S. 357 ff.

Kiefer, Marie-Luise: *Wettbewerb* im dualen Rundfunksystem? Betrachtungen aus wirtschaftswissenschaftlicher Sicht. In: Media Perspektiven (MP) 1994, S. 430 ff.

Kiefer, Marie-Luise: *Das Publikum als Kunde*, Kapitel 3, in: ARD/ZDF (Hrsg.): Was Sie über *Rundfunk* wissen sollten, Berlin 1997, S. 189 ff.

Kiefer, Marie Luise: Die ökonomischen *Zwangsjacken* der Kultur, in: Saxer, Ulrich (Hrsg.): Medien-Kulturkommunikation. In: Publizistik, Sonderheft 2/1998, S. 97 ff.

Kiefer, Marie-Luise: *Medienkultur* als Nachfrageproblem?, in: Duchkowitsch, Wolfgang u. a. (Hrsg.): Journalismus als Kultur, Opladen/Wiesbaden 1998, S. 227 ff.

Kiefer, Marie Luise: *Medienökonomik*. Einführung in eine ökonomische Theorie der Medien, München/Wien 2001

Klein, Benjamin/Leffler, Keith (1981), The Role of *Market Forces* in Assuring Contractual Performance. In: Journal of Political Economy 1989, S. 615 ff.

Kleine-Erfkamp, Stefan: Die Rolle der *Marktakteure* bei der Entwicklung des digitalen Fernsehens in Deutschland. Ein wertschöpfungsorientierter Strategieansatz, Arbeitspapiere des IRÖ, Nr. 87, Köln 1997

Kleinsteuber, Hans-Joachim/Hagen, Martin: Interaktivität: Verheißungen der Kommunikationstheorie und das Netz, in: Neverla, Irene, Das Netz-Medium: Kommunikationswissenschaftliche Aspekte eines Mediums in Entwicklung, Opladen 1998, S. 63 ff.

Knieps, Günter: *Zugang zu Netzen*. Verselbständigung, Nutzung, Vergütung, Eigentumsschutz, in: Forschungsinstitut für Wirtschaftsverfassung und Wettbewerb (Hrsg.): Referate des XXXI. FIW-Symposions, Köln u. a. 1998, S. 67 ff.

Knieps, Günter: Der disaggregierte Regulierungsansatz der Netzökonomie, Kap. 1, in: ders./Brunekreeft, Gert (Hrsg.): Zwischen Regulierung und Wettbewerb. Netzsektoren in Deutschland, Heidelberg 2000, S. 7 ff.

Knüpfer, Uwe: *Fernsehen* macht dumm – glauben viele Amerikaner. In: Westdeutsche Allgemeine Zeitung (WAZ) vom 17. 9. 1997

Kohl, Helmut: Ökonomische Vielfaltskonzepte im Spiegel juristischer Anforderungen - oder: Die Zahnbürste und das Fernsehen, in: ders. (Hrsg.): Vielfalt im Rundfunk, Konstanz 1997, S. 63 ff.

Kommission der Europäischen Gemeinschaft: Grünbuch zur Konvergenz der Branchen Telekommunikation, Medien und Informationstechnologie und ihren ordnungspolitischen Auswirkungen, KOM (97) 623; abrufbar unter http://www.ispo.cec.be/convergence.gb.

Kommission zur Ermittlung der Konzentration im Medienbereich (KEK): Fortschreitende *Medienkonzentration* im Zeichen der Konvergenz, Berlin 2000

Konert, Bertram: *Konvergenz* und Marktzugang im Bereich des digitalen Fernsehens und des World Wide Web, EIM Working Paper, o. O. (Düsseldorf) 1998

König, Michael: Die *Einführung des digitalen Fernsehens*. Neue Probleme und Implikationen für den Wettbewerb und die Medienkonzentration, Baden-Baden 1997

Kopetsch, Thomas/Lehmann, Erik/Weigand, Jürgen: Das EU-Werbeverbot für Tabakerzeugnisse: Heilsbringer oder Büchse der Pandora? In: List Forum für Wirtschafts- und Finanzpolitik, Heft 3/1999, S. 245 ff.

Kops, Manfred: Rechtfertigen *Nachfragemängel* eine Regulierung von Rundfunkprogrammen? Arbeitspapiere des IRÖ, Heft 72, Köln 1996 (in leicht gekürzter Form veröffentlicht in: Kohl, Helmut (Hrsg.): Vielfalt im *Rundfunk*, Konstanz 1997, S. 151 ff.)

Kops, Manfred: *Externalitäten* als Rechtfertigung einer Regulierung von Rundfunkprogrammen?, in: Tätigkeitsbericht des Instituts für Rundfunkökonomie für die Jahre 1995 und 1996, Arbeitspapiere des IRÖ, Heft 78, Köln 1997, S. 101 ff.

Kops, Manfred: *Regelungsinhalte* und Gestaltungsprinzipien von Finanzverfassungen, Arbeitspapiere des IRÖ, Heft 82, Köln 1997

Kops, Manfred: *Rundfunkbegriff* und Rundfunkregulierung in den Zeiten von Multimedia, Arbeitspapiere des IRÖ, Heft 83, Köln 1997

Kops, Manfred: *Prinzipien zur Gestaltung von Rundfunkordnungen*. Ökonomische Grundlagen und rundfunkpolitische Konsequenzen. Arbeitspapiere des IRÖ, Heft 100, Köln 1998 (erschienen in Berg, Hans J. (Hrsg.): *Rundfunkgremien* in Deutschland, 2. Ausgabe, Berlin 1999, S. 11 ff.)

Kops, Manfred: Nationale Konzentrationskontrolle und internationale Wettbewerbsfähigkeit von Rundfunkveranstaltern, Arbeitspapiere des IRÖ, Heft 115, Köln 1999 (erschienen in: Prütting, Hanns u. a.: Marktmacht und Konzentrationskontrolle auf dem Fernsehmarkt, München 2000, S. 33 ff.)

Kops, Manfred: Brauchen wir öffentlich-rechtliche Rundfunkanstalten?, in: Kruse, Jörn (Hrsg.): Ökonomische Perspektiven des Fernsehens in Deutschland, München 2000, S. 71 ff.

Kops, Manfred: Combating Media Concentration by the German Market Share Model. In: The European Journal of Communication Research, Vo. 3/2000, S. 233 ff.

Kops, Manfred (Hrsg.): Produktionssteuerung im öffentlich-rechtlichen Rundfunk, Arbeitspapiere des IRÖ, Heft 144, Köln 2001 (auch erschienen als Themenheft der Zeitschrift für Betriebswirtschaftliche Forschung und Praxis, Heft 4/2001)

Kops, Manfred: *Deregulierung* als Folge technischer Konvergenz? Die wirtschaftswissenschaftliche Sicht, Arbeitspapiere des IRÖ, Heft 150, Köln 2001

KPMG: Public Policy Issues Arising from Telecommunications and Audiovisual Convergence, London 1996

Krauße-Ablaß, Günter B., Die Neutralitätspflicht der Rundfunkanstalten. In: Rundfunk und Fernsehen (RuF) 1962, S. 113 ff.

Kreps, David M.: *Corporate Culture* and Economic Theory, in: Alt, J. E./Shepsle, K. A. (Hrsg.): Perspectives on Positive Political Economy, Cambridge 1990

Kronberger Kreis: *Mehr Markt* in Hörfunk und Fernsehen, Schriftenreihe des Frankfurter Instituts für wirtschaftspolitische Forschung e. V., Bd. 19, Bad Homburg 1989

Kronberger Kreis: Das *Ärgernis* der deutschen Rundfunkordnung. In: Argumente zur Wirtschaftspolitik, Nr. 34/März 1991

Krönig, Jürgen: McWorld. Medienqualität und Gesellschaft: eine fatale Beziehung? In: epd medien, Nr. 86 vom 28. 10. 2001, S. 3 ff.

Krotz, Friedrich: Fernsehen fühlen. In: Rundfunk und Fernsehen (RuF) 1993, S. 477 ff.

Krotz, Friedrich: Elektronisch mediatisierte Kommunikation. In: Rundfunk und Fernsehen (RuF) 1995, S. 445 ff.

Krotz, Friedrich: *Öffentlichkeit aus Sicht des Publikums*, in: Krotz, Friedrich: Öffentlichkeit unter Vielkanalbedingungen, Baden-Baden 1998, S. 95 ff.

Krotz, Friedrich: Öffentlichkeit und medialer Wandel: sozialwissenschaftliche Überlegungen zu der Verwandlung von Öffentlichkeit durch das Internet, in: Faulstich, Werner, *Öffentlichkeit im Wandel*: neue Beiträge zur Begriffsklärung, Bardowick 2000, S. 210 ff.

Krotz, Friedrich: Das Internet als Form kommerziell organisierter Kommunikation und die Rolle vermittelnder Institutionen, in: Kops, Manfred/Schulz, Wolfgang/Held, Thorsten (Hrsg.): Von der dualen Rundfunkordnung zur dienstespezifisch diversifizierten *Informationsordnung*?, Baden-Baden/Hamburg 2001, S. 21 ff.

Krotz, Friedrich: *Anschlußkommunikation* im Internet, in: Göttlich, Udo/Krotz, Friedrich/Paus-Haase, Ingrid (Hrsg.): Daily Soaps und Daily Talks im Alltag von Jugendlichen, Schriftenreihe Medienforschung der LfR, Band 38, Opladen 2001, S. 265 ff.

Krüger, Udo Michael: Boulevardisierung der Information im Privatfernsehen. In: Media Perspektiven (MP) 1996, S. 362 ff.

Krüger, Bruno: Die Technik zum *Bouquet-Fernsehen*, in: ZDF.vision. Das Programmbouquet: digital und interaktiv, Mainz, 2000, S. 41 ff.

Krüger, Udo Michael/Zapf-Schramm, Thomas: *Die Boulevardisierungskluft im deutschen Fernsehen*. In: Media Perspektiven, Heft 7/2001, S. 326 ff.

Kruse, Jörn: *Ökonomische Probleme* der deutschen Fernsehlandschaft, in: Kruse, Jörn (Hrsg.): Ökonomische Perspektiven des Fernsehens in Deutschland, München 2000, S. 7 ff.

Kubicek, Herbert: Duale Informationsordnung als Sicherung des öffentlichen Zugangs zu Informationen. In: Computer und Recht (CR) 1995, S. 370 ff.

Kubicek, Herbert/Welling, Stefan: Internet für alle durch institutionelle Förderung. Zur Rolle von Stiftungen, öffentlichen Bibliotheken und anderen gemeinnützigen Einrichtungen in einer dienstespezifisch diversifizierten Informationsordnung, in: Kops, Manfred/Schulz, Wolfgang/Held, Thorsten (Hrsg.): Von der dualen Rundfunkordnung zur dienstespezifisch diversifizierten *Informationsordnung*? Baden-Baden/Hamburg 2001, S. 217 ff.

Kübler, Friedrich: Die *Konzentration* im Medienbereich und ihre Kontrolle, in: Prütting, Hanns u. a.: Marktmacht und Konzentrationskontrolle auf dem Fernsehmarkt. München 2000, S. 7 ff.

Kübler, Hans-Dieter: *Mediale Kommunikation*, Tübingen 2000

Kuhne, Helmut: Alles Konvergenz oder was? Das EU-Grünbuch: eine Auseinandersetzung. In: epd Medien Nr. 38 vom 20. 5. 1998, S. 9 ff.

Kull, Edgar: Auf dem Weg zum dualen Rundfunksystem. In: Archiv für Presserecht (AfP) 1987, 365 ff.

Kunczik, Michael: *Gewalt und Medien*, 2. Auflage, Köln 1994

Ladeur, Karl-Heinz: *Postmoderne Rechtstheorie*, Berlin 1992

Ladeur, Karl-Heinz: Zur Kooperation von staatlicher Regulierung und Selbstregulierung des Internet. In: Zeitschrift für Urheber- und Medienrecht (ZUM) 1997, S. 372 ff.

Ladeur, Karl-Heinz: Die vertikale Integration von Film-, Fernseh- und Video-Wirtschaft als Herausforderung der Medienregulierung: zur Notwendigkeit einer neuen Form der Regulierung von

Vielfaltsanforderungen auf der Programmebene. In: Rundfunk und Fernsehen (RUF)1998, S. 5 ff.
Ladeur, Karl-Heinz: Rechtliche Regulierung von Informationstechnologien und Standardsetzung. In: Computer und Recht (CR) 1999, S. 395 ff.
Ladeur, Karl-Heinz: Neue Werbeformen und der Grundsatz der Trennung von Werbung und Programm. In: Zeitschrift für Urheber- und Medienrecht (ZUM) 1999, S. 672 ff.
Ladeur, Karl-Heinz: Der „Funktionsauftrag" des öffentlich-rechtlichen Rundfunks – auf „Integration" festgelegt oder selbst definiert? In: Medien & Kommunikationswissenschaft (M&K) 2000, Heft 1, S. 93 ff.
Lammek, Marc/Dreyer, Stephan: Medienrechtliche Probleme des Business-TV. In: Computer und Recht (CR) 1999, S. 638 ff.
Lampe, Joachim: *Die Produktionssteuerung des NDR*: Planung nach dem „Vier-Augen-Prinzip, in: Kops, Manfred (Hrsg.): Produktionssteuerung im öffentlich-rechtlichen Rundfunk, Arbeitspapiere des Instituts für Rundfunkökonomie, Heft 142, Köln 2001, S. 31 ff.
Lampe, Joachim/Mewes, Peter: Produktionssteuerung im öffentlich-rechtlichen Rundfunk: Entwicklungen des Fernsehproduktionsbetriebs am Beispiel des Norddeutschen Rundfunks. In: Media Perspektiven (MP) 1998, S. 214 ff.
Langenbucher, Wolfgang R.: Das schleichende Gift Quote. Der öffentlich-rechtliche Rundfunk in der Sackgasse. In: epd, Nr. 66/1994, S. 3 ff.
Laux, Helmut: *Grundfragen der Organisation*. Anreiz und Kontrolle, Berlin/Heidelberg/New York 1979
Laux, Helmut/Liermann, Felix: Grundlagen der *Organisation*. Die Steuerung von Entscheidungen als Grundproblem der Betriebswirtschaftslehre, 2. Aufl., Berlin u. a. 1990
Leland, H. E.: Quacks, Lemons, and Licensing: A Theory of Minimum Quality Standards. In: Journal of Political Economy 87, S. 1328 ff.
Lengler, Ralph: Im Netz der *Psychologie*, abrufbar unter http://www.taz.de/pt/2001/08/07.nf/isText.idx.8.ausg,is_200106
Leschke, M.: *Zur ökonomischen Analyse* moralkonformen Handelns. In: Analyse und Kritik, Nr. 17/1995, S. 209 ff.
Libertus, Michael: Grundversorgungsauftrag und elektronische Benutzerführungssysteme. In: Zeitschrift für Urheber- und Medienrecht (ZUM) 1996, S. 394 ff.
Libertus, Michael: Medienrechtliche Einordnung von Business-TV-Diensten. In: Kommunikation und Recht (K&R) 2000, S. 119 ff.
Linscheidt, Bodo/Ochtrup, Jens: Die umweltpolitische *Effektivität* freiwilliger Selbstverpflichtungen: ein spieltheoretisches Modell, Umweltökonomische Diskussionsbeiträge des Finanzwissenschaftlichen Forschungsinstituts an der Universität zu Köln, Nr. 99–3, Köln 1999
Löffler, Martin: *Presserecht*, 4. Auflage, München 1997
Löffler, Martin/Ricker, Reinhard: *Handbuch des Presserechts*, 3. Auflage, München 1994
Loosen, Wiebke: Suchmaschinen: „Informations- und Wissensverwalter" im Internet. In: Medien Journal 1999, S. 42 ff.
Luckenbach, Helga: *Theoretische Grundlagen* der Wirtschaftspolitik, München 1986
Ludwig, Johannes: Zur *Ökonomie der Medien*: Zwischen Marktversagen und Querfinanzierung, Opladen 1998
Luecken, Verena: Alle gucken, keiner sieht. Amerika beweist: Der freie Markt macht Fernsehen dumm. In: FAZ vom 9. 2. 1995
Luhmann, Niklas: *Realität der Massenmedien*, Opladen 1996
Luhmann, Niklas: *Sinn der Kunst* und Sinn des Marktes – zwei autonome Systeme, in: Müller, Florian/Müller, Michael (Hrsg.): Markt und Sinn. Dominiert der Markt unsere Werte? Frankfurt/New York 1996, S. 195 ff.
Luhmann, Niklas: Die *Gesellschaft der Gesellschaft*, Frankfurt am Main 1998
Luhmann, Niklas: *Die Politik der Gesellschaft*, Frankfurt am Main 2000
Luhmann, Niklas: *Organisation und Entscheidung*, Opladen/Wiesbaden 2000

Mackscheidt, Klaus: *Meritorische Güter*: Musgraves Idee und deren Konsequenzen. In: Das Wirtschaftsstudium, Heft 3/1994, S. 237 ff.

Mackscheidt, Klaus/Steinhausen, Jörg: Finanzpolitik II: *Grundfragen versorgungspolitischer Eingriffe*, Düsseldorf 1977

Mai, Manfred: Zum Verhältnis von *Fremd- und Selbstregulierung* in der Medienpolitik, in: Imhof, Kurt/Jarren, Otfried/Blum, Roger (Hrsg.): Steuerungs- und Regelungsprobleme in der Informationsgesellschaft, Opladen 1999, S. 331 ff.

Mailänder, Peter: *Konzentrationskontrolle* zur Sicherung von Meinungsvielfalt im privaten Rundfunk, Baden-Baden 2000

Marcinkowski, Frank: *Publizistik als autopoietisches System*: Politik und Massenmedien; eine systemtheoretische Analyse, Opladen 1993

McChesney, Robert W.: *Rich Media*, Poor Democracy. Communication Politics in Dubious Times, Urbana/Chicago 1999

Meckel, Miriam: Die neue Übersichtlichkeit: zur Entwicklung des Format-Fernsehens in Deutschland. In: Rundfunk und Fernsehen (RuF) 1997, S. 475 ff.

Media Perspektiven: Basisdaten, Frankfurt am Main 1998, 2000

Meisel, John B./ Sullivan, Timothy S.: *Portals*: the new media companies. In: The journal of policy, regulation and strategy of telecommunications, information and media, No. 5/2000, S. 477 ff.

Merten, Klaus: *Gewalt* durch Gewalt im Fernsehen, Opladen/Wiesbaden 1999

Metzger, Jan/Oehmichen, Eckehardt: Qualitätssteuerung im Hessen-Fernsehen: Strategie, Verfahren und erste Erfahrungen. In: Media Perspektiven 2000, S. 207 ff.

Michel, Eva- Maria: Rundfunk und Internet: die Zulässigkeit von Internet-Aktivitäten der öffentlichrechtlichen Rundfunkanstalten. In: Zeitschrift für Urheber und Medienrecht (ZUM) 1998, S. 350 ff.

Mikos, Lothar: Der bewegte Blick: Wahrnehmungsveränderung durch Bild und Bewegung. In: Medien praktisch, 1994/Heft 3, S. 17 ff.

Monopolkommission: Hauptgutachten 1998/1999. *Wettbewerbspolitik* in Netzstrukturen. Mit einem Anlagenband, Baden-Baden 2000

Müller, Florian/Müller Michael (Hrsg.): *Markt und Sinn*. Dominiert der Markt unsere Werte? Frankfurt/Main 1996

Müller, Friedrich: *Juristische Methodik*, Berlin 1997

Müller, Monica: *Markt- und Politikversagen* im Fernsehsektor, Frankfurt/M. 1998

Müller, Petra: *Gewalt im Fernsehen*. Ethische Überlegungen zur audiovisuellen Gewaltdarstellung, in: Bubmann, Peter/Müller, Petra (Hrsg.): Die Zukunft des Fernsehens. Beiträge zur Ethik der Fernsehkultur, Stuttgart u. a. 1996, S. 35 ff.

Mursieck, Dieter: Staatliche Warnungen, Wertungen und Kritik als Grundrechtseingriffe. In: Deutsche Verwaltungsblätter (DVBl) 1997, S. 1021 ff.

Musgrave, Richard A.: *The Theory of Public Finance*, New York u. a. 1959

Musgrave, Richard A.: *Fiscal Systems*, New Haven/London 1969

Nelson, Richard R.: Einfache ökonomische Aspekte der wissenschaftlichen *Grundlagenforschung*, in: Naumann, Jens (Hrsg.): Forschungsökonomie und Forschungspolitik, Stuttgart 1970, S. 1 ff.

Nerverla, Irene: Methoden der Online-Forschung als Indikatoren für neue Formen von Öffentlichkeit, in: Faulstich, Werner (Hrsg.): *Öffentlichkeit im Wandel*: neue Beiträge zur Begriffsklärung, Bardowick 2000, S. 285 ff.

Neuberger, Christoph: *Nachrichten-Recycling* oder Online-Journalismus? Print- und Onlineversion von Tageszeitungen im Vergleich, in: Neuberger, Christoph/Tonnemacher, Jan (Hrsg.): Online, die Zukunft der Zeitung? Das Engagement deutscher Tageszeitungen im Internet, Opladen 1999, S. 242 ff.

Neuberger, Christoph: *Journalismus als systembezogene Akteurskonstellationen*. in: Löffelholz, Martin (Hrsg.): Theorien des Journalismus, Wiesbaden 2000, S. 275 ff.

Neuberger, Christoph: Journalismus im Internet: Auf dem Weg in die Eigenständigkeit? In: Media Perspektiven (MP) 2000, S. 310 ff.

Niedersächsische Landesmedienanstalt für privaten Rundfunk (Hrsg.): *Die Tyrannei* der öffentlichen Intimität und Tabubrüche im Fernsehen, Berlin 1999

Noam, Eli, A Public and Private Choice Model of Broadcasting. In: Public Choice 1987, S. 163 ff.

Noam, Eli: *Why internet is bad for democracy*, unveröffentlichtes Manuskipt

Noé, Claus: Staatenlose *Marktkräfte* versus Kultur der Zivilgesellschaft, in: Heidelberger Club für Wirtschaft und Kultur e. V. (Hrsg.): Globalisierung. Der Schritt in ein neues Zeitalter, Berlin/Heidelberg 1997, S. 85 ff.

Noelle-Neumann, Elisabeth/Köcher, Renate (Hrsg.): Allensbacher Jahrbuch der Demoskopie 1984 - 1992, München u. a. 1993

Nowotny, Peter: *Es ist so. Es könnte auch anders sein*. Frankfurt a. M. 1999

Oehmichen, Ekkehardt/Schröter, Christian: ARD/ZDF-Online-Studie: Fernsehen, Hörfunk. Internet: Konkurrenz, Konvergenz oder Komplement? In: Media Perspektiven (MP) 2000, S. 359 ff.

Ott, Klaus: „Jede Mark wird aufgelesen". In der ARD wächst der Unmut über die Gefährdung der journalistischen Glaubwürdigkeit. In: Süddeutsche Zeitung (SZ) vom 10. 12. 1997

Owen, Bruce: *The Internet Challenge* to Television, Cambridge/London 1999

Owen, Bruce M./Beebe, Jack H./Manning, Willard G.: *Television Economics*, Lexinton/Mass. 1974

Owen, Bruce M./Wildman, Steven S.: *Video Economics*, Cambridge, Mass. 1992

Pauli, Andreas: Der *Schutz von Presse und Rundfunk* vor dem Zugriff staatlicher Verfolgungsorgane, München 1988

Paus-Haase, Ingrid/Hasebrink, Uwe/Mattusch, Uwe/Keuneke, Susanne/Krotz, Friedrich: *Talkshows im Alltag von Jugendlichen*. Der tägliche Balanceakt zwischen Orientierung, Amüsement und Ablehnung. Opladen 1999

Pennock, R. J. (1959): Federal and Unitary *Government*: Disharmony and Frustration. In: Behavioral Science, No. 4, S. 147 ff.

Perillieux, René/Vogelsang, Gregor: *Informationsgesellschaft*: Märkte und Perspektiven in Deutschland, in: Tauss, Jörg/Kollbeck, Johannes/Mönickes, Jan (Hrsg.): Deutschlands Weg in die Informationsgesellschaft, Baden-Baden 1996, S. 452 ff.

Pethig, Rüdiger: Die ökonomische *Perspektive* des Rundfunks, in: Holgersson, Silke/Jarren, Otfried/Schatz, Heribert (Hrsg.): Dualer Rundfunk in Deutschland. Beiträge zu einer Theorie der Rundfunkentwicklung, Münster/Hamburg 1994, S. 179 ff.

Pieper, Antje Karin/Wiechmann, Peter: Der Rundfunkbegriff-Änderungen durch Einführung des interaktiven Fernsehens? In: Zeitschrift für Urheber- und Medienrecht (ZUM) 1995, S. 82 ff.

Plake, Klaus: *Talkshows*. Die Industrialisierung der Kommunikation, Darmstadt 1999

Postinett, Axel: Von Moralaposteln und mündigen Bürgern. In: Handelsblatt (HB) vom 19. 5. 1998

Pöttker, Horst (Hrsg.): *Öffentlichkeit als gesellschaftlicher Auftrag*. Klassiker der Sozialwissenschaft über Journalismus und Medien, UVK, Konstanz 2001

Prokop, Dieter: Warum *Einschaltquoten* und Hitlisten kein demokratisches Bild der Publikumswünsche ergeben, in: Klingler, Walter/Roters Gunnar/Zöllner, Oliver (Hrsg.): Fernsehforschung in Deutschland. Themen – Akteure – Methoden, Teilband 2, Baden-Baden 1998, S. 955 ff.

Prokop, Dieter: *Der Medienkapitalismus*. Das Lexikon der neuen kritischen Medienforschung, Hamburg 2000

Quandt, Thorsten: *Das Ende des Journalismus*? Online-Kommunikation als Herausforderung für die Journalismusforschung, in: Löffelholz, Martin (Hrsg.), Theorien des Journalismus, Wiesbaden 2000, S. 483 ff.

Raff, Fritz: „Teilweise tief greifende Auseinandersetzungen", Ein epd-Interview mit SR-Intendant Fritz Raff zu ARD-Online-Aktivitäten. In: epd medien Nr. 8 vom 31. Januar 2001, S. 3ff.

Rager, Günther/Weber, Bernd (Hrsg.): *Publizistische Vielfalt* zwischen Markt und Politik, Mehr Medien – mehr Inhalte? Düsseldorf u. a. 1992

Rath-Glawatz, Michael: Betätigung öffentlich-rechtlicher Körperschaften und Anstalten im Online-Bereich: In Archiv für Presserecht (AfP) 1998, S. 261 ff.

Rees, Ray: The Theory of *Principal and Agent*, Part I. In: Bulletin of Economic Research, Vol. 37/ 1985, S. 3 ff.

Richter, Rudolf/Furubotn, Eirik: *Neue Institutionenökonomik*. Eine Einführung und kritische Würdigung, Tübingen 1996

Ricker, Reinhard: Rundfunkgebühren für Computer mit Internet-Zugang? In: Neue Juristische Wochenschrift (NJW) 1997, S. 319 ff.

Ricker, Reinhart/Schiwy, Peter: *Rundfunkverfassungsrecht*, München 1997

Ridder, Christa-Maria: US-Kinderfernsehen zwischen Kommerz und Regelungsversuchen im öffentlichen Interesse. In: Media Perspektiven (MP) 1997, S. 31 ff.

Riepl, Wolfgang, *Nachrichtenwesen des Altertums* mit besonderer Rücksicht auf die Roemer, Leipzig und Berlin 1913

Ring, Wolf-Dieter: Pay-TV ist Rundfunk. In: Zeitschrift für Urheber und Medienrecht (ZUM) 1990, S. 279 ff.

Ring, Wolf-Dieter: Möglichkeiten und Grenzen *nationalstaatlicher Deregulierung* von Rundfunkveranstaltern, Arbeitspapiere des IRÖ, Heft 152, Köln 2001

Robbers, Gerhard: Behördliche Auskunft und Warnungen gegenüber der Öffentlichkeit. In: Archiv für Presserecht (AfP) 1990, S. 84 ff.

Roberts, Bruce/Welter, Luc: Ein Überblick über die europäischen *Fernsehstrukturen*. In: Kommerzielle Kommunikation, 1/1998, S. 18 ff.

Röper, Horst: Formationen deutscher Medienmultis 1998/99. Entwicklungen und Strategien der größten deutschen *Medienunternehmen*. In: Mediaperspektiven (MP), Nr. 7/1999, S. 345 ff.

Rötzer, Florian: *Aufmerksamkeit* für die angebliche Internetsucht, abrufbar unter http://psilab.educat.hu-berlin.de/ssi/presse/20000913.html

Rossen, Helge, *Vollzug und Verhandlung*, Tübingen 1999

Rossen, Helge: *Freie Meinungsbildung* durch den Rundfunk, Baden-Baden 1998

Rossen, Helge: Was darf man wissen? *„Novel food"-Kennzeichnung* und die Meinungsbildungsfreiheit des mündigen Marktbürgers, in: Albers, Marion u. a. (Hrsg.): Beobachten – Entscheiden – Gestalten, Berlin 2000, S. 37 ff.

Rossnagel, Alexander: Globale Datennetze: Ohnmacht des Staates – Selbstschutz der Bürger. In: Zeitschrift für Rechtspolitik (ZRP) 1997, S. 26 ff.

Rowland, Willard D./Tracey, Michael: Selbstmord aus Angst vor dem Tod? Aktuelle Herausforderungen für den öffentlichen Rundfunk überall auf der Welt. In: Media Perspektiven (MP) 1989, S. 469 ff.

Ruck, Silke: Zur Unterscheidung von Ausgestaltungs- und Schrankengesetzen im Bereich der Rundfunkfreiheit. In: Archiv des öffentlichen Rechts (AöR) 117 (1992), S. 543 ff.

Saxer, Ulrich (Hrsg.): *Medien-Kulturkommunikation*. In: Publizistik, Sonderheft 2/1998, Opladen 1998

Schaar, Oliver: Programmintegrierte *Fernsehwerbung* in Europa. Zum Stand der kommunikationsrechtlichen Regulierung in Europa, Baden-Baden 2001

Scharpf, Fritz W.: *Koordination* durch Verhandlungssysteme: Analytische Konzepte und institutionelle Lösungen, in: Benz, Arthur/Scharpf, Fritz W./Zintl, Reinhard: Horizontale Politikverflechtung. Zur Theorie von Verhandlungssystemen, Frankfurt/New York 1992, S. 51 ff.

Scharpf, Fritz W.: *Coordination* in Hierarchies and Networks, in: ders. (Hrsg.): Games in Hierarchies and Networks, Boulder 1993, S. 125 ff.

Scharpf, Fritz W.: *Games* Real Actors Play. Actor-Centered Institutionalism in Policy Research, Boulder/Oxford 1997

Schatz, Heribert: *Veränderungen* des Fernsehens im gesellschaftlichen Modernisierungsprozeß, in: Mai, Manfred/Neumann-Braun, Klaus (Hrsg.): Von den „Neuen Medien" zu Multimedia. Gesellschaftliche und politische Aspekte, Baden-Baden 1998, S. 22 ff.

Schellhaaß, Horst M.: *Instrumente* zur Sicherung der Meinungsvielfalt im Fernsehen. In: Hamburger Jahrbuch für Wirtschafts- und Gesellschaftspolitik, Tübingen 1994, S. 233 ff.

Schellhaaß, Horst M.: Sicherung der *Rundfunkfreiheit* – Eine ökonomische Interpretation der Fernsehurteile. In: Jahrbuch für Sozialwissenschaften, Heft 2/1994, S. 228 ff.

Schellhaaß, Horst M.: Die deutsche *Rundfunkordnung* im Wandel. In: ORDO, Band 51/ 2000, S. 302 ff.

Schellhaaß, Horst M. (Hrsg.): *Sport und Medien*, Schriften zur Rundfunkökonomie, Band 8, Berlin 2000

Scherer, Frank: Suggestiv und breitenwirksam. Der Gesetzgeber muss über Internet-Radios reden. In: epd medien, Nr. 41 vom 24. Mai 2000, S. 6ff.

Scherer, Joachim: 'Online' zwischen Telekommunikations- und Medienrecht. In: Archiv für Presserecht (AfP) 1996, S. 213 ff.

Schlottke, Peter F.: Erhöhtes Risiko für aggressives Verhalten durch „aggressive" Film-/TV-Modelle?, in: Fromm, Martin/Haase, Frank/Schlottke, Peter F. (Hrsg.): Inszenierte Wirklichkeiten – Lernen und Entwicklung in der Medienwelt, Baden-Baden 2000, S. 117 ff.

Schmidt, Kurt: *Kollektivbedürfnisse und Staatstätigkeit*, in: Haller, Helmut u. a. (Hrsg.): Theorie und Praxis des finanzpolitischen Interventionismus, Tübingen 1970, S. 3 ff.

Schmidt, Kurt: *Mehr zur Meritorik*. In: Zeitschrift für Wirtschafts- und Sozialwissenschaften, Bd. 108/1988, S. 383 ff.

Schmidt, Reiner (Hrsg.): *Öffentliches Wirtschaftsrecht*, Allgemeiner Teil, Berlin u. a. 1990

Schmidt-Aßmann, Eberhard: Das allgemeine *Verwaltungsrecht* als Ordnungsidee, Berlin 1998

Schmitt Glaeser, Walter: *Kabelkommunikation und Verfassung*, Berlin 1979

Schmitt Glaeser, Walter: Die Rundfunkfreiheit in der Rechtsprechung des Bundesverfassungsgerichtes. In: Archiv des öffentlichen Rechts (AöR) 1987, S. 216 ff.

Schmittmann, Michael u. a.: Die europäische audiovisuelle Politik. Ein Überblick zum Jahresbeginn 2000. In: Archiv für Presserecht (AfP) 2000, S. 38 ff.

Schmitz, Alfred: *Rundfunkfinanzierung*. Bestandsaufnahme der Rundfunkfinanzierung in der Bundesrepublik und ökonomische Analyse der Interdependenzen von Finanzierungsformen und medienpolitischen Zielen, Diss., Köln 1990

Schoch, Friedrich: Betätigung öffentlich-rechtlicher Anstalten im Online-Bereich. In: Archiv für Presserecht (AfP) 1998, S. 253 ff.

Scholl, Armin: Journalismus als Gegenstand empirischer Forschung: ein Definitionsvorschlag. In: Publizistik 1997, S. 468 ff.

Scholz, Rupert: Zukunft von Rundfunk und Fernsehen: Freiheit der Nachfrage oder reglementiertes Angebot? In: Archiv für Presserecht (AfP)1995, S. 357 ff.

Schössler, Julia: *Konsequenzen der Digitalisierung* für werbefinanzierte TV-Veranstalter, Arbeitspapiere des IRÖ, Heft 122, Köln 2000

Schröder, Guido: Die *Ökonomie des Fernsehens* – eine mikroökonomische Analyse, Münster 1997

Schulz, Wolfgang: *Gewährleistung kommunikativer Chancengleichheit* als Freiheitsverwirklichung, Baden-Baden 1998

Schulz, Wolfgang: Jenseits der Meinungsrelevanz – Verfassungsrechtliche Überlegungen zu Ausgestaltung und Gesetzgebungskompetenzen bei neuen Kommunikationsformen. In: Zeitschrift für Urheber- und Medienrecht (ZUM) 1996, S. 487 ff.

Schulz, Wolfgang: Jugendschutz bei Tele- und Mediendiensten. In: Multimedia und Recht (MMR) 1998, S. 182 ff.

Schulz, Wolfgang: Stellungnahme zur Anhörung „Konvergenz und Medienordnung" des Unterausschusses Neue Medien des Ausschusses für Kultur und Medien am 03. Juli 2000; abrufbar unter http://rsw.beck.de/rsw/Downloads/mmr/BT-Anhoerung.pdf

Schulz, Wolfgang: Stellungnahme zur Anhörung zum Tätigkeitsbericht der Regulierungsbehörde Telekommunikation und Post (Regulierungsbehörde für Post und Telekommunikation) – Bericht nach § 81 Abs. 1 Telekommunikationsgesetz und nach § 47 Abs. 1 Postgesetz und Sondergutachten der Monopolkommission gem. § 81 Abs. 3 Telekommunikationsgesetz und § 44 Postgesetz am 15. Mai 2000 vor dem Ausschuss für Wirtschaft und Technologie des deutschen Bundestages; abrufbar unter http://.rrz.uni-hamburg.de/hans-bredow-institut/ws-lehr/bt-anh_tkg.pdf.

Schulz, Wolfgang/Held, Thorsten: Neue Rezepte, frische Zutaten. Was die Konvergenz erfordert. In: epd medien, Nr. 30 vom 15. 04. 2000, S. 8 ff.

Schulz, Wolfgang/Held, Thorsten: Verfassungsrechtliche Rahmenbedingungen einer dienstespezifisch diversifizierten Informationsordnung, in: Kops, Manfred/Schulz, Wolfgang/Held, Thorsten (Hrsg.): Von der dualen Rundfunkordnung zur dienstespezifisch diversifizierten *Informationsordnung*, Baden-Baden/Hamburg 2001, S. 111 ff.

Schulz, Wolfgang/Jürgens, Uwe: Die Regulierung privater Inhaltedienste in Zeiten der Konvergenz, Berlin 2002, (im Erscheinen)

Schulz, Wolfgang/Korte, Benjamin: Medienprivilegien in der Informationsgesellschaft. In: Kritische Vierteljahresschrift für Gesetzgebung und Rechtswissenschaft (KritV) 2001, S. 113 ff.

Schulz, Wolfgang/Kühlers, Doris: Konzepte der *Zugangsregulierung* für digitales Fernsehen, Berlin 2000.

Schulz, Wolfgang/Seufert, Wolfgang/Holznagel, Bernd: *Digitales Fernsehen* – Regulierungskonzepte und -perspektiven, Opladen 1999

Schulze-Fielitz, Helmuth: Kommentierung zu Art. 5 I, II, in: Dreier, Horst (Hrsg.*): Kommentar zum Grundgesetz*, Band I, Art. 1-19, Tübingen 1996

Schulze-Fielitz, Helmuth: Betätigung öffentlich-rechtlicher Institutionen im Onlinebereich. In: Archiv für Presserecht (AfP) 1998, S. 447 ff.

Schulzki, Christian: Großes Gerangel um die besten Plätze. In: Kölner Stadt-Anzeiger vom 12. 7. 2001

Schürmann, Frank: Staatliche Mediennutzung – Staatspresse, amtliche Verlautbarungen, Staatsrundfunk, Rundfunksponsoring. In: Archiv für Presserecht (AfP) 1993, S. 435 ff.

Schusser, Oliver W.: *Wertschöpfungskette* und Wertschöpfungssystem des deutschen Fernsehmarktes, Hamburg 1999

Seeger, Peter: *Euphorie und Ernüchterung* – Strukturwandel der elektronischen Medien, in: Schatz, Heribert/Jarren, Ottfried/Knaup, Bettina (Hrsg.): Machtkonzentration in der Multimediagesellschaft? Opladen 1997, S. 124 ff.

Selmer, Peter: *Kurzberichterstattung* und Schutzlisten für Sportübertragungen aus juristischer Sicht. In: Schellhaaß, Horst-Manfred (Hrsg.): *Sport und Medien*. Rundfunkfreiheit, Wettbewerb und wirtschaftliche Verwertungsinteressen, Vistas Verlag, Berlin, 2000, S. 49 ff.

Sennewald, Nicola: *Massenmedien* und Internet. Zur Marktentwicklung in der Pressebranche, Wiesbaden 1998

Setzer, Patrick: *Targeting im Internet*. Chancen und Risiken der Marktsegmentierung am Beispiel der Online-Werbung, Verlag für Wirtschaftskommunikation, o. O, o. J. (2000)

Seufert, Wolfgang: *Mehr Markt in Hörfunk und Fernsehen*? Publizistische Vielfalt und ökonomischer Wettbewerb, in: Holgersson, Silke/Jarren, Otfried/Schatz, Heribert (Hrsg.): Dualer Rundfunk in Deutschland. Beiträge zu einer Theorie der Rundfunkentwicklung, Münster/ Hamburg 1994, S. 169 ff.

Seufert, Wolfgang: Medienübergreifende Unternehmenskonzentration – Mittel zur Kostensenkung oder zur Erhöhung von Marktmacht?, in: Schatz, Heribert/Jarren, Ottfried/Knaup, Bettina (Hrsg.): Machtkonzentration in der Multimediagesellschaft? Opladen 1997, S. 258 ff.

Shapiro, Carl (1983), *Premiums for High Quality Products* as Returns to Reputation. In: Quarterly Journal of Economics 98, S. 659 ff.

Shapiro, Carl/Varial, Hal R.: *Information Rules*. A Strategic Guide to the Network Economy, Boston 1999

Shipman, Alan, The *Market Revolution* and its Limits. A Price for Everything, London/New York 1999

Sieber, Ulrich: *Verantwortlichkeit im Internet*. Technische Kontrollmöglichkeiten und multimediarechtliche Regelungen, München 1999

Sjurts, Insa: Die *deutsche Medienbranche*. Eine unternehmensstrategische Analyse, Wiesbaden 1996

Sohmen, Egon: *Allokationstheorie* und Wirtschaftspolitik, 2. Aufl., Tübingen 1992

Spanier, Julia: *Werbewirkungsforschung* und Mediaentscheidung, München 2000

Spindler, Gerald: Kommentierung zu *§ 2 TDG*, in: Rossnagel, Alexander (Hrsg.): *Recht der Multimediadienste, Kommentar* zum IuKDG und zum MDStV, Loseblattsammlung, Stand 1999, München

Spindler, Gerald: *Verantwortlichkeit im Internet*: Rechtspolitische Fragen des TDG und MDStV, in: Kubicek, Herbert/Braczyk, Hans Joachim/Klumpp, Dieter/Müller, Günther/Neu, Werner/Raubold, Eckart/Rossnagel, Alexander (Hrsg.): Multimedia@ Verwaltung, Jahrbuch Telekommunikation und Gesellschaft 1999, Heidelberg 1999, S. 194 ff.

Starck, Christian: Kommentierung zu Art. 5 Abs. 1 und 2, in: von Mangoldt, Hermann/Klein, Hans. H./Starck, Christian (Hrsg.): *Das Bonner Grundgesetz, Kommentar*, Band 1, München 1999

Steinmaurer, Thomas: Interaktivität: Kommunikatives Phänomen auf unterschiedlichen medialen Niveaus. In: Medien Journal 1998, Nr. 4, S. 29 ff.

Stettner, Rupert: Ist es öffentlich-rechtlichen Rundfunkanstalten, insbesondere dem Zweiten Deutschen Fernsehen (ZDF), gestattet, Pay-TV zu veranstalten? In: Zeitschrift für Urheber- und Medienrecht (ZUM)1995, S. 293 ff.

Stiglitz, Joseph E.: *Principal and Agent*. In: The New Palgrave, Vol. 3, London 1987, S. 966 ff.

Stipp, Horst: Convergence Now? In: The International Journal on Media Management, Vol. 1, No. 1, 1999, S. 10 ff.

Stock, Martin: Zur Theorie des Koordinationsrundfunks, Baden-Baden 1981

Stock, Martin: Meinungsvielfalt und Meinungsmacht, In: Juristische Zeitung (JZ) 1997, S. 583 ff.

Stock, Martin: *Rundfunkfreiheit nach dem Grundgesetz* – Verfassungsrechtliche Richtwerte für nichtkommerziellen Lokalrundfunk, in: Behnisch, Reinhard/Muntschik, Thomas/Wundenberg, Petja (Hrsg.): Macht – Markt – Meinungsfreiheit. Bürgerfunk als dritte Säule der Rundfunklandschaft? Rehburg-Loccum 1999, S. 39 ff.

Stock, Martin: *Innere Medienfreiheit* – Ein modernes Konzept der Qualitätssicherung, Baden-Baden 2001

Stoll, Clifford: *LogOut* – Warum Computer nichts im Klassenzimmer zu suchen haben und andere High Tech-Ketzereien, Frankfurt/M. 2001

Streissler, Erich: Das Problem der *Internalisierung*, in: König, Heinz (Hrsg.): Umweltverträgliches Wirtschaften als Problem von Wissenschaft und Politik, Berlin 1993, S. 81 ff.

Sturm, Hertha: *Die inneren Aktivitäten* beim Hören, Sehen und Lesen – Ein Ansatz zur Klärung der Warum-Frage von Medienwirkungen, in: Franzmann, B. (Hrsg.), Auf den Schultern von Gutenberg, Berlin/München 1995, S. 50 f.

Szyszka, Peter (Hrsg.): Öffentlichkeit und Public Relations. Ein Diskurs (im Erscheinen)

Tebert, Miriam: Erfolg durch Qualität: Programmcontrolling beim WDR Fernsehen. In: Media Perspektiven (MP) 2000, S. 85 ff.

Tenscher, Jens: *Politik für das Fernsehen – Politik im Fernsehen*. Theorien, Trends und Perspektiven, in: Sarcinelli, Ulrich (Hrsg.): Politikvermittlung und Demokratie in der Mediengesellschaft. Beiträge zur politischen Kommunikationskultur, Opladen/Wiesbaden 1998, S. 184 ff.

Theunert, Helga/Schorb, Bernd: *„Mordsbilder“*, Kinder und Fernsehinformationen, Berlin 1995

Thielmann, Bodo: Strategisches *Innovationsmanagement* in konvergierenden Märkten, Wiesbaden 2000

Thierfelder, Jörg: *Zugangsfragen* digitaler Fernsehverbreitung, München 1999

Thoma, Helmut (Hrsg.): Zwischen Mitwirkung und Mitverantwortung. Der RTL-Programmausschuß 1988 – 1996. Aufgaben, Themen und Dokumente, Frankfurt/Main 1997

Thoma, Helmut: Der träge Mensch. TV-Vollprogramme behalten ihre Bedeutung. In: Media Trend, Nr. 48/1997

Thomann, Jörg: *Schau keinen über dreißig*. Im gnadenlosen Kampf um die Quote frönt das Fernsehen dem Jugendwahn. In: Die Zeit vom 21. 10. 1997

Thureau-Dangin, Philippe: *Die Beine der Konkurrenz*. Wenn Wettbewerb zur leitenden Idee wird: Eine Gesellschaft ohne Schatten und eine Gegenwart ohne Zukunft. In: Frankfurter Allgemeine Zeitung (FAZ) vom 12. 9. 1998

Tjerström, Sune: Public Service Management. Toward a Theory of the Media Firm. In: The International Journal on Media Management, Vol. 2, No. 3/4, 2000, S. 153 ff.

Train, Kenneth E.: *Optimal Regulation*. The Economic Theory of Natural Monopoly, Cambridge/London 1991

Trute, Hans-Heinrich: Öffentlich-rechtliche Rahmenbedingungen einer Informationsordnung. In: Veröffentlichungen der Vereinigungen der Deutschen Staatsrechtslehrer (VVDStRL) 1998, Heft 57, S. 216 ff.

Trzaskalik, Christoph: *Transparenzpflichten* des öffentlich-rechtlichen Rundfunks, Berlin 2000

Turecek, Oliver/Kopitzke, Oliver: *Digitales Fernsehen* in Deutschland. Begriffe, Akzeptanzfaktoren, Beispiele, in: Klingler, Walter/Roters Gunnar/Zöllner, Oliver (Hrsg.): Fernsehforschung in Deutschland. Themen – Akteure – Methoden, Teilband 1, Baden-Baden 1998, S. 491 ff.

UCLA Center for Communication Policy: The UCLA Internet Report. Surveying the Digital Future. Los Angeles 2000; abrufbar unter http://www.ccp.ucla.edu/ pages/ internet-report.asp.

Vesting, Thomas: *Prozedurales Rundfunkrecht*, Baden-Baden/Hamburg 1997

Vesting, Thomas: Kommentierung zu *§ 10 MDStV*, in: Rossnagel, Alexander (Hrsg.): Recht der Multimediadienste, Kommentar zum IuKDG und zum MDStV, Loseblattsammlung, Stand 1999, München

Vesting, Thomas: Kommentierung zu *§ 18 MDStV*, in: Rossnagel, Alexander (Hrsg.): Recht der Multimediadienste, Kommentar zum IuKDG und zum MDStV, Loseblattsammlung, Stand 1999, München

Vesting, Thomas: Das Internet als Herausforderung des „dualen Rundfunksystems“. Zur Umstellung des Rundfunkrechts auf Selbstregulierung und privat-öffentliche Kooperation, in: Kops, Manfred/Schulz, Wolfgang/Held, Thorsten (Hrsg.): Von der dualen Rundfunkordnung zur dienstespezifisch diversifizierten *Informationsordnung*, Baden-Baden/Hamburg 2001, S. 275 ff.

Vesting, Thomas: Zur Zukunft und Konstruktion des Medien- und Telekommunikationsrechts in den hybriden Beziehungsnetzwerken der „Informationsgesellschaft“, in: Rossen-Stadtfeld/Wieland, Joachim (Hrsg.): Theorie, Praxis, Perspektiven, Baden-Baden 2001, S. 83 ff.

Viscusi, W. Kip/Vernon, John M./Harrington, Joseph E., jr.: *Economics of Regulation and Antitrust*, 3rd edition, Cambridge/London 2000

Vlasic, Andreas/Schweiger, Wolfgang: *Bilder im World Wide Web*: ein Experiment zum Einfluß der Bebilderung in Online-Nachrichtenangeboten auf die Rezeption., in Prommer, Elizabeth/Vowe, Gerhard (Hrsg.): Computervermittelte Kommunikation: Öffentlichkeit im Wandel, Konstanz 1999, S. 39 ff.

Vogelgesang, Waldemar: Öffentliche und verborgene Kommunikation in Computernetzen. In: Rundfunk und Fernsehen (RuF) 1995, S. 538 ff.

Voltmer, Katrin: *Medienqualität und Demokratie*: eine empirische Analyse publizistischer Informations- und Orientierungsleistungen in der Wahlkampfkommunikation, Baden-Baden 1999

Voss, Peter: Das Kartellrecht allein ist kein ausreichendes Instrument zur Kontrolle des Rundfunks. In: Wirtschaftsdienst 2000, S. 13 ff.

VPRT (Verband Privater Rundfunk und Telekommunikation): Zehn bessere Gründe für die Beibehaltung des status quo, mimeo, Bonn 1994

Walter, Dirk: *Preispolitik von Pay-TV-Anbietern*. Eine wettbewerbspolitische Analyse, Arbeitspapiere des IRÖ, Heft 110, Köln 1999

Waltermann, Jens/Machill, Marcel (Hrsg.): *Verantwortung im Internet*. Selbstregulierung und Jugendschutz, Gütersloh 2000

Weber, Rolf H.: Regulierung durch angebotsbezogene finanzielle Anreize, in: Kops, Manfred/, Schulz, Wolfgang/Held, Thorsten (Hrsg.): Von der dualen Rundfunkordnung zur dienstespezifisch diversifizierten *Informationsordnung*? Baden-Baden/Hamburg 2001, S. 197 ff.

Wegehenkel, Lothar: *Gleichgewicht*, Transaktionskosten und Evolution, Tübingen 1991

Wegener, Claudia: *Informationsvermittlung* im Zeitalter der Unterhaltung. Eine Langzeitanalyse politischer Fernsehmagazine, Opladen 2001

Weiber, Rolf/Adler, Jost (1995), Informationsökonomisch begründete Typologisierung von Kaufprozessen. In: Zeitschrift für betriebswirtschaftliche Forschung 47, S. 43 ff.

Weidenmann, Frank: Der mentale *Aufwand* beim Fernsehen, in: Groebel, Jo/Winterhoff-Spurk, Peter (Hrsg.): *Empirische Medienpsychologie*, München 1989, S. 134 ff.

Weischenberg, Siegfried: „Die Gaukler und Aufklärer wachsen immer mehr zusammen“. Die Schreinemakerisierung des Fernsehens: Es geht nur um Köpfe. In: FAZ vom 23. 11. 1997

Weischenberg, Siegfried: *Journalistik*, Band I: *Mediensysteme*, Medienethik, Medieninstitutionen, Opladen 1992

Wermelskirchen, S.: Banner lernen laufen. In: Handelsblatt-netzwert v. 9. 7. 2001

Werner, Andreas: *Werbevielfalt* im World Wide Web, in: Brayer-Mayländer, Thomas/Fuhrmann, Hans-Joachim (Hrsg.): Erfolg im neuen Markt: Online-Strategien für Zeitungsverlage, Berlin 2001, S. 127 ff.

Wilke, Jürgen: Strategien und Grenzen der *Internationalisierung* von Massenmedien, in: Imhof, Kurt/Jarren, Otfried/Blum, Roger (Hrsg.): Steuerungs- und Regelungsprobleme in der Informationsgesellschaft, Opladen 1999, S. 47 ff.

Williamson, Oliver E.: *Die ökonomischen Institutionen des Kapitalismus*, Tübingen 1990 (im Original: The Economic Institutions of Capitalism, New York 1985)

Wirtz, Bernd W.: Convergence Processes. Value Constaellations and Integration Strategies in the Multimedia Business. In: The International Journal on Media Management, Vol. 1, No. 1, 1999, S. 14 ff.

Wissenschaftlicher Beirat beim Bundesministerium für Wirtschaft und Technologie: Gutachten über eine „*Offene Medienordnung*", vervielfältigtes Manuskript, o. O., o. J. (1999)

Wolf, Dieter: *Zentrale Vermarktung* oder Einzelvermarktung von Mannschaftssport im Fernsehen? Die Sicht des deutschen und europäischen Kartellrechts, in: Schellhaaß, Horst M. (Hrsg.): Sport und Medien, Schriften zur Rundfunkökonomie, Band 8, Berlin 2000, S. 87 ff.

Wössner, Mark: *Medienverantwortung* im Global Market, in: Hamm, Ingrid (Hrsg.): Verantwortung im freien Medienmarkt. Gütersloh 1996, S. 71 ff.

Wurth, Uli: *Programmstruktureffekte* alternativer Formen privater Rundfunkfinanzierung am Beispiel eines Kinderprogramms, Arbeitspapiere des IRÖ, Heft 15, Köln 1994

Wyss, Vinzenz: Infrastrukturen zur Qualitätssicherung in der Schweiz: Eine Bewertung aus Praktikerperspektive. In: Medien Journal 1999, Nr. 4, S. 37 ff.

Young, Kimberley S: *Caught in the Web*. Suchtgefahr Internet, München 1999

Zangmeister, Christof: Netzwerkanalyse in der Systemtechnik, München 1970

ZDF (Zweites Deutsches Fernsehen): Werbung im öffentlich-rechtlichen Rundfunk, ZDF-Schriftenreihe, Heft 51, Mainz 1994

ZDF (Zweites Deutsches Fernsehen): Aufgabe und Wert des öffentlich-rechtlichen Rundfunks für die Gesellschaft, ZDF-Schriftenreihe, Heft 54, Mainz 1998

Zehetner, Hedwig: *Medienforschung* im privatrechtlichen Rundfunk, in: Klingler, Walter/Roters Gunnar/Zöllner, Oliver (Hrsg.): Fernsehforschung in Deutschland. Themen – Akteure – Methoden, Teilband 2, Baden-Baden 1998, S. 613 ff.

Zerdick, Axel/Picot, Arnold/Schrape, Klaus/Artopé, Alexander/Goldhammer, Klaus/Lange, Ulrich/ Vierkant, Eckhard/López-Escobar, Esteban/Silverstone, Roger, Die *Internet-Ökonomie*: Strategien für die digitale Wirtschaft, 3. Aufl. Berlin u. a. 2001

Zimmer, Jochen: *Werbeträger Internet*: Ende des Booms oder Wachstum aus der Nische? In: Media Perspektiven, Nr. 6/2001

Zuckerman, Marvin: Behavior and biology: Research on sensation seeking and reactions to the media, n: Donohew, Lewis/Sypher, Howard E./Higgins, E. Tory (Hrsg.): Communication, social cognition, and affect, Hillsdale, NJ 1988, S. 173 ff.

Zuckerman, Marvin: *Behavioral expressions* of biosocial bases of sensation seeking, Cambridge 1994

Zydork, Christoph: *Soziale Steuerung* und Koordination in der Telekommunikation. Eine sozialwissenschaftliche Analyse, Baden-Baden 1998

Anhang A: Beschreibung der einzelnen Dienste

Im Folgenden werden die Dienstetypen, auf die in diesem Gutachten beispielhaft Bezug genommen wird, definiert. Dazu wurde für jeden Dienstetyp einen Vertreter als „Prototyp" ausgewählt und dessen Strukturmerkmale beschrieben, wobei wir uns an konkreten Angeboten im Internet orientiert haben

In die Untersuchung einbezogene Dienstetypen:

1. Fernseh-Vollprogramm
2. Fernseh-Spartenkanal, Nachrichten (mit *Non-fiction*-Inhalten)
3. Fernseh-Spartenkanal, Unterhaltung (mit *Fiction*-Inhalten)
4. Webcasting-Vollprogramm
5. Webcasting-Spartenkanal, Nachrichten (mit *Non-Fiction*-Inhalten)
6. Webcasting-Unterhaltungskanal (mit *Fiction*-Inhalten)
7. Newsarchiv
8. Portal
9. Suchkatalog, redaktionell bearbeitet
10. Suchmaschine, redaktionell nicht bearbeitet
11. offener Chat-Dienst
12. geschlossener Chat-Dienst
13. Nachrichten-Push-Dienst
14. Info-Push-Dienst
15. Linksammlung
16. Newsgroup
17. Newsletter
18. EPG, elektronischer Programmführer via Internet
19. Online-Nachrichtensendung
20. Einzelnachrichten zum Abruf
21. Video-on-Demand, Unterhaltung (mit *Fiction*-Inhalten)
22. Audio-/Music-on-Demand
23. Online-Spiel
24. Online-Bibliothek
25. Online-Pressedienst
26. Online-Bildungsangebot
27. Online-Shopping
28. themenbezogene elektronische Datenbank
29. elektronischer Datendienst
30. elektronischer Auskunftsdienst
31. elektronische Zeitung, ohne multimediale Elemente
32. elektronische Zeitung, mit multimedialen Elementen

33. Special Interest-Homepage, *non-fiction*, ohne multimediale Elemente
34. Special Interest-Homepage, *non-fiction*, mit multimedialen Elementen
35. Special Interest-Homepage, *fiction*, ohne multimediale Elemente
36. Special Interest-Homepage, *fiction*, mit multimedialen Elementen
37. elektronisches Nachschlagewerk

A 1. Referenzdienste

(Nr. 1) Das kommerzielle **Fernsehvollprogramm**, das sich durch eine hohe Themenvielfalt und eine Mischung zwischen *Fiction*- und *Non-fiction*-Inhalten auszeichnet, fungiert als **Referenzdienst,** dessen gesellschaftliche Bedeutsamkeit und Marktfähigkeit mit derjenigen anderer Kommunikationsdienste verglichen wird. Kommerzielle Fernsehvollprogramme können sich aus Werbung finanzieren (1a) oder aus Entgelten (1b) oder auch aus einer (hier nicht betrachteten) Mischung beider Einnahmeformen. In Deutschland sind RTL und SAT.1 die werbefinanzierten Fernsehvollprogramme mit den höchsten Marktanteilen. Als Prototyp eines entgeltfinanzierten Vollprogramms gehen wir von einem Programm aus, das inhaltlich den genannten entgeltfinanzierten Vollprogrammen entspricht, aufgrund seiner Entgeltfinanzierung aber derzeit noch geringere Nutzerzahlen aufweist. Hierbei sind wir von den Abonnentenzahlen von Premiere World ausgegangen (das ein Bündel von Spartenprogrammen und somit kein Vollprogramm darstellt).

(Nr. 2, 3) Als weitere Formen des kommerziellen Fernsehens werden zwei Arten von Spartenkanälen einbezogen, die sich jeweils an ein bestimmtes Zuschauersegment richten und dementsprechend thematisch gleichartige Inhalte anbieten:[605] zum einen **Nachrichten-Spartenkanäle** mit *Non-fiction*-Inhalten (Nr. 2), zum anderen **Unterhaltungs-Spartenkanäle** mit *Fiction*-Inhalten (Nr. 3). Beide Arten von Spartenkanälen können sowohl über Werbeeinblendungen als auch über Entgelte finanziert werden. In Deutschland ist n-tv ein Beispiel eines werbefinanzierten Nachrichtenkanals, Super RTL ein Beispiel eines werbefinanzierten Unterhaltungskanals. Als Prototyp eines entgeltfinanzierten Spartenprogramms sind wir auch hier von einem Programm ausgegangen, das inhaltlich den genannten werbefinanzierten Spartenprogrammen entspricht, das aber maximal die Zahl der Abonnenten von Premiere World erreicht.

A 2. Online-Dienste

(Nr. 4-6) Zu den Online-Diensten, die in diese Untersuchung einbezogen werden, zählt das **Webcasting**. Dabei handelt es sich um digitale Videosequenzen,

---

[605] Vgl. *B. Thielmann*, Innovationsmanagement, S. 41.

die – unter Einsatz geeigneter Streaming- und Kompressionssoftware – über das Internet vom Rechner eines Anbieters (Server) auf den Rechner eines Nutzers übertragen werden.[606] Wir beschränken den Begriff des Webcasting in der vorliegenden Untersuchung dabei auf Dienste, die das so genannte Live Streaming verwenden, bei dem das Programm kontinuierlich über das Internet versandt wird und die Rezipienten sich jederzeit in dieses Angebot einschalten können.

Innerhalb des Webcasting unterscheiden wir, analog zum Fernsehen (s. o.), zwischen einem Webcasting-Vollprogramm (Nr. 4), einem Nachrichten-Spartenprogramm (Nr. 5) und einem *Fiction*-Spartenprogramm (Nr. 6), wobei wir auch diese drei Dienste nochmals danach unterteilen, ob sie sich über Werbung oder über Entgelte finanzieren. Erste Beispiele für Webcasting-Programme sind die Live-Streaming Angebote von Fernsehsendern wie n-tv (www.n-tv.de).

(Nr. 7) Newsarchive stellen eine Sammlung aktueller, aber auch älterer Textnachrichten dar. Sie sind redaktionell bearbeitet und so strukturiert, dass die Inhalte nach bestimmten Kriterien (Themenbereichen, dem Datum, auf das sich die Inhalte beziehen oder zu dem die Meldungen verfasst wurden, die Existenz bestimmter Schlag- oder Stichworte etc.) durchsucht werden können. Als Ergebnis der Suche werden Zusammenfassungen oder die Volltexte der gefundenen Nachrichtenmeldungen dargeboten. Newsarchive können durch Werbung (Banner u. ä.) finanziert werden (z. B. das Angebot der im Springer-Verlag erscheinenden Tageszeitung „Die Welt“ unter www.archiv.welt.de) oder über Entgelte (siehe bspw. das Archiv der „Frankfurter Allgemeinen Zeitung“ unter www.faz-archiv.de oder das Archiv der „Frankfurter Rundschau“ unter www. frankfurter-rundschau.de)[607]

---

[606] Beim heutigen Ausbaustand des Internet und der Anschlusstechnik der Internet-Teilnehmer ist das Live Streaming von Video-Programmen noch nicht und das Live Streaming von Audio-Programmen nur eingeschränkt möglich: Während für eine Audio-Übertragung in HiFi-Qualität eine Bandbreite von mindestens 96 kbit/s benötigt wird, erlaubt ein ISDN-Zugang eine maximale Bandbreite von 64 kbit/s, und auch diese wird in Deutschland beim derzeitigen Ausbaustand des Internet noch nicht immer erreicht. Hinzu kommt, dass die Anbieter noch nicht genug Kapazitäten bei ihren Servern und Internet-Anschlüssen vorhalten können, um Live Streaming einer größeren Zahl von Nutzern zur Verfügung stellen zu können. Hinzu kommt, dass auch die Nutzer nicht in dem erwarteten Umfang die technischen Voraussetzungen schaffen. Bereits im Laufe des Jahres 2001 wollen die Netzbetreiber aber den Ausbau leistungsfähigerer Glasfaser-Netze abschließen, und auch der Zugang der Haushalte zum Internet wird aufgrund leistungsfähigerer breitbandiger Technologien wie DSL (Digital Subscriber Line), UMTS (Universal Mobile Telecommunications Systems), Breitbandkabel und WLL (Wireless Local Loop) verbessert. Zudem ist zu erwarten, dass die Kompressionstechnologien und Streamingverfahren im Lauf der nächsten Jahre erheblich verbessert werden.

[607] Häufig werden von den Zeitungsverlagen die jüngeren Ausgaben (bspw. der letzten 14 Tage oder des letzten Jahres) kostenlos im Internet zur Verfügung gestellt, während ältere Nachrichten nur über entgeltfinanzierte Datenbankanbieter zu beziehen sind. So z. B. die Angebote des

(Nr. 8) Unter einem **Portal** verstehen wir ein Angebot im Internet, das sachlich/inhaltlich verwandte Dienste und Angebote bündelt und strukturiert und den Nutzern damit als Orientierung und Einstieg in das Angebot des Internets dient.[608] Portale beinhalten im allgemeinen thematisch sortierte und redaktionell bearbeitete Listen mit Verweisen auf andere Websites (Hyperlinks).[609] Sie finanzieren sich, abgesehen etwa von den Service Providern AOL und T-Online, die sich aus den Zugangsgebühren finanzieren,[610] überwiegend durch die Einblendung von Werbebannern und anderen Formen der Internet-Werbung,[611] zunehmend aber auch durch das Angebot von Waren und Auktionen. Beispiele für deutschsprachige Portale sind www.freenet.de, www.aol.de, www.web.de.[612]

(Nr. 9) Suchkataloge, auch Web-Kataloge genannt, sind ebenfalls Zusammenstellungen redaktionell ausgewählter Hyperlinks im WWW. Anders als bei Portalen beschränken die Anbieter sich dabei aber nicht auf einzelne Themenbereiche, sondern sie sichten und ordnen die unüberschaubare Zahl an Internet-Seiten, in erster Linie anhand der auf diesen Seiten behandelten Themenbereiche, und strukturieren sie in einer für den Nutzer überschaubaren Weise. Der Zugriff des Nutzers erfolgt entweder über die vom Anbieter vorgegebenen Überschriften (Bsp.: Staat und Politik – Politik – Parteien) oder per Schlagwortsuche. Die meisten Anbieter dieses Dienstetyps finanzieren sich derzeit über Werbung (siehe als Beispiel etwa www.yahoo.de).

Spiegel-Verlages (www.spiegel.de/archiv/) oder der Süddeutschen Zeitung (www.sueddeutsche.de).

608 Vgl. *J. B. Meisel/T. S. Sullivan*, Portals, S. 477 ff.

609 Sie sind oftmals verbunden mit anderen Dienste, wie Suchmaschinen, E-mail-, Chat- und Messagerfunktionen sowie aktuelle Nachrichten. An dieser Stelle wird aber nur auf die Linksammlung als eigenständigen Teil abgestellt.

610 Hier kann insoweit von entgeltfinanzierten Portalen gesprochen werden. Bei Providern wie AOL, CompuServe etc. können die Kunden ein eigenständiges, nicht zum Internet gehörendes Angebot nutzen, von dem aus man wiederum ins Internet gelangen kann.

611 Neben dem (statischen) Banner gewinnen neue Werbeformen an Bedeutung, z. B. der animierte Banner, der Flash-Banner, die so genannten Enliven, Interstitials, Pop-ups, Superstitials und Affiliates. Siehe hierzu A. *Werner*, Werbevielfalt, S. 127 ff.

612 Vgl. als Beispiel für eine zielgruppenspezifische Portalseite: www.bellissima.de (für weibliche Nutzer), www.koeln.de (regionale bzw. lokale Inhalte und Hyperlinks) oder www.sportal.de (Sportinhalte). Ein Beispiel für ein Portal, das sich auf die Bündelung von Angeboten audiovisueller Inhalte konzentriert hat, findet sich unter www.yack.com. Auch hier erklären die erwarteten First-Mover-Advantages die Besonderheit der New Economy, dass auf kostendeckende oder Gewinn bringende Nutzerentgelte verzichtet wird. Da sich ein Portal nur in geringem Maße durch Alleinstellungsmerkmale auszeichnen kann und zudem in einem sehr konkurrenzintensiven Markt agiert, bieten sich diese Penetrationspreisstrategien in Form einer (vermeintlich) kostenlosen Abgabe zur schnellen Marktdurchdringung an. Der Nutzer folgt hier in der Regel nicht dem qualitativ besten, sondern dem kostenlosen Angebot (so genanntes „Follow the Free"). Vgl *A. Zerdick u. a.*, Internet-Ökonomie, S. 190 ff.

(Nr. 10) Eine andere Hilfe zur Orientierung im WWW bieten die „reinen", d. h. redaktionell nicht bearbeiteten **Suchmaschinen** (Nr. 10). Bei ihnen werden die Seiteninhalte ausschließlich maschinell durchsucht, etwa auf die Existenz bestimmter Worte oder Wortkombinationen, bestimmter audiovisueller Sequenzen oder bestimmter grafischer Muster. Anders als bei den redaktionellen Suchkatalogen fehlt hier also die redaktionelle bzw. publizistische Bearbeitung. Auch Suchmaschinen finanzieren sich derzeit überwiegend durch Bannerwerbung. Ein typisches Beispiel ist www.altavista.de.[613]

(Nr. 11, 12) Über **Chat-Dienste** können Personen online, d. h. über das Internet, miteinander kommunizieren, normalerweise, indem sie ihre Diskussionsbeiträge über die Computertastatur eintippen, neuerdings auch über Stimmeingabe („Voice Chat"). Die Beiträge werden in Echtzeit (bzw. mit Netzübertragungsgeschwindigkeit) in einen so genannten „Chatroom" übertragen, wo sie von den anderen Chat-Teilnehmern auf der Benutzeroberfläche gelesen bzw. über ein angeschlossenes Audiosystem gehört werden können.[614] Aufgrund technischer Restriktionen und um die Präferenzen der Nutzer möglichst zielgruppengerecht bedienen zu können, bieten Chatanbieter in der Regel eine ganze Reihe von thematisch differenzierten „Chatrooms" an. Bei der Nutzung von Chats können zwei Perspektiven unterschieden werden: zum einen die des aktiven Teilnehmers und zum anderen die des nur passiv Rezipierenden (der Chats wie eine „Talkshow" betrachtet). Wir sind hier von der interaktiven Variante ausgegangen. Je nach Teilnahmebedingungen unterscheidet man hierbei offene Chat-Dienste (Nr. 11), etwa www.chat.de und www.chat-forum.de,[615] und geschlossene (nur für bestimmte Nutzer, etwa für eine Expertengruppe zugängliche) Chat-Dienste (Nr. 12). Beide finanzieren sich ganz überwiegend über Bannerwerbung, entgeltfinanzierte Chatdienste finden sich hauptsächlich im Erotikbereich, meist gebündelt mit entsprechenden audiovisuellen Inhalten.

(Nr. 13, 14) Push-Dienste übertragen „vorselektierte Inhalte, die sich (...) an den individuellen Interessenprofilen der jeweiligen Abonnenten orientieren",[616] auf die PC-Festplatte von Internet-Nutzern, i. a. mit Hilfe spezieller Software. Die Inhalte solcher Push-Dienste variieren beträchtlich. Wir unterscheiden in der vorliegenden Untersuchung zwischen Push-Diensten, die *Nachrichten* übertragen (Nr. 13), und speziellen *Info-Push-Diensten* (Nr. 14), die Informationen zu sonstigen Themenbereichen, etwa zu den Wissenschaften, zur Technik, zum

---

613 Weitere bekannte Suchmaschinen sind www.acoon.de, www.fireball.de, www.crawler.de und www.google.de. Daneben finden sich so genannte Megasuchmaschinen, die ihrerseits auf die Bestände von Suchmaschinen zurückgreifen. Ein Beispiel hierfür ist www.metager.de.

614 Vgl. *B. Beckert/H. Kubicek*, MP 1999, S. 128.

615 Eine Zusammenstellung zahlreicher deutschsprachiger Chatdienste bietet www.webchat.de.

616 *B. Beckert/H. Kubicek*, MP 1999, S. 128.

Sport, zu Reisen oder zur Gesundheit liefern. Auch bei diesen Diensten ist eine Finanzierung über Werbung die Regel. Typische Nachrichten-Push-Dienste sind etwa www.bloomberg.com oder www.cnn.com, typische Info-Push-Dienste sind www.newsflash.de, über den Informationen zu elf Themenbereichen verschickt werden,[617] und www.telecom-channel.de. Die Gestaltung der Push-Dienste verändert sich zurzeit noch. Während sie ursprünglich im Layout und im Umfang einfachen Briefen oder Prospekten glichen, ähneln sie mittlerweile eher Zeitungs- oder Zeitschriftenbeilagen.

(Nr. 15) Linksammlungen bzw. Channels sind Listen mit Webadressen, die Inhalte zu speziellen, mehr oder minder eng abgegrenzten Themengebieten enthalten. Sie ähneln damit den Portalen, sind aber auf bestimmte Nutzergruppen ausgerichtet. Ein Beispiel hierfür ist der Business-Channel www.bch.de.

(Nr. 16) Die so genannten **Newsgroups** ähneln den Internet Chat-Diensten: Auch in ihnen können die Teilnehmer im World Wide Web oder im so genannten Usenet, einem speziellen dezentralen Netzwerk, das der Übermittlung von Beiträgen innerhalb von Newsgroups dient, ältere Beiträge und Nachrichten anderer Nutzer lesen und sich mit eigenen Eingaben an der Diskussion beteiligen. Anders als bei den Chat-Diensten findet die Kommunikation hier aber nicht „live", also in Echtzeit, statt. Der größte Teil der bestehenden Newsgroups finanziert sich offenbar über Werbebanner.[618] Ein typischer Vertreter hierfür ist die Newsgroup der Frauenzeitschrift Allegra, http://allegra.de/newsgrp/fun.html.[619]

(Nr. 17) Newsletter stellen Infos und News per E-mail solchen Nutzern zur Verfügung, die sich zuvor in eine (Mailing-)Liste eingetragen haben.[620] Wir grenzen sie von den so genannten Push-Diensten (siehe oben, Nr. 14), die ansonsten vom Inhalt und von der Gestaltung her ebenfalls als Newsletter bezeichnet werden könnten, dadurch ab, dass sie per E-Mail an den Nutzer geschickt werden. Die Inhalte solcher Newsletter sind mehr oder minder eng und mehr oder minder strukturiert; die Intervalle zwischen dem Erscheinen von Newslettern können länger oder kürzer und regelmäßig oder unregelmäßig sein. Die Inhalte von Newslettern werden häufig von Zeitungs- und Zeitschriftenredaktionen zur Verfügung gestellt und bearbeitet, die sie damit, ähnlich wie die New-

---

617 „Computing", „Entertainment", „Freizeit", „Games", „Geld & Finanzen", „Gesundheit", „Kino", „Musik", „Online-Welt", „Reise", „Shopping", „Sport" und „Telekommunikation".

618 Weitere Finanzierungsquellen sind Warenangebote und Auktionen; Nutzerentgelte bilden die Ausnahme. Vgl. *A. Bonin*, Kommunikationsinhalte, S. 55.

619 Einen ähnlichen Dienst bietet der Anbieter Egroups (www.egroups.de). Hier handelt es sich jedoch um so genannte „E-Mail-Gruppen", deren Mitglieder die Beiträge per E-mail zugeschickt bekommen.

620 Vgl. als eines von zahlreichen Angeboten den Newsletter von DigiTV, einem Anbieter von Informationen rund um das digitale Fernsehen (www.digitv.de).

sarchive, ohne hohe zusätzliche Kosten zweitverwerten können, es können mit ihnen aber auch zusätzliche (in erster Linie: Werbe-)Erlöse erzielt werden. Einen Newsletter mit aktuellen Nachrichten bieten z. B. www.n-tv.de und www.ticker.de an.

(Nr. 18) Elektronische Programmführer (Electronic Program Guides, EPGs) helfen dem Nutzer, sich angesichts der Vielzahl digitaler Fernsehprogramme und Webcasting-Programme zu orientieren. Zum Teil finden sich solche EPGs auch im Internet. Hier können eine interaktive Variante und eine eher Programmzeitschriftenartige Variante unterschieden werden. Bei der interaktiven Variante kann der Nutzer ein bestimmtes Profil eingeben bzw. das Programm erkennt das Profil anhand des Nutzerverhaltens. Der EPG zeigt dann die Angebote an, die den Nutzerpräferenzen am besten entsprechen. Darüber hinaus bieten diese Anwendungen auch die Möglichkeit, so genannte „elektronische Lesezeichen“ zu setzen und sich somit individuelle Programmbündel und -abläufe zusammenzustellen. Ein solcher „intelligenter“ Dienst ist in Deutschland im Internet derzeit kaum zu finden. Wir stellen daher in diesem Gutachten auf einen EPG ab, der sich nicht durch die eben geschilderte Interaktivität auszeichnet. Vielmehr gehen wir von einer Art elektronischer Programmzeitschrift aus. Dieser Dienste enthält Informationen zu den Inhalten der Programme sowie Bewertungen derselben. Zurzeit werden EPGs entweder von den Redaktionen von Programmzeitschriften angeboten, dann sind sie in der Regel werbefinanziert,[621] oder sie werden von Plattformbetreibern angeboten, dann in der Regel kostenfrei.[622]

(Nr. 19) Nachrichtensendungen, die über das Internet abgerufen werden können, werden bislang nur von (hier aus der Betrachtung ausgeklammerten) öffentlich-rechtlichen Fernsehveranstaltern angeboten.[623] Auf den Internetseiten der privaten Sender können zwar Einzelnachrichten als Video-Files abgerufen werden,[624] nicht aber ganze Sendungen. Ein Anschauungsbeispiel ist das „News bulletin“ des europäischen Anbieters www.euronews.net.

(Nr. 20) Einzelnachrichten zum Abruf werden bereits häufiger angeboten. Als Beispieldienste haben wir www.rtl.de/news.html und www.tv1.de ausgewählt.

(Nr. 21) Auch *fiktionale* Videodateien wie Spielfilme oder Musicclips können einzeln über das Internet abgerufen werden **(Video-on-Demand).** Für be-

---

621 Siehe z. B. den Dienst der Programmzeitschrift TV-TODAY unter www.online.tv.tvtoday.de oder den Programmführer der Zeitschrift TV Spielfilm unter www.tvspielfilm.de/programm.

622 Vgl. bspw. die Programmübersicht von Premiere World unter www.premiereworld.de, die zukünftig zu einem echten EPG ausgebaut werden soll, oder das Angebot des US-amerikanischen Pay-TV-Senders HBO unter www.hbo.com.

623 Vgl. bspw. das Angebot der ARD unter www.tagesschau.de.

624 Z. B. www.rtl.de/news.html.

reits existierende werbefinanzierte Dienste mit nonfiktionalen Sequenzen siehe bspw. das Angebot des Musiksenders VIVA (unter www.viva.tv). Kurzfilme können bei www.bitfilm.de abgerufen werden.

(Nr. 22) Davon zu unterscheiden sind reine Audio-Dateien **(Audio-on-Demand).** Dabei handelt es sich um Audio-Files, wie insbesondere Musiktitel, aber auch Interviews oder historische Tonaufzeichnungen, die nach dem gerade für Video-on-Demand beschriebenen Verfahren über das Internet abgerufen werden können. Diese Angebote finanzieren sich entweder über Werbung, über Einzelentgelte oder über für bestimmte Zeiträume entrichtete Zahlungen. Wir stellen bei unserer Untersuchung auf fiktive Audiofiles, genauer gesagt, auf Music-on-Demand ab. Ein Beispiel hierfür ist www.callasong.de.

(Nr. 23) Online-Spiele bieten für den Nutzer die Möglichkeit, interaktiv über das Internet mit anderen Teilnehmern zu spielen. Gegenstand der Angebote sind meist Varianten klassischer Unterhaltungs- und Glücksspiele oder Offline-Computerspiele.[625] Die Zahl der teilnehmenden Spieler ist hier nur limitiert durch die Rechenleistung der Anbieter-Server.

Wir stellen bei unserer Untersuchung auf das Angebot eines Spiels ab, bei dem sich der Spieler in einer virtuellen Welt bewegt. Prominente Beispiele aus dem Ausland sind die Spiele Everquest (www.everquest.com) und Ultima (*www.uo.com*). Um an diesen Spielen teilzunehmen, muss der Nutzer eine monatliche Gebühr zahlen. Deutsche Beispiele sind das an klassische Kriminalgeschichten angelehnte Angebot www.todesursachemord.de oder Spiele mit bewegten Bildern und Ton wie www.counterstrike.de, bei dem verschiedene Gruppen gegeneinander kämpfen.[626]

Online-Spiele dieser Art werden zunehmend gegen Entgelt angeboten. Daneben wird eine Teilfinanzierung von vielen Anbietern akzeptiert, weil zusätzliche Einnahmen durch den Verkauf von Hardware (elektronischen Spiele-Konsolen) und Software erzielt werden, die erforderlich sind, wenn die Nutzer die Spiele zu Hause bzw. offline spielen möchten.[627]

(Nr. 24) Die schon seit geraumer Zeit in elektronischer Form vorliegenden Bibliothekskataloge sind auch zunehmend über eine entsprechende Benutzeroberfläche im Internet einsehbar. Das Angebot dieser **elektronischen Bibliotheken** beschränkt sich allerdings aus technischen Gründen (Speicherkapazität) und urheberrechtlichen Gründen meist auf eine Titel-/Autorenrecherche.[628] Ein Download von Volltexten ist nur in Ausnahmenfällen möglich, von einem solchen Angebot gehen wir aber hier als Prototypen aus.

---

[625] Siehe bspw.: www.cyquest.de; für Brettspiele: www.kmwsspielplatz.de.

[626] Ein Portal, auf dem Spiele zu finden sind, ist bspw. www.gamechannel.de.

[627] So z. B. das Angebot der Firma Nintendo unter www.nintendo.de.

[628] Vgl. als Beispiel: www.ub.uni-koeln.de.

(Nr. 25) Online-Pressedienste richten sich im Allgemeinen primär an Journalisten (und sind dementsprechend häufig entgeltpflichtig). Die aktuellen Pressemeldungen können entweder vom Nutzer abgerufen werden oder sie werden diesem zugesandt. Wir stellen hier auf www.dpa.de als Prototypen ab.

(Nr. 26) Bildungsangebote im Internet (**Online-Learning**) bieten Lehrinhalte verschiedenster Art, die i. a. nach Themen und/oder Zielgruppen sortiert sind. Abgesehen von den (hier nicht berücksichtigten) öffentlich-rechtlichen Rundfunkanstalten, die z. B. ihre als „Schulfernsehen" bekannten Lehrinhalte mittlerweile auch im Internet anbieten,[629] unterbreiten mittlerweile auch private Unternehmen, etwa im Bereich der Erwachsenenbildung, zahlreiche Angebote, die entweder über Werbung oder über Entgelte finanziert werden. Ein Beispieldienst ist www.akademie.de. Neben Materialien zur Weiterbildung werden so genannte „Online-Workshops" angeboten.[630] Wir gehen hier von einem Prototypen aus, bei dem Materialien (Skripte etc.) auf Homepages angeboten werden, die „online" gelesen, aber auch – etwa als pdf-Dokumente – heruntergeladen werden können.

(Nr. 27) Unter **Online-Shopping** werden hier Dienste verstanden, die Waren im Internet anbieten, hierfür im Internet ihre Waren bewerben und Bestellmöglichkeiten (und ggf. Zahlungsmöglichkeiten) eröffnen und die bestellten Waren über die herkömmlichen Distributionswege (Gelbe Post, Paketservices u. ä.) an die Käufer versenden.[631] Nicht zu diesen Diensten gehört damit der Verkauf von Inhalten, die in digitaler Form via elektronischen Übertragungswegen zum Kunden gelangen (wie z. B. die unter Nr. 24 beschriebenen Inhalte elektronischer Bibliotheken oder die unter Nr. 20 beschriebenen Inhalte abrufbarer Nachrichtendienste). Die Online-Shopping-Dienste finanzieren sich z. T. aus den Erlösen aus den per Internet verkauften Produkten, z. T. aus Erlösen durch Bannerwerbung. Als Prototyp wird hier ein „Online"-Katalog angesehen, bei dem die Waren auf Internetseiten präsentiert werden. Häufig besuchte Beispiele hierfür sind www.neckermann.de oder www.otto.de.

(Nr. 28) Themenbezogene elektronische Datenbanken ähneln den unter (7) beschriebenen Newsarchiven, mit dem Unterschied, dass in ihnen keine Nachrichtenmeldungen und Zeitungsartikel zum Abruf angeboten werden, sondern Informationen aus anderen Quellen. Als Beispieldienst wählen wir die entgeltfinanzierte Urteilsdatenbank http://medizinrecht.de.

---

629 So bspw. unter www.wissen.swr-online.de.

630 Die Teilnehmer eines Workshops bilden eine geschlossene Gruppe, die von Workshop-Leitern bzw. von Workshop-Teams beraten werden. Für die Workshop-Teilnehmer sind spezielle passwortgeschützte Diskussionsforen, Mailing-Listen, Chats und Web-Seiten reserviert.

631 Siehe z. B. das auf den Buchversand spezialisierte Angebot von www.amazon.de oder das Angebot von www.quelle.de.

(Nr. 29) Elektronische Datendienste stellen Einzelinformationen bereit, etwa Wetter-, Börsen- oder Verkehrsinformationen. Unser Beispieldienst ist hier der Börsendienst der Comdirect-Bank unter http://informer2.comdirect.de. Datendienste zeichnen sich dadurch aus, dass sie beständig aktualisiert, aber nicht – über die Gestaltung hinausgehend – redaktionell bearbeitet werden.[632]

(Nr. 30) Ähnliches gilt für **elektronische Auskunftsdienste**. Sie bieten Recherche-Ergebnisse für bestimmte Datenbestände, etwa Fahrpläne (www.bahn.de) oder Telefonnummern (www.teleauskunft.de).

(Nr. 31) Einen weiteren Dienst bilden die im Internet abrufbaren **elektronischen Zeitungen**. Diese (häufig werbefinanzierten) Angebote bieten thematisch geordnete aktuelle Nachrichten. Mittlerweile bieten nahezu alle Tages- und Wochenzeitungen einen Teil ihrer Inhalte auch im Internet an.[633] Von etablierten Zeitungsverlagen unabhängige (dann in der Regel durch Werbebanner finanzierte) Online-Zeitungen findet man nur selten.[634] Wir wählen hier als Referenzdienst www.mopo.de, bei dem hauptsächlich die Artikel der Printversion abrufbar sind (mit einem hohen Anteil an Nachrichten, aber auch Fiction-Angeboten (etwa Comic-Strips)), aber auch in kürzeren als Tageszyklen aktualisierte Informationen.

(Nr. 32) Die elektronischen Zeitungen nutzen vermehrt die Möglichkeiten, ihr Angebot mit multimedialen Elementen anzureichern, etwa mit Audio- und/oder Video-Files, die von den Nutzern angeklickt werden können und die die visuellen Inhalte der Bildschirmseiten durch Ton- und/oder Bewegtbilder erläutern oder ergänzen. Im Zuge der Digitalisierung der Printmedien und der diagonalen Integration der verschiedenen Medien werden solche **elektronischen Zeitungen mit multimedialen Elementen** in den nächsten Jahren voraussichtlich erheblich ausgeweitet werden. Sie werden sich zum einen über Werbung, zum anderen aber auch – verstärkt – über Entgelte finanzieren.[635]

(Nr. 33-36) Special Interest-Homepages bilden einen weiteren Internet-Dienst. Sie enthalten Meldungen und Links zu Spezialthemen. Ein Spezialangebot zum Thema Familie ist www.familie.de. Um es von Linksammlungen zu Spezialthemen abzugrenzen, betrachten wir hier nur die zu diesem Dienst gehörenden Angebote, nicht die Links zu anderen Anbietern. Innerhalb dieses Dienstetyps ist es möglich (und für die Zwecke der vorliegenden Untersuchung sinnvoll) zwischen Non-fiction-Special Interest-Homepages ohne multimediale

---

632 Vgl. auch www.wetter24.de.

633 Siehe für viele www.spiegel.de, www.bild.de oder www.faz.de.

634 Siehe etwa www.politik-digital.de, www.heise.de, www.drudgereport.com, www.salon.com und www. hotwired.com.

635 Erste Konvergenz-Ansätze bietet schon jetzt das Angebot des Spiegel-Verlages mit der Kombination der Print-Ausgabe und des Fernsehablegers Spiegel TV unter www.spiegel.de.

Elemente (Nr. 33), Non-fiction–Special Interest-Homepages mit multimedialen Elementen (Nr. 34), Fiction-Special Interest-Homepages ohne multimediale Elemente (Nr. 35) und Fiction-Special Interest-Homepages mit multimedialen Elementen (Nr. 36) zu unterscheiden.

(Nr. 37) Im Internet finden sich zahlreiche **elektronische Nachschlagewerke** zu unterschiedlichen Themen. Wir betrachten hier allgemeine Lexika wie die ausländischen Angebote http://encarta.msn.com und http://www.eb.com oder das deutsche Angebot www.brockhaus.de.

Anhang B: Experimentelle Quantifizierung der Bedeutsamkeit und der Marktmängel der einbezogenen Dienste

Um die verschiedenen Dienstetypen hinsichtlich ihrer Bedeutung für die freie und öffentliche Meinungsbildung besser vergleichen zu können, soll abschließend der Versuch unternommen werden, die Unterschiede zwischen den Dienstetypen im Hinblick auf die für die Meinungsbildung relevanten Kriterien zu quantifizieren. Wir greifen damit auf ein quantitatives Verfahren, die so genannte Nutzwertanalyse,[636] zurück, das für komplexe Entscheidungsprobleme in der Ökonomie üblich ist, innerhalb anderer Wissenschaften, insbesondere innerhalb der Rechtswissenschaft, aber bisher kaum angewendet wurde.

So wird dem Dienst, bei dem derzeit ein Merkmal im Vergleich zu den anderen Diensten am stärksten ausgeprägt ist, bei diesem Merkmal der Wert 10 (= sehr hohe Intensität) zugewiesen, dem Dienst, bei dem dieses Merkmal am schwächsten ausgeprägt ist, der Wert 0. Die damit verbundene quantitative Exaktheit sollte nicht den Eindruck erwecken, dass bei allen Kommunikationsdiensten die einzelnen Determinanten ihrer gesellschaftlichen Bedeutsamkeit und ihrer Marktdefizite genau und unstrittig beurteilt werden könnten; sie soll vielmehr in erster Linie offen legen, wie *wir* diese Bedeutsamkeit eingeschätzt haben und welche Schlussfolgerungen bei einer solchen, z. T. mit erheblichen Unsicherheitsmargen behafteten Einschätzung gezogen werden können. Ziel dieser Quantifizierung ist es, Relationen zum Ausdruck zu bringen. Hierbei wird die Zahlenskala von 0 bis 10 nicht immer ausgereizt, um zum Teil die Größe der Abstände deutlich zu machen.

Um zu berücksichtigen, dass einige Faktoren eine größere Rolle spielen als andere, erhalten die einzelnen Kriterien ein bestimmtes „Gewicht", d. h. einen Wert, mit dem die Zahlen, die in Bezug auf dieses Kriterium für die einzelnen Dienste ermittelt werden, multipliziert werden. Dieses Gewicht wird unter Beachtung rechtswissenschaftlicher, aber auch medien-, kommunikations- und politikwissenschaftlicher Erkenntnisse quantitativ abgeschätzt.

Die mit dem Gewicht multiplizierten Merkmale werden in der denkbar einfachsten Weise – additiv – miteinander verknüpft. Damit wird vereinfachend unterstellt, dass sie voneinander unabhängig sind und die gesellschaftliche Bedeutsamkeit bzw. die Marktfähigkeit jeweils unmittelbar beeinflussen. Andere, etwa mehrstufige oder multiplikative Verknüpfungen sind denkbar und dürften die Wirkungszusammenhänge vermutlich auch angemessener widerspiegeln als die additive Verknüpfung. Dies deutet die Notwendigkeit an, das von uns zugrunde gelegte elementare Wirkungsmodell auf der Basis medien- und publizistiktheoretischer empirischer Untersuchungen sukzessive zu verfeinern.

---

[636] Für eine ausführliche Darstellung dieser Methode siehe *C. Zangemeister*, Netzwertanalyse.

In einem letzten Schritt werden die für die Bedeutung und die Marktdefizite ermittelten Zahlen multipliziert. Dadurch wird für jeden Dienst ein Wert ermittelt, der es möglich macht, den Umfang der Gewährleistungsverantwortung für die einzelnen Dienste zu vergleichen.

B 1. Bedeutsamkeit

B 1.1 Vorgehensweise und Gewichtung

Zunächst wird jeweils mit einem Wert von 1 bis 10 zum Ausdruck gebracht, in welchem Umfang die Kriterien der Bedeutung für die öffentliche und individuelle Meinungsbildung bei den einzelnen Dienstetypen erfüllt sind. So gehen wir beispielsweise davon aus, dass Online-Spiele mit bewegten Bildern und Tönen derzeit die höchste Suggestivkraft aufweisen (Wert 10). Bei *Fiction*-Programmen, die darauf ausgerichtet sind, den Rezipienten „mitzureißen", ist dieser Wert etwas geringer (9). Die geringste Suggestivkraft weisen im Vergleich zu den anderen Diensten reine Textdarstellungen auf (0; etwa Newsgroups). Dazwischen liegen Music-on-Demand-Files (6), Nachrichtensendungen mit bewegten Bildern und Ton (5) und Kombinationen aus Text und unbewegten Bildern (2; etwa Online-Zeitungen).

Wie erwähnt, ist zunächst das Gewicht der einzelnen Kriterien festzulegen. Hier wird davon ausgegangen, dass Breitenwirkung, Suggestivkraft und publizistische Arbeitsweise und Organisation derzeit wichtige Faktoren für die Bewertung der Bedeutung eines Dienstes darstellen. Wenn publizistischer Arbeitsweise und Organisation, die aus dem unter 5.1.2. dargestellten Kriterienbündel bestehen, die gleiche Bedeutung beigemessen werden sollen wie Breitenwirkung und Suggestivkraft, so muss das Gewicht dieser beiden Faktoren jeweils der Summe der Gewichte der einzelnen Kriterien des „publizistischen Bündels" entsprechen. Deshalb wird den sieben Kriterien diese Bündels *insgesamt* das Gewicht 7 zugeteilt, und die Werte für Breitenwirkung und Suggestivkraft werden jeweils mit 7 multipliziert.

Da nach unserer Ansicht zunehmende Interaktivität die Bedeutung eines Dienstes nicht im gleichen Maße beeinflusst wie die anderen Kriterien, wurde diesem Merkmal das Gewicht 3 zugeteilt.

Die Werte, die die Dienstetypen bei dem Kriterium „durch andere Dienste vermittelte Bedeutung" erhalten, werden mit 7 multipliziert, da sie ihre Bedeutung von anderen Diensten ableiten, also auch von publizistischen, für die das angesprochene Bündel aus sieben Kriterien relevant ist.

Innerhalb der publizistischen Merkmale wird angesichts der Rolle, die in der Kommunikationswissenschaft den entscheidungsbezogenen Kriterien zugeschrieben wird, diesen dasselbe Gewicht zugeteilt wie den medienbezogenen

Kriterien zusammengenommen. Deshalb erhält das Merkmal „entscheidungsbezogene Kriterien" das Gewicht 4 und die sechs medienbezogenen Kriterien werden mit 0,5 multipliziert.

B 1.2 Qualitativer Vergleich ausgesuchter Beispieldienste

Im Folgenden wird anhand der Nutzwertanalyse versucht, für bestimmte Dienstetypen zu quantifizieren, in welchem Ausmaß die dargestellten Kriterien bei diesen vorliegen. Die Dienste, bei denen das jeweilige Kriterium derzeit am stärksten ausgeprägt ist, erhalten in Bezug auf dieses Kriterium den Wert 10 und fungieren damit für die anderen Dienste als Vergleichsmaßstab.[637] Als Referenzdienste wählen wir die Dienstetypen Fernsehvollprogramm, *Fiction*-Spartenprogramm und Nachrichten-Spartenprogramm. Damit verglichen werden Webcasting-Vollprogramme, Newsarchive, Portale, redaktionell nicht bearbeitete Suchmaschinen, Newsgroups und Audio-on-Demand.

B 1.2.1 Breitenwirkung

Fernsehvollprogramme haben derzeit die höchste Breitenwirkung (Faktor 10). Geht man davon aus, dass Vollprogramme derzeit etwa 40 % der Bevölkerung erreichen, so ergibt sich für *Fiction*-Spartenprogramme mit einer Reichweite von ca. 11,5 % (s. o. SuperRTL) ein Wert von 3 bis 4. Der Anteil von Nachrichten–Spartenprogrammen ist noch geringer, hier haben wir angesichts der Breitenwirkung von n-tv einen Wert von 0,5 veranschlagt. Bei entgeltfinanzierten Programmen müssen die Zahlen niedriger ausfallen, da hier die Breitenwirkung jedenfalls auf die Zahl der Abonnenten begrenzt ist. Geht man hier für 2000 von einem Anteil von etwa 3 % der Bevölkerung aus, so kann hier ein Wert von 1 veranschlagt werden. Dass entgeltfinanzierte Nachrichten-Spartenkanäle eine höhere Breitenwirkung haben als werbefinanzierte, ist nicht anzunehmen, so dass auch für erstere der Wert auf 0,5 festgelegt wird.

Hieraus ergibt sich folgendes Bild: werbefinanzierte Fernsehvollprogramme 10; entgeltfinanzierte Fernsehvollprogramme 1; werbefinanzierte Nachrichten-Spartenprogramme 0,5; entgeltfinanzierte Nachrichten-Spartenprogramme 0,5; werbefinanzierte *Fiction*-Spartenprogramme 3; entgeltfinanzierte Spartenprogramme 1.

Bei den Online-Diensten weisen bisher nur Suchmaschinen und Portale eine im Vergleich zum herkömmlichen Rundfunk relevante Breitenwirkung auf. Geht man davon aus, dass diese Dienste pro Tag von etwa 3 – 4 % der Bundes-

[637] Zur Bestimmung der Werte wurde als Bezug ein real angebotener Dienst als „Muster" gewählt. Die Kriterien können später als Ausgangspunkt dafür dienen, – andersherum – analytische Typen als Anknüpfungspunkt für gesetzliche Regelungen zu bilden.

deutschen genutzt wird, kann hier jeweils ein Wert von 1 veranschlagt werden (dies gilt aber nur für die werbefinanzierten Portale und Suchkataloge, da nur diese eine derartige Breitenwirkung haben). Bei den anderen Online-Diensten (Webcasting-Vollprogramme, Newsarchive, Newsgroups, Audio-on-Demand, jeweils entgelt- und werbefinanziert) haben wir den Wert 0 angenommen.

B 1.2.2 Kriterien publizistischer Wirkmacht

B 1.2.2.1 Entscheidungsbezogene, journalistische Kriterien

Bei den entscheidungsbezogenen, journalistischen Kriterien wurde als „Messlatte" ein Nachrichten-Spartenprogramm gewählt, da, wie oben gezeigt, bei der Erstellung von Nachrichten Kriterien wie Neuheit, Quantifizierung, räumliche Nähe, Tragweite und öffentliche Bedeutung etc. derzeit die größte Rolle spielen (10). *Fiction*-Spartenprogramme erreichen hier einen niedrigeren Wert (5), so dass sich für Vollprogramme (TV und Webcasting) mit einem *Fiction*-Anteil von 40 % hieraus eine Bewertung mit 8 ergibt.

Wie gezeigt, werden Entscheidungen bei der Erstellung von Portalen zum großen Teil anhand publizistischer Kriterien getroffen. Wegen des Anteils konstanter Verweise haben wir hier aber einen Wert von 7 veranschlagt. Newsarchive werden zwar auch im Hinblick darauf erstellt, dass für bestimmte Nutzer die bereits verbreiteten Nachrichten noch Neuigkeitswert haben, daneben sollen sie aber auch eine Archivfunktion erfüllen (6). Bei Audio-on-Demand-Diensten wird eine Vielzahl von Music-Files zum Abruf angeboten, ohne nennenswert auf die genannten Kriterien abzustellen (2), und bei Newsgroups und nicht redaktionell bearbeiteten Suchmaschinen erfolgt schließlich fast überhaupt keine Bearbeitung anhand journalistischer Kriterien seitens des Anbieters (0).

B 1.2.2.2 Medienbezogene Kriterien

B 1.2.2.2.1 Faktizität

Hier punkten wiederum Nachrichten-Spartenprogramme am höchsten (10), *Fiction*-Spartenprogramme eher gering (2). Dies ergibt für Vollprogramme (TV und Webcasting) einen Wert von 6,8. Stellt man bei Portalen und Suchmaschinen auf die tatsächlich vorhandenen Links ab und bei Newsgroups auf die Eröffnung der Möglichkeit realer Kommunikation, so ist hier jeweils vom Höchstwert 10 auszugehen; auch bei Newsarchiven haben wir einen Wert von 10 veranschlagt. Demgegenüber ist bei Music-Files der Faktenbezug zu vernachlässigen (1).

B 1.2.2.2.2 Universalität

Hier werden die Dienste an der Universalität des Fernseh- oder Webcasting-Vollprogramms gemessen, das sowohl *Fiction*- als auch *Non-fiction*-Teile aufweist (10). Da in Nachrichten-Spartenangeboten sowohl politische Informationen als auch unterhaltsame Themen und Sport vermittelt werden, ist hier der Wert höher (6) als bei *Fiction*-Spartenangeboten (4). Da Zeitungen sowohl Fiction- als auch Non-fiction-Teile enthalten, wurde auch bei Newsarchiven der Wert 10 veranschlagt. Gleiches gilt für sowohl auf Fiction- als auch auf Non-fiction-Angebote verweisende Portale und Suchmaschinen. Newsgroups sind zumeist thematisch eingeschränkt (2), bei Audio-on-Demand werden nur Music-Files angeboten (1).

B 1.2.2.2.3 Quellen

Bei der Nutzung multipler Quellen haben wir uns wieder an Nachrichten-Spartenprogrammen orientiert (10). Im Vergleich dazu werden bei Fiction-Angeboten nur wenige Quellen genutzt (3), dies ergibt für Vollprogramme (TV und Webcasting) einen Wert von 7,2. Da sich Newsarchive nur aus erschienenen Zeitungsartikeln speisen und Portale zumeist nur auf ein bestimmtes Kontigent von Online-Angeboten verweisen, haben wir hier keine hohen Werte angenommen (5 bzw. 4). Suchmaschinen beziehen demgegenüber weite Teile des Internet mit ein (10). Newsgroups sind auf die Beiträge der Teilnehmer angewiesen (2) und auch bei Audio-on-Demand-Angebote wird im Vergleich zu Nachrichtenangeboten eher eine geringe Anzahl von Quellen genutzt (2).

B 1.2.2.2.4 Aktualität

Auch bei Aktualität waren Nachrichten-Spartenprogramme unser Richtwert (10), Anbieter von Fiction-Diensten greifen auf Spielfilme, Musikstücke etc. zurück, deren Produktionszeit deutlich länger dauert und bei denen mehr Zeit zwischen Erstellung und Veröffentlichung vergeht als bei Nachrichtenangeboten. Deshalb haben wir Fiction-Spartenprogramme mit 3 und Audio-on-Demand-Angebote mit 4 (hier können aktuelle Files mangels festen Sendeschematas jederzeit angeboten werden). Vollprogramme (TV und Webcasting) erhalten daher den Wert 7,2. Bei Portalen sind die nicht aktualitätsbezogenen festen Links zu berücksichtigen (9) und bevor Suchmaschinen Angebote erfassen, ist zumeist eine vorherige Anmeldung seitens der Nutzer oder anderer Anbieter vonnöten (8). In Newsarchive werden die Artikel unabhängig von ihrer Aktualität eingestellt; liegt die Veröffentlichung vieler Artikel aber noch nicht lange zurück, kann hier noch von einem gewissen Grad an Aktualität gesprochen werden (5). Bei Newsgroups werden hingegen die Artikel meist nur mit geringer Verzögerung in das Angebot eingestellt, nachdem der Verfasser den Artikel an den Anbieter gesendet hat (8).

B 1.2.2.2.5 Selektivität

Hier weisen alle Angebote einen hohen Wert auf, bei denen eine bestimmte Auswahl speziell zusammengestellt wird (TV- und Webcasting-Vollprogramme, Nachrichten- und *Fiction*-Spartenangebote, Newsarchive, Portale: jeweils 10). Bei reinen Suchmaschinen und Newsgroups wird hingegen die Selektion ganz dem Nutzer überlassen (0) und bei Audio-on-Demand-Angeboten wird eine sehr große Auswahl bereitgestellt, aus der der Nutzer selbst auswählen kann (2).

B 1.2.2.2.6 Eigene Bewertung

Auch Nachrichten-Spartenkanäle weisen nur zum Teil eine eigene Bewertung auf (7). Der Höchstwert 10 wurde hier nicht vergeben, um die Übersicht für Angebote offen zu lassen, die im Wesentlichen aus eigener Stellungnahme bestehen (hierzu würden etwa die hier nicht in die Untersuchung einbezogenen privaten Homepages zählen). Bei *Fiction*-Spartenkanälen ist die Meinung des Anbieters größtenteils nur implizit anhand der Auswahl erkennbar (3), sodass sich für Vollprogramme (TV und Webcasting) der Wert 5,4 ergibt. Auf gleiche bzw. ähnliche Werte wie Fiction-Spartenprogramme kommen Newsarchive und Portale (2 bzw. 3).[638] Wird eine Vielzahl von Audio-Files angeboten, fällt auch die Faktorfunktion, die mit der Auswahl verbunden ist, geringer aus (1). Völlig wertungsfrei ist das Angebot der Suchmaschine (0).

B 1.2.3 Suggestivkraft

Hier erhielt der – hier nicht berücksichtigte – Dienst des Online-Spiels den höchsten Wert (10). Danach folgen *Fiction*-Spartenprogramme (9). Die Suggestivkraft von Nachrichten-Spartenkanälen ist geringer (5), so dass sich für Vollprogramme (TV und Webcasting) der Wert 6,6 ergibt. Audio-on-Demand haben wir mit 6 bewertet, Portale, Suchmaschinen und Newsarchive mit 2 (Text und unbewegte Bilder) und rein textbasierte Newsgroups mit 0.

B 1.2.4 Fehlende Interaktivität

Bei diesem Punkt ging es darum, die Interaktivität von Online-Diensten mit der des klassischen Fernsehens zu vergleichen. Dem Dienst Fernsehen (TV und

[638] Portale und Fiction-Spartenprogramme enthalten, anders als Newsarchive (wenn auch nur geringfügig), explizite Bewertungen der ausgewählten Angebote.

Webcasting, Sparten- und Vollprogramm), der den niedrigsten Interaktivitätsgrad aufweist, wurde hier der höchste Wert zugeteilt (10). Etwas höher sind die Interaktionsmöglichkeiten bei Portalen, da hier Einzelangebote zu einem beliebigen Zeitpunkt und in beliebiger Reihenfolge abgerufen werden können (7). Mit der Größe des Gesamtangebots steigt auch die Auswahlfreiheit des Nutzers, weswegen wir Newsarchive mit 5, Audio-on-Demand mit 4 und Suchmaschinen mit 2 bewertet haben. Am höchsten ist der Interaktivitätsgrad derzeit bei Newsgroups, weil hier der Nutzer Einfluss auf den konkreten Inhalt der Kommunikation nimmt (0).

B 1.2.5 Durch andere Dienste vermittelte Wirkung

Hier punkten naturgemäß Portale und Suchmaschinen sehr hoch (10), aber auch Newsarchive erfüllen eine Vermittlerfunktion in Bezug auf die angebotenen Zeitungsartikel (6). Bei allen anderen Beispielsdiensten wurde dieses Kriterium mit 0 bewertet.

B 1.2.6 Zwischenfazit

Berücksichtigt man nun noch die Gewichtung der einzelnen Kriterien (s. o.: der Multiplikator für Breitenwirkung, Suggestivkraft und durch nachgelagerte Dienste vermittelte Wirkung beträgt jeweils 7, der für fehlende Interaktivität 5, der für entscheidungsbezogene journalistische Kriterien 4 und der für Faktizität, Universalität, multiple Quellen, Aktualität, Selektivität und eigene Bewertung jeweils 0,5), so ergeben sich folgende Werte:

- werbefinanziertes Fernsehvollprogramm: 201,5
- entgeltfinanziertes Fernsehvollprogramm: 138,5
- werbefinanziertes Nachrichten-Spartenprogramm: 135
- entgeltfinanziertes Nachrichten-Spartenprogramm: 135
- werbefinanziertes Fiction-Spartenprogramm: 153,5
- entgeltfinanziertes Fiction-Spartenprogramm: 132,5
- werbe- und entgeltfinanziertes Webcasting: 131,5
- werbefinanzierte Portale: 163
- entgeltfinanzierte Portale: 156
- werbefinanzierte Suchmaschinen: 116,5
- entgeltfinanzierte Suchmaschinen: 109,5
- werbe- und entgeltfinanzierte Newsarchive: 116
- werbe- und entgeltfinanzierte Audio-on-Demand-Dienste: 68
- werbe- und entgeltfinanzierte Newsgroups: 11

Es zeigt sich, dass werbefinanzierte Fernsehvollprogramme (noch) die höchste gesellschaftliche Bedeutsamkeit besitzen. Die Kriterien stützen also die (unbelegte) These des Bundesverfassungsgerichts von der hohen Bedeutsamkeit des Rundfunkvollprogramms. Gemessen an diesem Referenzdienst ist die gesellschaftliche Bedeutsamkeit der in unsere Untersuchung einbezogenen Online-Dienste (noch) geringer, zum Teil aber dennoch bereits erheblich. Damit werden diese Kommunikations-Dienste bereits in absehbarer Zeit eine erhebliche gesellschaftliche Bedeutsamkeit aufweisen, die diejenige traditioneller Fernsehprogramme nicht mehr wesentlich unterschreitet (zu berücksichtigen ist dabei auch, dass bei einer längerfristigen Betrachtung, etwa für das Jahr 2010, für das in Deutschland die Abschaltung des analogen Fernsehbetriebs beschlossen wurde, die gesellschaftliche Bedeutsamkeit der einbezogenen neuen Kommunikationsdienste aller Voraussicht nach noch wesentlich höher sein wird, weil bis dahin ganz gravierende Veränderungen der Technik und des Nutzerverhaltens eingetreten sein werden). Für andere Kommunikations-Dienste prognostizieren wir demgegenüber eine im Vergleich zu Fernsehvollprogrammen geringer bleibende gesellschaftliche Bedeutsamkeit

B 2. Marktfähigkeit

Neben der gesellschaftlichen Bedeutsamkeit bildet das Ausmaß der *Defizite einer marktlichen Erbringung* von Kommunikationsdiensten die zweite Determinante ihrer „Ausgestaltungsrelevanz". Solche Defizite werden dabei als Abweichungen der Versorgungsergebnisse von den oben beschriebenen gesellschaftlichen, insbesondere (verfassungs-)rechtlichen Anforderungen verstanden, die bei einer marktlichen Bereitstellung dieser Kommunikationsdienste eintreten. Dabei werden allokative von distributiven Mängeln unterschieden. Da die Quantifizierung der letzteren aufgrund großer gesellschafts- und verteilungspolitischer Auffassungsunterschiede und kaum vorhandener empirischer Basis besondere Probleme bereitet und die Werte auch nicht ohne Weiteres mit denen der allokativen Mängel verknüpft (addiert) werden können (weil ihre relative Bedeutsamkeit im Vergleich zu derjenigen der allokativen Mängel gesellschaftspolitisch äußerst umstritten ist), haben wir im Rahmen dieser Untersuchung auf eine Quantifizierung der distributiven Mängel verzichtet, obwohl eine solche für eine ökonomisch umfassende Bewertung der über den Markt bereitgestellten Kommunikationsdienste erforderlich wäre.

In den Tabellen b und c wird die quantitative Bedeutung der verschiedenen allokativen Mängel für alle der in die Untersuchung einbezogenen Dienste ausgewiesen. Tabelle b enthält die Werte für die aus Unteilbarkeiten (Subadditivitäten, Sp. 8) und Ausschlussproblemen (Sp. 9) resultierenden Mängel, Tabelle c die Werte für die aus Externalitäten (Sp. 10), Informationsasymmetrien (Sp. 11) und intransitive Präferenzen (Sp. 12) resultierenden Mängel. Dabei ergeben sich die Zellenwerte dieser Spalten als gewichtete Produkte der Unterkriterien. Der für werbefinanzierte Fernsehvollprogramme (Nr. 1a) in Tabelle b, Sp. 9 für die fehlende Ausschließbarkeit ausgewiesene Wert von 0,38 beispielsweise ergibt sich als gewichtetes Produkt der in den Sp. 9a und 9b ausgewiesenen Werte für die fehlende Bereitstellung (0,00) und negative Angebotsstruktureffekte (1,00) und der für diese Subkriterien zugrunde gelegten (in der Kopfzeile ausgewiesenen) Gewichte dieser Kriterien (in Höhe von 5 und 3).[639]

Obwohl wir zur Präzisierung der verschiedenen Marktmängel jeweils unterschiedlich viele Subkriterien berücksichtigt haben (z. B. fünf für die Bestimmung der Mängel durch Unteilbarkeiten, aber nur zwei für die Bestimmung der Mängel durch eine fehlende Ausschließbarkeit), haben wir jedem Kriterium das gleiche Gewicht (von 8 Punkten) zugewiesen. Bei den fünf berücksichtigten Kategorien ergibt sich somit ein Gesamtgewicht von 5 x 8 = 40 Punkten. Und ein mit maximalen Marktmängeln behafteter Dienst (der dann in allen Zellen der Tabelle einen Wert von 1 ausweisen würde), erhielte folglich (in Tabelle c, Sp. 13) einen Höchstwert von eben diesen 40 Punkten. Dagegen erhielte ein perfekt marktfähiger, keinerlei Marktmängel aufweisender Dienst (der dann in allen Zellen einen Wert von 0 ausweisen würde) eine Gesamtpunktzahl von Null (wiederum ausgewiesen in Tabelle c, Sp. 13). Die von uns untersuchten Dienste liegen weit von diesen Extremwerten entfernt: Den höchsten Wert weist mit 22,32 das werbefinanzierte Fernsehvollprogramm auf (Tabelle d, Sp. 13, Zeile 1a), den geringsten Wert mit 4,26 der entgeltfinanzierte elektronische Auskunftsdienst (Tabelle d, Sp. 13, Zeile 30b).

Das Zustandekommen der Gesamtwerte für alle Dienste braucht hier nicht erläutert zu werden; es lässt sich der Struktur der Tabellen b, c und d entnehmen. Auch die inhaltliche Argumentation, die hinter den von uns vergebenen Werten oder „ratings" steht, wurde im qualitativen Teil bereits dargelegt. Deshalb reicht es hier aus, kurz die Gesamtzusammenhänge für die verschiedenen Formen allokativer Mängel zu beschreiben und damit die relative Position der einzelnen Kommunikationsdienste zueinander zu verdeutlichen.

B 2.1 Unteilbarkeiten

Unteilbarkeiten bilden für alle untersuchten Dienste die Ursache allokativer Marktmängel. Die Werte bewegen sich innerhalb einer relativ kleinen Spanne (von 0,32 für Fernsehprogramme) und 0,21 (für elektronische Auskunftsdienste). Dahinter stehen die für Informations- und Kommunikationsgüter typische

---

[639] Der in Sp. 9 ausgewiesene Wert von 0,38 errechnet sich also wie folgt: (0,00x5)+(1,00x3)/(5+3) = 3 / 8 = 0,375, aufgerundet 0,38.

fehlende Konsumrivalität (Größenvorteile der Nutzung) und die hohen Größen- und Fühlungsvorteile, die sich mit der Produktion und Mehrfachverwertung dieser Güter erzielen lassen. Marktmängel infolge technischer Übertragungsknappheiten und damit verbundener bottlenecks spielen demgegenüber nur noch beim Fernsehen eine gewisse Rolle.

B 2.2 Fehlende Ausschließbarkeit

Fehlende Ausschließbarkeit stellt für Informationsgüter ebenfalls generell eine Ursache für Marktmängel dar. Häufig verhindert sie die privatwirtschaftliche Bereitstellung allerdings nicht, weil ein ersatzweiser Ausschluss des Kuppelprodukts Werbung vorgenommen werden kann; in diesem Fall entstehen allerdings negative Angebotsstruktureffekte. In Tabelle b, Sp. 9b) kommt dies durch die höheren Werte für die werbefinanzierten Formen der verschiedenen Kommunikationsdienste zum Ausdruck. Die Werte für die fehlende Ausschließbarkeit insgesamt (Sp. 9) variieren stärker als für Unteilbarkeiten (zwischen einem Höchstwert von 0,43 für werbefinanzierte Spartenkanäle und einem Tiefstwert von 0,08 für verschiedene entgeltfinanzierte Online-Dienste): Hier stehen Dienste, bei denen ein Nutzerausschluss technisch einfach und transaktionskostenarm möglich ist (eben z. B. die entgeltfinanzierten Online-Dienste, die verschlüsselt Daten übertragen können) neben Diensten, bei denen nur ein indirekter, transaktionskostenreicher und präferenzenverzerrender Ausschluss über Werbung möglich ist.

B 2.3 Externe Effekte

Externe Effekte sind vor allem bei suggestiven und breitenwirksamen Kommunikationsdiensten gegeben, also in erster Linie bei Fernsehvollprogrammen (0,90 bzw. 0,85), Fernsehspartenprogrammen (0,70 bis 0,58) und Webcastingprogrammen (0,53 bis 0,30, je nach Inhalt und Finanzierungsform), aber auch bei Portalen, EPGs, Newsgroups, Nachrichten-Push-Diensten und Chat-Diensten. Dagegen spielen sie bei Abruf- und Datendiensten keine größere Rolle (hier liegen die Werte z. T. unter 0,1). Bei allen Diensten ergeben sich c. p. höhere Externalitäten bei einer Finanzierung durch Werbung, geringere Werte bei einer Finanzierung durch Entgelte – was sich aus den mit der direkten Preisfinanzierung verbundenen Anreizen zur Beschränkung der Dienstenutzung auf die zahlungswilligen Nutzer erklärt.

B 2.4 Informationsasymmetrien

Die Werte für dieses Kriterium variieren erheblich. Sie sind hoch bei Diensten, deren Inhalte Erfahrungs- oder Vertrauensgüter darstellen und bei denen Screening und Signaling nicht möglich oder sehr teuer sind (z. B. bei Newsarchiven und werbefinanzierten Auskunftsdiensten), sie sind gering bei Diensten, deren Inhalte ohne Weiteres inspizierbar sind (z. B. Dienste mit *Fiction*-Angeboten oder beim Audio-/Music-On-Demand). Außerdem variieren auch sie mit der Finanzierungsform: Entgeltfinanzierte Dienste weisen tendenziell geringere Informationsasymmetrien auf, weil die Käufer wie die Verkäufer stärker an einem Abbau von Informationsasymmetrien interessiert sind als bei werbefinanzierten Diensten und weil auch die Anreize zu einem präferenzengerechten Angebot höher sind (bzw. umgekehrt formuliert: weil die hohen negativen Angebotsstruktureffekte werbefinanzierter Dienste fehlen).

B 2.5 Intransitive Präferenzen

Intransitive Präferenzen sind Ursache von Marktmängeln bei allen Diensten, deren Inhalte hoch affektiv und suggestiv sind, und die unter Bedingungen rezipiert werden, die einer reflexiven Willensbildung hinderlich sind. Sie spielen deshalb beim Fernsehen und beim Webcasting oder auch bei Chats und Online-Spielen eine große Rolle, bei Auskunftdiensten, insbesondere textorientierter Art, sind sie umgekehrt kaum gegeben. Entsprechend hoch ist die Variation. Sie reicht von 0,80 für die erstgenannten Dienste bis 0,0 für einige der letztgenannten.

B 3. Ergebnis

Im letzten Schritt werden die Werte der allokativen Mängel gemäß unserer in Abschnitt 5 dargelegten Sichtweise mit der zuvor quantifizierten gesellschaftlichen Bedeutsamkeit verknüpft. Hierzu werden beide Merkmale zunächst in Prozentwerte (Anteile des Referenzdienstes werbefinanziertes Fernsehvollprogramm) umgerechnet; anschließend werden diese Prozentwerte miteinander multipliziert. Das Ergebnis, die mit der gesellschaftspolitischen Bedeutsamkeit der Dienste gewichtete Summe ihrer allokativen Marktmängel, bildet nach unserem Ansatz den Maßstab für ein dienstespezifisches Regulierungskonzept, das die freie öffentliche Kommunikation unter Berücksichtigung der veränderten gesellschaftlichen Bedeutsamkeit und marktlichen Leistungsfähigkeit der verschiedenen, sich ausdifferenzierenden Kommunikationsdienste gewährleistet. Auf diesem Konstrukt bauen auch die oben (Kap. 7) dargelegten Handlungsoptionen auf.

Um die Übersichtlichkeit zu wahren, werden in die folgende grafische Darstellung nur der Referenzdienst *werbefinanziertes Fernsehvollprogramm*, *das entgeltfinanzierte Fernsehvollprogramm* sowie die beispielhaft betrachteten Online-Dienste *Portale*, *Webcasting-Vollprogramme*, *Suchmaschinen*, *Newsarchive*, *Audio-on-Demand* und *Newsgroups* einbezogen.

Der höchste Wert von 100 % errechnet sich für den Referenzdienst, das werbefinanzierte Fernsehvollprogramm. Dieses verfügt über eine hohe gesellschaftliche Bedeutsamkeit (ausgedrückt durch die in Sp. 20 ausgewiesene Kennzahl: 100 %); eine marktliche Bereitstellung dieses Dienstes ist zugleich mit hohen allokativen Mängeln verbunden (Sp. 14: 100 %). Im Vergleich dazu geringer, mit 55 % aber gleichwohl bemerkenswert, ist der Wert für entgeltfinanzierte Fernsehvollprogramme, bei denen sowohl die allokativen Mängel einer marktlichen Bereitstellung (mit 79 %) als auch die gesellschaftliche Bedeutsamkeit (mit 69 %) (noch) unter derjenigen des Referenzdienstes liegt, und für werbefinanzierte Portale (54 %), die nach unserer Einschätzung überdurchschnittlich hohe Marktmängel (67 % des Referenzdienstes) und eine bereits beträchtliche gesellschaftliche Bedeutsamkeit (von 80 %) besitzen, und für werbefinanzierte Webcasting-Vollprogramme (42 %), die ebenfalls hohe Marktmängel (65 %) und eine ebenfalls bereits beträchtliche gesellschaftliche Bedeutsamkeit (65 %) aufweisen. – Geringere Werte für unser Konstrukt errechnen sich im Vergleich dazu für entgeltfinanzierte Portale (38 %), entgeltfinanzierte Webcasting-Vollprogramme (30 %), werbefinanzierte bzw. entgeltfinanzierte Suchmaschinen (31 % bzw. 21 %) und werbefinanzierte bzw. entgeltfinanzierte Newsarchive (27 % bzw. 21 %). Die geringsten Werte errechnen sich für werbe- und entgeltfinanziertes Audio/Music-on-Demand (9 % bzw. 6 %) und Newsgroups (3 % bzw. 2 %), für die damit nur ein sehr geringer Regulierungsbedarf besteht.

Die folgende Abbildung 4 fasst die Ergebnisse in einer grafischen Form zusammen. Die exemplarisch untersuchten Kommunikationsdienste werden im Feld zwischen der Achse der Bedeutsamkeit und der Achse der Mängel einer marktlichen Bereitstellung positioniert. Dabei liegt das werbefinanzierte Fernsehvollprogramm als Referenzdienst definitionsgemäß auf dieser Winkelhalbierenden, während die anderen Dienste ober- oder unterhalb derselben angesiedelt sein können (so dass dann deren Projektion auf die Winkelhalbierende, in der Abbildung durch Pfeile dargestellt, erforderlich wird). Legt man in die Position des werbefinanzierten Fernsehvollprogramms (des Referenzdienstes) ein Koordinatenkreuz, so unterteilt sich das Feld in vier Quadranten. Bei den von uns getroffenen quantitativen Einschätzungen liegen alle untersuchten Beispieldienste „südwestlich" vom Referenzdienst, d. h. sowohl ihre allokativen Marktmängel als auch ihre gesellschaftliche Bedeutsamkeit werden geringer veranschlagt als beim werbefinanzierten Fernsehvollprogramm. Das könnte sich aber ändern, z. B. im Zuge der absehbaren Veränderung der Breitenwirkung der verschiedenen Kommunikationsdienste, oder bei einer Veränderung der für diese Dienste bestehenden marktlichen Leistungsfähigkeit; auch bei einer Einbeziehung distributiver Marktwirkungen (die wir wie gesagt aufgrund der dabei bestehenden

Unsicherheiten aus der Quantifizierung ausgeklammert haben) dürften sich die Positionen der betrachteten Online-Dienste gegenüber dem werbefinanzierten Fernsehvollprogramm wie auch zueinander verlagern.

Abbildung 4: *Der Umfang staatlicher Gewährleistungsverantwortung in Bezug auf Kommunikationsdienste als Produkt ihrer gesellschaftlichen Bedeutsamkeit und der allokativen Mängel ihrer marktlichen Erbringung*

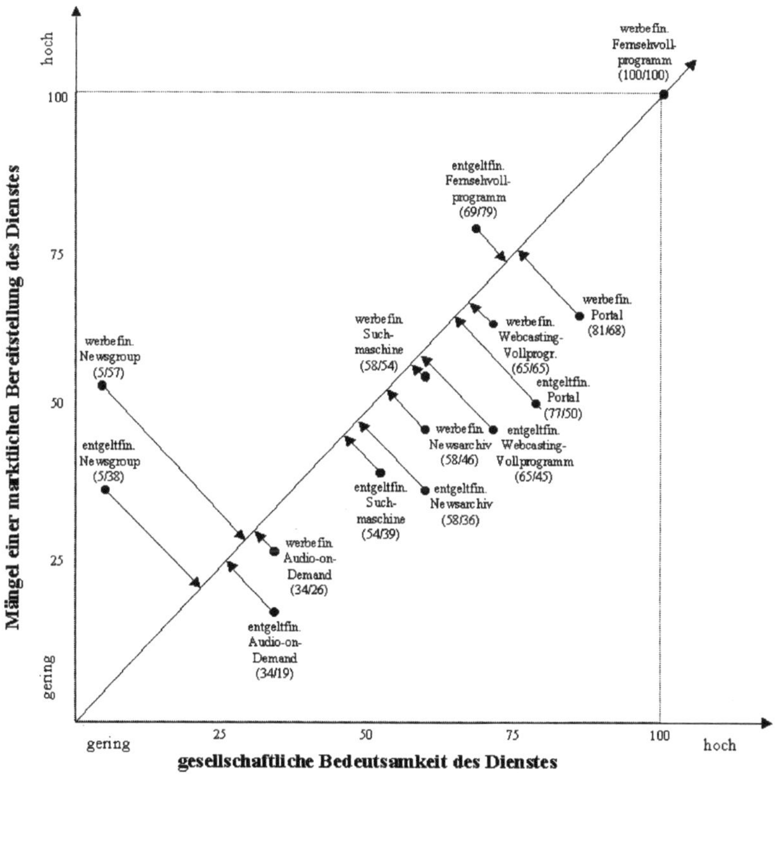

Tabelle a: *Quantifizierung der gesellschaftlichen Bedeutsamkeit*

Nr.	*Kriterium* / *Kommunikationsdienst*	*Breitenwirkung*	*Entscheidungsbezogene Kriterien*	*Medienbezogene Kriterien*						*Suggestivkraft*	*fehlende Interaktivität*	*durch nachgelagerte Dienste vermittelte Wirkung*	***gesellschaftliche Bedeutsamkeit insg.***
				Faktizität	*Universalität*	*Multiple Quellen*	*Aktualität*	*Selektivität*	*Faktor*				
		1	2	3a	3b	3c	3d	3e	3f	4	5	6	7
	Gewicht	7	4	0,5	0,5	0,5	0,5	0,5	0,5	7	3	7	**31**
1a	Fernsehvollprogr., werbefinanziert	10,0	8,0	6,8	10,0	7,2	7,2	10,0	5,4	6,6	10,0	0,0	**201,5**
1b	Fernsehvollprogr., entgeltfinanziert	1,0	8,0	6,8	10,0	7,2	7,2	10,0	5,4	6,6	10,0	0,0	**138,5**
2a	Spartenkanal Nachr., werbefin.	0,5	10,0	10,0	6,0	10,0	10,0	10,0	7,0	5,0	10,0	0,0	**135,0**
2b	Spartenkanal Nachr., entgeltfin.	0,5	10,0	10,0	6,0	10,0	10,0	10,0	7,0	5,0	10,0	0,0	**135,0**
3a	Spartenkanal Fiktion, werbefin.	4,0	5,0	2,0	4,0	3,0	3,0	10,0	3,0	9,0	10,0	0,0	**153,5**
3b	Spartenkanal Fiktion, entgeltfin.	1,0	5,0	2,0	4,0	3,0	3,0	10,0	3,0	9,0	10,0	0,0	**132,5**
4a	Webcasting-Vollprogr., werbefin.	0,0	8,0	6,8	10,0	7,2	7,2	10,0	5,4	6,6	10,0	0,0	**131,5**
4b	Webcasting-Vollprogr., entgeltfin.	0,0	8,0	6,8	10,0	7,2	7,2	10,0	5,4	6,6	10,0	0,0	**131,5**
5a	Webcasting, Nachrichten, werbefin.	0,0	10,0	10,0	6,0	10,0	10,0	10,0	7,0	6,0	10,0	0,0	**138,5**
5b	Webcasting, Nachrichten, entgeltfin.	0,0	10,0	10,0	6,0	10,0	10,0	10,0	7,0	6,0	10,0	0,0	**138,5**
6a	Webcasting Fiktion, werbefin.	0,0	5,0	2,0	4,0	3,0	3,0	10,0	3,0	9,0	10,0	0,0	**125,5**
6b	Webcasting Fiktion, entgeltfin.	0,0	5,0	2,0	4,0	3,0	3,0	10,0	3,0	9,0	10,0	0,0	**125,5**
7a	Newsarchiv, werbefin.	0,0	6,0	10,0	10,0	5,0	5,0	10,0	2,0	2,0	5,0	6,0	**116,0**
7b	Newsarchiv, entgeltfin.	0,0	6,0	10,0	10,0	5,0	5,0	10,0	2,0	2,0	5,0	6,0	**116,0**
8a	Portal, werbefin.	1,0	7,0	10,0	10,0	4,0	9,0	10,0	3,0	2,0	7,0	10,0	**163,0**
8b	Portal, entgeltfin.	0,0	7,0	10,0	10,0	4,0	9,0	10,0	3,0	2,0	7,0	10,0	**156,0**

Nr.	*Kriterium* / *Kommunikationsdienst*	*Breitenwirkung*	*Entscheidungsbezogene Kriterien*	*Medienbezogene Kriterien*						*Suggestivkraft*	*fehlende Interaktivität*	*durch nachgelagerte Dienste vermittelte Wirkung*	***gesellschaftliche Bedeutsamkeit insg.***
				Faktizität	*Universalität*	*Multiple Quellen*	*Aktualität*	*Selektivität*	*Faktor*				
		1	2	3a	3b	3c	3d	3e	3f	4	5	6	7
	Gewicht	7	4	0,5	0,5	0,5	0,5	0,5	0,5	7	3	7	**31**
9a	Suchkatalog, werbefin.	1,0	10,0	10,0	10,0	10,0	8,0	6,0	2,0	2,0	2,0	10,0	**160,0**
9b	Suchkatalog, entgeltfin.	0,0	10,0	10,0	10,0	10,0	8,0	6,0	2,0	2,0	2,0	10,0	**153,0**
10a	Suchmaschine, werbefin.	1,0	0,0	10,0	10,0	10,0	8,0	1,0	0,0	2,0	2,0	10,0	**116,5**
10b	Suchmaschine, entgeltfin.	0,0	0,0	10,0	10,0	10,0	8,0	1,0	0,0	2,0	2,0	10,0	**109,5**
11a	offener Chatdienst, werbefin.	0,0	0,0	10,0	10,0	6,0	10,0	3,0	0,0	0,0	0,0	0,0	**19,5**
11b	offener Chatdienst, entgeltfin.	0,0	0,0	10,0	10,0	6,0	10,0	3,0	0,0	0,0	0,0	0,0	**19,5**
12a	geschl. Chatdienst, werbefin.	0,0	0,0	10,0	10,0	2,0	10,0	5,0	0,0	0,0	0,0	0,0	**18,5**
12b	geschl. Chatdienst, entgeltfin.	0,0	0,0	10,0	10,0	2,0	10,0	5,0	0,0	0,0	0,0	0,0	**18,5**
13a	Nachrichten-Push-Dienst, werbefin.	0,0	10,0	10,0	6,0	10,0	10,0	10,0	7,0	3,0	10,0	0,0	**117,5**
13b	Nachrichten-Push-Dienst, entgeltfin.	0,0	10,0	10,0	6,0	10,0	10,0	10,0	7,0	3,0	10,0	0,0	**117,5**
14a	Spez. Info–Push–Dienst, werbefin.	0,0	10,0	10,0	2,0	10,0	10,0	10,0	7,0	3,0	10,0	0,0	**115,5**
14b	Spez.Info-Push-Dienst, entgeltfin.	0,0	10,0	10,0	2,0	10,0	10,0	10,0	7,0	3,0	10,0	0,0	**115,5**
15a	Linksammlung, werbefin.	0,0	7,0	10,0	2,0	4,0	9,0	10,0	3,0	2,0	7,0	10,0	**152,0**
15b	Linksammlung, entgeltfin.	0,0	7,0	10,0	2,0	4,0	9,0	10,0	3,0	2,0	7,0	10,0	**152,0**
16a	Newsgroup, werbefin.	0,0	0,0	10,0	2,0	2,0	8,0	0,0	0,0	0,0	0,0	0,0	**11,0**
16b	Newsgroup, entgeltfin.	0,0	0,0	10,0	2,0	2,0	8,0	0,0	0,0	0,0	0,0	0,0	**11,0**
17a	Newsletter per E-Mail, werbefin.	0,0	10,0	10,0	6,0	10,0	8,0	10,0	7,0	2,0	4,0	0,0	**91,5**
17b	Newsletter per E-Mail, entgeltfin.	0,0	10,0	10,0	6,0	10,0	8,0	10,0	7,0	2,0	4,0	0,0	**91,5**

Nr.	*Kriterium* / *Kommunikationsdienst*	*Breitenwirkung*	*Entscheidungsbezogene Kriterien*	*Medienbezogene Kriterien*						*Suggestivkraft*	*fehlende Interaktivität*	*durch nachgelagerte Dienste vermittelte Wirkung*	***gesellschaftliche Bedeutsamkeit insg.***
				Faktizität	*Universalität*	*Multiple Quellen*	*Aktualität*	*Selektivität*	*Faktor*				
		1	2	3a	3b	3c	3d	3e	3f	4	5	6	7
	Gewicht	7	4	0,5	0,5	0,5	0,5	0,5	0,5	7	3	7	**31**
18a	EPG via Internet, werbefin.	0,0	7,0	8,0	2,0	4,0	7,0	2,0	5,0	2,0	4,0	10,0	**138,0**
18b	EPG via Internet, entgeltfin.	0,0	7,0	8,0	2,0	4,0	7,0	2,0	5,0	2,0	4,0	10,0	**138,0**
19a	Nachrichten-Sendung zum Abruf, werbefin.	0,0	10,0	10,0	6,0	10,0	8,0	10,0	7,0	5,0	6,0	0,0	**118,5**
19b	Nachrichtensendung zum Abruf, entgeltfin.	0,0	10,0	10,0	6,0	10,0	8,0	10,0	7,0	5,0	6,0	0,0	**118,5**
20a	Einzelnachrichten als Video-Files, werbefin.	0,0	10,0	10,0	6,0	10,0	8,0	10,0	7,0	5,0	4,0	0,0	**112,5**
20b	Einzelnachrichten als Video-Files, entgeltfin.	0,0	10,0	10,0	6,0	10,0	8,0	10,0	7,0	5,0	4,0	0,0	**112,5**
21a	Fiktionprogr. zum Abruf, werbefin	0,0	2,0	2,0	2,0	2,0		4,0	1,0	9,0	4,0	0,0	**89,5**
21b	Fiktionsprogr. zum Abruf, entgeltfin.	0,0	2,0	2,0	2,0	2,0	4,0	2,0	1,0	9,0	4,0	0,0	**89,5**
22a	Audio-/Music-on-Demand, werbefin.	0,0	2,0	1,0	2,0	2,0	4,0	2,0	1,0	6,0	4,0	0,0	**68,0**
22b	Audio-/Music-on-Demand, entgeltf.	0,0	2,0	1,0	2,0	2,0	4,0	2,0	1,0	6,0	4,0	0,0	**68,0**
23a	Online-Spiele, werbefin.	0,0	2,0	1,0	1,0	3,0	1,0	2,0	1,0	10,0	9,0	0,0	**109,5**
23b	Online-Spiele, entgeltfin.	0,0	2,0	1,0	1,0	3,0	1,0	2,0	1,0	10,0	9,0	0,0	**109,5**
24a	Elektr. Bibliothek, werbefin.	0,0	3,0	10,0	10,0	10,0	7,0	5,0	0,0	2,0	6,0	3,0	**86,0**
24b	Elektr. Bibliothek, entgeltfin.	0,0	3,0	10,0	10,0	10,0	7,0	5,0	0,0	2,0	6,0	3,0	**86,0**
25a	Online-Pressedienst, werbefin.	0,0	10,0	10,0	6,0	8,0	10,0	10,0	7,0	2,0	8,0	0,0	**103,5**

Nr.	*Kriterium* / *Kommunikationsdienst*	*Breitenwirkung*	*Entscheidungsbezogene Kriterien*	*Medienbezogene Kriterien* *Faktizität*	*Universalität*	*Multiple Quellen*	*Aktualität*	*Selektivität*	*Faktor*	*Suggestivkraft*	*fehlende Interaktivität*	*durch nachgelagerte Dienste vermittelte Wirkung*	***gesellschaftliche Bedeutsamkeit insg.***
		1	2	3a	3b	3c	3d	3e	3f	4	5	6	7
	Gewicht	7	4	0,5	0,5	0,5	0,5	0,5	0,5	7	3	7	**31**
25b	Online-Pressedienst, entgeltfin.	0,0	10,0	10,0	6,0	8,0	10,0	10,0	7,0	2,0	8,0	0,0	**103,5**
26a	Online-Bildungsangebot, werbefin.	0,0	3,0	10,0	2,0	3,0	7,0	8,0	1,0	2,0	4,0	0,0	**53,5**
26b	Online-Bildungsangebot, entgeltfin.	0,0	3,0	10,0	2,0	3,0	7,0	8,0	1,0	2,0	4,0	0,0	**53,5**
27	Einkaufs-Homepage	0,0	0,0	10,0	2,0	0,0	7,0	0,0	7,0	2,0	4,0	0,0	**39,0**
28a	Themenbez. Datenbank, werbefin.	0,0	6,0	10,0	2,0	4,0	5,0	8,0	2,0	2,0	5,0	6,0	**110,5**
28b	Themenbez. Datenbank, entgeltfin.	0,0	6,0	10,0	2,0	4,0	5,0	8,0	2,0	2,0	5,0	6,0	**110,5**
29a	Datendienst, werbefin.	0,0	0,0	10,0	0,0	0,0	10,0	0,0	0,0	1,0	6,0	0,0	**35,0**
29b	Datendienst, entgeltfin.	0,0	0,0	10,0	0,0	0,0	10,0	0,0	0,0	1,0	6,0	0,0	**35,0**
30a	Auskunfts-dienst, werbefin.	0,0	0,0	10,0	0,0	0,0	8,0	0,0	0,0	1,0	2,0	0,0	**22,0**
30b	Auskunfts-dienst, entgeltfin.	0,0	0,0	10,0	0,0	0,0	8,0	0,0	0,0	1,0	2,0	0,0	**22,0**
31a	Elek. Zeitung, werbefin.	0,0	9,5	9,2	10,0	9,3	9,3	10,0	6,6	2,0	6,0	0,0	**97,2**
31b	Elek. Zeitung, entgeltfin.	0,0	9,5	9,2	10,0	9,3	9,3	10,0	6,6	2,0	6,0	0,0	**97,2**
32a	Elek. Zeitung mit multimed. Elementen, werbefin.	0,0	9,5	9,2	10,0	9,3	9,3	10,0	6,6	6,0	6,0	0,0	**125,2**
32b	Elekt. Zeitung mit multimed. Elementen, entgeltfin.	0,0	9,5	9,2	10,0	9,3	9,3	10,0	6,6	6,0	6,0	0,0	**125,2**
33a	Spec. Interest-Homepage, nonfic., werbefin.	0,0	8,0	10,0	2,0	10,0	10,0	10,0	7,0	2,0	6,0	0,0	**88,5**
33b	Spec. Interest-Homep., nonfic., entgeltfin.	0,0	8,0	10,0	2,0	10,0	10,0	10,0	7,0	2,0	6,0	0,0	**88,5**

Nr.	*Kriterium* / *Kommunikationsdienst*	*Breitenwirkung*	*Entscheidungsbezogene Kriterien*	*Medienbezogene Kriterien* *Faktizität*	*Universalität*	*Multiple Quellen*	*Aktualität*	*Selektivität*	*Faktor*	*Suggestivkraft*	*fehlende Interaktivität*	*durch nachgelagerte Dienste vermittelte Wirkung*	***gesellschaftliche Bedeutsamkeit insg.***
		1	2	3a	3b	3c	3d	3e	3f	4	5	6	7
	Gewicht	7	4	0,5	0,5	0,5	0,5	0,5	0,5	7	3	7	**31**
34a	Spec. Interest-Homep., non-fic., m. multimed. Elem., werbefin.	0,0	8,0	10,0	2,0	10,0	10,0	10,0	7,0	6,0	6,0	0,0	**116,5**
34b	Spec. Interest-Homepage, non-fic., m. multimed. Elem., entgeltfin.	0,0	8,0	10,0	2,0	10,0	10,0	10,0	7,0	6,0	6,0	0,0	**116,5**
35a	Spec. Interest-Homepage, fiction, werbefin.	0,0	4,0	2,0	2,0	3,0	3,0	10,0	3,0	2,0	6,0	0,0	**59,5**
35b	Spec. Interest-Homepage, fiction, entgeltfin.	0,0	4,0	2,0	2,0	3,0	3,0	10,0	3,0	2,0	6,0	0,0	**59,5**
36a	Spec.Interest-Homep., fiction-free mit multimed. Elem., werbefin.	0,0	4,0	2,0	2,0	3,0	3,0	10,0	3,0	6,0	6,0	0,0	**87,5**
36b	Spec Interest-Homepage, fiction-free mit multim. Elem., entgeltfin.	0,0	5,0	2,0	2,0	3,0	3,0	10,0	3,0	6,0	6,0	0,0	**91,5**
37a	Nachschlagewerk, werbefin.	0,0	4,0	10,0	10,0	4,0	5,0	3,0	1,0	2,0	3,0	0,0	**55,5**
37b	Nachschlagewerk, entgeltfin.	0,0	4,0	10,0	10,0	4,0	5,0	3,0	1,0	2,0	3,0	0,0	**55,5**

Tabelle b: *Allokative Marktmängel I: Unteilbarkeiten und fehlende Ausschließbarkeit*

Nr.	*Kriterium* / *Kommunika-tionsdienst*	***Un-teil-bar-kei-ten insg.***	*davon: techn. Übertr.-knapp-heiten*	*davon: Größen-vorteile der Pro-duktion*	*davon: Größen-vorteile d. Nutzung*	*davon: Fühl.-vorteile der Produk-tion*	*davon: Fühl.-vorteile d. Nutzung*	***feh-lende Aus-schließ-barkeit, insg.***	*davon: fehlende Bereit-stellung*	*davon: neg. Ange-bots-struktur-effekte*
		8	8a	8b	8c	8d	8e	9	9a	9b
	Gewicht	**8**	2	2	2	1	1	**8**	5	3
1a	Fernseh-vollprogr., werbefin.	**0,32**	0,20	0,50	0,50	0,40	0,30	**0,38**	0,00	1,00
1b	Fernseh-vollprogr., entgeltfin.	**0,32**	0,20	0,50	0,50	0,40	0,30	**0,30**	0,30	0,30
2a	Spartenkanal Nachr., werbefin.	**0,32**	0,20	0,50	0,50	0,40	0,30	**0,43**	0,50	0,30
2b	Spartenkanal Nachr., entgeltfin.	**0,32**	0,20	0,50	0,50	0,40	0,30	**0,23**	0,30	0,10
3a	Spartenkanal Fiktion, werbefin.	**0,32**	0,20	0,50	0,50	0,50	0,30	**0,43**	0,50	0,30
3b	Spartenkanal Fiktion, entgeltfin.	**0,32**	0,20	0,50	0,50	0,50	0,30	**0,26**	0,30	0,20
4a	Webcasting-Vollprogr., werbefin.	**0,27**	0,00	0,50	0,50	0,40	0,30	**0,26**	0,00	0,70
4b	Webcasting-Vollprogr., entgeltfin.	**0,27**	0,00	0,50	0,50	0,40	0,30	**0,08**	0,00	0,20
5a	Webcasting, Nachrichten, werbefin.	**0,27**	0,00	0,50	0,50	0,40	0,40	**0,19**	0,00	0,50
5b	Webcasting, Nachrichten, entgeltfin.	**0,27**	0,00	0,50	0,50	0,40	0,40	**0,08**	0,00	0,20
6a	Webcasting Fiktion, werbefin.	**0,27**	0,00	0,50	0,50	0,40	0,40	**0,38**	0,00	1,00
6b	Webcasting Fiktion, entgeltfin.	**0,27**	0,00	0,50	0,50	0,40	0,40	**0,08**	0,00	0,20
7a	Newsarchiv, werbefin.	**0,27**	0,00	0,50	0,50	0,40	0,30	**0,19**	0,00	0,50
7b	Newsarchiv, entgeltfin.	**0,27**	0,00	0,50	0,50	0,40	0,30	**0,08**	0,00	0,20
8a	Portal, werbefin.	**0,28**	0,00	0,50	0,50	0,50	0,50	**0,26**	0,00	0,70
8b	Portal, entgeltfin.	**0,28**	0,00	0,50	0,50	0,50	0,50	**0,08**	0,00	0,20

Nr.	*Kriterium* *Kommunikationsdienst*	***Unteilbarkeiten insg.***	*davon: techn. Übertr.-knappheiten*	*davon: Größenvorteile der Produktion*	*davon: Größenvorteile d. Nutzung*	*davon: Fühl.-vorteile der Produktion*	*davon: Fühl.-vorteile d. Nutzung*	***fehlende Ausschließbarkeit, insg.***	*davon: fehlende Bereitstellung*	*davon: neg. Angebotsstruktureffekte*
		8	8a	8b	8c	8d	8e	9	9a	9b
	Gewicht	**8**	2	2	2	1	1	**8**	5	3
9a	Suchkatalog, werbefin.	**0,32**	0,00	0,70	0,50	0,30	0,40	**0,26**	0,00	0,70
9b	Suchkatalog, entgeltfin.	**0,32**	0,00	0,70	0,50	0,30	0,40	**0,08**	0,00	0,20
10a	Suchmaschine, werbefin.	**0,36**	0,00	0,70	0,70	0,20	0,20	**0,26**	0,00	0,70
10b	Suchmaschine, entgeltfinan.	**0,36**	0,00	0,70	0,70	0,20	0,20	**0,08**	0,00	0,20
11a	Offener Chatdienst, werbefin.	**0,26**	0,00	0,50	0,50	0,20	0,30	**0,38**	0,00	1,00
11b	Offener Chatdienst, entgeltfin.	**0,26**	0,00	0,50	0,50	0,20	0,30	**0,08**	0,00	0,20
12a	Geschl. Chatdienst, werbefin.	**0,26**	0,00	0,50	0,50	0,20	0,30	**0,38**	0,00	1,00
12b	Geschl. Chatdienst, entgeltfin.	**0,26**	0,00	0,50	0,50	0,20	0,30	**0,08**	0,00	0,20
13a	Nachrichten-Push-Dienst, werbefin.	**0,26**	0,00	0,50	0,50	0,20	0,30	**0,58**	0,50	0,70
13b	Nachrichten-Push-Dienst, entgeltfin.	**0,32**	0,00	0,70	0,50	0,50	0,30	**0,08**	0,00	0,20
14a	Spez. Info–Push–Dienst, werbefin.	**0,32**	0,00	0,70	0,50	0,50	0,30	**0,26**	0,00	0,70
14b	Spez. Info-Push-Dienst, entgeltfin.	**0,32**	0,00	0,70	0,50	0,50	0,30	**0,08**	0,00	0,20
15a	Linksammlung, werbefin.	**0,32**	0,00	0,70	0,50	0,30	0,40	**0,26**	0,00	0,70
15b	Linksammlung, entgeltfin.	**0,32**	0,00	0,70	0,50	0,30	0,40	**0,08**	0,00	0,20
16a	Newsgroup, werbefin.	**0,27**	0,00	0,50	0,50	0,40	0,30	**0,26**	0,00	0,70
16b	Newsgroup, entgeltfin.	**0,27**	0,00	0,50	0,50	0,40	0,30	**0,08**	0,00	0,20
17a	Newsletter per E-Mail, werbefin.	**0,32**	0,00	0,70	0,50	0,40	0,30	**0,26**	0,00	0,70
17b	Newsletter per E-Mail, entgeltfin.	**0,32**	0,00	0,70	0,50	0,40	0,30	**0,08**	0,00	0,20

Nr.	Kriterium Kommunikationsdienst	**Unteilbarkeiten insg.**	davon: techn. Übertr.-knappheiten	davon: Größenvorteile der Produktion	davon: Größenvorteile d. Nutzung	davon: Fühl.-vorteile der Produktion	davon: Fühl.-vorteile d. Nutzung	**fehlende Ausschließbarkeit, insg.**	davon: fehlende Bereitstellung	davon: neg. Angebotsstruktureffekte
		8	8a	8b	8c	8d	8e	9	9a	9b
	Gewicht	**8**	2	2	2	1	1	**8**	5	3
18a	EPG via Internet, werbefin.	**0,32**	0,00	0,70	0,50	0,40	0,40	**0,38**	0,00	1,00
18b	EPG via Internet, entgeltfin.	**0,32**	0,00	0,70	0,50	0,40	0,40	**0,08**	0,00	0,20
19a	Nachrichten-Sendung zum Abruf, werbefin.	**0,31**	0,00	0,70	0,50	0,50	0,20	**0,26**	0,00	0,70
19b	Nachrichten-sendung zum Abruf, entgeltfin.	**0,31**	0,00	0,70	0,50	0,50	0,20	**0,08**	0,00	0,20
20a	Einzelnachrichten als Video-Files, werbefin.	**0,31**	0,00	0,70	0,50	0,50	0,20	**0,26**	0,00	0,70
20b	Einzelnachrichten als Video-Files, entgeltfin.	**0,31**	0,00	0,70	0,50	0,50	0,20	**0,08**	0,00	0,20
21a	Fiktionprogr. zum Abruf, werbefin.	**0,27**	0,00	0,50	0,50	0,40	0,40	**0,38**	0,00	1,00
21b	Fiktionsprogr. Zum Abruf, entgeltfin.	**0,27**	0,00	0,50	0,50	0,40	0,40	**0,08**	0,00	0,20
22a	Audio-/Music-on-Demand, werbefin.	**0,25**	0,00	0,50	0,50	0,00	0,30	**0,11**	0,00	0,30
22b	Audio-/Music-on-Demand, entgeltf.	**0,25**	0,00	0,50	0,50	0,00	0,30	**0,08**	0,00	0,20
23a	Online-Spiele, werbefin.	**0,26**	0,00	0,50	0,50	0,30	0,20	**0,26**	0,00	0,70
23b	Online-Spiele, entgeltfin.	**0,26**	0,00	0,50	0,50	0,30	0,20	**0,08**	0,00	0,20
24a	Elektr. Bibliothek, werbefin.	**0,36**	0,00	0,70	0,70	0,30	0,20	**0,38**	0,00	1,00
24b	Elektr. Bibliothek, entgeltfin.	**0,36**	0,00	0,70	0,70	0,30	0,20	**0,08**	0,00	0,20
25a	Online-Pressedienst, werbefin.	**0,29**	0,00	0,60	0,50	0,40	0,30	**0,23**	0,00	0,60
25b	Online-Pressedienst, entgeltfin.	**0,29**	0,00	0,60	0,50	0,40	0,30	**0,08**	0,00	0,20

Nr.	*Kriterium* *Kommunikationsdienst*	***Unteilbarkeiten insg.***	*davon: techn. Übertr.-knappheiten*	*davon: Größenvorteile der Produktion*	*davon: Größenvorteile d. Nutzung*	*davon: Fühl.-vorteile der Produktion*	*davon: Fühl.-vorteile d. Nutzung*	***fehlende Ausschließbarkeit, insg.***	*davon: fehlende Bereitstellung*	*davon: neg. Angebotsstruktureffekte*
		8	8a	8b	8c	8d	8e	9	9a	9b
	Gewicht	**8**	2	2	2	1	1	**8**	5	3
26a	Online-Bildungsangeb., werbefin.	**0,28**	0,00	0,60	0,50	0,30	0,20	**0,23**	0,00	0,60
26b	Online-Bildungs-angeb., entgeltfin.	**0,28**	0,00	0,60	0,50	0,30	0,20	**0,08**	0,00	0,20
27	Einkaufs-Homepage	**0,26**	0,00	0,50	0,50	0,30	0,20	**0,38**	0,00	1,00
28a	themenbez. Datenbank, werbefin.	**0,31**	0,00	0,70	0,50	0,40	0,20	**0,26**	0,00	0,70
28b	themenbez. Datenbank, entgeltfin.	**0,31**	0,00	0,70	0,50	0,40	0,20	**0,08**	0,00	0,20
29a	Datendienst, werbefin.	**0,36**	0,00	0,70	0,70	0,30	0,20	**0,23**	0,00	0,60
29b	Datendienst, entgeltfin.	**0,36**	0,00	0,70	0,70	0,30	0,20	**0,08**	0,00	0,20
30a	Auskunftsdienst, werbefin.	**0,21**	0,00	0,40	0,40	0,30	0,20	**0,26**	0,00	0,70
30b	Auskunftsdienst, entgeltfin.	**0,21**	0,00	0,40	0,40	0,30	0,20	**0,08**	0,00	0,20
31a	Elek. Zeitung, werbefin.	**0,29**	0,00	0,60	0,50	0,50	0,20	**0,26**	0,00	0,70
31b	Elek. Zeitung, entgeltfin.	**0,29**	0,00	0,60	0,50	0,50	0,30	**0,08**	0,00	0,20
32a	Elek. Zeitung mit multimed. Elem., werbefin.	**0,29**	0,00	0,60	0,50	0,50	0,30	**0,26**	0,00	0,70
32b	Elek. Zeitung mit multimed. Elem., entgeltfin.	**0,30**	0,00	0,60	0,50	0,50	0,40	**0,08**	0,00	0,20
33a	Spec. Interest-Homepage, nonfic., werbefin.	**0,30**	0,00	0,60	0,50	0,40	0,40	**0,26**	0,00	0,70
33b	Spec. Interest-Homepage, nonfic., entgeltfin.	**0,29**	0,00	0,60	0,50	0,40	0,30	**0,08**	0,00	0,20
34a	Spec. Interest-Homepage, non-fic., m. multim. Elem., werbefin.	**0,29**	0,00	0,60	0,50	0,40	0,30	**0,26**	0,00	0,70

Nr.	*Kriterium* *Kommunika-tionsdienst*	***Un-teil-bar-kei-ten insg.***	*davon: techn. Übertr.-knapp-heiten*	*davon: Größen-vorteile der Pro-duktion*	*davon: Größen-vorteile d. Nutzung*	*davon: Fühl.-vorteile der Produk-tion*	*davon: Fühl.-vorteile d. Nutzung*	***feh-lende Aus-schließ-barkeit, insg.***	*davon: fehlende Bereit-stellung*	*davon: neg. Ange-bots-struktur-effekte*
		8	8a	8b	8c	8d	8e	9	9a	9b
	Gewicht	**8**	2	2	2	1	1	**8**	5	3
34b	Spec. Interest-Homepage, non-fic., m. multim. Elem., entgeltfin.	**0,29**	0,00	0,60	0,50	0,40	0,30	**0,08**	0,00	0,20
35a	Spec. Interest-Homepage, fiction, werbefin.	**0,29**	0,00	0,60	0,50	0,40	0,30	**0,30**	0,00	0,80
35b	Spec. Interest-Homepage, fiction, entgeltfin.	**0,29**	0,00	0,60	0,50	0,40	0,30	**0,08**	0,00	0,20
36a	Spec.Interest-Homepage, fiction-free m. multim. Elem., werbefin.	**0,29**	0,00	0,60	0,50	0,40	0,30	**0,23**	0,00	0,60
36b	Spec Interest-Homep., fiction-free m. multim. Elem., entgeltfin.	**0,29**	0,00	0,60	0,50	0,40	0,30	**0,08**	0,00	0,20
37a	Nachschlage-werk, werbe-fin.	**0,37**	0,00	0,70	0,70	0,40	0,30	**0,23**	0,00	0,60
37b	Nachschlage-werk, entgelt-fin.	**0,37**	0,00	0,70	0,70	0,40	0,30	**0,08**	0,00	0,20

Tabelle c: *Allokative Marktmängel II: Externalitäten, Informationsasymmetrien und Intransitäten*

Nr.	*Kriterium* / *Kommunikationsdienst*	***Externe Effekte***	*davon: für andere Nutzer*	*davon: für andere Anbieter*	*davon: Netzwerkexternalitäten*	***Informationsasymmetrien***	*davon: adverse Selektion*	*davon: Kosten d. Korrektur*	***intransitive Präferenzen, insg.***	*davon: infolge der Rezeptionssituation*	*davon: infolge der Rezeptionsinhalte*
		10	10a	10b	10c	11	11a	11b	12	12a	12b
	Gewicht	**8**	4	2	2	**8**	4	4	**8**	4	4
1a	Fernsehvollprogr., werbefin.	**0,90**	1,00	0,60	1,00	**0,40**	0,00	0,80	**0,80**	0,80	0,80
1b	Fernsehvollprogr., entgeltfin.	**0,85**	1,00	0,40	1,00	**0,25**	0,00	0,50	**0,50**	0,50	0,50
2a	Spartenkanal Nachr., werbefin.	**0,70**	0,60	0,60	1,00	**0,40**	0,00	0,80	**0,40**	0,30	0,50
2b	Spartenkanal Nachr., entgeltfin.	**0,65**	0,60	0,40	1,00	**0,25**	0,00	0,50	**0,20**	0,10	0,30
3a	Spartenkanal Fiktion, werbefin.	**0,63**	0,50	0,50	1,00	**0,10**	0,00	0,20	**0,50**	0,50	0,50
3b	Spartenkanal Fiktion, entgeltfin.	**0,58**	0,50	0,30	1,00	**0,05**	0,00	0,10	**0,25**	0,20	0,30
4a	Webcasting-Vollprogr., werbefin.	**0,53**	0,50	0,50	0,60	**0,30**	0,00	0,60	**0,45**	0,40	0,50
4b	Webcasting-Vollprogr., entgeltfin.	**0,48**	0,50	0,30	0,60	**0,20**	0,00	0,40	**0,25**	0,20	0,30
5a	Webcasting, Nachrichten, werbefin.	**0,40**	0,30	0,40	0,60	**0,40**	0,00	0,80	**0,30**	0,30	0,30
5b	Webcasting, Nachrichten, entgeltfin.	**0,35**	0,30	0,20	0,60	**0,25**	0,00	0,50	**0,15**	0,15	0,15
6a	Webcasting Fiktion, werbefin.	**0,35**	0,20	0,40	0,60	**0,10**	0,00	0,20	**0,45**	0,40	0,50
6b	Webcasting Fiktion, entgeltfin.	**0,30**	0,20	0,20	0,60	**0,05**	0,00	0,10	**0,23**	0,20	0,25
7a	Newsarchiv, werbefin.	**0,20**	0,20	0,40	0,00	**0,50**	0,00	1,00	**0,15**	0,20	0,10
7b	Newsarchiv, entgeltfin.	**0,15**	0,20	0,20	0,00	**0,45**	0,00	0,90	**0,09**	0,10	0,07
8a	Portal, werbefin.	**0,55**	0,50	0,40	0,80	**0,45**	0,00	0,90	**0,35**	0,50	0,20
8b	Portal, entgeltfin.	**0,50**	0,50	0,20	0,80	**0,30**	0,00	0,60	**0,23**	0,30	0,15

Nr.	*Kriterium* *Kommunikationsdienst*	***Externe Effekte***	*davon: für andere Nutzer*	*davon: für andere Anbieter*	*davon: Netzwerkexternalitäten*	***Informationsasymmetrien***	*davon: adverse Selektion*	*davon: Kosten d. Korrektur*	***intransitive Präferenzen, insg.***	*davon: infolge der Rezeptionssituation*	*davon: infolge der Rezeptionsinhalte*
		10	10a	10b	10c	11	11a	11b	12	12a	12b
	Gewicht	**8**	4	2	2	**8**	4	4	**8**	4	4
9a	Suchkatalog, werbefin.	**0,35**	0,10	0,40	0,80	**0,45**	0,00	0,90	**0,10**	0,20	0,00
9b	Suchkatalog, entgeltfin.	**0,30**	0,10	0,20	0,80	**0,30**	0,00	0,60	**0,05**	0,10	0,00
10a	Suchmaschine, werbefin.	**0,35**	0,10	0,40	0,80	**0,45**	0,00	0,90	**0,10**	0,20	0,00
10b	Suchmaschine, entgeltfin.	**0,30**	0,10	0,20	0,80	**0,30**	0,00	0,60	**0,05**	0,10	0,00
11a	offener Chatdienst, werbefin.	**0,45**	0,20	0,40	1,00	**0,40**	0,00	0,80	**0,80**	0,80	0,80
11b	offener Chatdienst, entgeltfin.	**0,40**	0,20	0,20	1,00	**0,25**	0,00	0,50	**0,40**	0,40	0,40
12a	geschl. Chatdienst, werbefin.	**0,55**	0,40	0,40	1,00	**0,30**	0,00	0,60	**0,80**	0,80	0,80
12b	geschl. Chatdienst, entgeltfin.	**0,50**	0,40	0,20	1,00	**0,20**	0,00	0,40	**0,40**	0,40	0,40
13a	Nachrichten-Push-Dienst, werbefin.	**0,45**	0,20	0,40	1,00	**0,40**	0,00	0,80	**0,00**	0,00	0,00
13b	Nachrichten-Push-Dienst, entgeltfin.	**0,15**	0,20	0,20	0,00	**0,30**	0,00	0,60	**0,00**	0,00	0,00
14a	Spez. Info–Push–Dienst, werbefin.	**0,15**	0,10	0,40	0,00	**0,40**	0,00	0,80	**0,00**	0,00	0,00
14b	Spez. Info-Push-Dienst, entgeltfin.	**0,10**	0,10	0,20	0,00	**0,30**	0,00	0,60	**0,00**	0,00	0,00
15a	Linksammlung, werbefin.	**0,15**	0,10	0,40	0,00	**0,40**	0,00	0,80	**0,20**	0,40	0,00
15b	Linksammlung, entgeltfin.	**0,25**	0,10	0,20	0,60	**0,30**	0,00	0,60	**0,10**	0,20	0,00
16a	Newsgroup, werbefinanziert	**0,40**	0,30	0,40	0,60	**0,40**	0,00	0,80	**0,25**	0,30	0,20
16b	Newsgroup, entgeltfin.	**0,35**	0,30	0,20	0,60	**0,30**	0,00	0,60	**0,08**	0,10	0,05
17a	Newsletter per E-Mail, werbefin.	**0,20**	0,20	0,40	0,00	**0,40**	0,00	0,80	**0,10**	0,00	0,20
17b	Newsletter per E-Mail, entgeltfin.	**0,15**	0,20	0,20	0,00	**0,30**	0,00	0,60	**0,05**	0,00	0,10

Nr.	*Kriterium* *Kommunikationsdienst*	***Externe Effekte***	*davon: für andere Nutzer*	*davon: für andere Anbieter*	*davon: Netzwerkexternalitäten*	***Informationsasymmetrien***	*davon: adverse Selektion*	*davon: Kosten d. Korrektur*	***intransitive Präferenzen, insg.***	*davon: infolge der Rezeptionssituation*	*davon: infolge der Rezeptionsinhalte*
		10	10a	10b	10c	11	11a	11b	12	12a	12b
	Gewicht	**8**	4	2	2	**8**	4	4	**8**	4	4
18a	EPG via Internet, werbefin.	**0,40**	0,30	0,40	0,60	**0,40**	0,00	0,80	**0,00**	0,00	0,00
18b	EPG via Internet, entgeltfin.	**0,35**	0,30	0,20	0,60	**0,30**	0,00	0,60	**0,00**	0,00	0,00
19a	Nachrichten-Sendung zum Abruf, werbefin.	**0,15**	0,10	0,40	0,00	**0,40**	0,00	0,80	**0,15**	0,10	0,20
19b	Nachrichtensendung zum Abruf, entgeltfin.	**0,10**	0,10	0,20	0,00	**0,30**	0,00	0,60	**0,05**	0,00	0,10
20a	Einzelnachrichten als Video-Files, werbefin.	**0,15**	0,10	0,40	0,00	**0,40**	0,00	0,80	**0,15**	0,10	0,20
20b	Einzelnachrichten als Video-Files, entgeltfin.	**0,10**	0,10	0,20	0,00	**0,30**	0,00	0,60	**0,05**	0,00	0,10
21a	Fiktionprogr. zum Abruf, werbefin.	**0,15**	0,10	0,40	0,00	**0,10**	0,00	0,20	**0,20**	0,20	0,20
21b	Fiktionsprogr. Zum Abruf, entgeltfin.	**0,10**	0,10	0,20	0,00	**0,05**	0,00	0,10	**0,10**	0,10	0,10
22a	Audio-/Music-on-Demand, werbefin.	**0,15**	0,10	0,40	0,00	**0,10**	0,00	0,20	**0,10**	0,10	0,10
22b	Audio-/Music-on-Demand, entgeltf.	**0,10**	0,10	0,20	0,00	**0,05**	0,00	0,10	**0,05**	0,05	0,05
23a	Online-Spiele, werbefin.	**0,15**	0,10	0,40	0,00	**0,10**	0,00	0,20	**0,80**	0,80	0,80
23b	Online-Spiele, entgeltfin.	**0,10**	0,10	0,20	0,00	**0,05**	0,00	0,10	**0,50**	0,40	0,60
24a	Elektr. Bibliothek, werbefin.	**0,15**	0,10	0,40	0,00	**0,40**	0,00	0,80	**0,00**	0,00	0,00
24b	Elektr. Bibliothek, entgeltfin.	**0,10**	0,10	0,20	0,00	**0,30**	0,00	0,60	**0,00**	0,00	0,00
25a	Online-Pressedienst, werbefin.	**0,15**	0,10	0,40	0,00	**0,40**	0,00	0,80	**0,15**	0,10	0,20
25b	Online-Pressedienst, entgeltfin.	**0,10**	0,10	0,20	0,00	**0,30**	0,00	0,60	**0,05**	0,00	0,10

Nr.	*Kriterium* *Kommunika-tionsdienst*	***Externe Effekte***	*davon: für andere Nutzer*	*davon: für andere Anbieter*	*davon: Netzwerkexternalitäten*	***Informationsasymmetrien***	*davon: adverse Selektion*	*davon: Kosten d. Korrektur*	***intransitive Präferenzen, insg.***	*davon: infolge der Rezeptionssituation*	*davon: infolge der Rezeptionsinhalte*
		10	10a	10b	10c	11	11a	11b	12	12a	12b
	Gewicht	**8**	4	2	2	**8**	4	4	**8**	4	4
26a	Online-Bildungsangeb., werbefin.	**0,15**	0,10	0,40	0,00	**0,55**	0,50	0,60	**0,00**	0,00	0,00
26b	Online-Bildungsangeb., entgeltfin.	**0,10**	0,10	0,20	0,00	**0,15**	0,00	0,30	**0,00**	0,00	0,00
27	Einkaufs-Homepage	**0,10**	0,00	0,40	0,00	**0,30**	0,00	0,60	**0,45**	0,40	0,50
28a	themenbez. Datenbank, werbefin.	**0,15**	0,10	0,40	0,00	**0,30**	0,00	0,60	**0,05**	0,10	0,00
28b	Themenbez. Datenbank, entg.fin.	**0,10**	0,10	0,20	0,00	**0,20**	0,00	0,40	**0,00**	0,00	0,00
29a	Datendienst, werbefin.	**0,10**	0,00	0,40	0,00	**0,25**	0,00	0,50	**0,00**	0,00	0,00
29b	Datendienst, entgeltfin.	**0,05**	0,00	0,20	0,00	**0,15**	0,00	0,30	**0,00**	0,00	0,00
30a	Auskunftsdienst, werbefin.	**0,10**	0,00	0,40	0,00	**0,55**	0,50	0,60	**0,00**	0,00	0,00
30b	Auskunftsdienst, entgeltfin.	**0,05**	0,00	0,20	0,00	**0,20**	0,00	0,40	**0,00**	0,00	0,00
31a	Elek. Zeitung, werbefin.	**0,20**	0,20	0,40	0,00	**0,55**	0,50	0,60	**0,20**	0,10	0,30
31b	Elek. Zeitung, entgeltfin.	**0,15**	0,20	0,20	0,00	**0,20**	0,00	0,40	**0,08**	0,00	0,15
32a	Elek. Zeitung m. multimed Elem., werbefin.	**0,20**	0,20	0,40	0,00	**0,55**	0,50	0,60	**0,25**	0,10	0,40
32b	Elek. Zeitung mit multimed. Elem., entgeltfin.	**0,15**	0,20	0,20	0,00	**0,20**	0,00	0,40	**0,10**	0,00	0,20
33a	Spec. Interest-Homepage, nonfic., werbefin.	**0,35**	0,20	0,40	0,60	**0,30**	0,00	0,60	**0,25**	0,20	0,30
33b	Spec. Interest-Homepage, nonfic., entgeltfin.	**0,30**	0,20	0,20	0,60	**0,20**	0,00	0,40	**0,08**	0,00	0,15
34a	Spec. Interest-Homep., nonfic., mit multim. Elem., werbefin.	**0,35**	0,20	0,40	0,60	**0,30**	0,00	0,60	**0,30**	0,20	0,40

Nr.	Kriterium Kommunikationsdienst	**Externe Effekte**	*davon: für andere Nutzer*	*davon: für andere Anbieter*	*davon: Netzwerkexternalitäten*	**Informationsasymmetrien**	*davon: adverse Selektion*	*davon: Kosten d. Korrektur*	**intransitive Präferenzen, insg.**	*davon: infolge der Rezeptionssituation*	*davon: infolge der Rezeptionsinhalte*
		10	10a	10b	10c	11	11a	11b	12	12a	12b
	Gewicht	**8**	4	2	2	**8**	4	4	**8**	4	4
34b	Spec. Interest-Homepage, non-fic., m. multim. Elem., entgeltfin.	**0,30**	0,20	0,20	0,60	**0,20**	0,00	0,40	**0,10**	0,00	0,20
35a	Spec. Interest-Homepage, fiction, werbefin.	**0,35**	0,20	0,40	0,60	**0,30**	0,00	0,60	**0,30**	0,20	0,40
35b	Spec. Interest-Homepage, fiction, entgeltfin.	**0,30**	0,20	0,20	0,60	**0,20**	0,00	0,40	**0,10**	0,00	0,20
36a	Spec.Interest-Homepage, fiction-free m. multim. Elem., werbefin.	**0,35**	0,20	0,40	0,60	**0,30**	0,00	0,60	**0,25**	0,20	0,30
36b	Spec Interest-Homepage, fiction-free m. multim. Elem., entgeltfin.	**0,30**	0,20	0,20	0,60	**0,20**	0,00	0,40	**0,08**	0,00	0,15
37a	Nachschlagewerk, werbefin.	**0,15**	0,10	0,40	0,00	**0,55**	0,50	0,60	**0,00**	0,00	0,00
37b	Nachschlage-w., entgeltfin.	**0,10**	0,10	0,20	0,00	**0,20**	0,00	0,40	**0,00**	0,00	0,00

Tabelle d: *Allokative Marktmängel und gesellschaftspolitische Bedeutsamkeit*

Nr.	Kriterium / Komunikationsdienst	*Summe allokativer Marktmängel insgesamt*	*Summe allokativer Marktmängel, als Anteil d. werbefin. TV-Vollprog.*	*gesellschaftl. Bedeutsamkeit als Anteil d. werbefin. TV-Vollprog.*	***mit gesellschaftl. Bedeutsamkeit gewichtete Summe allokativer Marktmängel***
		13	14	15	16 (14x7)
	Gewicht	40			
1a	Fernsehvollprogramm, werbefin.	22,32	100%	100%	**100%**
1b	Fernsehvollprogramm, entgeltfin.	17,72	79%	69%	**55%**
2a	Spartenkanal Nachr., werbefin.	17,92	80%	67%	**54%**
2b	Spartenkanal Nachr., entgeltfin.	13,12	59%	67%	**39%**
3a	Spartenkanal Fiktion, werbefin.	15,75	71%	76%	**54%**
3b	Spartenkanal Fiktion, entgeltfin.	11,65	52%	66%	**34%**
4a	Webcasting-Vollprogr., werbefin.	14,42	65%	65%	**42%**
4b	Webcasting-Vollprogr., entgeltfin.	10,12	45%	65%	**30%**
5a	Webcasting, Nachrichten, werbefin.	12,46	56%	69%	**38%**
5b	Webcasting, Nachrichten, entgeltfin.	8,76	39%	69%	**27%**
6a	Webcasting Fiktion, werbefin.	12,36	55%	62%	**34%**
6b	Webcasting Fiktion, entgeltfin.	7,36	33%	62%	**21%**
7a	Newsarchiv, werbefinanziert	10,42	47%	58%	**27%**
7b	Newsarchiv, entgeltfin.	8,20	37%	58%	**21%**
8a	Portal, werbefin.	15,15	68%	81%	**55%**
8b	Portal, entgeltfin.	11,05	50%	77%	**38%**

Nr.	*Kriterium* *Komunikationsdienst*	*Summe allokativer Marktmängel insgesamt*	*Summe allokativer Marktmängel, als Anteil d. werbefin. TV-Vollprog.*	*gesellschaftl. Bedeutsamkeit als Anteil d. werbefin. TV-Vollprog.*	***mit gesellschaftl. Bedeutsamkeit gewichtete Summe allokativer Marktmängel***
		13	14	15	16 (14x7)
	Gewicht	40			
9a	Suchkatalog, werbefin.	11,82	53%	79%	**42%**
9b	Suchkatalog, entgeltfin.	8,32	37%	76%	**28%**
10a	Suchmaschine, werbefin.	12,14	54%	58%	**31%**
10b	Suchmaschine, entgeltfin.	8,64	39%	54%	**21%**
11a	offener Chatdienst, werbefin.	18,26	82%	10%	**8%**
11b	offener Chatdienst, entgeltfin.	11,06	50%	10%	**5%**
12a	geschl. Chatdienst, werbefin.	18,26	82%	9%	**8%**
12b	geschl. Chatdienst, entgeltfin.	11,46	51%	9%	**5%**
13a	Nachrichten-Push-Dienst, werbefin.	13,46	60%	58%	**35%**
13b	Nachrichten-Push-Dienst, entgeltfin.	6,75	30%	58%	**18%**
14a	Spez. Info–Push–Dienst, werbefin.	9,05	41%	57%	**23%**
14b	Spez. Info-Push-Dienst, entgeltfin.	6,35	28%	57%	**16%**
15a	Linksammlung, werbefin.	10,62	48%	75%	**36%**
15b	Linksammlung, entgeltfin.	8,32	37%	75%	**28%**
16a	Newsgroup, werbefinanziert	12,62	57%	5%	**3%**
16b	Newsgroup, entgeltfin.	8,52	38%	5%	**2%**
17a	Newsletter per E-Mail, werbefin.	10,22	46%	45%	**21%**
17b	Newsletter per E-Mail, entgeltfin.	7,12	32%	45%	**14%**

Nr.	*Kriterium* *Komunikationsdienst*	*Summe allokativer Marktmängel insgesamt*	*Summe allokativer Marktmängel, als Anteil d. werbefin. TV-Vollprog.*	*gesellschaftl. Bedeutsamkeit als Anteil d. werbefin. TV-Vollprog.*	***mit gesellschaftl. Bedeutsamkeit gewichtete Summe allokativer Marktmängel***
		13	14	15	16 (14x7)
	Gewicht	40			
18a	EPG via Internet, werbefin.	11,96	54%	68%	**37%**
18b	EPG via Internet, entgeltfin.	8,36	37%	68%	**26%**
19a	Nachrichten-Sendung zum Abruf, werbefin.	10,20	46%	59%	**27%**
19b	Nachrichten-sendung zum Abruf, entgeltfin.	6,70	30%	59%	**18%**
20a	Einzelnach-richten als Video-Files, werbefin.	10,20	46%	56%	**26%**
20b	Einzelnach-richten als Video-Files, entgeltfin.	6,70	30%	56%	**17%**
21a	Fiktionprogr. zum Abruf, werbefin.	8,76	39%	44%	**17%**
21b	Fikti-onsprogr. zum Abruf, entgeltfin.	4,76	21%	44%	**9%**
22a	Audio-/Music-on-Demand, werbefin.	5,70	26%	34%	**9%**
22b	Audio-/Music-on-Demand, entgeltf.	4,20	19%	34%	**6%**
23a	Online-Spiele, werbefin.	12,56	56%	54%	**31%**
23b	Online-Spiele, entgeltfin.	7,86	35%	54%	**19%**
24a	Elektr. Bibliothek, werbefin.	10,26	46%	43%	**20%**
24b	Elektr. Bibliothek, entgeltfin.	6,66	30%	43%	**13%**

Nr.	*Kriterium* / *Komunikationsdienst*	*Summe allokativer Marktmängel insgesamt*	*Summe allokativer Marktmängel, als Anteil d. werbefin. TV-Vollprog.*	*gesellschaftl. Bedeutsamkeit als Anteil d. werbefin. TV-Vollprog.*	***mit gesellschaftl. Bedeutsamkeit gewichtete Summe allokativer Marktmängel***
		13	14	15	16 (14x7)
	Gewicht	40			
25a	Online-Pressedienst, werbefin.	9,72	44%	51%	**22%**
25b	Online-Pressedienst, entgeltfin.	6,52	29%	51%	**15%**
26a	Online-Bildungsangeb., werbefin.	9,66	43%	27%	**11%**
26b	Online-Bildungsangeb., entgeltfin.	4,86	22%	27%	**6%**
27	Einkaufs-Homepage	11,86	53%	19%	**10%**
28a	themenbez. Datenbank, werbefin.	8,58	38%	55%	**21%**
28b	themenbez. Datenbank, entgeltfin.	5,48	25%	55%	**13%**
29a	Datendienst, werbefin.	7,46	33%	17%	**6%**
29b	Datendienst, entgeltfin.	5,06	23%	17%	**4%**
30a	Auskunftsdienst, werbefin.	8,96	40%	11%	**4%**
30b	Auskunftsdienst, entgeltfin.	4,26	19%	11%	**2%**
31a	elektr. Zeitung, werbefin.	12,00	54%	48%	**26%**
31b	elektr. Zeitung, entgeltfin.	6,35	28%	48%	**14%**
32a	elektr. Zeitung mit multimed. Elem., werbefin.	12,45	56%	62%	**35%**
32b	elektr. Zeitung mit multimed. Elem., entgeltfin.	6,60	30%	62%	**18%**

Nr.	*Kriterium* *Komunikati-onsdienst*	*Summe allokativer Marktmängel insgesamt*	*Summe allokativer Marktmängel, als Anteil d. werbefin. TV-Vollprog.*	*gesellschaftl. Bedeutsamkeit als Anteil d. werbefin. TV-Vollprog.*	***mit gesellschaftl. Bedeutsamkeit gewichtete Summe allokativer Marktmängel***
		13	14	15	16 (14x7)
	Gewicht	40			
33a	Spec. Interest-Homepage, nonfic., werbefin.	11,66	52%	44%	**23%**
33b	Spec. Interest-Homep., nonfic., entgeltfin.	7,52	34%	44%	**15%**
34a	Spec. Interest-Homep., non-fic., m. multimed. Elem., werbefin.	12,02	54%	58%	**31%**
34b	Spec. Interest-Homepage, non-fic., m. multimed. Elem., entgeltfin.	7,72	35%	58%	**20%**
35a	Spec. Interest-Homepage, fiction, werbefin.	12,32	55%	30%	**16%**
35b	Spec. Interest-Homepage, fiction, entgeltfin.	7,72	35%	30%	**10%**
36a	Spec. Interest-Homep., fiction-free mit multimed. Elem., werbefin.	11,32	51%	43%	**22%**
36b	Spec Interest- Homep., fiction-free mit multim. Elem., entgeltfin.	7,52	34%	45%	**15%**
37a	Nachschlagewerk, werbefin.	10,32	46%	28%	**13%**

Nr.	*Kriterium* *Komunikationsdienst*	*Summe allokativer Marktmängel insgesamt*	*Summe allokativer Marktmängel, als Anteil d. werbefin. TV-Vollprog.*	*gesellschaftl. Bedeutsamkeit als Anteil d. werbefin. TV-Vollprog.*	***mit gesellschaftl. Bedeutsamkeit gewichtete Summe allokativer Marktmängel***
		13	14	15	16 (14x7)
	Gewicht	40			
37b	Nachschlagewerk, entgeltfin.	5,92	27%	28%	**7%**